신라 집권 관료제 연구

The Bureaucratic System of Shilla

— A Study on Political Centralization —

Ha Il Sik

연세국학총서 63

신라 집권 관료제 연구

하 일 식

혜안

책을 펴내며

　책 제목에 '집권(集權)'이라는 표현을 썼다. 신라 관료제라고만 하면 너무 막연해질 것 같아서 망설이다가 쓴 표현인데, 문제가 없지 않다고 생각된다. 우리 학계에서 쓰는 집권·분권이라는 용어는 서구 역사를 기준으로 편의적으로 사용해 온 것인데, 권력이 집중되었는가 분산되었는가 하는 기준은 그 권력이 포괄하는 공간의 규모에 따라 상대적일 수밖에 없기 때문이다. 더 적절한 용어를 쓸 때가 오기를 기대한다.

　이렇게 이야기하면서 이 책에 담긴 내용이 갖는 한계를 스스로 인지하고, 따라서 그것을 넘어서는 책임도 자신에게 있음을 알게 된다. 단순히 책 제목에만 한정된 이야기가 아니며 내용까지 함께 묶어서 그렇게 토로할 수밖에 없을 듯하다.

　필자가 공부해 온 과정은 거칠기 짝이 없는 것이었다. 대학에 들어와서부터 남이 하는 한국 고대사 강의를 한 번도 들어볼 기회가 없었던 사람이 정작 고대사를 연구하는 처지가 된다는 것은 상상하기 어려운 경우가 아닌가 한다. 그러나 필자의 경우가 그러했다. 그러다보니 공부는 거칠고 속도는 더딘 형편을 면하기 어려웠다. 그 반면에 필자는 그만큼 자유로웠다고 스스로 위안을 삼는다. 알게 모르게 스며드는 선입견과 인식체계에 젖어들 여지가 적었을 것이기 때문이다.

　처음에는 그리스·로마사에 마음이 끌려 있었다. 그러나 여러 사정이 여의치 않았던 탓에 한국사로 관심을 바꾸었으면서도 지금까지도 여전히 여운이 남아 있다. 돌이켜 보면, 첫 관심을 신라 외위제에 둔 것도 그 영향이었던 것 같다. 도시국가 로마의 시민권이 영역의 확장과 함께 확대되는 과정에 빗대어 첫 연구 주제로 신라 외위제에 주목하지 않았나 싶다. 제국

으로 발전한 로마가 개방적이었다면, 신라는 무척이나 폐쇄적이라는 느낌
을 처음부터 가졌던 것 같다. 왜 그랬을까 하는 의문을 아직 제대로 풀지
못하고 있다.

늦게 만드는 책의 내용을 급하게 손질하려니 여러 선행 연구자들에게
예를 갖추지 못한 부분이 눈에 띈다. 이미 나와 있는 여러 연구들에 기대
었지만 일일이 밝혀두지 못한 곳이 많은 것은 거칠고 게으른 탓이다. 또
한정된 사료로 재구성을 고민하는 분야가 한국 고대사인 만큼, 우연히 같
은 시간에 비슷한 생각을 하면서 써내려간 경우도 더러 있었다. 써놓은 원
고를 버린 적도 두어 번 있지만, 큰 시간차가 나지 않으면 그냥 둔 경우도
있었다.

이 책은 그동안 공부해 온 중간 보고서 정도이고, 스스로의 인식 수준을
높여가면 부정될 부분을 많이 포함하고 있다고 생각한다. 고대사 분야에서
이루어지는 연구들은 대부분 하나의 가설이며, 절대적인 학설이 존재할 수
없기 때문이다.

이런 자리에서는 그동안 기대고 신세진 분들께 고마움을 표시하는 것이
마땅하겠지만, 부족한 처지에 오히려 누가 될까 하여 모두 덜어내고자 한
다. 본의와 다르게 행여 버릇없다는 소리를 듣지는 않았으면 한다. 그렇게
하는 것이 앞으로 마음을 새로 다듬는 데 도움이 되지 않을까 생각했기 때
문이다.

2006년 2월
필자 씀

목 차

머리말

신라에서 중앙 집권적 지배체제가 갖추어지는 과정을 더듬어보는 것이 이 책의 목적이다. 신라의 지배체제는 폐쇄적인 신분제의 운영 원리가 포함된 것이 특징이고, 정치·사회·경제의 각 부문에서 이 원리가 영향력을 발휘하였다. 이 특징이 집권체제 성립과정에서부터 얻어졌을 것이라는 문제의식 아래, 시간 폭을 조금 넓게 잡아 몇 가지 요소들을 다루어보았다. 관등제와 지방지배 방식, 통일 이후의 정치기구를 포함하여 신라 말기의 관제 등 몇 가지 소재들을 선택하였다.

사로국은 경주 일원에 흩어져 있던 독립 세력들이 연합하여 구성한 소국이었다. 이 소국이 중심이 되어 주변의 다른 소국들을 아우르면서 경상도 일대를 차지한 신라로 발전하였다. 그 결과 6세기 무렵이 되면 신라 국왕의 지위는 현격히 격상되어 대왕으로 불리기 시작하였고, 반면에 과거 자기 기반을 유지하던 세력들은 신라의 중앙 귀족으로 자리잡았다.

제1부는 이 과정을 추적한 내용으로, 신라 관등제 중에서도 경위제를 주된 소재로 삼았다. 관등제는 고대사회의 지배층이 편제된 결과물인 만큼, 그 결과를 통해 과정을 유추하는 것이 가능하리라 생각했기 때문이다.

사로국 주변에 흩어져 있던 소국 수장층들이 편제된 결과가 17등 경위제라고 이해하는 것이 지금까지 연구의 일반적 경향이었다. 17 등 경위 중에서도 일부가 먼저 생겨난 뒤에 단계적, 또 하향적으로 늘어나는 과정을 거쳤으리라는 가설이 오래 영향력을 발휘하였다. 그러나 이 책에서는 경위의 기원을 기본적으로 사로국 내부에서 찾으려 하였다. 그럼으로써 신라사회에서 지방인과 차별을 두는 신분제가 나타난 역사적 배경, 국왕의 지위가 격상되는 한편으로 특권 귀족의 신분적 지위 또한 제도화된 과정 등을 추적해 보고자 한 것이다.

경위의 기원을 더듬어보기 위해서는 『삼국사기』 초기 기사의 사료 가치를 따져보는 것이 불가피한 절차이다. 그래서 1장에서는 경위와 관련한 사료들을 검토하였다. 종래 경위의 단계적, 하향적 성립설의 중요한 근거가 된 『양서』 신라전을 분석하여 정보의 정확성과 함께 경위제를 연구할 때 활용할 수 있는 사료 가치를 따져보았다. 그리고 『삼국사기』 초기 기사에 나오는 경위와 경위 소지자들을 대상으로 경위의 표기 방식 및 승진 사례 등을 아울러 분석하였다.

2장에서는 초기 사로국을 구성한 독립적인 여러 세력들이 지녔던 고유한 位號에서 신라 경위의 먼 기원을 찾으려 해보았다. 이사금을 비롯하여 이벌찬, 이찬 등의 대세력과 함께 그들에게 부속되어 있었으리라 추정되는 중소세력도 전통적인 위호를 지니고 있었으리라는 전제 아래 검토하였다. 그리고 경위 하층부인 非干群의 기원을 더듬어보기 위해 대세력에 예속된 家臣의 존재에도 주목하였다.

경위가 제도화되기 위해서는 다원적인 위호들이 일원적인 서열체계로 통일될 필요가 있을 것이다. 이런 안목으로 3장에서는 사로국 내 여러 세력들의 위호가 일원화되는 배경과 그 과정을 살펴보았다. 냉수비와 봉평비 등의 금석문을 주로 분석함으로써 6세기에 들면서 경위제가 제도로 정착한 시점과 초기 모습을 짚어보고, 거기서 드러나는 특징을 찾으려 했다. 특히 기존의 독립세력들이 신라 국왕의 관료로 전락하지 않고 특권적 지위를 제도화한 흔적에 주목하였다. 바로 이 점이 신라가 집권적 지배체제를 갖춘 뒤에도 관료보다는 세습귀족들이 국정 운영의 중추 역할을 맡았던 이유를 이해하는 실마리가 된다고 생각했기 때문이다.

이런 생각을 바탕으로, 관등제의 운영 방식이 갖고 있는 '봉건제'적인 요소를 검토한 것이 [보론 1]이다. 국왕의 위상이 단기간에 다른 독립세력들을 초월하지 못하고 그들과 연합하면서 집권체제를 갖추었으므로, 경위제를 바탕으로 한 관료제 운영방식에 그 속성이 반영되어 있다고 보는 문제의식을 바탕으로 하였다. 관등이 당대인들 스스로에 의해 '爵'이라고도 표현되는 데 주목하여, 그런 표현이 가능했던 배경을 추적해본 것이다. 국정 운영에 일정한 지분을 가지고 있었던 진골귀족의 전통적 특권, 나아가 신라에서 고려를 거쳐 조선 초기로까지 이어지는 수조권 분급제의 먼 기원이 여기에 있지 않을까 하는 가설에 입각하여 고대 관등제에 내포된 봉건제적 성격을 생각해 보았다.

신라 국가가 집권체제를 갖추는 과정은 크게 두 가지 측면에서 진행되었다. 하나는 제1부에서 검토한 대로 사로국을 구성한 여러 세력들이 중앙 귀족으로 자리잡는 것이었다. 그리고 다른 하나는 정복과 복속을 통해 흡수된 주변 지역을 신라의 영토로 실질적으로 지배하는 것이었는데, 이는 다시 모든 영역을 일정한 단위로 구획하여 편제하는 조치와 그 곳 주민을 포섭하는 노력으로 나뉜다. 제2부는 이런 문제들을 주로 다루었다.

삼국통일 이전의 신라 관등제는 왕경인을 대상으로 한 경위제와 지방인을 대상으로 한 외위제라는 이원적 구성을 하고 있었다. 이 또한 고구려나 백제에서는 찾아볼 수 없는 신라 특유의 현상이다. 4장에서는 냉수비와 봉평비 등 6세기 초의 금석문들을 주로 분석하여 거기에 나타나는 왕경 지배층의 배타적인 지방민관을 검토하였다. 그리고 그것이 당시 현실과 부합하는가를 따져보고, 그 관념의 먼 연원을 소국 성립기로 소급하여 생각해 보았다.

현실의 변화에도 불구하고 폐쇄적이고 배타적인 6부인의 관념이 오래토록 잔존한 데는 그만한 배경이 있었을 것이다. 이런 문제의식을 바탕으로, 5장에서는 신라가 주변 지역을 복속시킨 뒤에도 장기간 직접 지배하지 못했던 상태로부터 원인을 찾아보려 하였다. 그리고 6세기에 들어 주군제가 시행되고 영토가 대폭 확장되자 과거의 지방민관이 현저히 달라지는 모습을 추적하였다. 6세기 중반의 금석문에서 나타나는 몇 가지 표현들을 비문 작성자의 마음상태나 자세에 초점을 맞추어 집중 분석하는 방식을 취하였다.

외위 수여는 지방인을 신라 국민으로 대우하는 자격을 주는 것과 같은 의미를 갖고 있었다. 다른 한편으로는, 바로 경위를 주지 않고 별도로 만든 외위를 적용한 데에는 지방민에 대한 차별이 전제되어 있었음이 물론이다. 6장은 신라가 집권체제를 갖추는 데서 외위가 차지하는 위치를 알아보기 위한 선행 작업에 해당한다. 외위의 실체에 대한 정확한 이해를 위해, 먼저『삼국사기』직관지 외위조를 분석하여 초기 연구에서 나타난 오해를 불식하고자 했다. 그리고 외위의 명칭을 분석하여 그것이 경위처럼 오랜 기간의 성립과정을 거친 결과물이 아니며, 또 짧은 기간에 증설될 수밖에 없었던 이유를 알아보려 하였다.

그리고 7장에서는 신라 국가가 지방 지배를 수행하는 데서 외위가 어떤 역할을 수행했을까 하는 문제를 생각해 보았다. 이는 지방세력의 입장에서 외위를 받아 소지한다는 것이 어떤 의미를 가지고 있었겠는가 하는 문제와 표리관계에 있을 것이다. 우대와 차별이라는 이율배반성을 안고 있었던 외위이지만 신라의 지배체제를 놓고 보았을 때 발휘한 긍정적 측면도 있었을 것이라는 생각을 가질 필요도 있겠다. 외위의 효력은 시간이 가면서 약해지기 마련이었고 결국 소멸되었다. 백제·고구려 유민을 관등으로 편제한 형식을 더듬어봄으로써 이 과정을 함께 살펴보고자 한다.

제3부는 관등제를 중심으로 신라의 집권체제가 갖는 특징을 알아본 바탕 위에서, 통일 이후 지배체제의 추이를 전망하려고 한 내용이다. 기본적인 문제의식은, 집권체제 성립기에 배태된 지배구조상의 특징이 신라 말기까지도 이어지고 있는 것 아닌가 하는 것이다.

8장에서는 통일 이후의 신라 정치체제가 '전제왕권'이라고 표현될 만큼 관료제를 근간으로 하여 운영된 것으로 파악하기는 어려움을 이야기하려 하였다. 통일 이후에 보이는 신라 정치운영상의 일시적인 현상에 주목하여 그 이전과 본질적으로 다른 지배체제가 성립했다고 파악한다면, 신라 국가가 붕괴하는 구조적 배경을 충분히 설명할 수 없다는 문제의식이 바탕을 이룬다. 따라서 관료제 운영의 기본원리라는 점을 중심으로 통일 이전과 그 이후를 비교하면서 차이점과 연속성을 함께 짚어보려 하였다.

[보론 2]는 통일 이후의 신라 정치체제를 '전제왕권'의 성립이라는 시각에서 바라보려는 연구 경향이 안고 있는 이론적 위험성을 검토한 것이다. 오랜 기간 고대 사학계에 자리잡고 있었던 연구 경향과 사고방식, 그리고 부적절한 개념 사용이 갖는 문제점을 짚어보고자 하였다.

9장은 신라 말기 관제에 보이는 당 관제의 영향에 주목하여 양국 간 교류의 양상을 살피고, 말기 관제에 나타나는 새로운 요소가 갖는 역사적 의의를 짚어본 내용이다. 흔히 새로운 현상이 나타나면 큰 의미를 부여하려는 경향이 있지만, 여기서는 새 양상이 나타난 범주를 제한하여 생각하고 그 한계도 함께 고려하고자 하였다. 다만, 신라의 지배체제 안에서는 한정된 의미를 가지는 현상일지라도 후삼국과 고려로 이어지는 역사 과정에서는 주목할 만한 의의를 부여할 수 있으리라는 전망도 열어두었다.

 이 책에서는 신라의 지배체제를 다루면서도 기왕에 학계에서 많이 논의되어온 6부 문제를 깊이 언급하지 않았다. 복잡한 문제를 분명하게 해결할 전망을 아직 갖지 못한 탓도 있고, 부를 중심에 두고 당시 지배체제를 이해하는 것이 유일한 방향은 아니라고 생각하기 때문이다.

제1부
사로국 지배세력의 중앙 귀족화

1장 경위와 관련된 사료 검토

　신라 관등제를 연구할 때 필요한 기본적인 사료로는『삼국사기』를 비롯하여 6세기 무렵의 각종 금석문과 중국 역사서의 신라전들이 있다. 그런데 한국 고대사의 다른 분야와 마찬가지로, 관등제 연구에서도 이들을 활용할 때는 그 성격과 사료 가치에 대한 정확한 판단이 요구된다.

　초창기의 경위제 연구는 주로 중국 사서, 특히『양서』신라전을 기준으로 삼아 그 성립 과정을 논하는 경향이 있었다. 여기에는『삼국사기』초기 기사에 대한 강한 불신이 전제되어 있었다. 따라서『양서』신라전이 갖는 성격과 사료로서의 가치에 대한 검토는 소홀할 수밖에 없었다. 그 결과 법흥왕대의 율령 반포 사실이 부정되는 한편, 신라 경위제가 단계적 또는 하향적으로 성립했다는 결론에 이르렀다. 또 경위제가 성립한 때도 매우 늦은 시기로 생각하였다.

　여기서는 이러한 연구방식과 이해가 갖는 문제점들을 넘어서기 위한 작업의 일환으로, 먼저『양서』신라전의 성격과 사료 가치에 대해 살펴본다. 그리고 관등제에 관한 한,『양서』신라전보다 상대적으로 가볍게 다루어온『삼국사기』신라본기의 초기 기사에 대해서도 검토한다. 일정한 한도 내에서나마 사료 가치를 인정할 수 있다면, 경위의 기원과 경위 소지자의 성격을 분석하는 데 활용할 수 있을 것이기 때문이다.

1. 『양서』신라전

『양서』신라전은 모두 320여 자의 매우 짧은 분량인데, 그나마 경위에 대한 기사는 겨우 21자에 지나지 않는다. 그러나 분량의 문제를 차치하고서라도 『양서』는 신라를 열전 속에 처음 독립시켜 다룬 중국 역사서이고, 그런 만큼 그 신라전은 대체로 6세기 전반기의 신라 사회에 관한 매우 중요한 정보를 담고 있다는 점에서 가치가 인정된다. 과거 경위제 연구자의 대부분이 여기에 주목했던 데는 그만한 이유가 있는 것이다.

『양서』신라전의 경위 관련 기사는 다음과 같다.

> 그 나라의 官名에는 子賁旱支, 齊旱支, 謁旱支, 壹告支, 奇貝旱支가 있다.[1] (『梁書』권54, 열전 제48 新羅傳)

여기서는 신라의 관명으로 子賁旱支, 齊旱支, 謁旱支, 壹告支, 奇貝旱支의 5개가 소개되고 있다. 이 때 관명이란 官職이 아니라 官等, 즉 京位의 명칭임은 물론이다.

초창기의 경위제 연구에서는 이들 관명과 신라 경위의 대응관계를 설정하였다.[2] 이는 지금까지 대체로 인정되고 있는데, 子賁旱支는[3] 伊伐湌에 비정되고 齊旱支는 迊湌,[4] 謁旱支는 阿湌에 비정된다. 그

---

1) "其官名 有子賁旱支·齊旱支·謁旱支·壹告支·奇貝旱支"
2) 今西龍, 1933「新羅官位號考」『新羅史研究』, 近澤書店.
   末松保和, 1954「梁書新羅傳考」『新羅史の諸問題』, 東洋文庫.
3) 子賁旱支의 子는 于의 刊誤일 가능성이 클 것으로 추정된다(武田幸男, 1979「新羅官位制の成立」『朝鮮歷史論集(上)』, 龍溪書舍, 163쪽).
4) 全德在, 1996『新羅六部體制研究』, 一潮閣, 123~125쪽에서는 齊旱支의 '齊'가 '壹'의 刊誤일 가능성을 제기하였다. 그러나 齊旱支는 迊湌에 비정하는 것이 무리가 없다고 생각된다.

리고 壹告支는5) 一吉湌, 奇貝旱支는 級湌에 비정된다. 이를 정리하
면 다음 표와 같다.

<표 1-1> 『삼국사기』와 『양서』의 경위 대비

등급 사서	1	2	3	4	5	6	7	8	9
『삼국사기』	伊伐湌	伊湌	迊湌	波珍湌	大阿湌	阿湌	一吉湌	沙湌	級湌
『양서』	子賁旱支		齊旱支			謁旱支	壹告支		奇貝旱支

이 표에서 드러나듯이, 『양서』 신라전에서는 신라 경위 17등 중에
서 大奈麻 이하의 非干群 경위는 전혀 나타나지 않는다. 경위 상층
부인 干群의 일부인 伊伐湌, 迊湌, 阿湌, 一吉湌, 級湌의 5개 경위가
나타날 뿐이다.

여기에 대하여, 과거 대부분의 연구들은 『양서』 신라전 단계에 신
라사회에는 5개 또는 6개의 경위만이 존재했기 때문으로 해석하였
다.6) 이러한 해석의 이면에는, 신라 국가의 발전 단계를 낮추어 보
고, 17등 경위제가 단계적으로 성립하였으리라는 선험적인 전제가
놓여 있었다. 그런데 일단 이러한 해석이 한 번 내려지자, 이를 바탕
으로 경위의 단계적 성립설7) 또는 하향적 분화설이 확고히 자리잡게
되었다. 초창기의 경위제 연구가 갖는 문제점이 바로 여기에 있다고

---

5) 壹告支에서는 '旱'字가 누락된 것으로 생각된다. 한편 壹告支의 '告'가 '吉'
   의 刊誤임은 이미 지적된 바 있다(今西龍, 1933 앞의 책, 277쪽 ; 末松保
   和, 1954 앞의 책, 400쪽).

6) 曾野壽彦, 1955 「新羅の十七等の官位成立の年代についての考察」 『古代
   研究Ⅱ』(東京大 敎養學部), 116쪽, 126쪽
   宮崎市定, 1959 「三韓時代の位階制について」 『朝鮮學報』 14, 163쪽~164
   쪽

7) 今西龍, 1933 앞의 책과 末松保和, 1954 앞의 책을 비롯하여 井上秀雄,
   1974 「新羅官位制度の成立」 『新羅史基礎研究』, 東出版株式會社(原載
   1972 『大阪工業大學中央研究所報』 別冊第五号) 등을 들 수 있다.

생각된다.

그러나 중국 문헌에 17등 경위 모두가 나타나지 않는 것이, 신라에서 경위제가 완전히 성립하지 못한 상태였음을 증명하는 근거는 되지 못한다. 『양서』 신라전에 실려 있는 경위 관련 기사가 당시 신라 관등제의 현황을 완전하고 정확하게 반영하고 있음이 검증되지 않은 상태이기 때문이다. 『양서』 신라전에 대한 엄밀한 사료비판이 요구되는 까닭도 여기에 있다.

『양서』는 姚思廉이 貞觀 3년(629)에 태종의 명령을 받아 정관 10년(636)에 撰進한 것이다. 그런데 이는 요사렴 혼자서 완성한 저작은 아니었다. 그 아버지 姚察이 陳나라 때(557~589) 이미 편찬에 착수했던 것을 이어받아 완성한 것이다. 일찍이 요찰은 梁·陳의 역사를 撰修하려다 이루지 못했고, 임종시에 요사렴에게 이 일을 마무리할 것을 유언하였다.8) 그리고 요사렴은 정관 3년(629)에 태종으로부터 魏徵과 함께 梁·陳史를 편찬할 것을 명령받았고,9) 정관 10년(636)에 이를 완성하여 바쳤던 것이다.10)

이렇게 『양서』는 양나라(502~557)가 멸망한 뒤 80년이 지나서야 최종적으로 편찬이 완료되었다. 그런 만큼 그 신라전에는 陳·隋·唐나라 초를 거치면서 새롭게 알려진 사실들이 함께 섞여 있을 가능성을 배제할 수 없다. 또, 다른 역사서의 外夷傳과 마찬가지로 양나라 성립 이전에 이미 알려져 있던 일반적 정보도 당연히 섞여 있을 것임은 물론이다. 따라서 『양서』 신라전을 구성하는 기사들을 각기 분해하여 내용에 따라 시간성을 판단할 필요가 있다고 생각된다.

『양서』 신라전에 반영된 사실의 연대를 생각할 때 우선 주목해야

---

8) 『舊唐書』 권73, 열전 제23 姚思廉傳 참조.

9) 위와 같음.

10) "(貞觀)十年 春正月壬子 尙書左僕射房玄齡侍中魏徵 上梁陳齊周隋五代史 詔藏于秘閣"(『구당서』 권3, 본기 제3 태종 하)

할 것은,『양서』열전 자체가 기본적으로 양나라가 존속한 기간에 작
성된 자료에 입각하여 편찬되었다는 점이다. 淸나라 때의 역사가인
趙翼은『양서』의 체제가 정제되어 있지 않음을 지적하면서 "『양서』
의 열전은 모두 梁의 國史에 바탕을 두었다. 국사에 들어 있는 내용
이면 傳을 만들고, 그렇지 않으면 缺落시켰다"[11]고 언급하였다. 이
를 감안하면 현재『양서』에 열전으로 독립되어 있는 부분 만큼은 대
부분 양나라 때의 자료를 기초로 한 것이라는 판단이 가능하다. 바로
여기에『양서』의 특징이 있다고 할 수 있다.[12]

  『양서』가 갖는 이러한 특징은 신라전의 경우에도 그대로 적용될
수 있을 것으로 생각된다. 이는『隋書』와 비교하면 더욱 분명히 드
러난다. 앞서 이야기했듯이『양서』는 636년에『晉書』·『齊書』·『周
書』·『隋書』와 함께 撰進되었다. 그 중 신라가 열전에 독립되어 실
린 것은『양서』와『수서』이다. 그런데『수서』신라전의 내용을 보면
17등 경위 모두가 소개되고 있음[13]은 물론, "大業 연간(605~616) 이
래 매년 조공해왔다"라고 하여 수나라가 멸망하고 당나라가 성립한
이후(618)부터 편찬 직전까지의 정보를 담았다.[14] 이 점에서『수서』

11) "梁書悉本國史 國史所有則傳之 所無則缺之"(趙翼,『二十二史箚記』卷9
    '梁書悉據國史立傳')

12) 李弘稙, 1971,『韓國古代史의 硏究』, 新丘文化社, 399쪽~400쪽(원재 1965
    「梁職貢圖論考」『高大60周年紀念論文集』) 참조. 李弘稙은『양서』諸夷
    傳이 다른 역사서의 경우와는 달리 실제로 양나라와 관련이 있었던 것만
    을 기재하고 있다는 金井之忠의 견해(1940,『唐代의 史學思想』)를 덧붙이
    고 있다.

13) "其官有十七等 其一曰伊罰干 貴如相國 次伊尺干 次迎干 次破彌干 次大
    阿尺干 次阿尺干 次乙吉干 次沙咄干 次及伏干 次大奈摩干 次奈摩 次大
    舍 次小舍 次吉土 次大烏 次小烏 次造位"(『隋書』권81, 열전 권제46 新
    羅傳)

14) 大業年間(605~616)부터『양서』·『수서』가 撰進된 636년까지의 기간에
    신라가 중국에 사신을 파견한 기록을『삼국사기』에서 뽑아보면 605년(진

신라전은 『양서』 신라전과 큰 차이를 갖는 것이다. 이러한 차이에 주목하여 『양서』와 『수서』 신라전이 전혀 별개의 사료에 입각한 것이라는 지적이 이미 나온 바 있다.[15]

한 걸음 더 나아가 생각하면, 비슷한 시기에 편찬된 두 역사서 사이에서 발견되는 이러한 차이는, 『양서』 신라전에는 양나라가 멸망한(557) 이후 『양서』가 편찬될 때까지(636) 사이에 새롭게 입수된 정보가 거의 들어 있지 않을 가능성을 높여주는 것이기도 하다. 또 『양서』 신라전에서는 실제로 그럴 가능성을 지닌 기사를 찾기도 힘들다. 앞서 언급한 趙翼의 지적이 설득력을 갖는 것이다. 다만 『양서』 신라전 전반부에서는 여느 중국 역사서의 外夷傳과 마찬가지로 예전 역사서에 이미 실렸던 기록들을 반복한 내용들이 있다.[16] 그것은 주로 『삼국지』와 『후한서』 韓傳의 내용을 옮겨 적은 것으로 판단된다.[17]

문제는 『양서』 신라전만의 독특한 내용으로 간주되는 후반부 기사[18]가 어느 시기에 얻어진 정보인가 하는 점이다. 특히 경위 관련

평왕 33), 621년(동 43), 623년(동 45), 625년(동 47), 626년(동 48), 627년(동 49), 629년(동 51), 631년(동 53), 632년(선덕왕 1), 633년(동 2), 635년(동 4)이 된다. 이렇게 보면 '歲遣朝貢'이라고 표현할 수 있는 경우는 621년 이후에나 해당되므로 『수서』의 이 구절은 편찬 당시까지 입수된 정보에 입각한 것임을 알 수 있다.

15) 末松保和, 1954 앞의 책, 379쪽

16) 國을 邦, 賊을 寇라 한다는 등의 언어에 대한 설명은 『三國志』 辰韓傳의 내용을 옮겨 적은 것이다.

17) 末松保和는 『양서』 신라전 전반부가 『삼국지』와 『진서』의 진한전을 요약한 것이라 하였다(앞의 책, 376쪽). 그러나 『진서』가 편찬된 시기는 『양서』보다 약간 뒤에 해당하는 644년~646년이다.

18) 『양서』 신라전의 후반부에 해당하는 기사는 신라의 위치, 국호, 普通 2년의 사신 파견, 城邑(健牟羅·啄評·邑勒), 京位, 物名 이하를 말한다. 물론 그 중간에 삽입된 土産·風俗에 관한 짧은 기사는 『삼국지』 한전을 옮겨 실은 것이므로 『양서』만의 독특한 내용에서 제외된다.

기사는 후반부에 속하는 것이기 때문에, 여기에 대한 판단은 중요한
의미를 갖는다. 일찍이 末松保和는 그것들이 주로 요찰에 의하여 이
루어진 것이거나, 그렇지 않더라도 568년~578년의 11년간 4번에 걸
친 신라 사신이 陳나라에 들어갔을 때 얻은 것일 가능성이 아주 크
다고 보고, 대략 6세기 중엽의 현실을 반영하는 기록으로 추정하였
다.[19] 이는 신라가 양나라보다는 진나라에 훨씬 자주 사신을 파견했
다는 점과 함께,[20] 요찰이 陳에서 관직 생활을 했다는 점을 중시한
판단이었다고 생각된다. 그러나 이는 앞서 언급했던 『양서』의 일반
적 특징을 고려하지 않은 것이다.

　비록 미완으로 끝나고 말았지만, 요찰은 양·진 두 왕조의 역사를
동시에 정리하고 있었다. 그리고 그 아들 요사렴 역시 이를 물려받아
양·진 두 왕조의 역사를 함께 정리하였다. 두 역사서를 편찬하여 올
린 때도 동일하였다. 따라서 두 사람은 양나라 때의 사실과 진나라
때의 사실을 당연하고 자연스레 구분하여 편찬에 임했으리라 짐작된
다. 그런 만큼, 양나라가 멸망하고 진나라 때에 입수된 정보가 『양
서』에 섞여 들어갔을 가능성은 매우 낮은 것이다. 이렇게 보면, 앞서
언급한 조익의 지적은 통찰력 있고 정확한 것이었음을 알게 된다. 또
한 『양서』 신라전의 전체 내용에서도 진대에 새로 얻은 정보가 첨가
된 흔적을 거의 찾을 수 없다.

　『양서』 신라전 후반부 기사의 대부분은 普通 2년(521)에 신라가
양나라에 보낸 사신을 통해 얻은 정보에 입각한 것으로 판단하는 것

---

19) 末松保和, 1954 앞의 책, 379쪽, 398쪽
20) 『삼국사기』에 국한하여 보더라도 신라의 사신 파견은 陳代에 훨씬 자주
　　이루어졌다. 565년(진흥왕 26)에는 陳이 신라에 사신을 보낸 적이 있다. 그
　　리고 신라가 陳에 사신을 보낸 것은 566년(진흥왕 27), 567년(동 28), 568
　　년(동 29), 570년(동 31), 571년(동 32), 578년(진지왕 3)이 확인된다. 또
　　585년(진평왕 7)에는 승려 智明이, 589년(동 11)에는 圓光이 入陳한 사실
　　도 기록되어 있다.

이 합당할 것이다.[21] 『양서』신라전 말미에는 "(신라인이) 절하는 것과 걷는 것은 高驪와 비슷하다"고 한 구절이 있는데, 이는 신라 사신의 행동거지를 실제로 보지 않고서는 기록할 수 없는 부분이다. 신라 사신이 양나라에 온 것은 521년이 처음이었다. 그런데 양나라가 성립한 이후 521년까지 고구려와 양나라 사이에 사신이 오간 것은 적어도 4~5회에 달한다.[22] 따라서 양나라의 史官은 고구려 사신을 여러 번 접한 경험 위에서 신라 사신의 행동거지를 처음으로 접하였기에 이러한 기록을 남겼으리라 생각된다.

이렇게 보면, 『양서』신라전 후반부의 기사 내용이 갖는 시간적 하한은 521년으로 판단하는 것이 가장 합당하다. 남은 문제는, 여기에 해당하는 기사 모두가 당시 신라의 사정을 정확하게 반영하는 것인가 여부이다. 그 중에서도 특히 신라 경위에 대한 기사는 매우 면밀한 검토가 요구되는 부분이다.

521년 당시 신라 사신은 백제 사신을 따라 양나라에 들어갔다.[23] 『양서』신라전 후반부에 실린 대부분의 내용은 이 때 전달된 것으로 추정된다.[24] 따라서 그 내용의 대부분은 당시 신라의 상황을 생생하

---

21) 『양서』신라전에서는 新羅語에 대한 기사가 2부분으로 분리되어 있다. 그 중 『삼국지』한전을 옮겨 적은 國·弓·賊과, 별도로 제일 끝에 붙어 있는 冠·襦·袴·靴는 521년(법흥왕 21)의 사신 파견 때 얻어진 대표적 정보로 생각된다.

22) 『양서』권54, 열전 제48 고구려전 참조.

23) "其國小 不能自通使聘 普通二年 王姓募名秦 始使使隨百濟奉獻方物"(위의 책 신라전)

24) 현존 기록상 확인 가능한 사신 파견은 521년(법흥왕 8)이 처음이자 마지막이었다. 그러나 『삼국사기』권제4 신라본기 제4 진흥왕 10년(549)에는 "春 梁遣使與入學僧覺德 送佛舍利 王使百官 奉迎興輪寺前路"라고 하는 구절이 있다. 이로 보아 521년 이후 신라와 양나라의 비공식 문화 교류는 지속되었을 가능성이 있다. 그러나 설령 그렇더라도 이러한 교류의 흔적은 『양서』신라전에 반영되고 있지 않다고 판단된다.

게 전해주는 귀중한 사료라 할 수 있다. 그런데 그 말미에는 "언어가 백제인의 통역을 거친 뒤에야 통했다"고 한 언급이 있다.[25] 신라 사신이 와서 자국의 사정을 전달하였지만, 중국어에 익숙치 못하여 백제 사신의 통역을 거쳐야만 했다는 뜻이다. 따라서 『양서』 신라전에 실린, 그 당시의 신라 사정에 대한 정보는 백제인의 통역을 거쳐 전달된 것으로 판단된다. 신라 경위와 관련한 기사도 그 범주에 속할 것이다.[26] 따라서 거기에는 얼마간의 혼동과 누락, 또는 생략이 있을 가능성이 다분하다고 생각된다.

심지어는 백제인의 통역을 거치는 과정에서, 신라의 사정이 의도적으로 축소되거나 왜곡되어 전달되는 경우도 없지 않았다고 생각된다. 梁 元帝 蕭繹의 제1차 荊州刺史 재임시(526~539)에 작성된 「梁職貢圖」의[27] '百濟國記'에서 신라가 백제에 附庸한 小國처럼 묘사되고 있는 것[28]이 그러한 사정에서 비롯된 대표적 사례로 보인다. 또 『양서』 신라전에서 당시 신라가 문자를 사용하지 못하며 '刻木爲信'한다고 한 것도 어떤 배경에서든 오해에서 말미암은 정보로 꼽을 수 있다. 따라서 521년 당시에 신라 사신의 방문을 통해 양나라에 전

---

25) "…言語待百濟而後通焉"(『양서』 권54, 열전 제48 신라전). 당시 신라 사신이 백제 사신을 따라 양나라에 들어갔다는 사실을 부정적으로 보는 견해도 있다(國史編纂委員會, 1987 『中國正史朝鮮傳 譯註一』, 499쪽의 주7). 그러나 신라전 말미의 이 구절은 이 사실을 부정할 수 없게 한다.

26) 백제 계통의 『百濟本記』·『百濟記』에 많이 의존한 『日本書紀』의 한반도 관련 기사에서 곧잘 사용되는 '…旱岐'라는 표기례가 『양서』 신라전의 경위 명칭(…旱支)에서 사용되고 있는 것도 백제인의 통역과 筆談을 거친 결과로 생각된다. 6세기 금석문에서 보듯이 신라인들은 '…干支'라는 표기례를 많이 사용하고 있었다. 이 점은 武田幸男, 1979 앞의 논문, 184쪽에서 간단히 지적된 바 있다.

27) 榎一雄, 1963 「梁職貢圖について」『東方學』 26 ; 李弘稙, 1971 앞의 논문.

28) "旁小國 有叛波·卓·多羅·前羅·斯羅 … 等附之"(「梁職貢圖」). 또한 『양서』 신라전에서 "작은 나라이기 때문에 스스로 使聘하지 못한다"고 한 것도 마찬가지 맥락에서 이해된다.

달된 내용이라 할지라도 그 모든 내용을 정확한 것으로 간주하기는 어렵다. 백제인의 통역을 거친 내용일뿐더러 쌍방간의 관심 범위에 따라 기록의 정확성에 차이가 날 수도 있었을 것이기 때문이다.

그렇기 때문에 신라 경위에 관한 기사도 조심스럽게 살펴볼 필요가 있다. 결론부터 말하자면, 『양서』신라전에 실려 있는 官名은 당시 신라에 존재하던 경위의 전부가 아니었다고 생각된다. 양나라 조정의 입장에서 본다면, 신라가 처음 사신을 보내왔을 때 그 官制가 중요한 관심사의 하나였을 수는 있다. 그러나 백제인의 통역을 거치면서까지 17등 경위 모두를 빠짐없이 경청하여 기록해둘 정도는 아니었을 것으로 생각된다.[29] 더구나 하급 경위의 경우는 애초부터 관심의 대상에서 제외되었을 가능성이 클 것이다.

또 백제인의 통역을 거쳐 자국의 사정을 전달한 신라 사신의 입장에서 보더라도, 非干群 경위까지 양나라에 세세히 알려주어야 할 필요성은 느끼지 않았을 가능성이 높다.[30] 당시 낮은 경위를 소지한 많은 인물들은 하급 실무자로 활동하고 있었을 뿐, 신라사회에서 정치적으로나 신분적으로 중요한 위치에 있지 못했다.[31] 『삼국사기』에서도 비간군 경위 소지자의 활동을 기록한 경우가 흔치 않은 까닭은 그 때문일 것이다. 이러한 측면을 고려한다면, 『양서』신라전에 경위

---

29) 『양서』백제전에는 백제의 관등에 관한 기록이 전혀 실려 있지 않다는 점도 참고할 필요가 있을 것이다.

30) 金瑛河, 1997 「新羅 上古期의 官等과 政治體制」『韓國史硏究』99·100합, 40쪽에서는 기존의 干群 관등에 익숙한 신라 사신이 바로 전 해에 신설된 非干群 관등에 대한 인식이 부족했기 때문으로 추정하였다. 이는 비간군 경위가 간군 경위보다 늦게 성립하였음을 전제한 견해이다.

31) 冷水碑(503)나 鳳坪碑(524)에서 핵심 지배층에 속한 인물들 중 일부가 비간군 경위를 지니고 있다. 그러나 이들은 경위와는 별도의 기준에 입각하여 핵심 지배층에 속할 자격을 확보하고 있었다. 이는 뒤의 3장에서 자세히 다루기로 한다.

비간군이 전혀 기재되어 있지 않았다고 해서, 그것이 곧 17등 경위제가 미완성 상태였기 때문이라고 연결지을 수는 없다.

『양서』신라전의 경위 관련 기사가 갖는 정확성에 의문을 품게 하는 또 하나의 요소는, 경위 간군 중에서도 伊湌·波珍湌·大阿湌·沙湌의 4관등이 보이지 않는 점이다. 그런데『양서』신라전의 내용 중 일부만을 추려서 옮겨 실은『南史』신라전에서는 오히려 伊湌에 해당하는 壹旱支가 보이고,『양서』의 壹告支도 壹吉支로 교정되어 있다.[32] 따라서『양서』신라전의 경위 관련 기사가 정보의 정확성은 차치하고 기록의 정확성마저 결하고 있는 것이 아닌가 의심케 하는 점이다.

阿湌에서 大阿湌이 분화한 시기를 아주 늦추어잡고 그를 제외하더라도,『양서』신라전의 경위 관련 기사에는 중대한 누락이 있다고 볼 수 밖에 없다. 특히 봉평비(524)의 발견을 통하여『삼국사기』의 기록대로 520년(법흥왕 7)에 신라에서 율령이 반포된 것이 명백해졌고, 관등제가 그 율령의 중요한 부분을 차지하는 것이 당연한 만큼,[33]『양서』를 기준으로 신라 17등 경위제의 성립을 논하는 것은 무리임이 자명해진다.[34] 여기에 나타난 5개의 경위가 당시 법제화된 경위의 전부일 수는 결코 없기 때문이다.

『양서』신라전의 후반부는 521년에 신라 사신이 양나라를 방문했

---

32) "其官名 有子賁旱支 壹旱支 齊旱支 謁旱支 壹吉支 奇貝旱支"(『南史』권 79, 열전 제69 夷貊下 新羅傳)

33) 朱甫暾, 2002「蔚珍鳳坪新羅碑와 法興王代 律令」『금석문과 신라사』, 지식산업사(원재 1989『韓國古代史研究』2) 및 盧泰敦, 1989「蔚珍鳳坪新羅碑와 新羅의 官等制」『韓國古代史研究』2 참조.

34) 일찍이 일본인 연구자들이『양서』에 큰 비중을 두고 그를 기준으로 신라 경위의 성립 시기를 추정하려 했던 것은, 신라를 열전 속에 독립시켜 다룬 최초의 중국 역사서라는 점에 주목한 측면도 있지만, 무엇보다도『삼국사기』를 불신하는 태도가 앞섰기 때문이었다고 생각된다.

을 때 얻어진, 당시 신라의 사정을 생생하게 전해주는 가치 있는 사료라 할 수 있다. 그러나 그 중의 일부 기사에는 문제가 없지 않다. 백제 사신의 통역을 거치면서 신라의 사정이 의도적으로 축소되거나 왜곡된 경우도 있다. 특히 신라 경위와 관련된 부분은 완전한 것이 아닐 뿐아니라, 기록 자체의 정확도도 낮다. 따라서 6세기 전반기 신라 경위제의 실상은 물론, 그 성립 시기나 성립 과정을 추정할 경우에도 『양서』 신라전의 사료 가치를 매우 제한된 범위 안에서만 인정하는 것이 타당할 것이라 생각된다. 『양서』 신라전을 근거로 신라 경위제의 단계적 성립, 하향적 분화를 논의한 기존의 연구에 대해서는 근본적인 재검토가 요구되는 것이다.

2. 『삼국사기』 신라본기

경위제를 다룰 때 『양서』 신라전이 큰 한계를 갖는다면, 기본적인 문헌사료로는 『삼국사기』가 남는다. 그런데 『삼국사기』 신라본기에는 17등 경위제가 매우 일찍 정해진 것으로 전한다.[35]

봄에 6부의 이름을 고침과 아울러 姓을 내려주었다. 楊山部를 梁部로 삼고 姓은 李, 高墟部를 沙梁部로 삼고 姓은 崔, 大樹部를 漸梁部(牟梁이라고도 함)로 삼고 姓은 孫, 于珍部를 本彼部로 삼고 姓은 鄭, 加利部를 漢祇部로 삼고 姓은 裵, 明活部를 習比部로 삼고 姓은 薛로 하였다. 또 17등의 官을 두되 1 伊伐湌, 2 伊尺湌, 3, 迊湌, 4 波珍湌, 5 大阿湌, 6 阿湌, 7 一吉湌, 8 沙湌, 9 級伐湌, 10 大奈麻, 11 奈麻, 12 大舍, 13 小舍, 14 吉士, 15 大烏, 16 小烏, 17 造位로 했다.[36] (『삼국사기』 권제1, 신라본기 제1 유리이사금 9년)

---

35) 『삼국사기』 권제38, 잡지 제7 직관 상과 『삼국유사』 권제1 기이 제2 努禮王에도 동일한 내용이 전한다.

이 기사에 따르면 제3대 유리이사금 9년 봄에 6부의 이름을 고치고 성씨를 내려주면서 17등 경위를 정했다고 한다. 그리고 위에서는 인용을 생략했지만, 이 기사에 이어서 이른바 '嘉俳'의 기원에 대한 설명이 뒤따르고 있다.

이렇게 경위가 정비된 연도를 유리이사금 9년으로 정해 놓아서인지, 『삼국사기』 신라본기를 비롯하여 열전을 통털어서 17등 경위의 명칭이 처음 나타나는 것은 유리이사금 이후 탈해이사금 때부터이다. 그 이전 赫居世・南解 때에는 경위 명칭을 지닌 인물들이 전혀 보이지 않는 것이다. 이렇게 보면 유리이사금 9년에 17등 경위가 제정되었다는 것이 신빙성이 있는 것처럼 생각될 수도 있다. 그러나 현재 학계에서는 이를 그대로 인정하지 않는다. 『삼국사기』는 백제의 경우에도 16등 관등제가 고이왕 때 제정된 것으로 전하고 있지만,[37] 후대의 사실을 종합・정리하여 소급한 것으로 보는 것이 일반적이다. 구체적으로는 한성시대에 골격이 마련되어 사비시대에 최종적으로 정비되었다고 보는 견해가 유력하다.[38]

---

36) "春 改六部之名 仍賜姓 楊山部爲梁部 姓李 高墟部爲沙梁部 姓崔 大樹部爲漸梁部一云牟梁 姓孫 于珍部爲本彼部 姓鄭 加利部爲漢祇部 姓裵 明活部爲習比部 姓薛 又設官 有十七等 一伊伐湌 二伊尺湌 三迊湌 四波珍湌 五大阿湌 六阿湌 七一吉湌 八沙湌 九級伐湌 十大奈麻 十一奈麻 十二大舍 十三小舍 十四吉士 十五大烏 十六小烏 十七造位"

37) "春正月 … 又置達率・恩率・德率・扞率・奈率 及將德・施德・固德・季德・對德・文督・武督・佐軍・振武・克虞 六佐平幷一品 達率二品 恩率三品 德率四品 扞率五品 奈率六品 將德七品 施德八品 固德九品 季德十品 對德十一品 文督十二品 武督十三品 佐軍十四品 振武十五品 克虞十六品 …"(『삼국사기』 권제24, 백제본기 제2 고이왕 27년)

38) 盧重國, 1988 『百濟政治史研究』, 一潮閣, 217~218쪽. 여기서는 소급・부회의 책임을 『삼국사기』 찬자에게 두었다. 그러나 필자는 『삼국사기』 이전의 기록에 그 원인이 있다고 생각한다. 여기에 관해서는 후술한다.

<표 1-2> 6세기 이전의 경위 소지 인물 일람표(신라본기)

	伊伐湌(舒弗邯,角干)	伊湌	迊湌	波珍湌	大阿湌	阿湌	一吉湌	沙湌	級湌	大奈麻	奈麻
脱解(昔)	順貞/11 羽烏(角干)/17			吉門/21		←吉門/21					
婆娑(朴)		明宣/5 允良/14 5部 伊湌/23		允良/5 啓其/14		吉元/6 吉元/14					
祇摩(朴)	酒多(角干)/卽	許婁·摩帝/卽 昌永/2,18 翌宗/10,11 玉權/18		玉權/2 昕連/10		林權/10	申權/2	順宣/2			
逸聖(朴)		雄宣/3,9,18 大宣/18					近宗/3	得訓/16			宣忠/16
阿達羅(朴)		繼元/1,15 興宣/15		仇道/19	吉宣/12		興宣/2,14 仇須兮/19				
伐休(昔)	仇鄒(角干)/卽			仇道/2,5		國良/9	仇須兮/2 逑明/9				
奈解(昔)	眞忠(一伐湌)/10 利音/12,13,14,19,25 忠萱/25,27 連珍/27,29	萱堅/16 康萱/32		康萱/32			允宗/16				
助賁(昔)	于老(舒弗邯)/15	連忠/1 于老/2,4									
沾解(昔)	長萱(舒弗邯)/2 于老(舒弗邯)/3 翊宗(一伐湌)/9	長萱/2 良夫/3				夫道/5					克宗/15
味鄒(金)	良夫(舒弗邯)/2	弘權/20		正源/17			直宣/5 良質/20,22	光謙/20			
儒禮(昔)	弘權(舒弗邯)/2 末仇(舒弗邯)/8 弘權(舒弗邯)/12	智良/14					大谷/9 長昕/14	順宣/14			
基臨(昔)	乞淑(角湌)/卽	長昕/2									
訖解(昔)	于老(角干,舒弗邯)/卽 康世/36,37	急利/5				急利/2,3,5					
奈勿(金)	末仇(角干)/卽	大西知/37									
實聖(金)	未斯品(舒弗邯)/2,7	大西知/卽				昔登保(阿干)/卽					
訥祇(金)	未斯欣(贈舒弗邯)/17										堤上/2
慈悲(金)						伐智/16			德智/16		
照知(金)	未斯欣(舒弗邯)/卽 烏含/6 乃宿/卽,8 比智/15	實竹/8									

* '/숫자'는 해당 왕의 재위 년도(卽은 卽位條의 家系說明記事)

『삼국사기』 초기 기사의 사실성에 대한 판단과는 별도로, 연도에 많은 착란이 있음은 여러 번 지적되어 왔다.[39] 이렇게 문제가 있는 자료를 곧바로 이용할 수 없음은 당연하다. 따라서 『삼국사기』에 나오는 17등 경위의 제정 연도를 그대로 믿을 수 없는 것은 물론, 초기 기사에 등장하는 경위 명칭을 곧바로 인정하는 데 주저하게 되는 것이다. 그러면 초기 기사에 보이는 많은 경위 명칭들을 모두 가공의 것으로 간주해야 하는가? 아니면 연도에 문제가 있음을 인정하면서도 일정한 한도 내에서 사료로 이용하는 것이 가능한가?

이 점을 검토하기 위하여 법흥왕대 이전까지 신라본기에 등장하는, 경위 명칭을 지닌 인물들을 모두 뽑아내어 <표 1-2>를 작성해 보았다. 이를 활용하면서 『삼국사기』 신라본기 초기 기사에 나타나는 경위 명칭의 신빙성 문제를 생각해 보기로 한다.

먼저 검토해야 할 점은, 경위 관련 기사가 『삼국사기』 편찬자들의 손을 거치며 표현이 바뀌거나 의도적으로 만든 흔적이 있는지 여부이다. 앞서 보았듯이, 신라본기 유리이사금 9년조에는 17등 경위의 명칭이 모두 열거되고 있다. 여기에 소개된 것들은 『삼국사기』 직관지 본문에 실린 경위 명칭과 일치한다(이를 편의상 '기본명칭'이라 불러둔다). 그런데 직관지는 경위 각각에 細註를 달아서 여러 가지 異稱들을 수록하였다. 신라 경위는 많은 이칭을 갖고 있었으므로, 서

---

39) 『삼국사기』 초기 기사의 연도 문제를 다룬 대표적인 연구로는 다음이 있다.

　金哲埈, 1975 「新羅上古世系와 그 紀年」 『韓國古代社會硏究』, 知識産業社(원재 1962 『歷史學報』 17·18合)

　金光洙, 1973 「新羅 上古世系의 再構成 試圖」 『東洋學』 3, 단국대 동양학연구소

　李仁哲, 1986 「新羅 上古世系의 新解釋」 『淸溪史學』 4

　宣石悅, 2001 『新羅國家 成立過程研究』, 혜안

　姜鍾薰, 2000 『신라상고사연구』, 서울대출판부

로 다른 기록들을 열람하여 활용한 편찬자들로서는 필요한 조치였을 것이다.

유리이사금 9년조의 경위 명칭과 직관지 본문의 경위 명칭, 그리고 직관지 세주의 이칭, 그외 6세기 초까지 신라본기의 몇 군데서 사용된 이칭들을 정리해 보면 아래 <표 1-3>과 같다.

<표 1-3> 『삼국사기』의 경위명 사용례

	유리9년조	직관지 본문	직관지 細註의 이칭	본기만의 使用例
1	伊伐湌	伊伐湌	伊罰干, 于伐湌, 角干, 角粲, 舒發翰, 舒弗邯	角湌, 一伐湌
2	伊尺湌	伊尺湌	伊湌	
3	迊 湌	迊 湌	迊判, 蘇判	
4	波珍湌	波珍湌	海干, 波彌干	
5	大阿湌	大阿湌		
6	阿 湌	阿 湌	阿尺干, 阿粲	阿干
7	一吉湌	一吉湌	乙吉干	
8	沙 湌	沙 湌	薩湌, 沙咄干	
9	級伐湌	級伐湌	級湌, 及伐干	
10	大奈麻	大奈麻	大奈末	
11	奈 麻	奈 麻	奈末	
12	大 舍	大 舍	韓舍	
13	舍 知	舍 知	小舍	
14	吉 士	吉 士	稽知, 吉次	
15	大 烏	大 烏	大烏知	
16	小 烏	小 烏	小烏知	
17	造 位	造 位	先沮知	

<표 1-3>에서 알 수 있듯이, 신라본기 유리이사금 9년조의 경위 명칭과 직관지 본문의 경위 명칭은 정확하게 일치하고 있다. 이 점은 무엇을 말하는가? 직관지 편찬자가 유리이사금 9년조에 수록된 17개의 경위 명칭을 기준으로 삼고, 『삼국사기』를 편찬할 때 참고한 여러 자료들에서 다양하게 사용되던 경위 명칭을 이칭으로 간주하여 세주

로 처리한 결과라고 판단된다.[40]

이 점을 감안하면『삼국사기』편찬자들이 신라본기를 엮을 때 자신들이 참고한 자료들에서 다양하게 사용된 경위 명칭 중에서 하나를 택하여 용례를 통일시키고('기본명칭'), 나머지를 이칭으로 처리하여 직관지 세주에 모아두었을 가능성을 상정해 볼 수 있다. 만약 그렇다면『삼국사기』초기 기사에 나타나는 경위 명칭은 편찬 당시에 손질하거나 바꾼 셈이 될 뿐아니라, 더 나아가서는 후대의 경위 명칭을 그것이 존재하지 않던 시기까지 소급·부회하였을 가능성마저 배제할 수 없게 된다. 이 점을 판단하기 위하여 앞의 <표 1-2>와 <표 1-3>을 비교하면서 검토해 보자.

우선 지적해둘 것은, 직관지 세주의 이칭들이『삼국사기』편찬자들이 참고한 자료에 나타난 경위 이칭을 모두 망라하고 있지 못하다는 점이다. <표 1-3>에서 보듯이, 신라본기에서는 직관지 세주에 포함되지 않는 경위 명칭 사용례가 발견되기 때문이다. 내해이사금 때의 一伐飡 眞忠,[41] 첨해이사금 때의 一伐飡 翊宗,[42] 기림이사금 즉위조의 乞淑 用飡,[43] 실성이사금 즉위조의 昔登保 阿干[44] 등이 그

---

40) 또는 신라본기를 편찬한 실무자가 직관지를 참고하여 경위 제정 사실을 유리이사금 9년에 넣었을 가능성도 있다. 어쨌든 선후관계를 차치하고서라도 신라본기 유리이사금 9년조와 식관시 본문의 경위 명칭이 일치하는 것은, 양자를 서로 대조하며 편찬한 결과임이 분명하다고 판단된다.

41) "春二月 拜眞忠爲一伐飡 以參國政"(『삼국사기』권제2, 신라본기 제2 내해이사금 10년)

42) "秋九月 百濟來侵 一伐飡翊宗逆戰於槐谷西 爲賊所殺"(위의 책, 첨해이사금 9년)

43) "助賁尼師今之孫也 父乞淑用飡"(위의 책, 기림이사금 즉위조). 李丙燾 校監 1977『三國史記』, 乙酉文化社, 22쪽에서는 用을 伊의 刊誤로 보았다. 그런데 居柒夫傳의 仇珍 大角飡과 比台 角飡, 新羅本紀 武烈王 2년조의 仁泰 角飡과 大角飡 庾信 등의 사례에 비추어 생각하면 角의 刊誤로 볼 가능성도 있다. 어떻게 보든 필자의 논지에 큰 지장을 주지는 않는다.

것이다. 또한 신라본기에서는 경위의 기본명칭만이 사용된 것이 아니라 다양한 이칭들이 함께 사용되고 있다. 특히 신라본기 내해이사금 10년조의 一伐湌 眞忠에[45) 곧바로 이어 동 12년조에는 伊伐湌 利音이[46) 나타난다. 또 흘해이사금 즉위조에서는 角干과 舒弗邯이 혼용되고 있다.[47) 이러한 점들은 『삼국사기』를 편찬할 당시에 일괄적으로 용례를 통일시켰을 가능성을 부정해준다.[48)

다음으로는 伊尺湌과 級伐湌의 예를 들 수 있다. 신라본기 유리이사금 9년조와 직관지 본문에서는 伊尺湌・級伐湌을 기본명칭으로 적고, 伊湌・級湌을 이칭으로 간주하여 세주에 넣었다(<표 1-3> 참조). 그러나 유리이사금 9년조를 제외한 신라본기의 다른 모든 부분에서는 伊尺湌・級伐湌이 아니라 伊湌・級湌이라는 명칭만이 사용되고 있다. 유리이사금 9년조와 직관지 본문에서 일치시킨 기본명칭이 거의 무시되고 있는 것이다.

이러한 경향은 伊伐湌의 경우에 더욱 분명하게 드러난다. 신라본기에 나타나는 伊伐湌의 용례는 매우 들쭉날쭉한 편이다. 유리이사금 9년조와 직관지 본문에서는 伊伐湌을 기본명칭으로 적어놓았지만, 통일 이후까지를 통털어 伊伐湌보다는 角干이라는 명칭이 더 많이 사용되고 있는 것이다. 특히 伊伐湌이라는 명칭은 내해・흘해・조지이사금대의 일부에 국한되어 사용되고 있을 뿐이며, 나머지 연

---

44) "關智裔孫 大西知伊湌之子 母伊利夫人(伊一作企) 昔登保阿干之女…" (위의 책, 신라본기 제3 실성이사금 즉위조)

45) 앞의 주41과 같음.

46) "春正月 拜王子利音(或云奈音) 爲伊伐湌 兼知內外兵馬事"(위의 책, 신라본기 제2 내해이사금 12년)

47) "訖解尼師今立 奈解王孫也 父于老角干 母命元夫人 助賁王女也 于老事君有功 累爲舒弗邯 …"(위의 책, 흘해이사금 즉위조)

48) 그밖에도 <표 1-2>를 보면 쉽게 알 수 있듯이, 伊伐湌에 해당하는 명칭은 한 王代에도 여러 가지 용례가 곧잘 발견된다.

대기에서는 角干·舒弗邯이 주로 사용되고 간혹 一伐湌이 보인다 (＜표 1-2＞ 참조). 다만 이렇게 부정형적인 가운데서도 명칭의 사용 례가 시기별로 일정한 경향성을 띠고 있음을 지적하지 않을 수 없다.

즉 ＜표 1-2＞에서 볼 수 있듯이, 탈해대의 羽烏 이후 벌휴 즉위년 조의 仇鄒까지 3인은 角干, 그 이후 내해대의 4인(9회)은 伊伐湌, 그 리고 조분 이후 조지 초까지는 舒弗邯이라는 명칭이 주된 사용례를 차지하고 있는 것이다. 이러한 현상은, 『삼국사기』 전체를 일관하는 용례 통일의 기준은 없었더라도, 신라본기를 분담한 개별 편찬자들 이 각기 용례나 표현을 통일시켰을 가능성을 생각해 보게끔 한다.

그러나 이러한 경향성 속에서도 예외적인 용례가 다수 발견되는 점을 간과할 수 없다. 伊伐湌이라는 용례가 주로 사용된 내해대의 一伐湌 眞忠,[49] 舒弗邯이 주로 사용된 시기인 첨해대의 一伐湌 翊 宗,[50] 기림대의 乞淑 用湌,[51] 흘해대의 伊伐湌 康世(2회),[52] 내물대 의 末仇 角干[53] 등이 그것이다. 따라서 伊伐湌·角干·舒弗邯의 명 칭 사용례에 나타난 시기별 경향성을 『삼국사기』 찬자들의 의도적 편찬의 결과로 보기는 어렵다. 여러 명이 분담하여 편찬에 임했더라 도, 개별 편찬자 차원에서 자신이 맡은 부분의 명칭이나 표현을 통일 시켰을 가능성은 거의 없는 것이다.

이상과 같이 생각하면, 신라본기의 초기 기사에서 일찍부터 나타

---

49) 앞의 주41와 같음.

50) 앞의 주42과 같음.

51) 앞의 주43과 같음.

52) "春正月 拜康世爲伊伐湌"(『삼국사기』 권제2, 신라본기 제2 흘해이사금 36 년)

"倭兵猝至風島 抄掠邊戶 又進圍金城 急攻 王欲出兵相戰 伊伐湌康世曰 …"(동 37년)

53) "奈勿(一云那密)尼師今立 姓金 仇道葛文王之孫也 父末仇角干 …"(위의 책, 신라본기 제3 내물이사금 즉위년)

나는 많은 경위 명칭들이 『삼국사기』 편찬 당시의 어떤 기준에 의해 일괄적으로 통일된 것이거나 굴절된 표현일 가능성은 매우 희박해진다. 경위 명칭의 사용례에 국한시켜 생각한다면, 『삼국사기』 찬자들은 '述而不作'의 원칙을 비교적 충실히 지키고 있었다고 할 수 있다. 즉 『삼국사기』 편찬자들은 이전에 이미 나와 있던 『舊三國史』를 비롯하여 신라인 스스로가 남긴 자료에서 사용된 경위 명칭들을 대부분 그대로 옮겼을 뿐, 특별한 손질하거나 바꾸지는 않았던 것이다. 더구나 『삼국사기』 편찬자들은 신라 관등에 대해 상세하고 정확한 지식을 갖고 있지는 못한 상태였다.[54] 그런 상태에서 일괄적으로 용어를 손질하거나 통일시키고 架空의 인물을 특정 경위에 소급·부회할 여유는 거의 없었던 것으로 생각된다.

『삼국사기』 신라본기에서 이렇듯 다양한 경위 명칭 사용례가 나타나는 것은, 『삼국사기』 편찬 이전에 이미 존재하던 다른 저본들 자체가 여러 계통의 서술들을 그대로 싣고 있었기에 나타난 결과일 가능성이 높다. 『삼국사기』 자체에서 그 자료 계통을 분리해내는 것은 쉽지 않으나 대표적인 몇 사례를 지적할 수는 있다.

즉 실성이사금 즉위조에서 그 어머니를 '昔登保 阿干의 딸'[55]이라

---

54) 뒤의 제2부에서 언급하겠지만 『삼국사기』 직관지에서 外位와 外官을 혼동하고 있는 흔적을 보이는 점과 함께, 직관지 서문에서 "… 伊伐湌이나 伊湌 등은 모두 夷言이라서 그렇게 부른 뜻을 알지 못한다. 당초에 만들었을 때는 반드시 직책에 맡은 바가 있었고 자리에는 定員이 있어서 尊卑를 구별하고 人才의 大小에 따라 대우했겠지만 세월이 오래되고 기록이 빠져서 상세하게 살펴볼 수가 없다 …"고 한 구절은 이런 사정을 알게 한다.

金富軾 자신의 집필로 생각되는 서문은 '… 今採其可考者 以著于篇'까지인데, 여기서도 직관지 본문의 기본명칭인 伊湌이 아니라 伊湌이라는 표기례를 사용하고 있는 점이 주목된다. 이는 김부식 역시, 신라본기 유리이사금 9년조와 직관지 본문에서 제2등 경위의 기본명칭을 伊尺湌으로 일치시킨 편찬 실무자의 영향에서 벗어나 있었음을 말해주는 증거이다.

55) 앞의 주44와 같음.

고 한 것을 들 수 있는데, 이는 유리이사금 9년조와 직관지 본문의
기본명칭(阿飡)과 다를 뿐아니라 직관지 세주에 나열된 이칭(阿尺
干, 阿粲)에도 속하지 않는다.『삼국사기』전체를 통털어서 阿飡이
라는 표기가 일관되게 사용되고 있음에도 불구하고 이러한 예외가
나타나는 것이다. 이는 실성이사금의 家系를 설명한 부분이 신라본
기를 구성하는 다른 연대기 자료와 계통을 달리하고 있었기 때문으
로 생각된다.

신라본기에서 이러한 경우를 비교적 쉽게 판별할 수 있는 곳이 국
왕 즉위조에서 가계를 설명한 부분인데, 다른 몇 가지 경우를 더 살
펴보면 알 수 있다. 伊伐飡의 경우 舒弗邯·角干 등 다른 표기례가
섞여 사용되고 있는데, 시기별로 일정한 경향성을 보이고 있는 점은
앞서 언급한 바 있다. 또 舒弗邯이라는 표기가 주된 사용례를 이루
고 있는 시기에도 예외적인 사례가 나타난다. 특히 흘해이사금 즉위
조에서는 角干이라는 표현에 이어 舒弗邯이라는 표현이 함께 사용
되고 있다.56) 그리고 열전의 于老傳과 신라본기 속에서도 于老는 伊
飡 2회, 舒弗邯 4회의 표기례로 나타난다. 따라서 같은 신라본기의
흘해이사금 즉위조에 속한 구절이긴 하지만 '父于老角干'이라는 것
과 '于老事君有功 累爲舒弗邯' 운운한 부분은, 계통을 달리하는 사
료가 후대에 합쳐져서『삼국사기』에 최종 정착한 것으로 볼 수 있다.

다음 내물 즉위조에 나오는 '末仇 角干'57)의 경우도 유례이사금 8
년조에서는 '拜末仇爲伊伐飡'58)이라고 하여 다른 표기례가 사용되고
있다. 따라서 유례 8년조와 내물 즉위조의 가계 서술 부분도 사료 계
통이 다른 경우에 속한다. 이렇게 보면 대체로 국왕 즉위조의 가계

---

56) 앞의 주47과 같음.

57) 앞의 주53과 같음.

58) "八年 春正月 拜末仇爲伊伐飡 末仇忠貞有智略 王常訪問政要"(앞의 책
    권제2, 신라본기 제2 유례이사금 8년)

서술 부분은 신라본기를 구성하는 다른 연대기와는 사료의 계통을 달리하는 경우가 많다고 할 수 있다.[59]

별개의 계통을 가진 사료들이 하나로 모아졌지만 표현의 통일이 이루어지지 않은 것은, 일차적으로는 『삼국사기』 편찬자들의 '述而不作'의 태도에서 기인할 것이다. 그리고 한 걸음 더 나아가서 생각하면, 『삼국사기』 편찬자들이 참고한 여러 저본들 자체가 그러했기 때문이라 생각된다. 또한 표현이나 용례를 손질하거나 바꾸지 않았다는 것은, 인위적으로 조작하거나 시간을 소급하여 附會했을 가능성이 적을 것이라는 유추도 가능하게 한다. 그러나 이 문제는 좀 더 신중히 판단해 볼 필요가 있다. 이제부터 후대적인 소급·부회의 문제를 검토해 보자.

신라본기의 지마이사금 즉위조를 보면, 파사대에 酒多 즉 후대의 角干에 해당하는 位號가 생겨난 유래를 전해주는 설화가 있다.[60] 이 설화의 사실성을 어느 정도 인정한다면[61] 角干 즉 伊伐湌의 위호는 파사대에 처음 생겨난 것이 된다. 따라서 伊伐湌·角干이 기록에 나타나는 것도 그 이후가 되어야 한다. 그러나 <표 1-2>에서 볼 수 있듯이 탈해대에 보이는 伊伐湌 順貞과 角干 羽鳥의 2사례는 이와 상충된다. 따라서 초기 기록에 나타나는 경위 명칭들의 일부가 후대에 소급·부회시킨 것일 가능성을 배제할 수는 없는 것이다.

『삼국사기』 초기 기록에 나오는 경위 명칭 모두가, 경위제를 정비한 이후 시점을 기준으로 시간을 소급하여 부회된 것일까? 그러나

---

59) 벌휴이사금 즉위조의 仇鄒 角干, 奈解代의 一伐湌 眞忠, 沾解代의 一伐湌 翊宗, 基臨 즉위조의 乞淑 用湌 등(<표 1-2> 참조)도 전후한 시기의 다른 연대기 사료와 계통을 달리하는 것으로 보인다.

60) "…王謂婓曰 此地名大庖 公於此 置盛饌美醞 以宴衒之 宜位酒多 在伊湌之上 … 酒多 後云角干"(『삼국사기』 권제1, 신라본기 제1 지마이사금 즉위조)

61) 여기에 대해서는 뒤의 2장에서 언급할 것이다.

'大輔'라는 칭호를 살펴보면 그 가능성은 일반화될 수 없는 것임을 알 수 있다. 대보라는 漢字式 칭호는 후대적 표현에 속하는데,『삼국사기』에는 남해 7년의 탈해,[62] 탈해 2년의 瓠公,[63] 그리고 金閼智가 대보를 지낸 인물로[64] 나온다. 그런데 남해대에 탈해가 대보로 임명될 때 '委以軍國政事'한 예에서 미루어보아, 대보는 후대의 이벌찬·이찬과 거의 같은 성격의 것이었다고 할 수 있다.[65] 그럼에도 불구하고 탈해와 호공·알지가 이벌찬·이찬이 아니라 대보로 표현된 것은, 이 시기에는 이벌찬이라는 위호가 실제로 존재하지 않았기 때문일 것이다.[66]

즉『삼국사기』편찬자들이 참고했던 자료를 기록한 사람들도, 이벌찬이 존재하지 않던 시기에 그에 버금가는 비중을 지녔던 인물이라고 해도 무작정 이벌찬으로 적지는 않았다. 대보라는 漢字를 빌어 그 지위를 추상적으로 표현하는 데 그쳤던 것이다. 따라서 후대에 소급·부회된 것은 이벌찬 順貞과 각간 羽鳥 등 극소수의 경우에 한정되리라 생각된다. 이렇게 생각하면 그 이후에 등장하는 인물들이 소지한 경위 명칭 또한 후대에 일괄적으로 소급하거나 부회한 결과였

---

62) "秋七月 以脫解爲大輔 委以軍國政事"(『삼국사기』권제1, 신라본기 제1, 남해차차웅 7년)

63) "春正月 拜瓠公爲大輔"(위의 책, 달해이사금 2년)

64) "…其先閼智 出於雞林 脫解王得之 養於宮中 後拜爲大輔…"(위의 책, 신라본기 제2 미추이사금 즉위년)

65)『삼국사기』신라본기 초기 기사에서 伊伐湌·伊湌이 임명될 때는 대부분 '委以政事(內外兵馬事)'등으로 그 職任이 기록되어 있다. 흘해대의 急利가 阿湌으로서 '委以政要 兼知內外兵馬事'(『삼국사기』권제2, 신라본기 제2 흘해이사금 2년)한 것을 제외하면, 이는 모두 伊湌 또는 伊伐湌에게만 해당되는 직임이었다.

66) 이벌찬·이찬으로 표현된 부분과 사료 계통을 달리하거나,『삼국유사』권제4, 義解 제5 慈藏定律의 '台輔'라는 표현에서 보듯이, 大輔란 표현 자체가 중요한 국가적 직임을 맡은 자에 대한 凡稱처럼 사용되었을 수도 있다.

을 가능성은 매우 희박하다.

다음으로 앞의 <표 1-2>를 보면, 迊湌·大阿湌·大奈麻는 6세기 이전의 신라본기에 한번도 나타나지 않고 있다. 그 중 특히 대아찬·대나마에 대해서 주목할 필요가 있는데,[67] 대아찬은 신라 골품규정에서 진골 이상, 대나마는 6두품 이상이라야 오를 수 있는 경위였다. 그리고 이들 경위는 골품제의 성립을 전후한 시기에 아찬·나마에서 각각 분화하여 성립한 것으로 이해된다. 골품제가 제도로 명확히 성립한 것은 6세기 전반 무렵이므로, 이들 경위도 이 때를 전후하여 그리 멀지 않은 시기에 생겨난 것으로 볼 수 있다.

따라서 『삼국사기』 초기 기록들에서 대아찬·대나마가 나타나지 않는 것은 당연하다.[68] 앞의 <표 1-2>를 보면 쉽게 알 수 있듯이, 6세기 이전의 신라본기에서는 잡찬·대아찬·대나마가 한 명도 보이지 않는다. 당시에는 이들 경위가 실재하지 않았을 것이기 때문이다. 따라서 아찬에서 파진찬으로 승진한 吉門의 경우나 일길찬에서 일약 이찬으로 승진한 興宣과 長昕의 경우에 대아찬이나 잡찬을 거치지 않은 것이 자연스럽게 받아들여진다.[69]

이상과 같은 면을 감안한다면, 『삼국사기』를 편찬할 때 참고한 여러 자료들에서도, 신라 초기에는 존재하지 않던 어떤 경위 명칭에다 특정 인물을 후대에 소급·부회해놓은 경우는 거의 없었다고 판단된

---

67) 迊湌의 경우에 대해서는 뒤의 2장에서 다루기로 한다.

68) 다만 『삼국사기』 권제45, 열전 제5 朴堤上傳에서 실성이사금대에 그가 大阿湌으로 追贈된 경우가 문제된다. 그가 처음에 어떤 관등으로 추증되었다가 520년 이후에 다시 한번 大阿湌으로 추증된 것이 기록으로 정착된 것이 아닌가 하는 견해(全德在, 1996 앞의 책, 128쪽의 주36)가 참고된다. 그러나 실성대에 이미 阿湌에서 大阿湌이 분화되어 있었을 가능성도 완전히 배제할 수는 없다.

69) 迊湌이나 波珍湌을 거치지 않은 승진 사례가 의미하는 바에 대해서는 뒤의 2장에서 언급한다.

다. 대보의 직책을 띤 인물들이나 탈해대에 보이는 이벌찬 순정과 각
간 우오의 경우도 마찬가지이다. 즉, 그들은 실제로 후대의 이벌찬에
비견되는 세력을 지니며 그에 걸맞는 활동을 했었기에 그렇게 표현
될 수 있었을 것으로 생각되는 만큼, 전혀 근거 없이 가공된 것은 아
니라고 판단된다. 6세기 이전에 해당하는 신라본기의 경위 관련 기
록의 대부분은, 후대에 소급·부회된 가공의 것이 아니라 일정하게
사실을 반영하고 있다고 보아도 좋은 것이다.

다만 『삼국사기』에 나오는 경위 명칭이 당시의 표기법 그대로였는
가 하는 점은 의문의 여지가 있다. 즉 『삼국사기』에 나오는 6세기 이
전의 경위들은 대부분 '○○湌'으로 되어 있다. 그러나 6세기의 금석
문들을 보면 모두가 '○○干(支)'으로 나타난다. 그리고 통일 직후의
금석문에서 비로소 '○○飡(湌)'의 표기가 보이기 시작하여[70] 이후
신라 말기까지 '○○干'과 섞여 쓰였다.[71] 따라서 『삼국사기』의 6세
기 이전 기록에 보이는 경위 명칭은 당시의 것이라기보다는 통일 전
후의 표기법을 따른 것일 가능성이 크다.

이상에서 살펴본 대로, 과거 일본인 연구자들이 주로 의존했던
『양서』 신라전은 520년대 신라의 사정에 대해 생생한 정보를 담고
있는 것이기는 했지만, 신라 관등제에 관해서 만큼은 사료 가치가 현
격히 낮은 것이었다. 따라서 이를 기준으로 경위의 성립과정이나 연
도를 생각할 수는 없다. 반면에 그동안 상대적으로 경시되어온 삼국
사기』 초기 기록의 경위 관련 기사들에 조금 더 주목할 필요가 있다.
실제 연도에서는 무리와 착오가 더러 있다고 해도, 『삼국사기』 초

---

70) 文武王陵碑(682)의 앞 부분에 及飡 國學少卿 金□□이 나온다.
71) 權悳永, 1991 「新羅 官等 阿飡·奈麻에 대한 考察」 『國史館論叢』 21, 39
～40쪽에서는 금석문에 보이는 阿飡·奈麻의 표기법 변화의 경향성에 정
치적 의미를 부여하고 있지만 필자의 생각과 차이가 있다.

기 기록들에 나타나는 경위 명칭 및 그 명칭을 지닌 인물들의 존재
는, 대체적인 경향성이라는 차원에서는 사료 가치를 인정할 수 있다
고 판단된다.[72] 따라서 신라 경위의 기원이나 경위제의 성립 과정을
살펴볼 때는 『삼국사기』에 일차적인 비중을 두어야 한다고 생각된
다. 그를 바탕으로 6세기의 금석문들을 활용하면서 경위 명칭을[73]
지닌 자들의 실체를 분석하고, 그들의 세력 기반을 추정함으로써 사
로국 단계의 지배세력의 존재 형태는 물론, 초기의 서열체계를 복원
하는 것이 가능할 것이다.

---

72) 『삼국사기』에서는 6세기 이후의 기사에서도 어떤 인물이 오른 최종 京位
를 시간을 소급하여 서술한 경우가 없지 않다. 또 金舒玄은 蘇判까지 밖
에 올라가지 못한 것으로 판단되지만(『삼국사기』권제6, 신라본기 제6 문
무왕 즉위년 ; 동 권제43, 열전 제1 김유신전 상의 金庾信碑文 ;『삼국유
사』권제2 駕洛國記), 角干으로 표기되기도 한다(『삼국사기』권제5, 신라
본기 제5 태종무열왕 즉위년 ;『삼국유사』권제1, 기이 제2 金庾信). 후자
가 오류일 가능성이 크다.
  『삼국사기』김유신전이 그의 玄孫 金長清이 지은 行錄 10권을 다듬어
찬술한 것임을 감안하면, 신라 통일기에 들어와서 정리된 傳記類들이 고
위직을 역임한 인물들을 角干으로 통칭하는 경우가 많았음을 짐작할 수
있다.『삼국유사』혜공왕조의 '96角干'도 이러한 맥락에서 이해된다. 따라
서『삼국사기』초기 기사에서도 이러한 가능성을 배제할 수 없는데, 특히
角干이란 표기례를 사용한 경우가 그 가능성이 높다. 따라서 필자가 경위
와 관련된 초기 기사의 신빙성을 인정한다는 것은, 어디까지나 '대체적인
경향성'이라는 차원에서이다.

73) 다만 그 경위 명칭들이 관료 개인의 정치적 지위를 나타내는 제도화된 관
등으로 사용된 것으로는 생각되지 않는다. 따라서『삼국사기』초기 기록의
경위 명칭은 '일정한 지위에 따른 고유한 칭호'라는 뜻의 '位號'로 표현하
는 것이 적절하다고 생각된다. 赫居世의 位號를 居瑟邯이라 했다는『삼국
유사』권제1, 기이 제2 新羅始祖赫居世王의 표현을 활용한 것이다.

2장 지배세력의 존재형태와 그 위호

지금의 경주 일원을 중심으로 출발한 사로국은 정복과 복속의 과정을 거쳐 경상도 일대의 소국들을 아우르면서 신라로 성장하였다. 6세기에 들면서 모습을 갖추기 시작한 집권적 지배체제는 그 결과물이었다. 그런데 이 때 신라 특유의 신분제인 골품제도 함께 성립하였다. 더 넓은 영토와 많은 주민을 하나의 체제 아래 아우르는 형식이, 역설적으로 극도의 폐쇄성을 고착화한 내용이었던 것이다.

여기서 제기되는 의문을 풀기 위해서는 지금까지와는 다른 각도로 접근할 필요가 있다고 생각된다. 신라가 집권체제를 정비하는 데는 주변 소국들을 하나로 아우르는 것도 필요했지만, 사로국 내부의 독립적인 여러 세력들을 국왕 아래에 일원적으로 서열화하는 일이 먼저였다.

이 장에서는 주로 이사금 시기를 대상으로 사로국을 구성하던 독립성이 강한 세력들의 존재형태, 그리고 그 각각이 갖고 있던 위호들에 주목하고자 한다. 그 목적은 신라 경위의 기원을 알아보기 위해서이다. 관등제의 정비는 사로국을 구성한 여러 세력들을 중앙정부의 귀족관료로 전환시키는 의미를 갖고 있었다. 따라서 그 이전의 상태를 알기 위해서는 기원에 대한 검토를 빼놓을 수 없는 것이다.

신라와 고구려의 관등제는 주변 지역 수장층을 그 세력의 크기에 따라 중앙 관제에 편제하는 과정에서, 그들이 본래 갖고 있던 관제들이 그대로 중첩되면서 성립하였다고 보는 것이 지금까지 연구의 대체적인 경향이었다. 그러나 이는 거시적이고 일반론적인 이해였을 뿐, 구체적인 분석이 뒷받침되었다고 보기는 어렵다. 이 장에서는 조금 다른 각도로 이 문제에 접근하려고 한다.

즉 사로국 지배층이 주변 소국의 수장들을 편제하기 위해서는, 사로국 내부에서 이미 어떤 서열 기준이 마련되어 있거나, 적어도 마련되어가는 과정에 접어들어 있어야 한다는 전제로부터 출발하고자 한다. 주변 소국의 수장들은 그 기준에 따라 편제되는 대상에 지나지 않기 때문이다. 이런 시각에서 사로국을 구성한 독립적인 세력들의 존재형태와 위호로부터 경위의 기원을 추적해본다. 이를 통해 신라의 경위제가 왜 왕경인만을 대상으로 운영되었던가 하는 점은 물론, 더 나아가 성립기의 신라 집권체제가 갖는 특징도 더욱 명료하게 이해할 수 있을 것으로 생각된다.

1. 독립적인 대세력―이벌찬과 이찬

사로국은 경주 일원에 흩어져 있던, 독립성이 강한 세력들이 연합한 형태로 출발하였다. 시조 혁거세가 居西干으로 추대되면서 사로국이 출발하는 과정을 전해주는 설화에는 이러한 사정이 잘 드러난다.

前漢 地節 원년 壬子 … 3월 초하루에 6부의 시조들이 각기 子弟를 거느리고 閼川 언덕 위에 모두 모여 의논하였다. "우리들이 위로 백성을 다스릴 君主가 없으니 백성이 모두 방자하여 제 하고 싶은 대로 한다. 德 있는 사람을 찾아 군주로 삼아 나라를 세우고 도읍을 건설해야 하지 않으랴" 하고 높은 곳에 올라 남쪽을 바라보니

楊山 아래의 蘿井 곁에 이상한 기운이 電光처럼 땅에 드리웠는데 백마 한 마리가 무릎을 꿇은 모습을 하고 있었다.

찾아가 살펴보니 자주빛(푸른색이라 한 경우도 있음) 큰 알 하나 가 있었는데 말은 사람을 보자 길게 울며 하늘로 올라갔다. 알을 깨 어 사내아이를 얻으니 모습이 단정하고 아름다웠다. … 그래서 赫 居世王이라 이름하고 … 位號를 居瑟邯이라 하였다. … 두 성인의 나이 13살이 되자 五鳳 원년 甲子에 남자를 왕으로 삼고 여자를 왕 후로 삼았다.[1] (『삼국유사』 권제1 紀異 제1 新羅始祖赫居世王)

이에 따르면 혁거세는 6部祖로 표현된, 지금의 경주 일원에 흩어 져 있던 독립적인 여러 세력들의 추대를 받아 왕위에 오른 것으로 추정된다.[2] 居西干(居瑟邯)이란 것은 사로국의 대표자가 처음 추대 되었을 때 붙여진 位號였다. 출발이 이러했던 만큼, 이후에 석씨·김 씨 집단이 대두하여 이사금의 자리를 교대하면서도 오랜 기간 동안 어느 한 집단이 절대적인 우위를 차지하지는 못하였다. 이러한 사정 은 사로국 초기의 이사금위 계승에 얽힌 사정을 전하는 다음 사료를 통하여 엿볼 수 있다.

유리이사금이 즉위하니 南解의 太子였다. … 일찍이 남해가 죽자 유리가 당연히 즉위해야 할 것이지만 大輔 탈해가 본래 德望이 있

---

1) "前漢地節元年壬子 … 三月朔 六部祖各率子弟 俱會於閼川岸上 議曰 我 輩上無君主 臨理蒸民 民皆放逸 自從所欲 盍覓有德人 爲之君主 立邦設 都乎 於是乘高南望 楊山下蘿井傍 異氣如電光垂地 有一白馬跪拜之狀 尋擥之 有一紫卵(一云靑大卵) 馬見人長嘶上天 剖其卵得童男 形儀端美 驚異之…因名赫居世…位號曰居瑟邯…二聖年至十三歲 以五鳳元年甲 子 男立爲王 仍以女爲后 國號徐羅伐 又徐伐 …"

2) 『삼국사기』 권제1, 신라본기 제1 始祖赫居世 즉위년에도 대략 비슷한 설 화가 전한다. 이 역시 朴氏 집단이 移住民인 점과 아울러 그 대표자인 혁 거세가 先住民 집단의 추대를 받아 居西干이 되었음을 말해주고 있다.

다 하여 그 자리를 미루어 양보하였다. 탈해는 "神器大寶는 용렬한 사람이 감당할 바가 아니다. 내가 듣자니 聖智人은 이가 많다 하니 떡을 씹어 시험해 보자" 하였다. 유리의 잇금이 많아서 좌우에서 받들어 즉위하고 이사금이라 불렀다. 古傳은 이와 같은데 金大問 은 말하기를 "이사금은 方言으로 잇금을 말한다. 옛날 남해가 죽으 려 할 때 아들 유리와 사위 탈해에게 '내가 죽은 뒤 너희 朴·昔 2 성은 연장자로 자리를 이어라'고 하였다. 그 후 金성 또한 일어나서 3성이 연령을 따져 서로 뒤를 이었기 때문에 이사금이라고 한다"고 하였다.3) (『삼국사기』 권제1, 신라본기 제1 유리이사금 즉위년)

탈해이사금이 즉위하였다. … 유리가 죽으려 할 때 "先王이 유언 하기를 '내가 죽은 뒤에 아들과 사위를 불문하고 나이가 많고 현명 한 사람으로 뒤를 잇도록 하라'고 해서 과인이 먼저 즉위하였다. 이 제 마땅히 그 자리를 (탈해에게) 전해주겠다"고 하였다.4) (동 탈해 이사금 즉위년)

앞의 기사는 남해가 죽은 뒤에 이사금의 자리를 놓고 남해의 아들 인 유리와 석씨 집단을 대표하는 탈해가 서로 양보하다가 결국 유리 가 먼저 즉위한 사정을 전한다. 그리고 뒤의 기사는 유리가 죽으면서 다시 탈해에게 이사금위를 물려준 배경을 전한다. 이들 설화는 모두 개인적 차원에서 양보하면서 이사금 자리가 교대된 것으로 이야기하 고 있지만, 박씨 집단과 석씨 집단 사이에 존재하던 역학관계를 바탕 으로 양자간의 갈등이 조정되면서 이사금위가 교대되었다고 보는 것

---

3) "儒理尼師今立 南解太子也… 初南解薨 儒理當立 以大輔脫解 素有德望 推讓其位 脫解曰 神器大寶 非庸人所堪 吾聞聖智人 多齒 試以餠噬之 儒 理齒理多 乃與左右奉立之 號尼師今 古傳如此 金大問則云 尼師今方言 也 謂齒理 昔南解將死 謂男儒理壻脫解曰 吾死後 汝朴昔二姓 以年長而 嗣位焉 其後 金姓亦興 三姓以齒長相嗣 故稱尼師今"

4) "脫解尼師今立… 儒理將死曰 先王顧命曰 吾死後 無論子壻 以年長且賢 者 繼位 是以寡人先立 今也宜傳其位焉"

이 실상에 가까울 것이다.

이렇게 보면 이사금은 여러 세력 집단의 대표자들에 의해 추대된 사로국 전체 차원의 대표자임과 아울러, 개인적으로는 그 자신이 이끄는 특정 집단의 대표자였다고 할 수 있다. 이사금 추대에 영향력을 행사할 수 있었던, 독립적인 세력 집단의 대표자로는 이벌찬 또는 이찬의 위호를 지니고 활동하던 인물들을 들 수 있다. 다음 기사는 그들의 실체에 접근할 수 있는 단서를 제공한다.

> 가을 8월에 音汁伐國과 悉直谷國이 영토를 다투다가 왕에게 와서 판정해주기를 청했다. 왕이 난처해하면서 "金官國의 首露王이 연로하고 지식이 많다"며 불러서 물으니, 수로가 논의를 주재하여 다투던 곳을 음즙벌국에 귀속시켰다. 이 때 왕이 6부에 명하여 함께 수로왕을 접대하게 했는데, 5부는 모두 伊飡을 내보냈으나 오직 漢祇部만이 서열이 낮은 자(位卑者)를 보냈다. 首露가 노하여 耽下里라는 奴를 시켜 漢祇部主 保齊를 죽이고 돌아가고, 奴는 音汁伐主 陁鄒干의 집으로 도망가서 숨었다. 왕이 사람을 시켜 奴를 찾았으나 陁鄒는 보내지 않았다. 왕이 노하여 군사로 음즙벌국을 치니 그 主가 무리와 함께 스스로 항복하고, 悉直과 押督 2국의 왕도 와서 항복하였다.…[5] (『삼국사기』 권제1, 신라본기 제1 파사이사금 23년)

음즙벌국과 실직곡국 사이의 경계 분쟁을 중재하기 위해 수로왕이 초청되었고, 파사이사금은 6부에[6] 명령을 내려 그를 접대하도록 하

---

5) "秋八月 音汁伐國悉與直谷國爭疆 詣王請決 王難之謂 金官國首露王 年老多智識 召問之 首露立議 以所爭之地 屬音汁伐國 於是 王命六部 會饗首露王 五部皆以伊飡爲主 唯漢祇部以位卑者主之 首露怒 命奴耽下里 殺漢祇部主保齊而歸 奴逃依音汁伐主陁鄒干家 王使人索其奴 陁鄒不送 王怒 以兵伐音汁伐國 其主與衆自降"

6) 6부의 실체와 성립 시기 등에 대해서는 학계 내에서 많은 논란이 있다. 이

였다. 그런데 5부에서는 모두 이찬이 참석했으나 漢祇部만이 '位卑者'를 내보내는 바람에 화가 난 首露의 지시로 漢祇部主 保齊가 살해당하는 등의 사건이 발생했다는 것이다. 이 역시 설화적 색채가 강하지만, 다음과 같은 점을 고려하면 기본적인 사실성은 인정할 수 있다.

즉 음즙벌국과 실직곡국이 경계 분쟁의 중재를 요청할 정도로 사로국은 주변의 소국들 사이에서 주도적인 위치에 있었다. 그러나 한지부주 보제를 살해한 탐하리를 내놓으라는 파사의 요구를 음즙벌국 타추간이 거절하고 있는 것으로 보아, 사로국이 음즙벌국 위에 군림하는 상태는 아니었다. 이는 사로국이 아직 진한 지역을 석권하지 못하고 여러 소국 중의 우세한 소국으로 존재하던 상태를 적절히 드러내고 있는 것이다.

그런데 여기서 더욱 주목되는 것은 사로국 내부의 상황이다. 즉 한지부주 보제를 죽인 자를 응징하려는 파사의 태도를 볼 때, 이사금은 6부의 총괄자이자 사로국의 대표자 역할을 수행하고 있었다. 한편 사로국의 6부에는 각각 '部主'와 함께 이찬이라는 위호를 지닌 자가 있었고,[7] 그 아래에는 다시 '位卑者'라고 표현된 부류들이 있었다.

책에서는 경위제와 관련하여 꼭 필요한 경우를 제외하면 6부 자체에 대해서는 자세히 다루지 않을 생각이다.

7) 이를 6부마다 그 대표로 추정되는 이찬이 있었던 것으로 해석하기도 한다(全德在, 1996 『新羅六部體制研究』, 一潮閣, 45쪽). 이에 따르면 部主=伊湌=保齊가 되는 셈이다. 그러나 李文基, 1990 「新羅上古期의 統治組織과 國家形成 問題」『한국 고대국가의 형성』(한국고대사연구회), 민음사, 271쪽에서는 이찬을 部主 아래에 있는 존재로 보았다. 파사이사금 23년조의 문맥상, 후자로 해석하는 것이 타당하리라 생각된다. 이렇게 본다면 부주는 어떤 위호를 지니고 있었을까 하는 문제가 제기될 수 있다. 신라 6부에 대해서는 많은 논란이 있는 만큼, 분명한 결론을 내리기는 어렵다. 다만 비교적 이른 시기에 朴昔金 3성씨 집단이 개별 部를 넘어서는 주도권을 장악하였고, 그 부주는 오래동안 전통적·상징적 지위를 인정받으면서 냉수비

그런데 이들 '위비자'들 역시 자신의 지위에 걸맞는 위호를 지니고 있었을 것임은 짐작하기 어렵지 않다. 진한 소국의 하나였던 시기에도 사로국을 구성한 각 부에는 부주와 함께 지배층에 속하는 자들이 이찬 이하의 몇 등급으로 서열화되어 고유한 위호를 지니고 있었던 것이다.

앞 기사의 내용으로 보아 수로왕을 접대하는 자리에 이찬을 참석시킬 것인지, 아니면 그보다 서열이 낮은 자를 보낼 것인지를 결정한 것은 부주였다. 격분한 수로가 연회에 참석한 '위비자'가 아니라 그를 내보낸 한지부주 보제를 살해한 것도 그 때문이었다. 이렇게 보면 이찬을 포함하여 그 이하의 서열에 있는 자는 부주의 통솔을 받는 위치에 있었다고 생각된다. 6부의 부주 역시 이사금의 통솔을 받는 위치에 있었다. 다만, 한기부가 서열 낮은 자를 내보낸 데서 보듯이, 6부는 이사금에게 일사불란하게 복종하는 관계는 아니었다.

이와 마찬가지로 부주와 이찬의 관계도 반드시 주종적 상하관계로만 규정짓기 어려운 측면을 지니고 있다. 이찬의 위호를 지닌 자들이 독립적인 세력 집단의 대표자로서 이사금과 직접 관계를 맺는 경우가 확인되기 때문이다.

일찍이 파사왕이 楡湌澤에서 사냥할 때 태자가 따라갔다. 사냥이 끝난 뒤에 韓歧部를 지나는데 이찬 許婁가 잔치를 베풀었다. 연회가 무르익을 때 허루의 처가 소녀를 이끌고 나와 춤을 추었다. 摩帝 이찬의 처도 역시 그 딸을 이끌고 나오니 태자가 보고 기뻐하였다. 허루는 탐탁치 않게 여겼다. 왕은 허루에게 "여기 지명이 大庖인데 公이 여기서 盛饌과 美醞을 놓고 연회를 베푸니 이찬보다 위인 酒多의 지위에 있게 하겠다" 하고, 마제의 딸을 태자의 배필로

・봉평비에서 보듯이 '干(支)'이라는 위호를 사용하고 있었던 것이 아닌가 추정된다.

삼았다. 酒多는 뒤에 角干이라 일컬었다.[8] (『삼국사기』 권제1, 신라본기 제1 지마이사금 즉위년)

이 기사는 太子라는 후대적인 표현이 들어 있는 점을 포함하여 전체적으로 설화적인 색채를 띠고 있다. 그러나 독립성이 강한 세력들이 이사금의 아들과 혼인하는 문제로 갈등을 빚은 것, 이를 파사이사금이 조정하여 두 세력에게 적절한 조치를 취해준 것 등이 모두 허구로 판단되지는 않는다. 더구나 이 이야기가 파사의 아들인 지마이사금 즉위조에서 그의 家系를 설명하는 부분임을 감안하면 기본적인 사실성을 인정할 수 있을 것이다.

여기서는 허루와 마제라는 2인의 이찬이 나타난다.[9] 이들은 자신의 딸을 파사의 아들과 혼인시키는 문제로 서로 경쟁하고 있다.[10] 이로 보아 허루와 마제는 관료적인 존재가 아니라 이사금과 거의 대등한 독립 세력으로 이해하는 것이 자연스럽다.[11] 따라서 그들에게

---

8) "初 婆娑王獵於楡湌之澤 太子從焉 獵後過韓歧部 伊湌許婁饗之 酒酣 許婁之妻携少女子出舞 摩帝伊湌之妻亦引出其女 太子見而悅之 許婁不悅 王謂許婁曰 此地名大庖 公於此置盛饌美醞 以宴衍之 宜位酒多在伊湌之上 以摩帝之女配太子焉 酒多後云角干"

9) 지금까지는 대부분 漢歧部에 2인의 이찬이 속해 있었던 것으로 이 기사를 해석해왔다(李鍾旭, 1982『新羅國家形成史研究』, 一潮閣, 124쪽 ; 李文基, 1990 위의 논문, 271쪽). 그러나 이 내용 자체만으로 2인 모두가 漢歧部에 소속한 것으로 단언하기는 어렵다.

10) 申瀅植, 1971「新羅王位繼承考」『柳洪烈博士華甲紀念論集』, 60쪽에서도 마제와 허루의 갈등을 왕비와 大輔의 지위를 둘러싼 것으로 파악하였다.

11) 盧泰敦, 1975「三國時代의 部에 關한 研究」『韓國史論』2, 서울대 국사학과, 27쪽~29쪽에서는 이를 漢祗部의 部內部로, 朱甫暾, 1986「新羅 中古期 村落構造에 대하여(Ⅰ)」『慶北史學』9, 7쪽에서는 읍락 내에서 혈연관계를 달리하는 자연촌에 기반을 둔 세력으로, 盧重國, 1990「鷄林國考」『歷史敎育論集』13·14合, 경북대 역사교육학과, 193쪽에서는 독자적인 小國을 성립시킨 세력으로 파악하였다.

사용된 이찬이라는 칭호는 제도화된 경위 또는 구체적 직책이 아니라 독립성이 강한 세력이 지닌 위호에 속한다고 할 수 있다. 허루와 마제가 다른 기록에서는 '磨帝國王',[12] '葛文王摩帝',[13] '許婁葛文王',[14] '許婁王'[15]으로도 나타나는 것은 이러한 독립성을 뒷받침한다.

앞의 1장에서 언급했듯이,『삼국사기』신라본기의 국왕 즉위년조에는 다른 연대기와는 사료 계통을 달리하는 부분이 들어 있다. 이는 家系傳承的·傳記的 성격이 강한 기록에서 발췌되어 삽입된 것으로서, 신라 전체 차원에서 정리된 연대기에 근거한 부분과는 다른 표현이 나타날 수 있다고 생각된다. 마제와 허루를 '王'으로 표현한 경우가 여기에 속한다. 이렇게 사료 계통을 구분해냄으로써, 이찬의 위호를 지닌 마제와 허루는 자신이 속한 집단 내에서는 '國王' 또는 '王'으로 불릴 정도로 독립성이 강한 존재였음을 알 수 있는 것이다.

그런데 지마이사금 즉위조 기사는 이벌찬이라는 위호가 성립한 배경에 대해 주목할 만한 사실을 전하고 있다. 즉 파사이사금은 자신의 아들과의 혼인을 둘러싼 허루와 마제의 경쟁을 보고, 마제와 혼인관계를 맺는 대신에 허루에게는 酒多(角干),[16] 곧 후대의 이벌찬에 상당하는 위호를 붙여주었다고 한다. 즉 이찬이 독립 세력가가 지닌 전통적인 위호로서의 성격이 강한 데 반하여, 이벌찬이라는 위호는 개별 세력 집단을 넘어서 사로국 전체 차원에서 새롭게 설정되고 있는 것이다.[17]

---

12)『삼국유사』권제1, 王曆.

13)『삼국사기』권제1, 신라본기 제1 지마이사금 즉위년.

14) 위의 책, 신라본기 제1 파사이사금 즉위년.

15) 위의 책, 신라본기 제1 유리이사금 즉위년조의 細註.

16) 酒多는 '수블한'(李丙燾 譯註, 1977『三國史記』, 乙酉文化社, 17쪽의 주8), 또는 '술한'·'수리간'으로 풀이된다(李宇泰, 1981「新羅의 村과 村主」『韓國史論』7, 서울대 국사학과, 114쪽).

17) 다만 그것이 곧 제도화된 경위의 수여를 의미하는 것은 아니었다고 생각

　개별 세력의 고유한 위호가 아니라 사로국 차원의 위호란 점에서 보면, '居西干'·'尼師今'이라는 위호 역시 이벌찬과 성격이 크게 다르지 않았을 것으로 생각된다.[18] 그렇기 때문에 당시 이사금의 정치적 지위는 그다지 확고하지 못하였다. 앞의 파사이사금 23년조에서 볼 수 있었듯이, 당시는 6부가 사로국 전체를 대표하는 이사금에게 완전히 복종하지 않을 수도 있는 상황이었다. 따라서 독립적인 여러 세력들의 합의에 의해 선출되는 이사금의 권한은 상당한 제약을 받을 수밖에 없었다. 파사이사금의 즉위 과정을 통해 이러한 상황을 잘 알 수 있다.

　　파사이사금이 즉위하니 유리왕의 둘째 아들이다(혹은 유리의 동생 奈老의 아들이라고도 한다). 비는 김씨 史省夫人으로 許婁 葛文王의 딸이다. 탈해가 죽자 臣僚들이 유리의 태자 일성을 추대코자 했는데, 혹자가 일성이 비록 嫡嗣지만 威明이 파사에 미치지 못한다고 하여 마침내 (파사를) 즉위시켰다. 파사는 검소하게 쓰임새를 줄이고 백성을 사랑하여 國人이 좋게 여겼다.[19] (『삼국사기』 권 제1, 신라본기 제1 파사이사금 즉위조)

　즉 탈해가 죽자 臣僚들은 유리의 맏아들인 일성을 추대하려 했으나 "威明이 파사에 미치지 못한다"는 '或者'의 주장으로 둘째 아들인

　　된다. 이찬과 그에 버금가는 위호를 지닌 독립 세력들이 이사금의 臣僚로 완전히 편제되지 않은 상태에서는, 이벌찬 역시 그들에게 부여된 위호라는 점에서 본질적 공통성을 가질 것이기 때문이다.
18) 기록으로 확인할 수는 없지만 사로국의 이사금이 된 자도 즉위하기 전에 는 자신의 집단 내에서 이찬이라는 고유한 위호를 사용했을 수 있다. 그리고 이벌찬으로 활동하였을 수도 있을 것이다.
19) "婆娑尼師今立 儒理王第二子也(或云儒理弟奈老之子也) 妃金氏史省夫人 許婁葛文王之女也 初脫解薨 臣僚欲立儒理太子逸聖 或謂逸聖雖嫡嗣 而威明不及婆娑 遂立之 婆娑節儉省用而愛民 國人嘉之"

파사가 즉위하게 되었다는 것이다.[20] 이는 초기의 이사금위 계승이 개인적 謙讓을 통한 것이 아니라, 집단간의 갈등과 세력 다툼을 거쳐 이루어진 것임을 분명하게 확인시켜준다. 이러한 과정을 거쳐 유리의 맏아들인 일성은 결국 파사의 아들인 지마 이후에 이사금위에 오를 수밖에 없었다.

그런데 파사이사금 즉위조의 문맥상 파사를 지지한 세력이 일성을 내세우는 세력보다 많았던 것 같지는 않다. 상대적으로 더 강한 세력을 지닌 자가 파사를 이사금으로 추대하는 데 결정적인 영향력을 행사한 것으로 보인다. 이러한 갈등을 거쳐서 즉위했기 때문에 파사는 '검소하게 쓰임새를 줄이고 백성을 사랑하여 국인이 미쁘게 여겼다'는 표현에서 엿볼 수 있듯이, 대단히 조심스럽게 처신하면서 다수 세력의 동의를 얻어내는 데 성공하였던 것이다. 여기서 '국인'이란 이사금 선출과 정치운영에서 큰 영향력을 발휘하던 세력들을 뜻할 것이다.[21]

그런데 파사의 즉위과정을 살피는 데는 그 妃 金氏 史省夫人을 '許婁 葛文王의 딸'이라 한 구절이 참고된다.[22] 파사의 비가 허루의

---

20) 일반적으로 別系의 이사금이 추대될 때는 無子라든가 자손이 어리다든가 하는 이유가 있는 것이 보통이다. 그러나 탈해에게는 아들 구추가 있었음에도 불구하고(『삼국사기』 권제2, 신라본기 제2 빌휴이사금 즉위조 참조) 이사금위의 계승자로 아예 거론되고 있지 않은 점이 특이하다. 仇鄒가 아주 幼少했기 때문으로 보거나, 탈해 자체를 신라 王系에 恣入된 존재로 볼 수도 있고(金光洙, 1973 「新羅 上古世系의 再構成 試圖」『東洋學』3, 단국대 동양학연구소), 탈해 계통의 석씨 세력이 그다지 크지 않았기 때문으로 볼 수도 있다.

21) 南在佑, 1992 「新羅 上古期의 '國人'層」『韓國上古史學報』10에서는 '國人'의 범주에 주변 소국의 수장층을 포함시켜 이해하고 있으나 무리가 있다.

22) 그런데 『삼국유사』 권제1, 왕력 제1에는 弩禮(儒理)의 妃가 '辭要王之女 金氏'라는 別傳을 싣고 있다. 辭要를 許婁와 동일인이라 판단하기도 하고

딸이었다면, 파사가 이사금으로 즉위하기 전에 혼인관계가 맺어졌을 것이고, 이렇게 세력연합을 이룬 허루가 파사의 즉위에 상당한 영향력을 행사한 장본인이 아니었을까 하는 추정이 가능하다. 이러한 상황에서 파사가 이사금위에 있던 기간에는 여러 세력들과 적절한 관계를 맺지 않으면 안되었을 것이다. 위 기사에 나타난, 즉위 이후 파사의 조심스런 처신은 그 한 단면을 보여준다.

기존에 혼인관계가 맺어져 있던 파사가 이사금위에 오른 뒤에, 허루가 이끈 세력이 여러 집단들 사이에서 차지하는 위상도 자연히 높아졌을 것임은 짐작하기 어렵지 않다. 그러므로 지마이사금 즉위조에서 드러나듯이, 파사의 장자인 지마가 자신과 경쟁관계에 있는 마제의 딸과 혼인관계를 맺음으로써 세력연합의 구도가 변경되는 것이 허루에게는 달갑지 않았을 것이다. 이런 상황에서 이사금인 파사가 허루를 무마시키고 이전과 같은 협력관계를 일정하게 유지하기 위한 방편으로 그에게 인정해준 새로운 위호가 후대의 이벌찬에 해당하는 酒多라고 보아도 좋을 듯하다.[23]

이상의 검토를 바탕으로 하여 다음과 같이 정리하는 것이 가능할 것이다. 이찬은 사로국을 구성한 독립적인 세력이 지닌 고유한 위호였다. 그들은 복수로 존재하고 있었다. 여기에 비해 이벌찬은 이사금과의 협력관계를 바탕으로 설정된 새로운 위호였다. 이 위호를 설정

[李基白, 1974 「新羅時代의 葛文王」『新羅政治社會史硏究』, 一潮閣, 10쪽(원재 1973 『歷史學報』 58)], 별개의 인물로 보기도 한다(李鍾旭, 1982 앞의 책, 35쪽). 또 『삼국사기』 권제1, 신라본기 제1 유리이사금 즉위조의 세주에도 '或云 妃姓朴 許婁王之女'라는 別傳이 실려 있다. 이들 別傳을 포함하여 신라 초기 국왕의 世系에는 많은 의문이 있는 것이 사실이다.

23) 허루가 酒多가 된 것을 국왕으로부터 部長으로 인정받았음을 뜻하는 것으로 해석하기도 한다(申衡錫, 1992 「5~6세기 新羅六部의 政治社會的 性格과 그 變化」『慶北史學』 15, 10쪽). 그러나 이 시기에 6부의 長의 지위가 이사금의 인정 여부에 좌우된 것으로는 보기 어렵다.

한 주체는 이찬들 사이의 역학관계를 조정한 이사금이었고, 여러 이찬 중 1인을 선택하여 새로운 위호를 부여한 주체도 이사금이었다. 이렇게 이벌찬이라는 위호는, 이사금을 중심으로 하여 사로국 전체 차원의 위계 서열이 갖추어지기 시작하는 초창기에 생겨난 것이었다. 따라서 허루처럼 '伊湌之上'의 위호인 이벌찬으로 선임된다는 것은, 사로국 전체 차원에서 그 지위가 한층 높아지는 것을 의미하였다.[24]

그러나 그것은 후대처럼 국가에 대한 공로나 국왕에 대한 충성도에 따라 국왕이 관료에게 수여하는 관등과는 성격이 다른 것이었다. 이벌찬이라는 위호는 독립적인 여러 세력들간의 역학관계가 이사금을 중심으로 재조정되는 가운데 생겨난 것이었기 때문이다. 다만 지금까지 살펴본 바와 같이, 비록 느슨하기는 했지만 이사금을 중심으로 한 위계서열의 형성은 비교적 이른 시기부터 시작되고 있었다는 점은 주목해둘 필요가 있겠다.

이사금은 형식적으로는 새로운 위호의 수여자였지만, 실질적으로는 독립적인 세력들의 추대를 받아 사로국을 대표하면서 그들과 적절히 연합하거나 갈등을 조정하는 존재였다. 이사금이 여러 독립 세력들간의 역학관계를 조정하는 가운데 생겨난 것이 이벌찬이었던 만큼, 일단 생겨난 이후에는 이 위호를 수여받는 존재가 반드시 1인에 한정되지는 않았다. 앞서 보았듯이 이찬 자체가 복수로 존재하였고, 현실적 상황에 따라 이사금이 둘 이상의 세력과 긴밀히 협력할 필요도 있었을 것이기 때문이다. 다음 사료는 복수의 이벌찬이 존재한 사실과, 그들이 맡은 역할을 보여준다.

---

24) 이벌찬이 中古期의 冠制規定 등에서 규정을 초월한 존재로 나타나는 것(木村誠, 1971 「6世紀新羅における骨品制の成立」『歷史學研究』428, 28쪽 ; 武田幸男, 1979 「新羅官位制の成立」『朝鮮歷史論集(上)』, 170쪽)도, 성립기에 얻어진 이러한 특수한 성격에서 말미암는 것으로 생각된다.

① 봄 정월에 이찬 于老를 舒弗邯으로 삼고 兵馬事를 아울러 맡겼다.[25] (『삼국사기』 권제2, 신라본기 제2 조분이사금 15년)
② 봄 정월에 이찬 長萱을 舒弗邯으로 삼아 國政에 참여시켰다.[26] (동 첨해이사금 2년)
③ 여름 4월에 왜인이 舒弗邯 于老를 살해하였다.[27] (동 첨해이사금 3년)
④ 2월에 이찬 弘權을 舒弗邯으로 삼고 機務를 맡겼다.[28] (동 유례이사금 2년)
⑤ 봄 정월에 末仇를 伊伐湌으로 삼았다. 말구는 忠貞하고 智略이 있어 왕이 늘 찾아가서 政要를 물었다.[29] (동 유례이사금 8년)
⑥ 봄에 왕이 신하들에게 말했다. "왜인이 자주 우리 城邑을 침범하여 백성이 편히 살 수 없다. 내가 백제와 더불어 도모하여 일시에 바다를 건너 그 나라를 치려 하니 어떠한가?" 舒弗邯 弘權이 응대하여 "우리는 水戰에 익숙치 않으므로 위험을 무릅쓰고 원정하면 예기치 못한 위험이 있을까 걱정되고, 하물며 백제는 속임수가 많아 늘 우리나라를 삼키려는 마음을 갖고 있으니 역시 더불어 도모하기가 두렵습니다" 하니 왕이 "옳다"고 하였다.[30] (동 유례이사금 12년)

　사료 ①을 보면, 우로는 조분이사금 15년에 서불한(이벌찬)이 된 뒤 첨해이사금 3년에 죽을 때까지 서불한의 지위에 있었다. 그런데 우로가 죽기 1년 전인 첨해이사금 2년에 이찬 長萱이 서불한에 임명

---

25) "春正月 拜伊湌于老爲舒弗邯 兼知兵馬事"
26) "春正月 以伊湌長萱爲舒弗邯 以參國政"
27) "夏四月 倭人殺舒弗邯于老"
28) "二月 拜伊湌弘權爲舒弗邯 委以機務"
29) "春正月 拜末仇爲伊伐湌 末仇忠貞有智略 王常訪問政要"
30) "春 王謂臣下曰 倭人屢犯我城邑 百姓不得安居 吾欲與百濟謀 一時浮海 入擊其國 如何 舒弗邯弘權對曰 吾人不習水戰 冒險遠征 恐有不測之危 況百濟多詐 常有吞噬我國之心 亦恐難與同謀 王曰 善"

되고 있다(②). 따라서 이 기간 동안에는 최소한 2인 이상의 서불한이 존재했던 것이다. 또한 사료 ④를 보면 유례이사금 2년에 弘權이 서불한에 임명된 뒤 동 12년까지 활약하고 있는데(⑥), 그 사이인 동 8년에 末仇가 다시 서불한에 임명되고 있다(⑤). 이 때도 2명의 서불한이 존재한 것이 확인되는 것이다.

또 내해 27년에 이벌찬 忠萱이 백제군과 싸워 패전하자 鎭主로 좌천시킨 뒤에 곧바로 連珍을 이벌찬으로 삼아 兵馬事를 맡긴 적이 있는데,[31] 이 때도 2명의 이벌찬이 있었던 경우라고 생각된다. 그가 이벌찬이란 위호 자체를 박탈당한 것으로는 판단되지 않는 만큼, 지방의 鎭主 역할을 수행하게 하면서 連珍이 중앙에서 이벌찬이 수행하던 기존의 역할을 대신하게 한 것으로 이해되기 때문이다.[32] 문헌에서 분명히 확인할 수는 없지만, 복수의 서불한은 이 경우 외에도 더 있었을 것으로 생각된다.[33]

그런데 사료 ⑤에서 볼 수 있듯이, 유례이사금은 말구를 서불한에 임명한 뒤에 항상 그를 방문하여 정책을 상의하고 있었다.[34] 『삼국사기』에 따르면 말구와 미추는 형제간이었다.[35] 유례에 앞서 이사금

---

31) "冬十月 百濟兵入牛頭州 伊伐飡忠萱將兵拒之 至熊谷 爲賊所敗 單騎而返 貶爲鎭主 以連珍爲伊伐飡 兼知兵馬事"(『삼국사기』 권제2, 신라본기 제2 내해이사금 27년)

32) 충훤은 이 일이 있기 몇 해 전에 이벌찬 利音이 사망하면서 그 뒤를 이은 경우였다(위의 책 내해이사금 25년).

33) 새 이사금이 즉위하여 새 이벌찬이 선임된 경우, 전 이사금 때의 이벌찬이 사망했다든가 하는 특별한 이유가 명기되지 않았을 때는 복수의 이벌찬이 존재했을 가능성이 크다고 생각된다. 단 그 때도 실질적인 역할은 새로 선임된 이벌찬이 맡았으리라고 보는 것이 자연스럽다.

34) 末仇가 '忠貞有智略'했기 때문이라는 것은 다소 수식된 표현일 것이다. 이는 김씨 집단의 현실적 세력 성장을 배경으로 하여 나타난 우대로 생각된다.

35) "奈勿(一云那密)尼師今立 姓金 仇道葛文王之孫也 父末仇角干 母金氏

위에 올랐던 미추는 김씨 집단 최초의 이사금으로, 후일에도 매우 尊崇된 인물이었다.[36] 그가 이사금으로 즉위하는 데는 김씨 집단이 보유한 강력한 군사력이 배경이 되었으리라 추정된다.[37] 이러한 미추의 뒤를 이어 즉위한 유례는 석씨인 조분이사금의 맏아들인 유례였다. 그는 미추가 죽은 뒤 이사금위에 오르고 나서도 김씨 집단이 보유한 군사력을 포함하여 성장일로에 있는 그 세력을 무시할 수 없었던 듯하다. 그리하여 서불한 홍권이 살아 있음에도 불구하고 김씨인 말구를 다시 이벌찬으로 선임한 뒤에 직접 방문하여 정책을 자문할 수 밖에 없는 형편이었으리라 생각된다.[38]

이렇게 이사금 시기의 지배 세력은 서로간의 역학관계를 토대로 연합하거나 갈등하는 가운데 이사금을 중심으로 세력관계가 조정되면서 이찬 중 1인이 이벌찬으로 선임되기도 했으며, 때로는 복수의

休禮夫人 妃金氏 味鄒王女 訖解薨 無子 奈勿繼之末仇味鄒尼師今兄弟也"(『삼국사기』 권제3, 신라본기 제3 내물이사금 즉위조). 이에 따르면 末仇는 3姓交立의 단계를 벗어나서 김씨가 독점적으로 왕위를 계승하기 시작한 奈勿의 父이기도 하다.
　　그러나 『삼국유사』 권제1, 왕력 제1에는 奈勿의 父를 仇道로 적고 '一作未召王(味鄒王)之弟 末仇角干'이라는 別傳도 함께 싣고 있어 『삼국사기』와 차이를 보인다. 이렇게 味鄒와 末仇・仇道는 世系上으로나 연도상으로 문제를 안고 있는 경우지만, 매우 가까운 혈연관계를 가졌다는 점은 부정하기 어렵다.
36) 味鄒는 제14대 儒理王(儒禮王) 때 伊西古國의 공격으로 위급했던 사로국을 陰助하였고, 혜공왕 때는 金庾信靈의 怒氣를 가라앉히는 등 후인들에게 매우 존숭되어 그의 능은 '始祖堂' 또는 '大廟'로 불렸다(『삼국유사』 권제1, 기이 제1 未鄒王竹葉軍條). 또 혜공왕 때 5廟를 새로 정했을 때도 金姓始祖로 立廟된 인물이었다(『삼국사기』 권제32, 잡지 제1 제사).
37) 金光洙, 1973 앞의 논문, 384쪽
38) 金瑛河, 1997 「新羅 上古期의 官等과 政治體制」『韓國史硏究』 99・100 합, 52쪽에서도 이를 석씨계 儒禮가 전 왕족 김씨계와 정치적으로 연합할 의도에서 나온 행동으로 해석하였다.

이벌찬이 선임되어 균형을 유지하기도 하였다. 이벌찬은 사로국 차원의 중대사를 논의하는 데 결정적인 역할을 하고 있었다. 앞의 사료 ⑥에서 본 것처럼 왜국 정벌을 논의하는 자리에서 서불한 홍권이 신중론을 펴서 유례이사금이 그 의견을 따랐다든가, 흘해이사금 37년에 왜병이 금성을 포위하여 이사금이 나가 싸우려 했을 때 이벌찬 康世가 守城을 주장하여 관철시킨 것[39] 등은 그 좋은 사례이다. 실성 7년 서불한 未斯品의 경우도[40] 마찬가지일 것이다.

그러나 이벌찬이 되지 못한 이찬이라고 해서, 정치운영에서 그의 영향력이 미약했던 것은 결코 아니었다. 독립적인 대세력이라는 점에서 이찬과 이벌찬은 본질을 같이 하였기 때문이다. 이는 이사금 시기에 이찬의 위호를 지닌 자들이 수행한 역할을 살펴보면 잘 알 수 있다.

『삼국사기』 신라본기를 보면 이벌찬이 선임될 때는 주로 '兼知內外兵馬事', '兼知兵馬事' 또는 '參國政', '委以機務' 등으로 그 역할이 규정되고 있다. 이들은 사로국의 대외적인 군사활동을 주도하면서 국정 운영에서도 핵심적인 역할을 수행하였던 것이다. 그런데 이벌찬이 선임된 기록이 확인되지 않는 지마~아달라대까지는(앞의 1장의 <표 1-2> 참조)[41] 이찬의 위호를 지닌 昌永, 玉權, 雄宣, 大宣,

---

39) "倭兵猝至風島 抄掠邊戶 又進圍金城 急攻 王欲出兵相戰 伊伐飡康世曰 賊遠至 其鋒不可當 不若緩之待其師老 王然之 閉門不出 賊食盡 將退 命 康世 率勁騎 追擊走之"(『삼국사기』 권제2, 신라본기 제2 흘해이사금 37 년)

40) "春二月 王聞倭人於對馬島置營 貯以兵革資粮 以謀襲我 我欲先其未發 揀精兵 擊破兵儲 舒弗邯未斯品曰 臣聞兵凶器 戰危事 況涉巨浸 以伐人 萬一失利 則悔不可追 不若依嶮設關 來則禦之 使不得侵猾 便則出而禽 之 此所謂致人而不致於人 策之上也 王從之"(위의 책, 신라본기 제3 실성 이사금 7년)

41) 이 기간동안에는 실제로 이벌찬이 선임되지 않았을 가능성이 높다고 생각된다.

繼元 등이 주로 이 역할을 담당하였다.[42] 조분대의 連忠[43]이나 기림
대의 長昕[44]도 마찬가지 경우일 것이다. 그러나 6세기 이전에 해당
하는 기록에서 이벌찬과 이찬이 병존할 때는 이찬에게 '兼知內外兵
馬事' 또는 '兼知兵馬事'하는 경우가 전혀 발견되지 않는다. 양자가
병존할 때는[45] 오로지 이벌찬에게만 부여되는 역할이었다고 생각된
다.[46]

이벌찬(서불한)은 이사금의 정치적 상대역이었다.[47] 1장의 <표

---

42) 관계 기사는 다음과 같다.
   "春二月 親祀始祖廟 拜昌永爲伊湌 以參政事"(『삼국사기』 권제1, 신라본
   기 제1 지마이사금 2년)
   "秋 伊湌昌永卒 以波珍湌玉權爲伊湌 以參政事"(동 지마이사금 18년)
   "春正月 拜雄宣爲伊湌 兼知內外兵馬事"(동 일성이사금 3년)
   "春二月 伊湌雄宣卒 以大宣爲伊湌 兼知內外兵馬事"(동 18년)
   "三月 以繼元爲伊湌 委軍國政事"(동 권제2, 신라본기 제2 아달라이사금
   원년)
43) "拜連忠爲伊湌 委軍國事"(『삼국사기』 권제2, 신라본기 제2 조분이사금 원
   년)
44) "春正月 拜長昕爲伊湌 兼知內外兵馬事"(위의 책, 기림이사금 2년)
45) 『삼국사기』 신라본기에 따르면 조분 원년에 連忠이 伊湌이 되어 '委軍國
   事'하였는데 同 15년에는 우로가 서불한이 되어 '兼知兵馬事'하였다. 또
   흘해 2년에 아찬 急利가 일약 伊湌이 되어 '兼知內外兵馬事'하였는데, 동
   36년에 康世가 이벌찬이 되어 이듬해의 왜군 침입시에 열린 회의에서 주
   도적인 역할을 하고 있다. 연도의 격차를 고려하면 이 두 경우는 전임자의
   사망 등으로 역할이 교대된 것으로, 이찬과 이벌찬이 병존한 경우는 아니
   라고 생각된다.
46) 『삼국사기』 권제2, 신라본기 제2 첨해이사금 2년조에는 이찬 長萱이 서불
   한 되면서 '以參國政'한 것으로 나온다. 이 때는 우로가 죽기 1년 3개월 전
   인데, 우로는 앞서 조분대에 서불한 되면서 '兼知兵馬事'한 바 있었다. 이
   렇게 보면 2인의 이벌찬이 존재할 때도 1인은 '參國政', 다른 1인은 "知兵
   馬事' 등으로 그 역할이 분담되어 있었을 가능성이 있다.
47) 상황에 따라 협력과 견제 또는 갈등 등 다양한 구실을 할 수 있다는 의미
   에서 이렇게 표현해보았다.

1-2>를 보면, 서불한이 선임되는 시기가 새 이사금의 즉위와 같은 때인 경우는 첨해대의 長萱, 미추대의 良夫, 유례대의 弘權, 실성대의 未斯品으로 나타난다. 그런데 신라 왕계는 제9대 벌휴에서 제12대 첨해대까지는 昔氏, 제13대 미추는 金氏, 제14대 유례에서 제16대 흘해까지가 다시 昔氏 왕으로 되어 있다. 따라서 조분 → 첨해, 첨해 → 미추, 미추 → 유례로 왕계가 바뀌는 순간에 이 3명의 이벌찬(서불한)이 등장하며, 특히 良夫와 弘權은 성씨가 다른 앞 이사금대에 이찬의 지위에 있다가 새 이사금대에 이벌찬으로 선임되고 있다. 이 경우 이사금의 즉위에 따른 새 서불한의 선임은 사로국 전체 차원의 대표자가 교체되는 데 따른 집단간의 세력관계 조정 과정에서 나온 것으로 추정할 수 있다.

한 걸음 더 나아가 생각해 보면, 良夫의 경우는 이전의 첨해대에 석씨 집단의 이찬으로 있다가 김씨 미추이사금대에 사로국 차원의 이벌찬이 되었고, 弘權은 미추대에 김씨 집단의 이찬으로 있다가 석씨 유례이사금대에 사로국 차원의 이벌찬이 된 것이 아닌가 한다. 그리고 마립간 시기에 실성의 즉위와 함께 등장한 서불한 未斯品도 奈勿系로 생각되는 만큼,[48] 같은 성씨에 속한다 해도 현 마립간과 가계를 달리하고 있으므로 유사한 경우로 볼 수 있다. 이러한 추정이 가능하다면, 이사금 시기는 물론이거니와 마립간 시기 초까지도 세력 집단별 위호들이 다원적으로 혼재한 상태였다고 할 수 있다.

이상을 정리하면 다음과 같다. 이사금 시기의 정치운영에서 핵심적인 역할을 한 존재는 사로국을 구성하고 있던 독립성 강한 대세력들이었다. 이들은 이벌찬·이찬의 위호를 지니고 이사금의 선출과 대외적인 군사활동을 비롯한 사로국의 국정을 처리하는 최고 지배층

---

48) 실성과 내물은 家系를 달리하였다. 그런데 미사품을 奈勿系로 추정한 것은 申瀅植, 1971 앞의 논문, 73쪽 참조.

이었다. 사로국을 대표하는 이사금은 그들과 적절히 연합하거나, 때로는 그들 사이의 갈등을 조정하면서 균형을 유지하였다. 이찬이 그들 대세력이 지닌 전통적인 위호였다면, 이벌찬은 사로국 전체 차원에서 새로 설정된 위호였다. 따라서 이벌찬을 제외하고, 이찬과 그 아래의 위계 서열에 해당하는 자들은 다원적으로 혼재하는 상태였다. 그들이 지닌 호칭은 이사금에 의해 주어진 것이 아니라 자신이 속한 집단 내부의 고유한 위호였기 때문이다.

2. 중소세력 및 하급 실무자

1) 중소세력의 위호

뒷날 경위 제1등급으로 자리잡은 이벌찬은 여러 이찬 중 이사금과의 연합관계를 바탕으로 하여 사로국 차원에서 새로이 설정된 위호였다. 그런데 1장 <표 1-2>에서 보면 이찬에서 이벌찬으로 뿐만 아니라, 다른 위호 서열간의 승진 사례가 적지 않게 발견된다. 그 중에서는 몇 단계를 뛰어넘어 승진하는 경우도 있다. 그러나 그러한 파격적인 승진은 이벌찬에는 해당되지 않는다. 몇 안 되는 사례이긴 하지만, 승진의 결과로 이벌찬이 된 인물들은 모두 그 전에 이찬의 위호를 지니고 있었다. 이찬보다 아래의 위호를 지녔던 자가 일약 이벌찬이 된 경우는 단 한 건도 없다. 이는 이벌찬이 독립적인 세력 집단의 대표자인 이찬 가운데서 선임된 것임을 잘 말해준다고 생각된다.

이벌찬이 파사이사금 때 만들어졌다는 『삼국사기』의 연도를 그대로 믿지는 않는다고 해도, 이는 비교적 이른 시기에 생겨난 것으로 보인다. 독립적인 여러 세력 집단이 연합하여 국정을 운영해나갈 때, 이벌찬으로 선임되는 자는 이사금의 중요한 정치적 상대역이었다.

따라서 사로국을 대표하는 이사금이 바뀔 때, 전체적인 역학관계의 변화에 따라 이벌찬이 새롭게 선임되는 것이 보통이었다. 그런가 하면, 우로와 같이 이사금의 교대에도 불구하고 유력한 협력 상대로서의 지위를 계속 인정받는 경우도 있었을 것이다.[49]

다음 경위 제2등급 이찬에 대해 살펴보자. 이는 사로국을 구성한 여러 세력 집단의 대표자가 지닌 고유한 위호에 기원을 두고 있었다. 따라서 이는 사로국 전체 차원의 위호는 아니었다. 허루와 마제의 경우처럼, 이찬의 위호를 지닌 자들은 자신이 이끄는 집단 내에서는 '王' 또는 '國王'으로 불릴 만큼 독자성이 강한 대세력가였다.[50] 이렇게 이찬의 위호를 지닌 자들은 여럿 존재하였다.

---

49) 뒤에 언급할 于老에 관한 사료에서는 '于老事君有功 累爲舒弗邯'이라는 구절이 나온다. 李丙燾 譯註, 1977 『三國史記』, 乙酉文化社, 35쪽에서는 "여러 번 舒弗邯이 되었는데"로 해석하였다. 그리고 徐毅植, 1994 『新羅 上代 '干'層의 形成 · 分化와 重位制』, 서울대 박사학위논문, 54쪽의 주10 에서는 "관등이 거듭 올라 마침내 서불한이 되었다"는 뜻으로 해석될 가능성을 언급하였다. 韓國精神文化研究院, 2003 『譯註 三國史記2(번역편)』, 55쪽에서는 "여러 번 승진하여 서불한이 되었다"고 해석하였다.

필자는 '事君有功' 운운한 것은 그의 영웅적인 군사활동으로 인해 얻은 강한 영향력을 수식한 표현으로 보고, '累爲舒弗邯'이라는 구절은 이사금의 교대에도 불구하고 우로는 계속 그 지위를 유지하며 적극적인 활약을 하였나는 의미로 해석하고 싶다. 결국 이병도의 해석에 가까운 쪽인데, 이사금의 교대에 따른 새 이벌찬의 선임이라는 것이 常例로 받아들여지고 있던 상태에서 나올 수 있는 표현으로 생각되기 때문이다.

50) '王'으로 불린 자들로는 허루와 마제 외에도 支所禮王이 확인된다(『삼국사기』 권제1, 신라본기 제1 일성이사금 즉위년 ; 동 제2 아달라이사금 즉위년). 그런데 川前里書石追銘(539)의 문장 가운데서 冒頭의 徙夫知 葛文王을 '其王'이라 칭한 사례가 있다. 허루와 마제를 갈문왕으로 기록한 경우가 있음(위의 책, 파사이사금 즉위조 ; 동 지마이사금 즉위조)을 감안하면 支所禮 역시 갈문왕이었을 가능성이 있다. 그러나 갈문왕의 실체에 대한 논의는 차치하고서라도, 허루 · 마제의 예로 보아 그들이 독자성을 강하게 띤 대세력이었을 것이란 점은 부정할 수 없다.

그러면 이벌찬·이찬으로 불린 세력들이 이끄는 집단의 구성은 어떠했을까? 우선 생각할 수 있는 것은, 그들이 여러 군소 세력들을 거느리고 있었을 가능성이다. 다음 사료는 그 가능성을 검토하는 데 시사하는 바가 크다.

> ① 흘해이사금이 즉위하니 내해왕의 손자였다. 아버지는 于老 角干이고 어머니 命元夫人은 조분왕의 딸이다. ② 于老는 임금을 섬겨 공을 세워 여러 번 舒弗邯이 되었다. 흘해의 생김새가 준수하고 머리가 明敏하여 일을 처리하는 것이 보통 사람과 다른 것을 보고 諸侯에게 일러 "우리 집안을 일으킬 사람은 반드시 이 아이일 것이다"고 하였다. ③ 기림이 죽고 아들이 없자 群臣이 의논하여 "흘해는 어려서부터 老成한 德이 있다"고 하여 받들어 즉위하였다.[51] (『삼국사기』 권제2, 신라본기 제2 흘해이사금 즉위년)

국왕 즉위년조에서 그 가계를 설명하는 부분은 신라본기의 다른 연대기와는 계통을 달리하는 경우가 많다는 것은 이미 언급하였다. 위 사료의 경우도 마찬가지인데, 이는 3부분으로 나누어 볼 수 있다. ①·③은 다른 이사금의 즉위년조와 마찬가지로 신라본기의 관례적인 서술형식에 속하는 내용이다. 그러나 ②는 별도의 傳乘에 입각하여 삽입된 부분으로 판단된다.[52] ①에서 우로를 각간이라고 한 것과

---

51) "訖解尼師今立 奈解王孫也 父于老角干 母命元夫人 助賁王女也 于老事君有功 累爲舒弗邯 見訖解狀貌俊異 心膽明敏 爲事異於常流 乃謂諸侯曰 興吾家者 必此兒也 至是基臨薨無子 群臣議曰 訖解幼有老成之德 乃奉立之"

52) 이렇게 서로 다른 계통의 사료들이 『삼국사기』 편찬 당시에 하나로 묶여졌는지, 아니면 『삼국사기』 찬자들이 참고한 저본에서 이미 묶여져 있었는지를 판단하기는 어렵다. 필자는 『삼국사기』 편찬 당시에 관련 사료의 광범위한 수집을 위한 노력이 미흡했다고 판단하므로, 아마 후자의 가능성이 더 크지 않을까 생각한다.

달리, ②에서는 서불한이라는 표기례를 사용하고 있기 때문이다. ②
부분은 우로 또는 석씨 집단의 家系傳承 또는 설화적 傳記類의 기
록에 기초하여 삽입된 기사로 생각되는데, 그런 만큼 이 기사 속의
몇 가지 표현은 ①·③에 비하면 상대적으로 원형을 간직하고 있을
것으로 판단된다.

여기서 가장 주목되는 것은 ②의 '諸侯'라고 하는 표현이다. 물론
이것이 중국의 봉건제도에서와 같은 의미가 아님은 말할 것도 없다.
또 표현 자체도 다소 후대적인 것에 속할 가능성은 인정된다. 그러나
③에 나오는 '群臣' 등과 같이 아주 후대적인 표현이라고는 볼 수 없
다. 諸侯라는 표현이 문헌에 처음 정착된 시기는, 적어도 이벌찬·이
찬의 위호를 지닌 자들을 포함하여 그 아래의 지위에 있는 자들까지
도 모두 신라 국왕의 신료라고 하는 관념이 보편화되기 이전일 것이
기 때문이다.

그러면 이 諸侯의 실체는 무엇일까? 우선 우로와 비슷한 독립 세
력가들을 이사금에 대비되는 의미에서 지칭한 것으로 생각해볼 수
있다. 그런데 우로는 '諸侯'에게 어린 흘해를 가리켜 '興吾家者 必此
兒也'라고 말한 것으로 되어 있다.[53] '興吾家'란 구체적으로는 이사
금위에 오르는 것을 의미하는 것임이 분명하다.[54] 그런데 이사금위

---

[53] 우로와 흘해의 관계에 대해서는 의심스런 비기 없지 않다. 『삼국사기』에
따르면 우로의 사망 연도와 흘해의 사망 연도는 107년의 격차가 있기 때
문이다. 석씨계 이사금의 재위 연대를 삭감하고 미추의 위치를 흘해 뒤로
조정하는 경우도 있다(金光洙, 1973 앞의 논문, 387쪽). 한편, 우로전승을
동해안 지방의 한 족장으로 왜군 퇴치에 활약했던 인물의 전승이 영웅설
화로 改變·확대·정리된 것으로 보기도 한다(李基東, 1997 「于老傳說의
世界」 『新羅社會史研究』, 一潮閣, 41쪽(원재 1985 『韓國古代의 國家와
社會』, 歷史學會 編). 그러나 연도의 모순에도 불구하고 우로와 흘해의 父
子 관계 자체를 부정하기는 어렵다고 생각된다.
[54] 申東河, 1979 「新羅 骨品制의 形成過程」 『韓國史論』 5, 서울대 국사학과,
32쪽. 여기서는 于老의 이 발언을 당시 강력히 등장하고 있던 김씨 세력에

를 둘러싼 경쟁 상대인 독립 세력가들을 앞에 두고 이렇게 발언할
수는 없었을 것이다. 따라서 ②의 諸侯는 우로와 이해를 같이하는
존재로 보는 것이 자연스럽다. 이들은 우로에게 부속된 중소 세력에
다름 아닐 것으로 생각된다.55)

　사료 ②는, 당시 우로와 그에 버금가는 세력은 이사금과의 관계 속
에서는 이사금을 '君'으로 지칭했겠지만('事君有功'), 자신에게 부속
한 중소 세력과의 관계 속에서는 자신을 '王'으로 그들을 '諸侯'로 인
식하고 있었음을 보여준다. 또 그러한 대세력은 자신의 집단 내에서
는 실제로 '王'으로 불렸을 가능성이 높다.56) 우로의 죽음과 관련된
사건을 전하는 『일본서기』에서 우로를 '新羅王'이라 표현하고 있는
것도57) 이러한 사정을 반영하고 있을 것이다. 앞서 언급했듯이 허루
나 마제가 '許婁王' 또는 '磨帝國王'으로 표현된 배경도 이러한 사정
을 감안하면 더욱 자연스럽게 이해된다.

　우로는 원래 이찬의 위호를 지니고 있다가 조분이사금 15년에 서

　대응하여 석씨의 족적 유대를 강조한 것으로 보았다. 그러나 이것이 석씨
전체의 유대 강조를 의미한 것은 아니라고 생각된다. 『삼국사기』에서 우로
가 활약하던 시기인 내해이사금과 조분이사금도 같은 석씨로 나오기 때문
이다. 그러나 『삼국사기』에 근거하여 작성한 다음의 석씨 계보도를 보면
우로는 이들과 가계를 달리함을 알 수 있다.

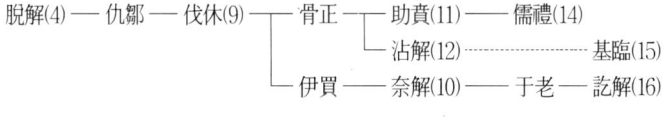

＊( )는 王位代數

55) 그것이 혈연을 바탕으로 한 관계였는지는 판단하기 어렵지만, 그럴 가능성
　　은 높다고 생각된다.
56) 3장에서 상세히 언급하겠지만, 6세기 이전의 신라사회에서는 '王'이란 칭호
　　가 독립성이 강한 세력들의 범칭처럼 사용된 것으로 생각된다. 냉수비의
　　'此七王'이란 표현은 이를 말해준다.
57) '新羅王 宇流助富利智干'(『일본서기』 권제9, 仲哀 9년 12월)

불한이 된 경우였다.[58] 그는 이찬일 때 이벌찬 利音과 함께 加羅 구원전에 나섰던 적이 있고,[59] 大將軍이 되어 甘文國을 정벌하였으며,[60] 왜병을 격퇴하는 등[61] 대외적인 군사활동을 활발히 하고 있었다. 그리고 조분 15년에 이벌찬이 되어 兵馬權을 쥔 뒤에는 고구려와 전투를 치르고[62] 사량벌국 정벌을 수행하였다.[63] 이러한 우로의 활동을 감안하면, 사료 ②의 諸侯 가운데에는 평소 그를 수행하며 군사활동에 나서던 지휘관들이 포함되어 있었을 가능성도 있을 것이다.

이렇게 보면, 앞에서 인용했던 파사이사금 23년조에 보이는, 이찬 아래의 ‘位卑者’의 실체를 알 수 있는 단서가 찾아진다. 즉 거기에는 독립성이 강한 대세력인 이벌찬·이찬에게 부속되어 활동하던 중소세력들이 포함될 것이다. 그들 중에는 혈연관계를 바탕으로 이벌찬·이찬에게 딸려 있던 경우도 있겠지만, 군사활동을 함께 하면서 맺어진 경우도 있었을 것이다. 물론 예외가 없을 수는 없지만, 신라 경위 간군의 기원은 주변 지역의 수장이 아니라 사로국 내부의 대세력과 그들에게 부속된 자들의 위호에서 찾는 것이 자연스러우리라 생

---

58) "春正月 拜伊湌于老爲舒弗邯 兼知兵馬事"(『삼국사기』 권제2, 신라본기 제2 조분이사금 15년)

59) 秋七月 浦上八國 謀侵加羅 加羅王子來請救 王命太子丁老 與伊伐湌利音 將六部兵 往救之 擊殺八國將軍 奪所虜六千人 還之(위의 책, 내해이사금 14년)

60) "秋七月 以伊湌于老爲大將軍 討破甘文國 以其地爲郡"(위의 책, 조분이사금 2년)

61) "秋七月 伊湌于老與倭人 戰沙道 乘風縱火焚舟 賊赴水死盡"(위의 책, 조분이사금 4년)

62) "冬十月 高句麗侵北邊 于老將兵出擊之 不克 退保馬頭柵 其夜苦寒 于老勞士卒 躬燒柴煖之 群心感激"(위의 책, 조분이사금 16년)

63) "沾解王在位 沙梁伐國舊屬我 忽背而歸百濟 于老將兵往討滅之"(위의 책 권제45, 열전 제5 昔于老傳)

각된다.

이제 경위 간군에서 이찬 이하 관등의 기원을 검토해 보자. 이벌
찬·이찬의 기원을 알 수 있는 사료가 매우 많은 데 비하여, 경위 제
3등급인 迊飡의 경우에는 『삼국사기』는 물론 금석문에서도 그 기원
이나 성격을 추정해 볼 수 있는 근거를 거의 찾을 수 없다. 이는 일
차적으로는 『삼국사기』 자체가 최상급 지배층의 활동을 주로 다루었
기 때문일 것이다. 그런데 앞의 1장 <표 1-2>를 보면 알 수 있듯이,
바로 아래인 파진찬은 초기부터 비교적 자주 나타나는 데 비하여 잡
찬은 단 한 번도 나오지 않는다.[64] 이를 단순히 우연한 결과라고만
보기는 어렵다. 기록의 공백이 생긴 배경에는 어떤 특별한 이유가 있
을 것으로 생각되는 것이다.

그 이유를 추정하기 위해 잡찬의 위호가 다른 간군 경위와 기원을
달리하고 있었을 가능성을 검토해 보기로 한다. 1장의 <표 1-2>에
서 알 수 있듯이, 간군 경위의 이칭은 모두가 ○干 또는 ○飡(粲·翰
·邯)으로 되어 있다. 그러나 잡찬만은 예외적으로 迊判·蘇判으로
만 나온다. 이런 점이 그 가능성을 검토해 볼 필요성을 높여준다고
생각된다.

일찍이 잡찬의 迊을 '迊羅'·'匝羅'와 관련지어 생각하는 견해가
제출된 적이 있었다.[65] 匝羅는 『일본서기』에 나오는 지명으로[66] 낙

---

64) 『삼국사기』에서 잡찬이 처음 나타나는 것은 551년(진흥왕 12)의 耽知와
　　非西(열전 제4 거칠부전), 661년(무열왕 8)의 文王과 文忠(신라본기 제6)
　　이 처음이다. 또 金庾信傳에서 그의 父 金舒玄을 蘇判이라고 한 기록도
　　있다. 한편 금석문의 경우 진흥왕의 北漢山巡狩碑(555)에서 迊干이 나오
　　는 것이 가장 이르다.

65) 今西龍, 1933 「新羅官位號考」『新羅史硏究』, 近澤書店, 272쪽 참조. 그러
　　나 迊羅가 鎌器를 뜻하는 新羅語로 사용되기도 했음도 지적되고 있다(尹
　　善泰, 1997 「正倉院 所藏 '佐波理加盤附屬文書'의 新考察」『國史館論叢』
　　74, 298~301쪽).

동강 연안의 경남 양산을 가리킨다.[67] 『삼국사기』에서는 '歃良',[68] 『삼국유사』에서는 '歃羅'로도 나온다.[69] 이 지역은 낙동강을 거슬러 올라가는 길목으로 일찍부터 신라에게 중요시된 곳이었다.

아찬 吉門이 加耶兵과 黃山津口에서 싸워 1천여 급을 얻었다. 길문을 파진찬으로 삼으니 功을 포상한 것이었다.[70] (『삼국사기』 권제1, 신라본기 제1 탈해이사금 21년)

가을 7월에 몸소 加耶를 정벌하였다. 步騎를 이끌고 黃山河를 건너니 가야인 복병이 수풀 속에서 기다렸다. 왕은 바로 앞에 이를 때까지 깨닫지 못하다가, 복병이 일어나 여러 겹으로 에워쌌다. 왕이 군사를 이끌고 奮擊하여 포위를 풀고 물러났다.[71] (같은 책, 지마이사금 4년)

3월에 黃山으로 행차하여 나이 많거나 가난하여 홀로 살기 어려운 자를 찾아 賑恤하였다.[72] (같은 책, 권제2 미추이사금 3년)

---

66) "天皇勅… 曰 新羅自居西土 累葉稱臣 朝聘無違 貢職允濟 逮乎朕之王天下 投身對馬之外 竄跡匝羅之表 阻高麗之貢 吞百濟之城 …"(『일본서기』 권제14, 雄略 9년 3월조). 雄略 9년은 465년이 되지만, 『일본서기』의 연도 착란을 감안하면 6세기 전반 무렵으로 보는 것이 합당할 것이다.

67) 坂本太郎·家永三郎·井上光貞·大野晋 校注, 1967 『日本書紀(上)』, 岩波書店, 617쪽의 補注26. 한편, 여기서는 백제가 倭國에 보내는 물품을 신라인들이 가로챈 장소인 '沙比新羅'(『일본서기』 권제9, 神功攝政 47년)도 梁山으로 보고 있다. 이를 沙比+新羅의 결합으로 보아 '신라의 영역에 포섭된 沙比'로 해석하는 견해가 참고된다[朱甫暾, 1998 「新羅 國號의 確定과 民意識의 成長」 『新羅地方統治體制의 整備過程과 村落』, 신서원, 317쪽(원재 1994 『九谷黃鍾東敎授停年紀念史學論叢』)].

68) "堤上仕爲歃良州干"(『삼국사기』 권제45, 열전 제5 朴堤上傳)

69) "時百官咸奏曰… 臣等以爲歃羅郡太守堤上可也…"(『삼국유사』 권제1, 기이 제1 奈勿王金堤上)

70) "阿湌吉門與加耶兵 戰於黃山津口 獲一千餘級 以吉門爲波珍湌 賞功也"

71) "秋七月 親征加耶 帥步騎度黃山河 加耶人伏兵林薄 以待之 王不覺直前 伏發圍數重 王揮軍奮擊 決圍而退"

봄 2월에 왜인이 歃良城에 침입했다가 이기지 못하고 돌아갔다.
왕이 伐智와 德智에게 명하여 군사를 이끌고 도중에 기다리다가
요격하여 크게 이겼다.73) (같은 책, 권제3 자비마립간 6년)

여기서 黃山津, 黃山河는 김해와 양산 사이의 낙동강을 가리킨
다.74) 물론 이들 기사의 연도를 그대로 믿을 수는 없다. 그러나 일찍
부터 이 지역이 사로국의 군사활동과 관련하여 등장하는 것은, 그 만
큼 신라에게 중시된 곳이었음을 뜻할 것이다.75) 堤上이 파견되어 활
동하던 곳이 양산 지역이었다는 점도 이를 뒷받침한다.76) 그리고 이

---

72) "三月 幸黃山 問高年及貧不能自存者 賑恤之"

73) "春二月 倭人侵歃良城 不克而去 王命伐智德智 領兵伏候於路 要擊大敗
之" 원문에는 歃良城의 歃이 歆으로 되어 있다. 李丙燾 校勘,『三國史記』
에서는 歃으로 校正註를 달아놓았고, 韓國精神文化硏究院, 1996『譯註
三國史記(勘校原文編)』에서도『三國史節要』를 따라 歃으로 교정해 놓았
다.

74) 李丙燾 譯註, 1977『三國史記』, 乙酉文化社, 13쪽의 주8

75) 梁山 지역이 갖는 지정학적 중요성에 대해서는 全德在, 1990「新羅 州郡
制의 成立背景硏究」『韓國史論』22, 서울대 국사학과, 13쪽~14쪽 참조.

76)『삼국사기』에서는 堤上을 '歃良州干',『삼국유사』에서는 '歃羅郡太守'라
하였다. 이 중 전자가 원형에 더 가까운 표현일 것임을 물론이다.
  여기서 干이라는 표현을 중시하여 堤上을 양산 지역의 豪族(井上秀雄,
1974「新羅官位制度의 成立」『新羅史基礎硏究』, 東出版株式會社, 224쪽
(원재 1972『大阪工業大學中央硏究所報』別冊第五号), 또는 양산의 재지
세력으로 보기도 한다(金龍善, 1979「朴堤上小考」『全海宗博士華甲紀念
史學論叢』, 604쪽 ; 南在佑, 1992 앞의 논문, 371쪽). 또 사로국의 이사금과
혈연관계를 가지면서 지방세력화한 존재로 보거나(주보돈, 1998「4~5세
기 釜山地域의 政治的 向方」『新羅地方統治體制의 整備過程과 村落』,
신서원, 505쪽의 주85(원재 1997『第1回 釜山廣域市立福泉洞博物館 學術
發表論文集』), 울산 지역의 首長으로 보기도 한다(木村誠, 1992「新羅國
家生成期의 外交」『アジアのなかの日本史Ⅱ』, 東京大出版會, 55쪽).
  堤上은 신라 중앙정부에서 파견한 監察官으로 보는 것이 무난하다고 생
각된다(全德在, 1990 위의 논문, 13쪽~14쪽).『삼국사기』의 그의 가계에

지역 고분문화에는 5세기 전반부터 신라의 영향이 강하게 나타난다는 연구도[77] 참고된다.

　이상과 같은 점들을 참고하여 생각한다면 다음과 같은 추정이 성립할 수 있다. 즉 迊湌은 원신라 지배층의 고유한 위호에 연원을 두고 있는 것이 아니었다. 그것은 일찍이 사로국에 복속한 迊羅 지역의 首長에게 특별히 주어진 위호가 아니었을까 추정된다.[78] 만약 그랬다면 이는 매우 파격적인 우대였다고 할 수 있다.[79] 그러다가 뒷날 다원적인 위호들이 일원화되는 과정에서 상징적인 차원에서 제3등급의 서열로 자리잡았고, 경위제가 정비된 이후부터 신라의 중앙

대한 기록,『삼국유사』의 그의 처에 얽힌 지명을 가공의 것으로 보기 어렵기 때문이다. 居道가 干으로서 邊官이 되어 활약한 점을 참고하면(『삼국사기』권제44, 열전 제4 居道傳), 朴提上은 탈해대에 임명된 州主·郡主(같은 책, 신라본기 제1 탈해이사금 11년조)와 관련시켜 볼 수 있을 것 같다.

77) 鄭澄元, 1990 「梁山地方의 古墳文化」『韓國文化硏究』3, 부산대 한국문화연구소

78) 井上秀雄, 1974 앞의 책, 224쪽에서는 迊湌을 歃良旱岐에서 유래한 것으로 추정하였다.

79) 신라에 복속한 주변 지역 首長의 존재를 알려주는 것이 出字形 金銅冠이다. 梁山 夫婦塚과 金鳥塚에서는 出字形 金銅冠이 출토된 바 있다(東亞大學校 博物館, 1991 『梁山 金鳥塚·夫婦塚』). 이들은 여성의 것으로 추정되는 만큼, 신라와의 혼인관계도 상정해볼 수 있다. 또 고쿠라(小倉武之助) 콜렉션 가운데 梁山 지역에서 수집된 金銅冠들이 최근에 국내에 소개된 적이 있다(『중앙일보』1997년 9월 20일자, 1면, 25면). 이들 가운데는 4段 出字形 金銅冠이 있는데, 4段으로 된 冠은 경주 天馬塚과 金鈴塚에서 나온 金冠뿐이다. 이들 유물은 梁山 지역의 大首長 중 신라에 복속해 있으면서 혼인관계를 맺는 등, 높은 대우를 받고 있었던 세력의 존재를 확인시켜주는 것으로 판단된다. 부산 복천동 고분과 양산 북정리 고분을 동일선상에 놓고 비교해도 후자가 한 단계 높은 격을 갖고 있다는 견해도 참고된다(李漢祥, 1995 「5~6세기 新羅의 邊境支配方式-裝身具 分析을 중심으로-」『韓國史論』33, 서울대 국사학과, 67쪽).

지배층에게도 자연스럽게 수여되기 시작한 것이 아닌가 한다.[80] 다음과 같은 점들이 이러한 추정을 뒷받침해 줄 수 있을 것이라 생각된다.

첫째, 잡찬의 이칭이 다른 간군 경위와 다르다는 점이다. 즉 앞서 언급했듯이, 간군 경위의 모든 이칭이 ○干 또는 ○湌(粲·翰·邯)으로 되어 있지만 잡찬의 이칭만은 예외적으로 迊判·蘇判으로 나온다.[81] 둘째, 이벌찬·이찬·파진찬·아찬 등과는 달리, 잡찬은 音韻上으로 대응되는 외위가 없다는 점이다.[82] 이는 잡찬만이 기원을 달리할 가능성을 높여준다. 셋째, 앞의 1장 <표 1-2>에서 보듯이, 6세기 이전에 이찬으로 승진한 6사례 모두는 잡찬을 거치지 않고 있다. 아찬에서 분화된 대아찬, 나마에서 분화된 대나마가 전혀 보이지 않으며, 승진 사례 역시 이들을 거치지 않은 것과 동일한 것이다.

이러한 점들은 6세기 이전까지 잡찬이란 위호가 원신라 지배층 사이에서 실제로 사용되지 않다가, 6세기 이후의 어느 시점부터 정식 경위로 제도화된 데서 비롯되는 것으로 생각된다.[83] 이렇게 보면 잡

---

80) 이와 관련하여, 잡찬의 실재가 확인되는 기록들에서 이 경위를 지닌 자들 중 양산에서 가까운 금관국 출신의 인물들이 다수 발견되는 점도 주목된다. 즉 금석문에서 최초로 확인되는 迊干인 另力智(북한산비 : 555년)는 金庾信의 祖父였다. 그는 이보다 앞선 적성비에서는 阿干支(阿湌)로 나온다. 그리고 金庾信의 父 金舒玄도 蘇判을 지냈다(『삼국사기』 권제41, 열전 제1 金庾信傳). 한편 신라 말기에 지방의 호족들이 官名을 자칭할 때, 김해 지방의 호족 중에서만 匝干을 칭한 경우가 발견되는 것(『삼국유사』 권제2 「가락국기」의 '忠至匝干')도 우연으로 보아 넘기기 어렵다.

81) 迊判과 蘇判은 잡한>잡판, 숩한>숩한>소판으로 변화한 결과로 생각된다.

82) 주지하다시피 신라 경위의 一伐干, 一尺干, 波珍干, 阿尺干은 외위 一伐, 一尺, 彼日, 阿尺과 명칭상으로 각각 대응한다. 이 대응관계는 양자의 어떤 형태로든 양자간의 관계가 밀접함을 의미할 것이다. 여기에 대한 상세한 논의는 제2부 6장으로 미룬다.

83) 權悳永, 1991 「新羅 官等 阿湌·奈麻에 對한 考察」 『國史館論叢』 21, 35쪽에서도 迊湌이 6세기 이전 기록에 한 번도 등장하지 않는 점을 들어 그

찬이라는 위호는 사로국 지배층인 이찬 이하 '位卑者'[84] 속에 포함되지 않은 것이었을 가능성이 크다.

다음, 파진찬은 6세기 이전의 기록에 나타나는 빈도가 비교적 높은 편이다. 따라서 잡찬과 달리 원신라 지배층의 위호에 기원을 둔 것으로 볼 수 있다. 여기에 대해서는 그 별칭이 海干이라는 데 주목하여 해상활동과 관련된 직책명으로 보고자 한 의견이 제출되어 있다.[85] 그러나 그 성격을 더 추정할 수 있을 만한 근거는 찾기 어렵다. 다만 1장의 <표 1-2>에서 볼 수 있듯이, 3개의 승진 사례가 파진찬을 거치지 않고 곧바로 이찬이 되는 것으로 보아, 파진찬이라는 위호가 여러 이찬 아래에 빠짐없이 존재했다고 보기는 어렵다.[86] 즉, 사로국을 구성한 특정 집단에 국한되어 사용되던 위호였을 가능성이 높다고 추정되는 것이다.

이 점과 관련하여 『삼국유사』에는 탈해를 거두어 기른 阿珍義先이 '赫居王之海尺之母'라고 되어 있는 점[87]이 주목된다. 이 海尺을 파진찬의 이칭인 海干과 관련시킬 수 있다면, 파진찬은 박씨 집단에 부속한 동해안 지역 중소 세력의 위호에서 기원한 것으로 볼 가능성도 있다. 그런데 『삼국유사』에 따르면 탈해가 도착한 阿珍浦는 雞林 동쪽 下西知村에 있었다고 한다.[88] 이곳은 동해안 감포 쪽으로, 지

것이 지증왕대 중반 이후에 제정되었을 가능성을 언급하였다.

84) 『삼국사기』 권제1, 신라본기 제1 파사이사금 23년
85) 李鍾恒, 1974 「新羅 上古의 官位制의 性格에 대하여」 『國民大論文集』 7, 39쪽. 한편 『삼국유사』 권제2, 萬波息笛條에는 '海官 波珍湌 朴夙淸'이란 인물이 나온다. 이는 파진찬이란 관등의 기원이 바다와 깊은 관련을 지니고 있었으리라는 추정을 뒷받침한다.
86) 이사금 시기의 승진 사례는 다원적인 상태로 존재하던 개별 집단 내부의 서열 승진일 가능성이 크기 때문이다.
87) 『삼국유사』 권제1, 기이 제1 脫解王條
88) 위와 같음.

금까지도 지명이 남아 있다. 따라서 파진찬이 이곳의 중소 세력에 기원을 두고 있었다 하더라도, 사로 소국이 출발할 당시부터 그 일부를 구성하고 있었던 것으로 생각되는 만큼, 원신라 계통의 위호로 간주하는 것이 옳을 것이다.

경위 제5등급 대아찬은 6세기 이전의 신라본기에서는 전혀 찾을 수 없다.[89] 따라서 이는 6세기 이후 경위제가 성립할 무렵에 아찬으로부터 분화된 것으로 생각된다. 특히 골품제의 관등 승진 규정에서 대아찬과 아찬 사이가 진골과 6두품의 경계가 되고 있는 점은,[90] 대아찬의 분화가 골품제가 확립될 무렵일 것이라는 추정을 뒷받침해준다.

아찬은 이벌찬·이찬 등의 대세력에 부속된 중소 세력의 위호에 기원을 둔 것으로 생각된다. 다음 사례는 아찬의 성격을 살피는 데 참고된다.

　　① 겨울 10월에 아찬 吉宣이 모반하다 발각되자 죽임을 당할까 두
　　　　려워 백제로 도망쳐 들어갔다. (『삼국사기』 권제2, 신라본기 제2
　　　　아달라이사금 12년)
　　② 봄 정월에 急利를 아찬으로 삼고 政要를 맡김과 아울러 內外의
　　　　兵馬事를 함께 살피도록 했다. (동 흘해이사금 2년)
　　③ 봄 정월에 아찬 急利를 伊湌으로 삼았다. (동 흘해이사금 5년)

①은 아찬 길선이 모반하다 발각되자 죽임을 당할 것이 두려워 백제로 도망쳤다는 내용이다. 당시 모반의 내용이 어떤 것이었는지는

---

89) 『삼국사기』 권제45, 열전 제5 朴堤上傳에서 실성이사금대에 그가 대아찬으로 追贈된 기록이 있다. 여기에 대해서는 앞의 1장 주68 참조.
90) "一曰伊伐湌 二曰伊尺湌 三曰迊湌 四曰波珍湌 五曰大阿湌 從此至伊伐湌 唯眞骨受之 他宗則否…"(細註는 생략) (『삼국사기』 권제38, 잡지 제7 직관 상)

알 수 없다. 그러나 이는 아찬의 위호를 지닌 자가 아달라이사금을 정점으로 한 사로국의 지배질서에 반하는 행동을 할 수도 있었음을 보여주는 사례이다. 따라서 아찬의 위호를 지닌 자는 대세력에 부속된 존재로서만이 아니라 어느 정도 독자성을 발휘하는 경우도 있었던 것으로 생각된다.

또한 ②는 아찬의 위호를 지닌 자에게 '政要를 맡김과 아울러 內外의 兵馬事를 함께 살피게 한 사례이다. 이는 파격적인 것이라 하지 않을 수 없다.[91] 앞서도 언급했듯이, 당시 이러한 역할이 맡겨지는 것은 이벌찬이나 이찬에 국한되는 것이 보통이었기 때문이다. 또한 급리는 3년 뒤에는 일약 이찬의 지위에 오르고 있다. 물론 당시는 잡찬이나 대아찬이 존재하고 있지 않을 때이므로 파격적인 발탁이라고만 볼 수는 없지만, 주목되는 현상임은 분명하다. 아찬 급리가 대세력에 부속됨으로써만 자신의 지위를 보장받을 수 있는 존재였다면, 이러한 역할을 맡았다가 일약 이찬으로 승진하는 것은 불가능하였을 것이다.[92] 따라서 그는 아찬으로 있을 때부터 얼마간의 독자적인 세력 기반을 지녔다고 생각되는 것이다.

일길찬의 실체에 대해서는 알 수 있는 자료가 거의 없는 편이다. 다만 일찍부터 『삼국사기』에 나타나고 있는 것으로 보아 원신라 계

---

91) 李鍾旭, 1982 앞의 책, 215쪽에서는 急利가 국왕의 측근이기 때문으로 추정하였다.

92) 아찬 급리의 경우는 다소 다른 시각에서 살펴볼 여지도 없지 않다. 즉 앞서 보았듯이, 흘해는 그 아버지인 우로 때부터 갈망하던 이사금위에 오른 인물이었다. 그러나 그의 세력기반은 그다지 강한 편이 아니었다고 생각된다. 그리하여 그는 그가 속한 집단에 딸려 있던 중소 세력인 아찬 급리에게 '委以政要 兼知內外兵馬事'하는 파격적인 조치를 취하고 3년 뒤에는 그를 이찬으로 승격시켜 세력 기반을 다지고자 한 것일 가능성도 있다. 그러나 그럼에도 불구하고 奈勿 이후 김씨가 왕위를 독점하게 되면서 이러한 노력은 성과없이 끝난 것이 아닌가 한다.

통의 위호임은 분명하다고 판단된다. 특히 전투와 관련하여 등장하는 빈도가 높은 편으로 보아,[93] 주로 군사를 지휘하던 자의 명칭에서 유래한 것이 아닌가 하는 추정이 가능할 것이다.

끝으로 사찬과 급찬에 대해서는 일찍이 신라 6부의 사량, 급량과 관련시킨 언급[94]이 있었지만, 그 기원을 알 수 있는 단서를 찾기 어렵다.

이상과 같이 보면, 경위 간군의 대부분은 원신라 지배층의 위호에 기원을 두고 있었다고 할 수 있다. 잡찬만이 예외가 될 것이다. 경위 간군의 상층부는 독립성이 강한 대세력의 위호에 기원을 두고 있었다. 이들 위호는 사로국 전체를 대표하는 이사금에 의해 부여되는 것이었다기보다는 스스로가 전통적으로 지니고 있던 것이었다고 생각된다. 한편 아찬 이하의 경위 간군 하층부는 그들 대세력에 부속한 중소 세력의 위호에 기원을 두고 있었다. 이들은 대세력에게 부속함으로써만 일정한 위호와 함께 그에 걸맞는 지위를 보장받는 존재였던 것으로 생각된다.

2) 대세력에 예속된 가신

이제 경위 비간군에 대해 검토해본다. 기존의 연구에서는 경위 비간군의 기원까지 독립성을 지닌 수장의 명칭에서 찾는 경향이 있었

---

93) 一吉湌이 군사활동과 관련하여 나타나는 사료는 다음과 같다.
 　　"秋七月 百濟襲破國西二城 虜獲民口一千而去 八月 命一吉湌興宣 領兵 二萬伐之…"(『삼국사기』권제2, 신라본기 제2 아달라이사금 14년)
 　　"秋八月 百濟來攻烽山城 城主直宣率壯士二百人 出擊之 賊敗走 王聞之 拜直宣爲一吉湌 厚賞士卒"(동 미추이사금 5년)
 　　"秋九月 百濟侵邊 冬十月 圍槐谷城 命一吉湌良質 領兵禦之"(동 22년)
 　　"夏六月 倭兵攻陷沙道城 命一吉湌大谷 領兵救完之"(동 유례이사금 9년)
94) 今西龍, 1933 앞의 책, 278쪽~279쪽

다.95) 그러나 주변 소국의 수장층이 신라의 지배체제에 편제된 시간 차이를 고려해도, 그들이 갖고 있던 호칭이 주로 하급 실무자들이 지니는 경위 비간군의 기원이 되는 상황은 상정하기 어렵다. 또한 경위 제가 정비될 때 그 하위 등급으로 편제될 정도로 세력이 보잘 것 없던 부류들이 애초에 완전한 독립성을 유지했다고 보기도 어려운 것이다. 따라서 경위 비간군의 기원도 다른 시각에서 검토될 필요가 있을 것으로 생각된다.

계급 분화가 이루어지고 초보적이나마 세력 집단별 지배조직이 성립할 무렵이면, 규모가 크든 작든간에 지배행위에 필요한 구체적 실무를 처리하는 넓은 의미의 官僚群이 성립하기 마련이다. 그리고 이 관료군 내부에서도 일정한 상하관계가 존재하였을 것이며, 그 각각에는 고유한 명칭이 있었을 것임은 물론이다. 초기 단계에서 이 관료군은 지배 세력의 家臣의 형태로 존재하였을 것이다. 따라서 경위 비간군의 기원은, 사로국을 구성한 대세력이 거느린 가신들의 명칭에서 찾을 수 있을 것으로 생각된다.96)

신라의 경우 이러한 가신의 존재를 구체적으로 확인할 만한 사료

---

95) 金哲埈, 1975 「高句麗・新羅의 官階組織의 成立過程」『韓國古代社會研究』, 知識産業社, 151쪽(원재 1956『李丙燾博士華甲紀念論叢』)
　　徐毅植, 1994 앞의 논문, 37쪽~38쪽
96) 신라사회에서 '家臣'의 존재를 언급한 연구로는 다음과 같은 것들이 있다.
　　李基白, 1974 「稟主考」『新羅政治社會史研究』, 一潮閣(원재 1964『李相佰博士回甲紀念論叢』)
　　李鍾旭, 1983 「新羅 中古時代의 骨品制」『歷史學報』99・100合
　　田美姬, 1993 「新羅 眞平王代 家臣集團의 官僚化와 그 限界」『國史館論叢』48
　　그리고 家臣이란 표현을 사용하지는 않았지만 李文基, 1982 「新羅 眞興王代 臣僚組織에 대한 一考察」『大丘史學』20・21合 ; 1983 「新羅 中古의 國王 近侍集團」『歷史教育論集』5, 경북대 역사교육학과도 그러한 부류의 존재를 다루고 있어 참고된다.

는 매우 적다. 그러나 고구려의 경우에는 국왕 직속의 가신들과, 독립적인 여러 세력들이 거느린 가신들이 동일한 명칭을 지니고 다원적으로 존재하던 모습을 보여주는 사료가 있다. 따라서 신라 경위 비간군의 기원을 검토할 때는 고구려의 경우를 살펴봄으로써 유익한 시사점을 얻을 수 있을 것으로 생각된다.

> 大加들 역시 스스로 使者·皂衣·先人을 두는데 명단을 모두 왕에게 보고한다. 卿·大夫의 家臣과 같으니 함께 모여 일어서고 앉을 때 王家의 使者·皂衣·先人과 同列에 서지 못한다.[97] (『三國志』 권30, 魏書30 烏丸鮮卑東夷傳 高句麗)

즉 3세기 중엽경의 고구려에서는 독립성을 띤 大加들 역시 국왕과 마찬가지로 使者·皂衣·先人이라고 불리는 자신의 독자적인 관료군을 거느리고 있었다. 이들이 중국인의 눈에 卿·大夫의 가신과 같은 존재로 비쳐졌다는 것은, 그만큼 大加에 대한 인격적 예속성이 강하였기 때문으로 생각된다. 따라서 사자·조의·선인을 국왕 또는 대가의 '가신'이라 불러도 큰 무리가 없을 것이다. 그런데 당시 대가의 가신은 국왕의 가신과 함께 모인 자리에서는 한 단계 낮은 대우를 받고 있었고, 또한 대가들은 자신의 가신 명단을 국왕에게 보고해야만 했다. 비록 다원적인 상태이기는 했지만, 국왕의 가신과 대가의 가신 사이에서는 엄격한 차등이 유지되고 있었던 것이다.

앞서 본 바와 같이, 신라의 경우에도 이사금에 버금가는 대세력으로 이찬의 위호를 지닌 자가 여럿 존재하였다. 그리고 이들 아래에는 중소 세력들이 딸려 있었다. 이들 중소 세력의 경우를 일단 제외하고서도, 대세력에 예속된 가신의 존재를 상정할 수 있을 것이다.

---

97) "諸大加亦自置使者皂衣先人 名皆達於王 如卿大夫之家臣 會同坐起 不得與王家使者皂衣先人同列"

우로의 경우를 통해 이를 짐작해 볼 수 있다. 석씨 집단에 속한 한 家系의 대표자였던 것으로 생각되는 우로는[98] 그에 부속된 중소 세력을 거느리고 있었다. 또한 그는 그에게 예속된 가신을 거느렸던 것으로 보인다. 우로가 왜군에게 살해당한 뒤에 피난처로부터 馬上에서 어린 흘해를 안고 돌아온 자나,[99] 그의 처가 왜국 사신을 술에 취하게 한 뒤 '壯士를 시켜 뜰 아래로 끌어내려 불태웠을'[100] 때의 '壯士'가 그러한 존재에 속할 것이다.

그런데 신라의 경우에는 고구려에 비해 국왕을 중심으로 한 권력의 집중과정은 다소 늦었으리라 생각된다. 따라서 고구려처럼 국왕에게 명단을 보고해야 했는지는 알 수 없다. 그러나 여타 세력의 가신보다 이사금의 가신이 우위를 점했으리라는 점은 짐작하기 어렵지 않다.

고구려는 사자 · 조의 · 선인 등 가신의 명칭이 후기 관등제에까지 그 모습을 남기고 있었다.[101] 이는 국왕과 諸加의 가신 명칭이 관등제가 성립되는 과정에서 고구려 국가의 관등으로 편제되었기 때문이

---

98) 신라 초기 이사금의 世系는 많은 문제점을 포함하고 있고, 특히 연도는 착란이 심한 편이다. 그러나 世系 자체가 가공의 것으로 생각되지는 않는다. 于老가 활동할 당시에 이미 석씨 집단 내부의 分枝化가 진행되고 있었고, 우로는 내해 이후 骨正系와 김씨 십난의 미추에 밀려 이사금위에서 멀어진 상태였다(앞의 주54의 世系 참조). 이 점을 감안하면 우로가 어린 흘해를 가리켜 '興吾家者 必此兒也' 운운한 배경이 이해된다.

99) "…于老子幼弱不能步 人抱以騎而歸 後爲訖解尼師今"(『삼국사기』 권제45, 열전 제5 昔于老傳)

100) "…味鄒王時 倭國大臣來聘 于老妻請於國王 私饗倭使臣 及其泥醉 使壯士曳下庭焚之 以報前怨…"(위와 같음)

101) 고구려 관등제의 전개과정에 대해서는 다음의 연구가 대표적이다.
武田幸男, 1989「高句麗官位制の史的展開」『高句麗史と東アジア』, 岩波書店(원재 1978『朝鮮學報』86)
임기환, 2004『고구려 정치사 연구』, 한나래

다. 그 중 초기에 하급 직명이었던 皂衣와[102] 先人은[103] 후기 관등
제에서 최하급 관등에 흔적을 남기고 있다.[104] 그런데 주로 조세 수
취와 관련된 업무를 맡았던 것으로 추정되는 使者는 후기 관등제에
서는 太大使者(4), 大使者(6), 拔位使者=小使者(8), 上位使者(9)[105]
등으로 다양하게 분화된 모습을 보이고 있다. 이는 국왕 직속의 사자
와 제가의 사자가 관등제 성립 과정에서 상하로 분화된 결과일 것이
다.[106] 이러한 고구려의 예를 참고하면, 신라의 하급 관등인 비간군
경위의 기원도 이사금을 비롯한 대세력에 예속된 가신의 칭호에서
찾을 수 있을 것으로 생각된다.

가신은 여러 부류가 있겠지만, 하급 실무의 처리를 맡은 존재와 主
君의 호위를 비롯한 전투 업무에 종사한 존재로 나누어 볼 수 있다.
전자에 속하는 것으로 나마(大奈麻/奈麻)와 사지(大舍/小舍)를 상정
할 수 있을 것이다.[107] 나마와 사지에 대해서는 '麻'·'舍'를 'mar'로
읽어 양자의 기원을 동일시하는 견해도[108] 있었다. 그러나 법흥왕대

---

102) 金光洙, 1983『高句麗 古代 集權國家의 成立에 관한 硏究』, 연세대 박사
학위논문, 103쪽~104쪽에서는 皂衣를 국왕 및 那部 首長 예하의 近衛 武
士職으로 추정하였다.
103) 金光洙, 1983 위의 논문, 104쪽에서는 先人을 청소년 修習 武士로 추정하
였다.
104) 고구려 말기 관등제의 모습을 추정한 것으로는 武田幸男, 1989 앞의 책,
378쪽의 <표 11>과 임기환, 2004「4~7세기 관등제의 전개와 운영」 앞의
책(원재 1999『한국고대의 관등제와 신분제』, 아카넷)에 실린 표들이 참고
된다.
105) 임기환, 2004 위의 책, 236쪽의 <표 4-7>을 참고하였다.
106) 고구려의 경우, 使者系 관등이 분화하여 제4위의 높은 관등인 太大使者로
까지 상승할 수 있었던 것은 국왕 권력이 일찍부터 강화되어 자신에 직속
한 使者의 職名을 상급 관등명으로 확정한 결과로 생각된다.
107) 盧泰敦, 1989「蔚珍鳳坪新羅碑와 新羅의 官等制」『韓國古代史硏究』2,
185쪽에서는 大舍·小舍를 왕이나 각급 귀족 예하에서 실무 행정을 맡고
있던 이들의 직명이 관등화한 것으로 보았다.

의 衣服制에서 대나마·나마가 靑衣, 大舍 이하가 黃衣로 규정되어
있음을109) 고려하면 양자는 분리해서 보는 것이 좋을 듯하다.110) 또
한 『삼국사기』 직관지에 나타난 신라 중앙 官府의 官員構成에서 사
지·대사는 실무를 직접 담당한 하급 직명으로 나타나는 반면, 나마
는 극소수의 예외를 제외하면 직명으로 사용된 경우가 없다는 점도
이를 뒷받침한다.

　나마는 이사금 시기의 대세력에 부속된 가신들 중에서 실무를 관
리하는 기능을 맡은 자의 명칭에서 연원하는 것으로 생각된다. 그리
고 대나마는 나마에서 분화된 것이다. 그런데 『삼국사기』 직관지에

---

108) '舍音'을 '마름'으로 읽는 데서 착안하여 舍知의 舍(mar)와 奈麻의 麻
　　(mar)를 麻立干과 같은 어원을 갖는 것으로 해석하는 것이 일반적이었다.
　　이에 따르면 奈麻(大奈麻)와 舍知(大舍, 小舍)는 동일한 mar群 관등이며,
　　그 기원은 씨족사회가 붕괴된 후의 村長과 같은 존재에 있는 것으로 파악
　　된다. 크게 보아 이러한 이해에 입각한 연구로는 다음이 있다.
　　前間恭作, 1974 「新羅王の世次と其名について」『前間恭作著作集(下)』,
　　　　京都大 文學部, 349쪽의 주8(원재 1925 『東洋學報』 15-1)
　　曾野壽彦, 1955 「新羅の十七等の官位成立の年代についての考察」『古代
　　　　研究』2(東京大敎養學部 人文科學紀要 第五), 121쪽
　　三品彰英, 1963 「骨品制社會」『古代史講座 7』, 學生社, 203쪽
　　三池賢一, 1970 「新羅官位制度(上)」『法政史學』22, 27쪽
　　金哲埈, 1975 앞의 책, 151쪽~152쪽
　　徐毅植, 1994 앞의 논문, 37쪽
109) "法興王制 自太大角干至大阿湌紫衣 阿湌至級湌緋衣 並牙笏 大奈麻·奈
　　麻靑衣 大舍至先沮知黃衣"(『삼국사기』 권제33, 잡지 제2 色服條). 여기에
　　입각하여 奈麻와 大舍의 界線을 5두품과 4두품의 界線으로 보는 것이 일
　　반적이다.
110) 盧泰敦, 1989 앞의 논문, 185쪽~186쪽에서는 大舍 이하의 京位에 帝智·
　　知 등의 어미를 붙여 하나의 그룹으로 간주한 혼적이 보이는 점 등을 고려
　　하여, 大舍까지만 승진할 수 있었던 일단의 계층이 존재하였을 가능성을
　　지적하였다. 이 지적은 奈麻와 舍知를 함께 묶어 파악하기 어렵다는 점을
　　뒷받침해준다.

서 대나마가 중앙 관부의 관직명으로 남아 있는 경우는 거의 찾을수 없는데, 六部少監典의 梁部와 沙梁部, 永興寺成典의 大奈麻에국한된다. 이 두 관부의 설치는 비교적 후대에 이루어졌다.[111]

이 사실로부터 대나마가 나마에서 분화될 당시는 경위가 아니라상급 직책명으로 증설되었으리라는 점을 유추해낼 수 있다. 즉, 후대에 성립한 관부의 관직명으로 대나마란 명칭을 다시 사용할 수 있었던 것은, 그것을 직책명으로 사용한 역사적 경험이 이어지고 있었기때문일 것이다. 그러나 대나마를 관직명으로 사용한 관부가 극히 일부에만 국한되고 있는 사실은, 그것이 비교적 일찍이 일원화된, 제도화된 경위로 자리잡았기 때문이 아닐까 한다.

다음, 사지는 실무 처리를 직접 담당한 자의 명칭에서 연원하는 것으로 생각된다. 이는 중고기의 하급 실무자로 확인되는 舍人과[112]연원을 같이 하는 것으로 생각된다.[113] 그런데 『삼국사기』 직관지를보면, 대사와 사지의 명칭은 중앙 관부 대부분에 배치된 하급 실무직

---

111) 『삼국사기』 권제38, 잡지 제7 직관 상에 따르면 永興寺成典은 신문왕 4년(684)에 처음 설치되었다. 그리고 六部少監典이 설치된 시기는 알 수 없으나, 그 上限 시기는 적어도 6부의 행정구역화가 진행된 5세기 후반 이후가될 것이다.

112) 『삼국사기』 권제48, 열전 제8 實兮傳에는 上舍人·下舍人의 職名이, 그리고 劍君傳에는 沙梁宮舍人 등의 職名이 나온다. 이들은 모두 진평왕대에해당되는데, 하급 관직이 上下로 분화되는 모습도 아울러 보여주는 사례이다. 한편 『삼국유사』 권제3, 흥법 제3 原宗興法條에서는 법흥왕대의 異次頓이 舍人이었다고 전한다. 井上秀雄, 1974 「新羅兵制考(上)」 『新羅史基礎研究』, 東出版株式會社, 150쪽(원재 1957 『朝鮮學報』 11)에서는 舍知의 知를 존칭으로 보고 舍人을 家人의 뜻으로 해석하였다. 이러한 해석은 舍知를 하급 실무를 맡은 家臣의 명칭에서 기원하는 것으로 보는 필자의 생각과 공통점이 있다.

113) 舍人에 대해서는 李文基, 1983 앞의 논문과 田美姬, 1993 앞의 논문 참조.그런데 신라 舍人의 기원을 중국 秦~隋唐代의 관직명과 연결시켜 생각하는 견해도 있다(三池賢一, 1970 앞의 논문).

명으로 남아 있다. 이는 사지에서 대사로 명칭이 분리된 것 역시, 당
초에는 상급 관등으로서가 아니라 상급 직책의 설정이라는 차원에서
이루어졌을 가능성을 짙게 시사한다. 이렇게 대사는 상급 직책명으
로 일찍이 분화되어 광범위하게 사용되고 있었기 때문에, 경위제가
확립되고 난 뒤에도 오랫동안 하급 관직명과 병용될 수 있었던 것으
로 생각된다.114)

한편 주군의 호위를 비롯한 전투업무에 종사한 부류로 상정할 수
있는 것은 제14위 吉士이다. 길사의 이칭은 吉次, 稽知, 幢(이상은
『삼국사기』), 吉之智(봉평비), 吉之(황초령비) 등으로 표기되기도 한
다. 그 중 幢은 그 訓 '깃'·'기'에서 나왔을 것으로 생각된다.115) 중
국 춘추시대의 경우에도 大夫의 가신으로 벼슬하여 봉건적 계층질서
에서 고정된 위치를 지니고 있었던 하급 무사로서 士가 존재했던 점
이116) 참고된다.

그런데 가야고분의 피순장자 중에서 이러한 부류의 가신의 존재를
시사받을 수 있는 자료가 있어서 주목된다. 고령 지산동 44호분 11호
석곽의 인골, 동래 복천동 10·11호분의 피순장 인골 등이 그것이
다.117) 가야사회가 지닌 약간의 특수성을 감안하더라도, 전문적 무사

---

114) 또 다른 한편으로는, 大舍 이하의 경위는 경위제 확립 이후에도 간군 경위
   로까지 승진할 가능성이 크지 않은 자들이 주로 소지하는 것이었기 때문
   에 하급 관직명과 병용되어도 무리가 없었을 것으로 생각된다. 骨品制 하
   에서는 4頭品의 승진 상한이 大舍였던 점이 참고된다.
115) 今西龍, 1933 앞의 책, 281쪽에서는 吉을 宰와 관련시키나(백제어의 '존귀
   한 자'), 幢의 訓인 '깃'·'기'와 관련시켜 생각해볼 수도 있을 것 같다.
116) 增淵龍夫, 1960『中國古代の社會と國家』, 弘文堂, 55쪽
117) 高靈郡, 1979『大加耶古墳發掘調査報告書』
   釜山大學校博物館, 1982『東萊福泉洞古墳群(Ⅰ)』
   지산동 44호분 11호 석곽의 인골을 주인을 호위하는 무사로 해석한 것은
   金鍾徹, 1984「古墳에 나타나는 三國時代 殉葬樣相-加耶·新羅지역을
   중심으로-」『尹武柄博士回甲紀念論叢』, 266쪽이며, 복천동 11호분의 副

의 부류로 추정되는 존재가 피순장자로 나타나는 것은 그들이 초기부터 신분적으로 그다지 높지 않게 취급받았음과 아울러 주군에게 인격적으로 강하게 예속되어 있었음을 반영할 것이다. 따라서 초기 신라사회의 경우에도 대세력에 예속된 전문적 무사의 존재를 상정하는 것이 가능하리라 생각된다.[118] 吉士·幢의 명칭이, 비교적 연원이 오랜 중앙 관부인 古官家典(幢)과 六部少監典(監幢)·大日任典(幢, 稽知)과 함께 兵部(弩幢)의 하급 실무직명으로 이름을 남기고 있는 사실도 이와 관련되지 않나 한다.

烏知(大烏/小烏)와 先沮知에 대해서는 그 연원을 추정할 수 있는 근거가 거의 찾아지지 않는다. 그러나 이 역시 관료 조직이 정연하게 발전한 다음에 하급 관인들의 신분 서열을 정하기 위한 필요에서 비로소 신설된 것으로 보기는 어렵다. 이사금 시기에 대세력가에게 예

室인 10호분의 피장자를 이렇게 파악한 것은 權五榮, 1992「고대 영남지방의 殉葬」『韓國古代史論叢』 4, 韓國古代社會研究所, 35쪽 등이다.

118)『삼국사기』와『삼국유사』 모두에 전해지는 勿稽子의 존재를 전문적 무사인 吉士와 관련시켜 생각할 여지가 있을 듯하다. 그 이유는 다음과 같다. 즉 ① 물계자는 전쟁이 있을 때마다 매번 출전하고 있다. ②『삼국사기』 勿稽子傳에서 그가 '累及於先人' 운운한 것은 세습적 지위를 암시한다. ③ 勿稽子가 志士의 자세를 운운한 것도 무사로서의 모습을 보여준다. ④ 『삼국사기』 勿稽子傳에서 '家勢平微' 운운한 것은 그의 지위가 그다지 높지 않았음을 암시한다.

이러한 근거를 토대로, 처음에 勿(音 또는 訓으로 표기한 人名)+稽子(稽知=吉士)이던 것이 시간이 지나면서 勿稽子 전체가 인명처럼 전해지게 된 것이 아닐까 하는 것이다. 勿稽子傳을 보면, 그는 軍功을 인정받지 못한 데 대해 매우 상심하고 있다. 이는 전투활동을 통해서 여러 세력 집단이 자신의 세력을 강화하고자 알력을 빚던 상황에서, 그 자신 전투행위의 일선에서 활약함으로써 자신의 존재 가치를 인정받기를 원하는 경향을 드러내는 것으로 보인다. 다만, 물계자의 경우는 순장을 당하던 초기의 모습에서는 완전히 벗어난 상태이거나, 그와는 존재기반을 조금 달리한 경우라고 생각된다.

속되어 어떤 하급 직무에 종사하던 자들의 명칭에서 유래한 것으로 생각된다.

경위의 기원을 이렇게 파악한다면, 경위 하층부가 상층부보다 나중에 성립하거나 관료 조직의 발전에 따라 단계적·하향적으로 성립한 것[119]으로는 보기 어렵다. 이벌찬·잡찬 등을 제외한 간군 경위는 이사금 시기에 사로국을 구성한 독립적인 대세력과 그에 부속한 중소 세력이 지니고 있던 고유한 위호에 기원을 두고 있었다. 또 경위 비간군은 대세력에 예속되어 특정한 직무를 담당하던 가신의 명칭에 기원을 두고 있었다. 양자는 시간적인 선후관계를 갖고 성립한 것이 아니었던 것이다.

기원론적으로 보면 경위 간군과 비간군의 대부분은 명칭상으로는 당초부터 병존하던 것이었다. 또한 그 대부분은 원신라 사회 내부에 기원을 두고 있었다. 원신라의 범주를 벗어나는 경우는 잡찬 정도가 거의 유일한 것이었다. 기원이 이러했기 때문에, 제도로 확립된 이후에도 경위는 1세기여 동안 왕경인들만을 대상으로 한 관등제로 존속할 수 있었으리라 생각된다.

단, 이벌찬 또는 이찬의 위호를 가진 대세력들이 각각 아찬-일길찬-사찬-급찬 등의 위호를 지닌 중소 세력을 빠짐없이 거느리고 있었다고는 생각되지 않는다. 어떤 경우는 특정 대세력에 부속한 중소 세력만이 사용하던 위호였을 수도 있다.[120] 또 모든 대세력들이 나마-사지-길사-오지-선저지로 이어지는 가신들을 체계적으로 빠짐없이

---

119) 曾野壽彦, 1955 앞의 논문 ; 三池賢一, 1970 앞의 논문. 이후에 나온 많은 국내 연구들도 대부분 단계적 성립설을 따르고 있다.

120) 예컨대 級湌과 及梁部, 沙湌과 沙梁部의 관계가 인정될 수 있다면(今西龍, 1933 앞의 논문, 278쪽~279쪽), 이 양자를 각각 梁部·沙梁部에만 존재한 위호로 볼 수도 있다. 그러나 그 경우에도 部別 우열에 따라 사로국 전체 차원에서는 일정한 서열이 관행적으로 존재하였을 것이고, 이 서열이 경위제가 성립할 때 자연스럽게 고정되었을 것으로 생각된다.

부리고 있었던 것도 아닐 것이다. 경우에 따라서는 1~2종류의 실무
자만을 보유한 세력도 있었을 것이다. 다만 이사금을 비롯한 대표적
인 대세력일수록 보다 잘 갖추어진 서열체계를 유지하였으리라는 추
정은 가능하다.

이를 그림으로 나타내보면 대략 다음 그림과 같은 상태를 상정할
수 있을 것이다. 그런데 경위 17등 모두가 이렇게 다원적인 상태에서
출발한 것은 아니었음을 감안할 필요가 있다. 그 중 일부는 분화한
것이기 때문이다.

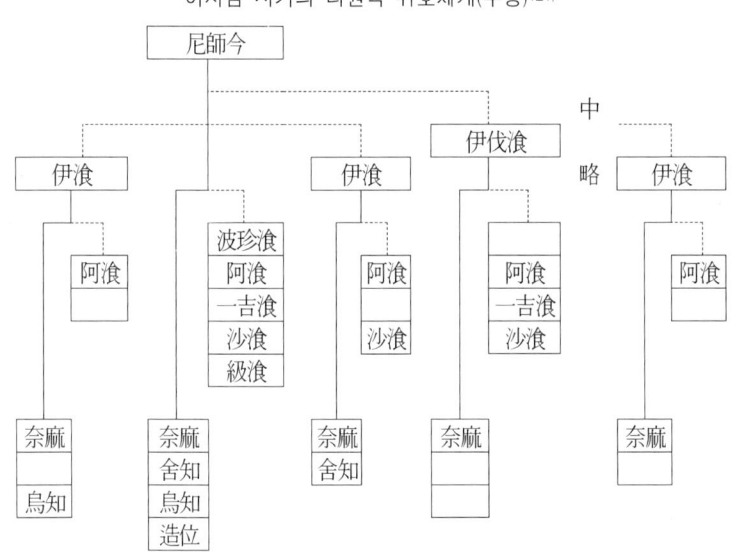

이사금 시기의 다원적 위호체계(추정)[121]

* ―는 附屬關係, …는 隸屬關係를 나타냄

앞서 지적했듯이 이벌찬은 비교적 이른 시기에 사로국 차원에서
증설된 경우이다. 따라서 이는 이사금이라는 위호와 마찬가지로 다

121) 이 그림은 설명의 편의를 위해 예를 들어본 것임.

원적인 위호의 범주에는 들지 않는다. 다음, 잡찬의 경우는 원신라 계통의 위호는 아니었던 것으로 생각되는데, 경위제가 성립할 무렵에 최종적으로 제도화된 것으로 추정된다. 그리고 대아찬·대나마·대사·대오 등은 각각 후대에 분화한 경우이다.

지금까지 검토한 내용을 바탕으로 경위 간군의 모태를 추정하면 이찬, 파진찬, 아찬, 일길찬, 사찬, 급찬 등을 들 수 있다. 그리고 비간군의 모태를 추정하면 나마, 사지, 길사, 오지, 선저지를 들 수 있다. 여기에다 비교적 일찍 증설된 이벌찬을 더하면 12개가 되는 것이다. 이렇게 신라 경위의 대부분은 사로국을 구성한 독립 세력의 위호, 그리고 그들이 거느린 가신의 명칭에 기원을 두고 있었다.

경위의 기원이 이러했기 때문에, 그것이 제도로 성립되었을 때는 지방인을 포괄하지 못하고 철저히 왕경인만을 대상으로 수여되는 관등제가 될 수밖에 없었다. 또 경위의 거의 대부분이 원신라 사회에 기원을 두고 있었다는 사실은, 경위제가 성립하는 과정에서 주변 소국의 수장층으로부터 영향받은 요소가 거의 없었다는 점을 말해주는 것이기도 하다. 즉 경위제의 성립 과정은 원신라 지배층의 구성에 큰 변화가 없이 진행된 것이었다고 생각된다. 이 점은 경위제와 대응하는 외위제의 정비 배경을 이해하는 데 매우 중요하다. 그리고 더 나아가서는 성립기의 신라 집권체제의 특징을 이해하는 데도 간과할 수 없는 중요한 문제일 것이다.

한편 경위의 기원을 이렇게 생각한다면, 유리이사금 9년에 경위제가 마련된 것으로 전하는 『삼국사기』기사는 완전한 허구가 아니라 나름대로의 배경을 갖는 것으로 이해하는 것이 타당할 것이다.[122] 물

---

122) 삼국 초기의 姓氏賜與가 갖는 의미를 검토하는 가운데 『삼국사기』권제1, 신라본기 제1 유리이사금 9년의 내용이 그에 해당하는 당시의 어떤 상황을 전하는 것으로 보아 마땅하다는 의견이 제출된 바 있다(金光洙, 1983

론 당시에 17등 경위제가 완전한 모습으로 성립했던 것은 아니다. 그러나 적어도 유리가 속한 집단 내에 존재하던 몇 가지 위호와 실무자 명칭들의 서열을 정했던 사실을 반영할 가능성은 충분히 있다. 다만 그것이 사로국 전체 차원에서 후대의 관등제와 같은 기능을 수행한 것으로 파악하기는 어려울 것으로 생각된다.

「高句麗 建國期의 姓氏賜與」『金哲埈博士華甲紀念史學論叢』, 知識産業社, 965쪽).

3장 위호 서열 일원화와 경위제 정비

　다원적인 상태로 존재하던 사로국 지배층의 위호가 경위제로 정착되는 데는 오랜 기간이 소요되었다. 그 과정은 국왕 권력이 여타 세력보다 우위를 점해가는 과정과 궤를 같이하였다. 이 과정이 본격적으로 진행된 것은 마립간 시기였다고 생각된다. 그러나 그 과정을 구체적으로 더듬어볼 수 있는 근거는 매우 적어, 신라 정치사회가 발전해간 일반적 정황으로부터 유추하는 수밖에 없다.

　마립간 시기에는 전반적인 지배체제가 정비되면서 국가적 직무를 맡는 자에 대한 마립간의 임면권이 강화되었다. 그리고 6세기에 들어와서 경위제가 법제화되었다. 이 시점을 전후한 경위의 모습은 6세기 초의 냉수비·봉평비 등을 통하여 구체적으로 확인할 수 있다. 이 장에서는 먼저 마립간 시기의 위호 서열 일원화 과정을 대략 살펴보고, 6세기 초의 냉수비와 봉평비 등을 집중 분석하여 경위제가 정비된 초창기 모습에 대해 알아보고자 한다.

　관등은 관료 개인의 정치적 지위를 나타내며, 특정 관직에 취임할 수 있는 자격을 규정하는 것이었다. 따라서 고대국가에서 관등제가 정비된다고 하는 것은, 제도 자체만으로 보면 기존에 독립적·반독립적인 상태로 존재하던 여러 세력들을 국왕 아래에 일원적으로 편제하여 관료화하는 것을 의미한다. 그러나 역사적 실상은 그렇지 않았다. 전통적인 세력기반을 가진 자들은 국왕의 임면에 좌우되는 존재로 전락하지 않았고, 기득권을 유지하면서 중앙정부의 세습귀족으로 변신하였다.

관등제의 외형에는 이러한 모습이 적절히 반영되었고, 그 운영방식에서도 귀족들의 기득권이 강하게 발휘되었다고 생각된다. 냉수비와 봉평비에서 드러나는 초기 경위제에서 이런 면모를 찾아볼 생각이다. 이를 통해 신라 집권 관료제가 갖는 구조적 특징을 생각해 보는 한편, 6세기 이후 신라 지배구조의 전개방향을 전망할 단서를 찾아보고자 한다.

1. 마립간 시기의 위호 서열 일원화

다원적인 상태로 존재하던 개별 세력의 位號, 또는 그에 예속된 家臣의 명칭이라는 수준을 벗어나서, 신라 국가 전체 차원에서 위호 서열의 일원화가 이루어지는 과정은 지배체제의 정비, 권력의 집중과 짝하여 진행되었다. 주변 소국의 정복·복속에 따른 지배영역의 확대는 그 중요한 배경이 되었을 것이다. 그런 만큼, 행정적인 면보다는 군사적인 면에서 지휘체계를 일원화할 필요성이 객관적으로 더 높았을 것으로 생각된다.

이사금 시기에 사로국이 대외 전투를 수행할 때는 각 세력의 군사력이 일시적으로 통합되어 투입되는 형식을 취하고 있었다. 『삼국사기』 초기 기록에서는 '六部兵'으로 표현된 군대의 활동을[1] 종종 찾

---

1) "倭人遣兵船百餘艘 掠海邊民戶 發六部勁兵以禦之 樂浪謂內虛 來攻金城 甚急 夜有流星 墜於賊營 衆懼而退 屯於閼川之上 造石堆二十而去 六部兵一千人追之 自吐含山東至閼川 見石堆知賊衆 乃止"(『삼국사기』 권제1, 신라본기 제1 남해차차웅 11년)
    "秋七月 浦上八國 謀侵加羅 加羅王子來請救 王命太子于老 與伊伐湌利音 將六部兵 往救之 擊殺八國將軍 奪所虜六千人 還之"(동 권제2 내해이

아볼 수 있다. 그 실체는 사로국을 구성한 독립 세력들이 거느린 군사력을 의미할 것이다.[2]

이렇게 전투 자체가 일회적인 성격이 강한 단계에서 연합군이 편성되었을 때, 그 최고 지휘자는 주로 독립적인 여러 세력 중에서 선발되는 경우가 많았다. 앞서 2장에서 언급했듯이, 『삼국사기』 초기 기록에서는 伊伐湌·伊湌의 위호를 지닌 자에게 "內外 兵馬의 일을 맡겼다"고 한 기사가 종종 발견된다. 실제로 이들은 군사활동이 있을 때 최고 지휘관으로 활약하는 경우가 많았다. 그리고 이사금 시기에는 이사금이 직접 군사를 이끌고 출전하는 사례도 종종 찾아볼 수 있다.[3]

사금 14년)
"秋七月 出兵攻新羅腰車城拔之 殺其城主薛夫 羅王奈解怒 命伊伐湌利音爲將帥六部精兵 來攻我沙峴城"(동 권제23, 백제본기 제1 초고왕 39년)
　　그런데 내해 14년 기사의 경우, 같은 사건을 다룬 『삼국사기』 열전 제8 勿稽子傳에서는 王孫 㮈音이 '近郡及六部軍'을 이끌고 阿羅國 구원에 나선 것으로 되어 있다. 그리고 연도에 약간의 차이가 있지만, 초고왕 39년조와 같은 사건을 전하는 신라본기 내해이사금 19년에는 단순히 '精兵'으로만 기록되어 있다.

2) 李基白, 1978 「韓國의 傳統社會와 兵制」 『韓國史學의 方向』, 一潮閣, 191쪽~193쪽(原載 1977 『韓國學報』 6)에서는 이를 部族의 전통을 지닌 군대로 이해하였고, 李賢惠, 1984 『三韓社會形成過程研究』, 潮閣, 159쪽에서는 邑落 단위의 군사력으로 해석하였다.

3) 이사금이 직접 출전한 경우는 『삼국사기』의 파사이사금 17년, 지마이사금 4년, 동 5년, 아달라이사금 14년, 내해이사금 23년, 조분이사금 3년 등에서 확인된다. 이러한 사례들은 당시의 이사금이 軍指揮官의 자질을 겸비하고 있었음을 의미한다. 그리고 다른 한편으로는, 당시의 이사금이 병마권을 맡아 대외 군사활동을 수행하던 이벌찬·이찬과 동질적인 존재였음을 반증한다. 그러나 이런 사례는 눌지마립간대까지 확인되다가 이후에는 거의 사라진다. 李文基, 1997 『新羅兵制史研究』, 一潮閣, 278쪽~289쪽에서는 이러한 추세를 국왕이 軍令權을 장악해가는 과정으로 파악하고 있어 참고된다.

그런데 대외적인 군사활동의 빈도수가 늘어나면서 이러한 지휘체계는 지양될 필요가 있었다. 다음 기사는 군사 분야에서 이사금의 권한이 행사되는 범위가 넓어지고 있는 추세를 보여준다.

① 가을 7월에 臣寮에게 명하여 지혜롭고 용감하여 將帥가 될 만한 자를 추천케 하였다.4) (『삼국사기』 권제1, 신라본기 제1 일성이사금 14년)

② 가을 8월에 백제가 서쪽 국경의 圓山鄕을 습격하고 진격하여 缶谷城을 에워쌌다. 仇道가 勁騎 5백을 이끌고 치니 백제병은 거짓으로 도망쳤다. 구도가 蛙山에 이르러 백제에게 패하였다. 왕은 구도가 실책했으므로 缶谷城主로 좌천하고 薛支를 左軍主로 삼았다.5) (동 권제2, 벌휴이사금 7년)

③ 겨울 10월에 백제병이 牛頭州에 침입하였다. 伊伐飡 忠萱이 병사를 이끌고 막았는데 熊谷에 이르러 적군에게 패하여 單騎로 돌아와서 鎭主로 떨어뜨리고 連珍을 伊伐飡으로 삼아 兵馬의 일을 겸하게 하였다.6) (동 내해이사금 27년)

①에서 '臣寮'라고 표현된 실체는, 실제로는 사로국의 국정 운영에 큰 영향력을 행사하던 독립성 강한 세력들을 가리키는 것으로 생각된다. 그런데 이들로 하여금 사로국 전체 차원의 군사활동을 수행할 개인적 능력을 가진 자를 추천케 한 것이다. 이보다 한 해 앞선 일성이사금 13년에는 옛 압독국에서 반란이 일어나 군사를 내어 토벌하고 徙民策을 실시한 바 있었다.7) 군사 지휘관의 선발에서 개인의 능

---

4) "秋七月 命臣寮 各擧智勇堪爲將帥者"

5) "秋八月 百濟襲西境圓山鄕 又進圍缶谷城 仇道率勁騎五百擊之 百濟兵佯走 仇道追及蛙山 爲百濟所敗 王以仇道失策 貶爲缶谷城主 以薛支爲左軍主".

6) "冬十月 百濟兵入牛頭州 伊伐飡忠萱將兵拒之 至熊谷 爲賊所敗 單騎而返 貶爲鎭主 以連珍爲伊伐飡 兼知兵馬事"

력을 중시하게 된 데에는 이러한 배경이 놓여 있었을 것으로 생각된
다. 따라서 ①은 개별 세력 집단의 수준을 넘어서 이사금의 임명권이
행사되는 범위가 군사 분야에서 먼저 확대되기 시작하였음을 보여주
는 것이라 할 수 있다.

그런데 ②·③은 더욱 주목할 만한 사실을 전한다. 즉 缶谷城에서
백제군을 막다가 패한 仇道의 실책을 문제삼아 벌휴이사금이 그를
缶谷城主로 좌천시키고 薛支를 左軍主로 임명했다는 것이다. 구도
는 아달라 19년에 波珍湌이 되었고,[8] 伐休 2년에는 仇須兮와 함께
左右軍主가 되어 召文國을 정벌하였으며,[9] 동 5년에는 母山城에서
백제군을 물리쳤던 인물이다.[10] 또한 그는 김씨 집단 최초의 이사금
이었던 味鄒의 아버지로서 葛文王으로 追封될 만큼[11] 김씨 집단의
대표적 인물이기도 하였다. 그렇기 때문에 그가 한 번의 패전으로 지
방 城主로 좌천되었다는 것은, 백제군과 전투에서 패한 이벌찬 忠萱
을 鎭主로 떨어뜨린 경우와 함께 매우 주목되는 사실인 것이다.

이들이 奈麻級의 지방 城主로 강등된 것으로 해석하기도 한다.[12]

---

7) "冬十月 押督叛 發兵討平之 徙其餘衆於南地"(『삼국사기』 권제1, 신라본
   기 제1 일성이사금 13년). 押督國은 파사이사금대에 항복해왔다가 반발한
   경우이다.

8) "春正月 以仇道爲波珍湌 仇須兮爲一吉湌"(『삼국사기』 권제2, 신라본기
   제2 아달라이사금 19년)

9) "二月 拜波珍湌仇道一吉湌仇須兮 爲左右軍主 伐召文國"(위의 책 권제2,
   신라본기 제2 벌휴이사금 2년)

10) "春二月 百濟來攻母山城 命波珍湌仇道 出兵拒之"(위의 책 권제2, 신라본
    기 제2 벌휴이사금 5년)

11) "二月…封考仇道爲葛文王"(『삼국사기』 권제2, 신라본기 제2 미추이사금 2
    년). 한편, 仇道와 末仇의 관계를 비롯하여 김씨 집단의 계보에는 약간의
    異傳이 있다. 여기에 대해서는 앞의 2장 참조.

12) 金瑛河, 2002 「上古期의 官等分化와 貴族評議體制」『韓國古代社會의 軍
    事와 政治』, 고려대학교 민족문화연구원, 222쪽(原載 1997 『韓國史研究』
    99·100合).

그러나 이 두 경우에는 그들이 지니고 있었던 위호가 강등된 것으로 보기는 어렵다. 패전에 대한 책임을 물어 한시적으로 지방의 城에 주둔하도록 한 조치로 보는 것이 합리적이라고 생각된다.[13] 이들은 국왕의 任免에 의해 정치적 지위가 결정되는 관료가 아니며, 따라서 이 조치로 이들의 세력 기반 자체가 해체된 것도 아닐 것이기 때문이다. 忠萱의 뒤를 이어 連珍이 이벌찬에 선임되면서 병마권을 위임받고 있는 것도, 충훤이 鎭主가 되어 지방에 주둔하게 됨으로써 생겨난 공백을 메우기 위해 새로운 이벌찬을 추가로 선임한 것으로 이해된다.[14] 이렇게 군사활동의 영역에서는 군지휘관으로 선임된 대세력의 책임을 물어 일시 좌천시킬 수 있을 정도로 이사금의 권한이 일찍부터 강화되고 있었던 것이다.

이상의 사료들은 복속 지역에 대한 통제를 강화하고 영역의 확대를 꾀하기 위해 군사활동이 매우 중시되고 있었음을 보여준다. 그리고 이사금을 중심으로 하여 능력 있는 지휘관의 발탁과 군사 통수권의 조직화가 진행되는 상황을 반영하고 있다. 이사금 시기의 대규모 閱兵儀式도[15] 이러한 객관적인 필요성에 부응한 것으로 생각된

---

13) 仇道가 城主로 좌천된 것은 당시 강력하게 대두하던 김씨 집단의 세력을 견제하기 위해 석씨 집단의 이사금이 취한 조치로도 볼 수 있을 것이다.

14) 복수의 伊伐湌이 선임되었을 경우에도 양자의 역할에 일정한 차이가 있었을 것이란 점에 대해서는 2장에서 이미 언급하였다. 사료 ③의 忠萱은 奈解 25년에 伊伐湌 利音이 죽자 그의 뒤를 이어 伊伐湌이 되면서 兵馬權을 장악한 인물이다. 그런데 패전에 대한 문책으로 일시 지방의 鎭主가 되면서 그의 兵馬權은 連珍에게 넘겨진 것으로 생각된다. 그러나 당시 이사금과 대세력과의 역학관계를 고려하면 忠萱은 伊伐湌의 지위를 계속 유지했던 것으로 보는 것이 타당할 것이다. 한편 사료 ②의 仇道는 波珍湌의 위호를 지니고 있었으므로, 그의 위호는 유지하되 薛支로 하여금 左軍主의 직무를 대신하도록 한 것으로 이해된다.

15) 이사금 시기의 閱兵은 『삼국사기』 신라본기의 파사이사금 15년, 일성이사금 5년, 내해이사금 5년, 동 25년, 미추이사금 20년 등에서 확인된다.

다.16) 열병의 목적과 기능은 이사금이 군을 직접 지휘·통솔한다는, 즉 군령권 장악과 군령체계상 최고의 지위에 있음을 재확인하는 데 있었던 것이다.17)

이사금 시기부터 나타나기 시작한 이러한 추세는 마립간 시기에 들어와서 더욱 뚜렷해졌다. 자비마립간 16년에는 將軍職이 설치되었다.18) 그리고 이후부터 장군의 직명을 띤 군사 지휘관들이 활발히 활동하는 모습을 찾을 수 있다. 이들의 임명권은 마립간이 가지고 있었을 것이다. 따라서 장군직의 제도화는 신라의 군사조직이 단순한 6부 연합군의 수준을 넘어서 국왕에 의해 통솔되는 단일한 군사조직으로 발전해가는 과정에 접어들었음을 보여주는 것이라 할 수 있다.19)

군사 부문에서 나타나는 체제 정비의 이러한 추세는 여타 부문에서도 마찬가지로 진행되었을 것으로 생각된다. 다음 사료는 이와 관련된 것이다.

　　봄 2월에 金城에 政事堂을 두었다.20) (『삼국사기』 권제1, 신라본기 제1 일성이사금 5년)
　　가을 7월에 궁궐 남쪽에 南堂을 짓고(南堂은 都堂이라고도 한다)

---

16) 李賢惠, 1984 앞의 책, 159쪽 ; 金瑛河, 2002 앞의 책, 67쪽~70쪽 참조.
17) 李文基, 1997 앞의 책, 287쪽
18) "春正月 以阿湌伐智級湌德智爲左右將軍"(『삼국사기』 권제3, 자비마립간 16년)
　　金翰奎, 1997 『古代東亞細亞幕府體制硏究』, 一潮閣, 352쪽(원제 1985 「南北朝時代의 中國的 世界秩序와 古代韓國의 幕府制」『韓國 古代의 國家와 社會』, 歷史學會)에서는 이 때를 장군직이 제도적으로 성립한 때로 보았다.
19) 마립간 시기의 장군직 설치와 그것이 갖는 과도기성에 대해서는 李文基, 1997 앞의 책, 86쪽~88쪽이 참고된다.
20) "春二月 置政事堂於金城"

良夫를 伊湌으로 삼았다.[21] (동 권제2 첨해이사금 3년)
　봄 정월에 처음으로 南堂에서 정사를 보았다. 漢祇部 사람 夫道
라는 자가 집이 가난하나 아첨함이 없고 書算을 잘하기로 이름나
서 왕이 불러 阿湌으로 삼고 物藏庫의 사무를 맡겼다.[22] (동 첨해
이사금 5년)

政事堂과 南堂의 차이에 대해서는 명확히 알 수 없다.[23] 그러나
사로국이 처음 출발할 당시 6部祖와 그 자제들이 열었던 閼川岸上
會議[24]와 같은 관행적인 모임이, 이사금의 거처에 가까운 고정된 장
소에서 정례화되는 경향을 보여주는 것만은 분명하다. 따라서 첨해
이사금이 남당에서 '聽政'했다는 것은 여러 세력들과의 공식 회의가
열린 사실을 뜻하는 것으로 해석된다. 특히 이 때 夫道가 아찬으로
발탁된 점은 주목할 만하다.
　위의 첨해 5년 기사에 따르면 부도는 書算에 밝았으나 집이 가난
했다고 한다. 이는 그가 중소 세력의 범주에도 들지 못하는 인물임을
시사한다. 이러한 인물을 발탁하여 物藏庫 사무를 맡긴 것은 당시로
서도 파격적인 것이었기에 특별히 기록될 수 있었을 것이다.
　흘해이사금대에 공적인 官舍가 존재하고 있었음[25]을 감안한다면,

---

21) "秋七月 作南堂於宮南(南堂或云都堂) 以良夫爲伊湌"
22) "春正月 始聽政於南堂 漢祇部人夫道者 家貧無諂 工書算著名於時 王徵
　　之爲阿湌 委以物藏庫事務"
23) 政事堂의 구성원을 국가적 업무를 담당하는 臣僚集團과 국왕 소속 部의
　　臣僚로 보고, 南堂의 모임에는 국가적 업무를 맡은 자만 참석하고 국왕의
　　近侍 臣僚들은 배제된 것으로 보는 견해(李文基, 1990「新羅上古期의 統
　　治組織과 國家形成 問題」『한국 고대국가의 형성』, 민음사, 272쪽~273
　　쪽)가 참고된다.
24) 『삼국유사』권제1 紀異 제2 新羅始祖赫居世王
25) "夏四月 大雨浹旬 平地水三四尺 漂沒官私屋舍 山崩十三所"(『삼국사기』
　　권제2, 신라본기 제2 흘해이사금 41년)

특정한 명칭으로 정비된 독립 관부의 존재 여부를 떠나서 일상적인 실무가 일정한 분화를 보고 있었던 것으로 보인다.26) 그 실무에서 가장 중요한 것은 조세의 수취와 관리일 것인데, 물장고 사무도 여기에 포함될 것이다. 이사금은 조세 수취를 비롯한 국가적 업무를 처리하는 실무자들을 직접 장악함으로써 사로국의 상징적인 대표자라는 차원을 넘어서 실질적인 통치권을 행사할 수 있었을 것이다. 부도의 발탁은 그 단초를 보여주는 사례로 생각된다.

부도의 경우는 실무 담당자를 임명하는 데서 일찍부터 이사금의 권한이 행사되고 있었음을 보여주는 것이기도 하다. 그런데 부도는 물장고 사무를 맡기 전에 아찬으로 발탁되고 있다. 이는 비록 관부와 관직의 분화가 미미한 단계라고는 해도, 특정한 직무를 맡는 데는 그에 어울릴 만한 위호가 요구되었음을 시사한다. 따라서 비록 다원적인 상태이기는 하지만 일정하게 서열화된 위호가 존재하는 이상, 그것을 수여하고 특정한 직무를 맡기는 데는 이사금의 권한이 발휘되고 있었다고 할 수 있다.

이러한 맥락에서 보면, 남당 설치가 갖는 의의는 가볍지 않다. 일찍이 신라 경위제의 기원을 남당의 橛標에서 찾는 의견이27) 나온 적이 있다. 이는 김대문이 마립간의 어원을 설명하면서 王橛과 臣橛의 배열순서를 언급한 것을28) 남당의 君臣會議와 연결시킨 것이다.

---

26) 『삼국사기』에 有司・所司로 표현된 것이 여기에 해당할 것이다.

27) 李丙燾, 1976 「古代 南堂考」 『韓國古代史硏究』, 博英社(원재 1953 『서울大論文集』 1). 다만 여기서는 초기 기록에 대한 불신을 바탕으로 남당의 실질적 기능이 마립간 시기에 와서 발휘되는 것으로 보았다. 그러나 4세기 후반부터 남당의 기능은 국왕의 상징적이고 의례적인 통치행위가 행해지는 장소로 변질되었다고 보는 것(李文基, 1990 앞의 논문, 274쪽)이 타당하리라 생각된다.

28) "金大問云 麻立者 方言謂橛也 橛標准位而置 則王橛爲主 臣橛列於下 因以名之"(『三國遺事』 권제1, 기이 제2 南解王條). 한편 『삼국사기』 권제3,

이 의견은 시사성이 풍부한 것으로 생각된다. 남당이 여러 세력들과 이사금이 모여 국정을 의논하던 장소였다면, 이사금을 정점으로 한 일정한 서열을 필요로 했을 것으로 생각되기 때문이다. 물론 현재의 사료만으로는 부도가 받은 아찬을 포함하여, 이사금에게서 수여받는 특정한 위호가 사로국 차원의 것인지, 이사금이 속한 집단의 것인지, 여타 개별 집단의 것인지 분명히 판별해내기는 매우 어렵다.[29] 그러나 남당회의만큼은 개별 집단 차원의 서열이 아니라 사로국 차원의 서열에 입각한 운영이 이루어졌을 것이다. 그렇기 때문에 부도에게 수여된 아찬의 위호는 개별 세력 집단의 차원을 넘어서 사로국 차원의 위호에 가까운 것이었다고 보는 것이 자연스럽게 생각된다.

비간군 경위에 해당하는 가신 명칭의 서열은 고구려의 경우를 참고하여 생각해 볼 수 있다. 고구려의 경우, 공식 회합에서 국왕의 가신과 대가의 가신이 격을 달리하였던 것은 2장에서 언급한 바와 같다. 신라의 경우도 공식적인 자리에서는 이사금에게 속한 가신과 여타 세력의 가신들이 동격으로 취급되지는 않았을 것임은 분명하다. 따라서 하급 실무자의 경우에는 이사금이 속한 집단의 가신 명칭이 곧 국가적인 차원의 서열 기준으로 정착되고, 그에 대한 이사금의 임면권도 비교적 일찍부터 행사되었으리라 생각된다.

그러면 경위 간군에 해당하는 위호들은 어떠했을까? 이벌찬은 당초부터 사로국 차원에서 설정된 위호였던 만큼 이사금에 다음 가는 서열로 대우받았을 것이다. 그러나 이찬 이하의 경위 간군 상층부는

신라본기 제3 눌지마립간 즉위조의 細註에도 동일한 내용이 전하는데, 밑줄친 부분만 '槪謂誠操'로 되어 있어 약간의 차이가 있다.

29) 李文基, 1990 앞의 논문, 271∼272쪽에서는 다원성을 인정한 위에서 지마이사금대의 昌永을 국정 일반을 맡은 국왕 예하의 신료, 翌宗을 국왕이 속한 부의 통치조직에 포함되는 신료로 추정하였다. 이는 개연성은 인정되나 단정하기는 어렵다.

독립적인 세력의 고유한 위호였던 만큼, 오랫동안 다원성을 유지하였으리라 생각된다. 이들 대부분은 남당회의의 구성원이었을 것이다. 한편 이사금에 직속한 중소 세력들은 사로국 차원의 직무를 맡을 기회가 더 많았을 것이므로 위호 서열이 상승할 가능성도 상대적으로 높았을 것이다. 그러나 적어도 이사금 시기에는 이러한 다원적 상태의 균형이 무너질 정도의 편중은 일어나지 않았을 것으로 생각된다.

이러한 다원성은 어느 한 집단에서 고정적으로 이사금이나 마립간을 맡게 되면 균형이 깨어지게 마련이다. 해당 집단의 중소 세력이나 가신들은 국가적 차원의 직무를 자주 맡게 되는 반면에, 여타 집단의 가신들은 국가적 직무에서 서서히 배제되어 쇠퇴하였을 것이다. 이렇게 하여 오래동안 마립간위에서 소외된 세력은 자신의 집단 내에 존재하던 위호 서열을 발전시키는 데 한계가 있었을 것이다. 그들의 경우, 기존에 거느리고 있던 중소 세력들의 수가 오히려 줄어들면서 약화되는 경우도 있었으리라 짐작된다.

반면에 마립간위를 한 집단이 독점하게 되면, 그 집단은 자기 집단 내부의 기존 서열체계를 유지하면서 신라 국가 전체 차원의 것으로 발전시켜갈 가능성을 가졌을 것이다. 다원적 위호 서열의 일원화는 이러한 과정을 거쳐 달성된 것으로 생각된다. 그렇기 때문에 내물마립간[30] 이후 김씨 집단이 왕위를 독점하는 마립간 시기는 다원적 위호 서열의 일원화 과정에서 매우 중요한 의미가 있다.

마립간 시기에 들어서 나타난 신라사회의 변화로 주변 소국들에 대한 복속이 거의 완료된 점을 먼저 들 수 있다. 이는 내물마립간 때 前秦에 보낸 사신 衛頭가 符堅의 물음에 답하는 내용에서 잘 나타

---

30) 『삼국사기』에서는 눌지 이후를 마립간으로 하였으나 『삼국유사』에서는 내물부터 마립간으로 기록하였다. 신라 왕호가 시대상을 반영하고 있음을 감안하여, 본고에서는 나물 이후를 마립간 시기로 기록한 『삼국유사』를 따랐다.

난다.

> 符堅이 衛頭에게 물어 "卿이 말하는 海東의 일이 옛날과 같지 않
> 으니 왜인가" 하였다. (위두가) 대답하여 "또한 중국이 시대가 변혁
> 되고 나라 이름이 바뀌는 것과 같으니 지금 어찌 같을 수 있겠습니
> 까" 하였다.31) (『通典』 권제185, 邊防1 東夷上 新羅)32)

 부견이 위두의 보고를 통하여 알게 된 4세기 말 한반도 중남부의
사정은 『삼국지』에 나타난 소국 병존 상태와 큰 차이를 보였다. 여기
에 대하여 위두는 "중국에서 시대가 변혁되고 나라 이름이 바뀌는
것과 같다"고 대답하고 있는 것이다. 이 말에는 주변 지역에 대한 복
속을 거의 완료하고 새로운 지배질서를 추구해가던 신라 지배층의
자신감이 잘 표현되어 있다.
 한편 이 무렵에는 내부적인 지배체제의 정비도 상당한 진전을 보
았다. 마립간시기의 신라에서는 왕도의 행정구역 정비,33) 郵驛의 설
치,34) 왕도의 市肆 설치35) 등 지배체제 전반의 정비가 시작되고 있
었다. 또 5세기 후반부터 신라는 고구려의 간섭에서도 벗어나 백제
와 공동전선을 구축하는 등 대외적으로도 뚜렷한 두각을 나타내기
시작하였다. 이러한 전반적인 변화와 아울러, 다원적으로 존재하던

---

31) "符堅問衛頭曰 卿言海東之事 與古不同 何耶 答曰 亦猶中國時代變革 名
  號改易 今焉得同"
32) 이는 『삼국사기』 권제3, 신라본기 제3 내물이사금 26년조에 그대로 옮겨져
  있다. 그런데 『太平御覽』 권781, 四夷部2 新羅條에 인용된 『秦書』에서는
  신라가 前秦에 사신을 파견한 것이 建元 18년(382)년으로 되어 있어 1년
  의 차이가 있다.
33) "春正月 定京都坊里名"(『삼국사기』 권제3, 신라본기 제3 자비마립간 12
  년)
34) "三月 始置四方郵驛 命所司修理官道"(위의 책, 조지마립간 9년)
35) "三月…初開京師市肆 以通四方之貨"(위의 책, 조지마립간 12년)

위호 서열도 신라 국가 전체의 차원에서 일원화되어갔을 것으로 생각된다.

> 봄에 사신을 내보내 鰥寡孤獨을 위로하고 각기 곡식 3斛씩을 내려주었다. 孝悌로 남다른 행실이 있는 자에게 職 1급을 내려주었다.[36] (『삼국사기』 권제3, 신라본기 제3 내물이사금 2년)
>
> 여름 5월에 未斯欣이 죽자 舒弗邯을 추증하였다.[37] (동 눌지마립간 17년)
>
> 죄인을 크게 사면하고 百官에게 爵 1급씩을 내려주었다.[38] (동 조지마립간 원년)
>
> 가을 7월에 가뭄과 누리가 있었다. 群官에게 명하여 牧民할 만한 인재 각 1인씩을 추천하게 했다.[39] (동 19년)

내물 2년의 기사는 즉위 초기에 이루어진 상징적인 조치라 할 수 있다. 이 때 사신을 내보낸 지역 범위가 어느 정도인지는 분명치 않지만, 지금의 경주 일원을 크게 벗어나지는 않았으리라 판단된다. 문제는 이 때 '孝悌로 남다른 행실이 있는 자'에게 내려주었다는 '職 1급'의 실체이다. 이 '職'이 국가 정책을 결정하는 상급 직책을 의미하지는 않을 것이다. 그렇다고 해서 국가의 공적 업무를 수행하는 하급 관직으로 생각되지도 않는다. 실무 처리 능력을 무시하고 일괄하여 구체적 직무를 맡길 수도 없었을 것이기 때문이다.

이러한 면들을 감안하면, '직 1급'을 내려주었다는 것은 경위 비간군, 그 중에서도 비교적 하급에 해당하는 어떤 호칭을 부여해준 것으로 이해하는 것이 자연스러울 것이다. 따라서 내물 2년조 기사가 시

---

36) "春 發使撫問鰥寡孤獨 各賜穀三斛 孝悌有異行者 賜職一級"
37) "夏五月 未斯欣卒 贈舒弗邯"
38) "大赦 賜百官爵一級"
39) "秋七月 旱蝗 命群官 擧才堪牧民者各一人"

사하는 바는 매우 크다고 생각된다. 다음과 같은 이유 때문이다.

첫째, 경위 하층부에 해당하는 호칭이 구체적 실무를 담당하지 않는 자들에게까지 상징적 차원에서 일괄 수여되었다는 것이다. 이는 이사금 시기에 이들 호칭들이 상당히 일찍부터 관등처럼 등급화·서열화되어 있었던 사실을 반영하는 것으로 생각된다. '직 1급'이라는 표현이 그렇고, 구체적 실무와 무관하게 사여되었으리라는 정황이 이를 뒷받침한다.

둘째, 구체적 실무와 무관한 호칭의 부여가 국왕의 상징적인 통치행위의 일환으로 이루어지고 있다는 것이다. 이는 역설적으로 말하자면, 경위 하층부에 해당하는 호칭을 지니고 구체적 실무를 처리하던 자들의 임면권을 국왕이 확고히 행사하고 있던 상태였음을 뒷받침한다. 그래야만 국왕으로부터 어떤 칭호를 부여받는다는 것이 개인에게 명예로운 일로 받아들여질 수 있었을 것이기 때문이다.

이 점과 관련하여 주목되는 것이 눌지마립간이 未斯欣에게 舒弗邯(伊伐飡)을 追贈한 사실이다. 이는 사망한 자에게 높은 위호를 수여하는 것이 그와 그 자손의 명예·지위를 높여주는 의미로 받아들여지던 분위기에서 가능하였을 것이다. 따라서 이는 추증에만 그치는 것이 아니라, 실제 5세기 후반이면 경위 상층부에 해당하는 위호까지도 국왕의 권한으로 사여하면서 특정한 직무를 맡기는 상태였음을 알려준다고 생각된다. 당시 이벌찬을 비롯한 간군 경위에 해당하는 위호도 이미 관등과 같은 성격을 지니고 있었던 것이다.

이렇게 5세기 후반 무렵이면 이사금 시기 이래의 다원적인 위호와 실무직명들이 일원화되고 있었고, 마립간은 그것을 수여하는 권한을 확고히 행사하고 있었다.[40] 따라서 조지마립간 원년에 '百官'에게 '爵

---

40) 물론 이사금 시기 이래의 대세력들은 이 시기에도 여전히 남아 있었다. 따라서 이들에게 어떤 위호를 수여하는 것이 전적으로 마립간의 독자적인 판단에 따른 것은 아니었을 것으로 생각된다.

1급'을 내려준 기록이 나오는 것은 자연스러운 일이다. 여기서의 '百官'은 마립간 휘하에서 국가적 직무를 맡고 있던 자들일 것이다. 이 때 내물 2년처럼 '職'이 아니라 '爵'이라고 표현한 것은, 양자 사이에 차이가 있었음을 시사하는데, '爵 1급'은 일원화된 위호 중에서도 상층부인 경위 간군에 해당할 것으로 생각된다.

이렇게 5세기 후반이 되면 국가적 직무를 맡은 자들에게 일괄하여 서열을 1등급 높여 줄 정도로 마립간의 정치적 권한이 성장해 있었다. 따라서 조지마립간 원년조의 '작 1급'은 단순한 위호가 아니라 경위로 판단해도 무방하리라 생각된다. 다만 이로써 곧 경위제가 성립했다고 판단하기는 어렵다. 마립간이 사여하는 것과는 별개로, 전부터 개별 집단 차원에서 관행적으로 존속해오던 비슷한 명칭의 위호들은 여전히 남아 있을 가능성이 있기 때문이다.

지배업무가 복잡해짐에 따라 더욱 체계적이고 효율적인 관료 편제가 요구되었을 것임은 분명하다. 그 객관적 필요성이 높아짐과 동시에, 마립간의 주도 하에 특정한 직무를 맡음으로써 편제되는 대상은 하급 실무직에서 시작하여 상급 관리직까지 차츰 범위가 확대되어갔을 것이다. 조지마립간 19년조는 마립간이 임명권을 행사할 수 있는 대상이 지방에 파견되는 감찰관으로까지 확대되고 있었음을 보여준다.[41]

이러한 일련의 과정을 통해 마립간이 속한 집단 내부의 위호 서열이 나머지 집단보다 상대적인 우위를 확보해갔고, 결국은 국가적 차원의 유일한 기준이 되었을 것임은 쉽게 짐작할 수 있다. 신라 17등 경위 중에서 '大'字가 붙은 4개의 관등은, 다원적인 서열체계가 일원화되는 과정에서 마립간 직속의 중소 세력·가신을 우대하기 위해

---

41) 朱甫暾, 「痲立干時代의 地方統治와 村落」 『新羅 地方統治體制의 整備過程과 村落』, 신서원, 62쪽~63쪽(원재 1996 『嶺南考古學』 19)에서는 이를 道使의 파견과 관련하여 이해하였다.

설정된 것으로 추정된다.42) 이들 ‘大’字가 붙은 경위가 생겨난 시기
는 6세기 초 무렵으로 생각되지만, 그보다 더 이른 시기에 생겨났을
가능성도 있다.

마립간 시기는 실성을 제외하면 줄곧 내물의 직계가 마립간위를
독점하던 때였다. 따라서 이제는 朴·昔·金의 주도권 다툼이 아니
라 金 집단 내부에서 내물계가 상대적 우위를 강화해가는 단계에 접
어들어 있었던 것이다.43) 따라서 이 시기에 다원적인 서열체계의 일
원화가 진행된 것으로 생각된다. 이렇게 일원화가 어느 정도 진행되
었을 때, 그것은 관등과 같은 기능을 발휘하고 있었을 것이다.

2. 경위제의 확립과 ‘대등’의 성립

마립간 시기를 거치며 다원적인 위호 서열은 일원화 과정을 밟았
다. 5세기 후반 무렵이면 이 과정은 상당히 진전된 것으로 짐작된다.
이제 국가적 직무를 맡는 자들은 마립간으로부터 일원화된 경위를
수여받았을 것이다. 그러나 이로써 여러 세력들의 독자성이 완전히
사라진 것으로 보기는 어렵다. 그러면 각 세력이 지닌 전통적 지위와
관계없이 경위가 개인의 정치적 지위를 상징하는 표지로 자리잡는

---

42) 井上秀雄, 1974 「新羅官位制度の成立」『新羅史基礎研究』東出版株式會
   社, 215쪽(원재 1972 『大阪工業大學中央研究所報』 別冊第五号)에서는
   ‘大’字가 붙은 관등이 왕실과 극히 밀접한 관계를 지닌 것이라 추정하고
   있어 참고된다. 그러나 그는 大·小의 구분이 ‘舊新羅와 新付의 지방을 구
   별’하기 위한 것으로 본 점에서 필자의 생각과는 차이가 있다.
43) 중고기 초 국왕의 정책추진 방향이 여타 세력의 견제로부터가 아니라 김
   씨 세력 내부의 견제로부터 벗어나는 것에 있었다는 지적(姜鍾薰, 1994
   『神宮의 設置를 통해 본 마립간시기의 新羅』『韓國古代史論叢』6, 韓國
   古代社會研究所, 230쪽)이 참고된다. 이러한 상황은 5세기 후반으로 소급
   해 생각해도 좋을 듯하다.

시점은 언제쯤일까?

이 점을 생각하는 데는 冷水碑와 鳳坪碑가 중요한 실마리를 제공한다.[44] 두 비는 각각 503년과 524년의 것으로 생각되고 있다.[45] 이 두 비문에는 여러 세력가들의 상대적 독립성이 6세기 초까지 유지되면서 중요한 정책이 그들간의 합의에 의해 결정되는 전통도 여전히 유지되고 있었음이 나타난다. 그러나 다른 한편으로는 국왕의 지위가 격상되면서 경위제가 정착되어가는 추세도 함께 드러난다.

냉수비는 '財'・'財物'로 표현된 어떤 재산의 귀속을 둘러싼 지방인간의 분쟁을 판정한 내용을 담고 있다. 그런데 해당 사안의 처리 방향은 '…此七王等共論教用'이라 하여 중앙 지배층의 핵심 인물 7인이 '共論'하여 결정한 것이었다. 이 '七王等'이라는 표현과 '教'・'別教'의 주체에 대해서는 여러 견해가 나뉘어 있다.[46] 그러나 비문

---

44) 두 비는 각각 1988년, 1989년에 발견되었다. 발견 즉시 다각도의 분석과 검토가 이루어졌고, 그 성과는 한국고대사연구회, 1989『韓國古代史硏究-蔚珍鳳坪新羅碑特輯號-』2와 1990『韓國古代史硏究-迎日冷水里新羅碑特輯號-』3으로 공간되었다. 이후에도 많은 개별 논고가 발표되었는데, 필요한 곳에서 언급하기로 한다.

45) 봉평비의 건립 연도가 524년이라는 데 대해서는 異見이 없다. 냉수비에 대해서는 몇 가지 異見이 있지만 503년설(지증왕 4년)이 가장 유력하다(鄭求福, 1990「迎日冷水里新羅碑의 金石學的 考察」『韓國古代史硏究』3).

46) 대부분의 논자들이 等을 복수로 해석하고 여러 인물이 함께 '왕'으로 불린 것으로 받아들이고 있다.
　그러나 '王'을 '主'로 판독하거나[崔光植, 1994『고대한국의 국가와 제사』, 한길사, 223쪽(원재 1990『三國遺事의 現場的 硏究』)], '님'으로 읽는 견해(文暻鉉, 1990「迎日冷水里新羅碑에 보이는 部의 性格과 政治運營問題」『韓國古代史硏究』3, 150쪽)도 있다.
　한편 이를 '王과 等'으로 생각하는 견해(李喜寬, 1990「迎日冷水碑에 보이는 至都盧葛文王에 대한 몇가지 問題」『韓國學報』60, 95쪽)도 있다. 李宇泰, 1992「迎日冷水里碑의 再檢討-財의 性格을 中心으로-」『新羅文化』9, 7쪽과 李鍾旭, 1994「迎日 冷水碑를 통하여 본 新羅의 統治體制」『李基白先生古稀紀念韓國史學論叢(上)』, 一潮閣, 114쪽에서도 李喜寬의

의 문맥으로 보아 이들이 거의 동등한 자격으로 共論에 참여하고 있으며, '敎'·'別敎' 역시 至都盧 葛文王 1인의 일방적 명령이 아니라 공론의 결과라는 점은 부정하기 어렵다.[47]

이러한 상황은 『삼국사기』나 『삼국유사』를 통해 얻어진 6세기 초의 권력구조에 대한 기존의 이해와 상당한 거리가 있다. 오히려 앞의 2장에서 살펴본 이사금 시기 이래의 정치운영과 연결되는 면이 있다. 즉 許婁와 摩帝·于老가 別傳에서는 모두 '國王' 또는 '王'이라 표현된 것과 상통하는 점을 지닌 것이다. 따라서 냉수비의 분석은 6세기 초의 신라 왕권이 여타 유력자들 위에 초월적으로 군림하는 상태가 아니라는 점을 전제로 행해질 필요가 있다고 생각된다.[48]

먼저 냉수비에 나타나는 인명을 정리하면 <표 3-1>과 같다.

냉수비에 나타난 경위를 검토할 때 우선 주목되는 것은, 비문 속의 인명기재 순서가 개인이 지닌 경위의 높낮이가 아니라 部順이라는 사실이다. 여기에 대해서는 두 가지 가능성을 상정할 수가 있다. 하나는 503년 냉수비 단계에서는 아직 경위제가 신라 국가 전체 차원에서 일원화되지 못한 상태였기 때문일 가능성이다. 다른 하나는, 경위제는 일원적으로 정비된 상태였으나 아직은 소속부의 서열이 더 중요시되었기 때문일 가능성이다. 그 중 후자의 가능성이 더 클 것으

견해에 동의하고 있다.

47) 냉수비와 봉평비의 敎에 대해서는 漢字의 뜻에 비중을 두고 국왕의 敎示命令이라고 보는 견해가 있다(文暻鉉, 1990 위의 논문, 150쪽, 174쪽). 그런데 月城垓字 出土 木簡에는 '四月一日典太等敎事'라는 구절이 있다(國立昌原文化財研究所, 2004 『韓國의 古代木簡』, 174쪽). 이 목간은 신라인들에게 있어서 '敎'라는 것은 국왕만이 내릴 수 있는 것이 아니라 일반적인 명령의 뜻으로 사용되었음을 증명하는 자료이다. 따라서 냉수비와 봉평비의 敎의 주체가 국왕에 한정된다는 견해는 근거가 약하다고 생각된다.

48) 6세기 초 신라 왕권의 실상에 대해서는 朱甫暾, 1998 앞의 책 및 2002 『금석문과 신라사』, 지식산업사 참조.

<표 3-1> 냉수비의 왕경인

	출신	인 명	지 위(관등)		비 고
王	喙	斯夫智 乃　智	王 王		'此二王' '前世二王'
王	沙喙	至都盧	葛文王	a	
	…	斯德智	阿干支(6)		'此七王等共論' 教·別教의 共同主體
	…	子宿智	居伐干支(9)	b	
	喙	尒夫智	壹干支(2)		
	…	只心智	居伐干支(9)		
	本波	頭腹智	干支	c	
	斯波	暮斯智	干支		
典事人	沙喙	壹夫智	奈麻(11)		'此七人' 耽須道使
	…	到盧弗			
	…	須仇休			
	喙	心訾公			
	喙	沙　夫			
	…	那斯利			
	沙喙	蘇那支			

* abc는 인물의 성격에 따른 구분임[49]

로 생각되는데, 그 이유는 다음과 같다.

　기재 순서상 소속부의 서열이 우선한다고 해도, 같은 沙喙部 소속의 斯德智와 子宿智, 그리고 喙部 소속의 尒夫智와 只心智는 경위 서열에 따라 열거되고 있다. 그리고 典事人에 속한 인물로 경위를 지니지 못한 沙喙部 소속의 蘇那支는 가장 나중에 열거되고 있는데, 이는 그들 사이에서도 어떤 보이지 않는 서열이 존재했음을 말해준다. 部順에 따른 열거 원칙만 존재했다면 須仇休 다음에 4번째로 기재되어야 하기 때문이다.[50]

---

49) a는 寐錦王과 葛文王, b는 喙·沙喙部 출신의 臣僚(대세력), c는 나머지 部의 部主에 해당하는 존재를 말한다.

50) <표 3-1>에서 7명의 典事人 중 壹夫智를 제외한 나머지 6명은 경위가 명기되어 있지 않다. 실제로 경위를 지니지 않았다고 보는 것이 일반적이나 중복을 피하기 위한 생략으로 보기도 한다(최광식, 1994 앞의 책, 234쪽~

그리고 이사금 시기처럼 이 단계의 경위가 아직 개별 집단 차원의 다원적인 것이라면, 적어도 '共論'의 주체가 될 정도로 동질성을 가진 인물들이 지닌 경위는 상호 편차가 크지 않아야 할 것이다. 세력의 크기에 따른 전통적 위호라면, 共論의 주체에 들 수 있는 자들은 비슷한 세력규모를 지녔을 것이고, 따라서 위호 역시 등급 편차가 작아야 자연스럽기 때문이다. 그러나 그들이 지닌 경위는 제2등급 壹干支(伊湌)에서 제9등급 居伐干支(級湌)까지 큰 폭에 걸치고 있다. 따라서 냉수비에 나타난 경위는 일단 일원적인 형태로 정비된 상태일 가능성이 큰 것이다. 그럼에도 불구하고 중앙 지배층 내부에서 핵심적인 지위에 있던 인물들이 소지한 경위가 큰 격차를 보이는 것은, 경위가 일원적으로 정비된 지 얼마 되지 않는 시점이기 때문으로 생각된다.[51]

그런데 경위제의 정착이라는 측면에서 보면, 봉평비는 냉수비보다 더욱 진전된 모습을 보여준다. 봉평비에는 牟卽智 寐錦王(法興王)이 최고위에 기재되어 있다. 그러나 여전히 국왕의 소속부가 명기되어 있다. 이는 寐錦王이 아직도 소속부를 초월한 지위로까지는 격상되

235쪽). 어쨌든 정치적 경륜이나 연령을 기준으로 한 것이라고 해도, 같은 奈麻 경위를 지닌 자들 또는 경위를 지니지 않은 자들 사이에서도 어떤 서열이 있었음은 분명하다.

51) 조금 모순된 설명처럼 느껴질 수도 있겠지만, 이 점은 다음과 같이 부연할 수 있을 것 같다.

즉 냉수비의 경위는 전통적인 위호가 아니라 일원적으로 정비되기 시작한 초창기의 경위라 생각된다. 이들 경위 소지자들은 여전히 각 세력집단의 대표격으로 共論의 주체가 되고 있었으나 연령 등은 동일하지 않았고, 따라서 그들이 지닌 경위의 높낮이도 차이가 많이 나는 상태였다고 짐작된다. 이러한 추정은, 경위제가 정비되었지만 기존의 각 세력집단이 지니고 있던 기득권은 완전히 무시하고 순전히 개인의 능력에만 의존한 경위 수수가 이루어지지는 않았다는 전제 아래 가능하다. 경위는 정비된 직후에는 낮은 등급부터 수여되기 시작하다가 시간이 흐르면서 높은 경위를 수여받는 자가 많아지는 인플레 현상을 겪었을 것으로 생각된다.

지 못한 흔적이라 할 수 있다.

봉평비에서는 葛文王을 비롯한 14인 모두의 인명과 경위가 열거된 뒤에 '…等所敎事'라고 하는 표현이 나타난다. 따라서 비록 냉수비처럼 '共論'이란 표현이 직접 들어 있지는 않지만, 여기서의 '敎' 역시 寐錦王 1인의 명령이 아니라 이들 14인이 공동 논의한 결과로 생각된다.[52] 따라서 이들 14인을 敎의 공동주체라고 할 수 있는데, 그 소속과 인명·경위를 정리하면 <표 3-2>와 같다.

<표 3-2> 봉평비의 교사집단과 대인

	소 속	인 명	경위/지위		비고
교사집단	喙部	牟卽智	寐錦王	a	
	沙喙部	徙夫智	葛文王		
	本波部	□夫智	干支	c	部主
	岑喙部	美昕智	干支		
	沙喙部	而粘智	太阿干支(5)	b	優勢部所屬
	⋯	吉先智	阿干支(6)		
		一毒夫智	一吉干支(7)		
	喙(部)	勿力智	一吉干支(7)		
	⋯	愼肉智	居伐干支(9)		
	⋯	一夫智	太奈麻(10)		
	⋯	一尒智	太奈麻(10)		
	⋯	牟心智	奈麻(11)		臣僚
	沙喙部	十斯智	奈麻(11)		
	⋯	悉尒智	奈麻(11)		
대인	喙部	內沙智	奈麻(11)		煞牛儀式 등 실무 처리자
	沙喙部	一登智	奈麻(11)		
	⋯	□次	那足智(17)		
	喙部	比須婁	那足智(17)		

* abc는 인물의 성격에 따른 구분임

---

52) 비문의 첫머리에 명기된 正月十五日은 신라 지배층이 會集하여 중요 사항의 합의나 결정을 도출하는 관행이 있던 날과 일치하는 데서(李文基, 1989 「蔚珍鳳坪新羅碑와 中古期의 六部問題」『韓國古代史硏究』2, 144쪽), 전통적 정책결정 방식이 유지되고 있음을 알 수 있다.

봉평비의 敎事集團 중 경위를 지닌 b그룹 10인의 기재순서는 부순이 아니라 철저히 경위순에 따르고 있다. 그리고 그들이 지닌 경위도 비간군인 나마까지 확대되어 있고, 아찬·나마에서 분화한 대아찬(太阿干支)·대나마도 보인다. 경위의 수여 주체가 국왕임을 감안한다면, b그룹은 비록 동일한 교사집단에 속해 있긴 하지만 寐錦王의 '臣僚'와 같은 위치로 자리잡아가고 있다고 할 수 있다. 봉평비가 경위제가 완전히 정비된 상태를 보여준다는 사실은, 교사집단을 제외한 나머지 인물들이 지닌 관등을 살펴보면 더욱 분명해진다.

즉 봉평비에 나타난 왕경인의 경위는 최하층 邪足智(先沮知)까지에 걸치고 있다. 그리고 지방인들도 下干支와 一伐·一尺·波旦(彼日) 등의 외위를 지니고 있다. 특히 下干支는 本波와 岑喙 部主의 '干支'라는 위호에 대비된 명칭으로 생각되는 만큼,[53] 이 무렵에는 외위제까지 부분적인 정비를 본 것으로 판단된다. 지방인에게 경위와는 별도의 외위를 수여할 수 있기 위해서는 일단 왕경인 내부에서 서열체계가 확립되어 있어야 한다. 따라서 봉평비 단계에서는 경위제가 완전히 확립되어 있었다고 판단되는데, 그 결정적인 계기로는 520년(법흥왕 7)의 율령반포를[54] 들 수 있을 것이다.

봉평비 제4행의 '前時王大敎法'이라는 구절도 이를 가리킬 것이라 생각된다. 종래는 법흥왕대의 율령 반포를 축소 해석하는 경향이 있었으나,[55] 당시 반포된 율령 속에 관등제에 관한 규정이 중요한 부분을 차지하였을 것임은 말할 것도 없다. 이렇게 관등제가 법제화되는

---

53) 朱甫暾, 1990 「6세기 초 新羅王權의 位相과 官等制의 成立」『歷史敎育論集』13·14合, 경북대 역사교육학과, 265쪽

54) "春正月 頒示律令 始制百官公服 朱紫之秩"(『삼국사기』 권제4, 신라본기 제4 법흥왕 7년)

55) 주로 日本 연구자의 경우가 이에 해당한다. 여기에 대해서는 주보돈, 2002 「蔚珍鳳坪新羅碑와 法興王代 律令」 앞의 책, 106쪽~109쪽(원재 1989 『韓國古代史硏究』 2)에 잘 정리되어 있다.

과정에서 간과할 수 없는 것은 지증왕대의 왕호와 국호 확정이다.

겨울 10월에 群臣이 "시조께서 창업한 이래 國名이 정해지지 않아 혹은 斯羅, 혹은 斯盧, 혹은 新羅라 하였습니다. 臣들이 생각컨대 新이란 德業이 날로 새로워지는 것이고, 羅란 四方을 망라한다는 뜻이니 국호로 삼기에 마땅합니다. 또 예부터 국가를 가진 자가 모두 帝나 王을 칭했으나 우리는 시조가 나라를 세우고부터 지금까지 22세 동안 方言만을 칭하여 尊號가 정해지지 않았습니다. 이제 群臣이 한 뜻으로 삼가 新羅國王이라는 호칭을 바칩니다"라고 말씀 올리니 왕이 이를 쫓았다.56) (『삼국사기』 권제4, 신라본기 제4 지증왕 4년)

이 기사에 대해서는 종래 다양하게 사용되던 국호를 신라로 확정하고, 마립간이라는 왕호를 王으로 바꾼 것으로 보는 것이 일반적이었다. 그러나 이 조치가 단행되기 직전에 해당하는 냉수비에는 '此七王'이라는 구절이 나오므로 '王'이라는 칭호가 범칭처럼 사용되고 있음을 알 수 있다. 따라서 이 기사는 종래 갈문왕 이하 신료까지 '王'이란 칭호를 사용하던 관행을 폐지하고 국왕만이 사용하도록 한 조처로 해석할 수 있다.57)

이로 미루어보면, 마립간 시기를 거치며 경위는 일원화되었으나 개별 세력이 관행적으로 칭하던 위호들이 남아 있었을 가능성을 생각해 볼 수 있다. 그리고 이러한 관행이 이 조처를 통하여 공식적으로 폐지되었을 가능성이 있는 것이다. 지증왕대의 이러한 조처를 거

---

56) "冬十月 群臣上言 始祖創業已來 國名未定 或稱斯羅 或稱斯盧 或言新羅 臣等以爲 新者德業日新 羅者網羅四方之義 則其爲國號宜矣 又觀自古有 國家者 皆稱帝稱王 自我始祖立國 至今二十二世 但稱方言 未正尊號 今 群臣一意 謹上號新羅國王 王從之"

57) 鄭求福, 1990 앞의 논문, 43쪽

쳐, 법흥왕대에 와서 율령을 통하여 경위제가 확고히 법제화되었다고 이해된다.

그런데 봉평비와 냉수비에서는 각각 本波와 岑喙, 本波와 斯波 소속 2인의 干支가 교사집단에 포함되어 나타난다. 이들은 해당 부의 대표자로 생각된다. 그들이 지닌 '干支'를 경위의 角干과 동일시하거나,[58] 경위의 원초형으로 보기도 한다.[59] 그러나 법흥왕 7년의 율령 반포로 신라의 17등 경위제가 법제화되었다는 점을 감안하면, 이 干支를 경위와 관련시켜 생각하기는 어렵다고 판단된다.

봉평비와 냉수비의 부주가 지닌 干支는 경위와는 다른, 과거로부터 오래동안 관행적으로 사용되던 일반적 위호라고 생각하는 것이 자연스러울 것이다. 이렇게 봉평비는 경위제가 완전히 확립된 단계였지만 本波·岑喙의 부주가 경위를 지니지 않고 있다. 또 그럼에도 불구하고 핵심 지배층에 속해 있다. 이는 부주의 전통적 지위가 경위와 관계없이 여전히 인정되고 있었음을 뜻한다.[60]

이렇게 경위 체계의 바깥에 존재하면서도 전통적 지위를 인정받는 존재가 남아 있다는 사실은, 이사금 시기 이래의 고유한 지배구조가 신라사회에서 강인하게 잔존하고 있음을 의미하는 것이기도 하다.

---

58) 宣石悅, 1990 「迎日冷水里碑에 보이는 官等·官職問題」『韓國古代史硏究』3, 194쪽

59) 朱甫暾, 1990 앞의 논문, 257쪽~258쪽에서는 干支를 官等制의 시원적 형태라 보고 干群 경위는 여기서 분화하였을 것으로 추정하였다. 한편 文暻鉉, 1990 앞의 논문, 177쪽에서는 이를 관등의 기본형으로 보고 경위 제9등급~제1등급에 걸친 대우를 받은 것으로 해석하였다. 그러나 이미 17등 경위가 법제화된 뒤에 그와 함께 나타나는 '干支'를 기준으로 干群 경위의 분화를 논하거나, 그것이 특정 경위에 해당하는 것으로 생각할 수는 없다.

60) 그런데 部主의 지위를 지닌 자가 냉수비에서는 本波와 斯波, 봉평비에서는 本波와 岑喙로 일치하지 않는 점과 함께, 本波部主의 인명도 달리 나타나는가 하는 의문이 제기된다. 이는 部主 지위 계승자의 연령 등과 관련된 공백에서 발생한 현상으로 볼 수 있을 것이다.

봉평비의 교사집단의 구성원이나 경위 소지자의 부별 구성을 살펴보면, 喙·沙喙가 절대적 우위를 점하고 있음에도 불구하고 '新羅六部 煞斑牛' 운운하며 6부 전체를 표방한 것도 같은 맥락에서 이해된다.

한편 냉수비에서는 b그룹에 속한 경위 소지자가 喙·沙喙 각 2인씩 모두 4인이었으나, 봉평비에서는 喙·沙喙 각 5인씩 모두 10인에 달하고 그 경위도 나마(11)까지 내려오고 있다. 이는 경위제가 정착되면서 국왕으로부터 경위를 수여받아 국가적 직무를 수행하는 자의 범위가 크게 확대되고 있었음을 보여주는 것이기도 하다.

냉수비와 봉평비의 인명들을 그 성격에 따라 a·b·c로 구분하고, 기재 순서를 분석하여 경위제가 정착되는 과정을 나타내면 아래 그림과 같다.

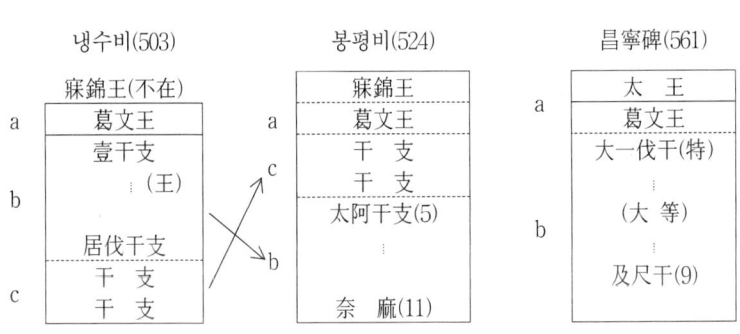

경위제의 확립 과정

* abc는 인물의 성격에 따른 구분임
* ―과 …는 정치적 지위 사이에서 界線의 확립 정도를 나타냄

이는 기존에 국왕과 거의 동질적인 성격을 강하게 지니던 세력들이, 경위를 수여받음으로써 신라 국왕의 '臣僚'와 같은 위치로 변화해가는 과정을 보여준다. 그리고 신라 국왕의 지위가 격상되어가면서 창녕비(561) 단계에서는 갈문왕과도 완전히 구분되는 위치로 올

라서는 과정도 함께 나타내고 있다. 창녕비(561) 이전인 川前里書石
乙卯銘(535)에서 ‘聖法興大王’이란 구절을 찾을 수 있고[61] 追銘
(539)에서도 ‘另卽知太王妃’라는 구절이 보이므로[62] 신라 국왕의 지
위는 봉평비 이후 급속히 격상되어 ‘大王’으로 불렸음을 알 수 있
다.[63]

한 가지 주목되는 것은, 냉수비에서 봉평비로 나아가는 과정에서
나타나는 c그룹의 지위 변화이다. 本波 · 斯波 · 岑喙部의 部主로서
干支라는 위호를 지니고 핵심 지배층에 포함되어 있던 자들은 냉수
비에서는 기재순서상 喙 · 沙喙部 소속 경위 소지자들보다 뒤에 놓
였다. 이는 기본적으로 이들의 정치적 비중이 喙 · 沙喙部에 소속한
4인의 인물들에 미치지 못했음을 뜻한다.

그런데 경위가 제도로 완전히 정착된 봉평비 단계에 와서 b그룹이
寐錦王의 ‘臣僚’로서의 성격을 강하게 띠면, 이들 c그룹 인물들의 기
재순서는 b그룹보다 앞에 놓이게 된다. 그러면 이들의 정치적 지위
가 냉수비 단계보다 현격히 향상되었을까? 얼핏 그렇게 볼 수도 있
지만 더 엄밀하게 따져보아야 하리라 생각된다. 이는 그들의 실질적
인 지위가 격상됨을 뜻하는 것이 아니라고 할 수 있다. 다만 기존의
부주로서의 전통적 지위를 명목상으로 인정받을 뿐, 경위제를 확립
시켜가는 과정에서 주도적인 역할로부터는 소외되고 있었음을 드러
내는 현상이 아닌가 한다.[64] 신라 경위제는 喙 · 沙喙部에 소속된 인

---

61) 韓國古代社會硏究所 編, 1992 『譯註 韓國古代金石文Ⅱ』, 164쪽

62) 위의 책, 160쪽

63) 봉평비와 냉수비 발견 이후에 나온 신라의 ‘大王’에 대한 연구로는 濱田耕
策, 1990 「新羅 ‘大王’号の成立とその特質」 『年譜朝鮮學』 1이 있다.

64) 봉평비에서는 喙 · 沙喙部가 중심적 역할을 하고 있는 듯이 보이지만 형제
간인 寐錦王과 葛文王이 부를 달리하는 등, 독립성을 띤 본래의 성격에서
는 현격히 벗어나 있다. 따라서 碑文에서 6부를 표방하고 있는 것은 6부
연합적인 권력구조가 당시까지 실제로 유지되었기 때문은 아니며, 전통적

물들을 중심으로 정비되고 정착되어갔던 것이다.

다음 단계의 창녕비에서는 부주로서 干支의 위호를 지닌 자들이 사라지고 本波部 소속의 末□智 及尺干 1인만이 '大等'에 포함되어 나타나는데, 이는 봉평비 이후 그들이 전통적 지위를 상실하고 경위 체계에 흡수되었음을 뜻하는 것으로 이해된다. 그 과정은 신라 국왕의 지위가 한층 강화되는 것과 궤를 같이 하였을 것이므로, '聖法興大王'이라는 표현이 등장하는 川前里書石 乙卯銘(535)을 전후한 시기에는 부주 역시 경위제에 흡수되지 않았나 한다.

이렇게 봉평비는 경위제가 완전히 정착된 상태를 보여주고 있다. 그런데 냉수비와 봉평비의 경위 소지자들이 수행한 역할을 보면 한 가지 의문을 제기할 수 있다. 먼저 냉수비의 6부인을 정리한 <표 3-1>을 보면, 阿干支(6)·居伐干支(9) 등의 낮은 경위 소지자들이 壹干支(2)라는 높은 경위 소지자와 함께 '共論'하면서 '敎'의 공동주체로 나타난다. 그들이 그와 같은 지위를 누릴 수 있었던 자격은 어떠한 기준에 입각한 것이었을까?

그 기준을 생각할 때 하나의 실마리를 제공하는 것이 공론의 주체에 포함된 本波와 斯波 소속의 2인의 '干支'이다. 그들이 경위를 지니지 않았음에도 불구하고 이들 2인의 '干支'들이 공론과 敎의 공동 주체에 속해 있었다 이는 6부 연합으로 출발한 신라의 권력구조 속에서 이들 부주의 전통적 지위가 인정되고 있었음을 뜻하는 것으로 해석된다.

그러면 냉수비에서 喙·沙喙에 속한 이들 4인의 경위 소지자는 자신이 소지한 경위 등급을 바탕으로 공론에 참여할 수 있는 자격을 얻었을까? 그렇게 보기에는 이들이 지닌 경위의 격차가 지나치게 크

관념의 형식적 잔존으로 생각된다. 신라의 정치체제는 그 이전에 6部 연합이라는 형태에서 실질적으로 벗어나 있었던 것으로 보인다.

다고 판단된다. 또 일정한 등급 이상의 경위를 기준으로 그 자격이 부여되고 있었다면, 경위 수여권을 가진 신라 국왕의 권한은 상당히 강한 것이 되어야 한다. 그런데 그 정도로 강한 권한을 가진 국왕이 여러 명의 핵심 지배층과 공론하여 教를 내린다는 것 자체가 모순이 된다. 더구나 냉수비가 건립될 당시는 至都盧가 정식 국왕이 되기 전에 갈문왕으로 있을 때였다.[65] 따라서 이들이 핵심 지배층으로서 공론에 참여할 수 있었던 자격은 경위와는 별도의 어떤 기준에 입각한 것이었다고 볼 수밖에 없다.

그 별도의 기준이란 신분제, 즉 골품제를 제외하고서는 찾기 어렵다. 신라에서는 마립간 시기 이후 김씨 집단 내부에서 여러 家系의 分枝化가 진행되고 있었다.[66] 그 중 특정 가계의 대표자가 왕위에 오르는 과정을 밟는 한편으로, 여타 가계의 장도 혈연의 계승원리에 따라 일정한 권리를 물려받고 있었을 것임은 짐작하기 어렵지 않다. 이러한 계승 원리를 바탕으로 일정한 신분층이 형성되고, 그 신분층에 속한 자들이 중앙 지배층의 핵심부를 구성하고 있었다.

봉평비는 경위보다 앞서는 의미를 갖는 별도의 기준이 존재하였음을 냉수비보다 더욱 잘 보여준다. 앞의 <표 3-2>를 보면 봉평비의 b 그룹 사이에 존재하는 경위 격차도 대아찬(5)에서 나마(11)라는 여전히 큰 폭에 걸치고 있다. 특히 비간군 경위 소지자가 전체의 절반인 5인에 달하는데, 이들 중 3인이 지닌 경위는 나마이다. 이는 교사집단의 결정 사항을 현지에 가서 집행하고 煞牛儀式을 치른 '大人' 중 2인의 경위와 같다. 양자는 동일한 나마 경위를 소지하고 있지만, 그

---

65) 鄭求福, 1990 앞의 논문, 42쪽~43쪽에서는 지증왕이 갈문왕의 지위에 있었던 것은 그의 즉위에 모종의 정치적 사건이 개재되어 있었기 때문으로 추정하였다. 이는 설득력이 있다고 생각된다.

66) 이와 관련한 문제는 李基東, 1984 「新羅奈勿王系의 血緣意識」『新羅 骨品制社會와 花郎徒』, 一潮閣(원재 1972『歷史學報』 53・54合) 참조.

일부는 敎의 공동주체에 속하여 명령을 내리고 있고, 다른 일부는 현지에 가서 그 교의 내용을 집행하는 실무자의 위치에 있는 것이다.

동일한 경위를 지니고 있음에도 불구하고 양자의 역할에서 이렇게 극단적인 차이가 나타나는 것은 무엇 때문일까? 단순히 그들이 맡은 직책이 달랐기 때문이라고 볼 수는 없다. 그들의 역할을 결정하는 기준이 경위에 있지 않았다는 것을 반증하는 것이다. 이렇게 국정 운영의 핵심부에 참가할 수 있는 자격이 경위를 기준으로 한 것이 아니라면, 그것은 앞서 냉수비를 검토할 때 상정했던 바와 같이 골품을 제외하고서는 찾기 어렵다. 따라서 봉평비는 국정을 논의하고 결정하는 핵심부가 골품제의 원리에 따라 구성되고 있는 모습을 더욱 분명히 보여준다고 할 수 있다.

냉수비에서 공론을 행하고 교를 내린 7인의 인물 중에서 至都盧葛文王을 제외한 6인(<표 3-1> 참조), 그리고 봉평비에서 교의 공동주체에 속했던 14인 중에서 寐錦王과 葛文王을 제외한 12인(<표 3-2> 참조)은 후대 사료에 나타나는 진골, 그 중에서도 '大等'에 해당되는 존재였으리라 추정된다. 두 비문은 특정한 직무를 맡지 않고서도 국정을 논의하는 핵심 지배층으로 존재하였던 신라 대등의 초기 모습을 명확한 형태로 보여주는 것이다.67)

---

67) 신라의 대등에 대해서는 다음과 같은 연구가 나와 있다. 그러나 그 성립 과정에 대한 연구는 미흡한 편이다.

李基白, 1974 「大等考」『新羅政治社會史研究』, 一潮閣(원재 1962 『歷史學報』 17·18合)

李文基, 1982 「新羅眞興王代 臣僚組織에 대한 一考察」『大丘史學』 20·21合

李仁哲, 1993 「新羅의 群臣會議와 宰相制度」『新羅政治制度史研究』, 一志社(원재 1993 『韓國學報』 65)

金光洙, 1996 「新羅 官名 '大等'의 屬性과 그 史的 展開」『歷史教育』 59

이상 경위제의 확립 과정에 나타난 특징을 정리하면 다음과 같다. 신라에서는 6세기 초에 경위제가 정비되었다. 그러나 과거에 독자성을 강하게 지녔던 세력들은 집권적 지배체제를 운영하는 관료로 전락한 것이 아니었다. 율령이 반포되고 경위제가 성립하였음에도 불구하고 기존의 부주들은 상징적으로나마 그 지위를 인정받고 있었다.

또한 국정을 논의하고 결정하는 핵심 지배층에 속할 수 있었던 기준은 경위의 높낮이가 아니었다. 경위보다 앞서는 신분적 기준에 입각하여 핵심 지배층에 속할 수 있었던 부류가 성립하였다. 이들은 창녕비(561)에서 처음으로 모습을 드러내는 '大等'과 연결되는 존재로 생각된다.[68]

이렇게 신라에서는 집권화 과정에서 기존의 특권 세력들이 곧바로 관료화되지 않고 '大等'이라는 특수한 부류로 스스로의 지위를 제도화시킴으로써 전통적인 기득권을 일정하게 보장받고 있었던 것이다.[69] 경위제는 관료제 운영의 일차적인 기준은 되지 못하였고, 관료 개인의 정치적 지위를 상징하는 유일한 표지도 되지 못했다. 그에 앞서 신분제의 운영원리가 일차적인 기준으로 자리잡았기 때문이다.

한편 신라의 경위제는 고려나 조선의 관품제처럼 하나의 관직에 고유한 관품이 대응하는 형태가 아니었다. 신라 통일기의 자료에 근거한 것으로 생각되는 『삼국사기』 직관지의 규정에 따르면, 특정한 관직에 취임할 수 있는 경위가 여러 등급에 걸쳐 상당히 넓게 규정

---

68) 창녕비에 앞선 550년 무렵의 적성비에 보이는 '大衆等'도 이와 같은 부류일 것으로 생각된다.

69) 이 대등은 단순히 중앙 관부가 정비되기 이전에 나타나서 관료제가 더욱 발전하면 소멸하게 될 과도적 존재는 아니었다. 오히려 중앙 관제의 정비 자체가 이렇게 성립한 大等의 존재를 부정하지 않고 그를 바탕으로 진행되었다고 생각된다. 이 점에 대해서는 이 책 제2부 7장 참조.

되고 있었다. 이러한 특징은 후대에 얻어진 것이 아니라 성립기부터 확립된 것으로 생각된다.

　앞서 냉수비와 봉평비의 나마 경위 소지자를 분석할 때 언급했듯이, 같은 경위를 지닌 자들 사이에서도 그 역할에는 현격한 차이가 드러나고 있었다. 이는 국가적 직무를 맡는 데서 경위에 앞선 신분적인 기준이 적용된 결과였다. 진골 신분의 경우에는 개인적 능력이나 정치적 경륜과 무관하게 고위 정책을 결정하는 자리에 참석할 수 있는 자격을 얻고 있었다. 6세기 중엽 이후에 중앙 관부들이 성립하고 관직이 분화되면서도, 이러한 원리는 더욱 철저히 지켜졌을 것이다. 따라서 상급 신분층이 고위 관직을 맡을 수 있는 여지를 폭넓게 마련하는 한편, 하급 신분층의 고위 관직 진출을 제한하기 위해서는, 특정 관직에 취임할 경위의 범위를 설정하는 방식으로 경위제를 운영할 수밖에 없었을 것으로 생각된다.

　관료제 운영의 기준이라는 측면에서 보면, 이는 경위제가 갖는 한계라고 할 것이다. 그러나 골품제가 유지되는 한, 이러한 한계는 시간이 지나고 관부들이 설치되어도 완전히 사라지기 어려운 것이었다. 따라서 이상에서 지적한 점들은 신라 경위제, 나아가서는 집권체제가 갖는 중요한 특징이었다고 할 수 있다.

[보론 1]

삼국 관등제가 지닌 봉건제적 요소

1. 문제 제기

삼국시대 관등제의 성격을 파악하고자 할 때는, 무엇보다도 먼저 삼국인들 스스로가 관등을 어떻게 생각하고 있었는가 하는 점을 알아볼 필요가 있다. 그러나 이를 살펴볼 자료가 흔치 않을 뿐 아니라, 그 필요성에 대한 관심이 부족했기 때문에 지금까지 연구가 거의 이루어지지 않았다고 생각된다. 여기서는 試論的인 차원에서 이 부분을 검토해 보기로 한다.

삼국의 관등에 대해 알 수 있는 사료는 『삼국사기』와 『삼국유사』가 기본이다. 중국 쪽 사료를 통해 삼국 관등제의 형태를 파악하는 데 도움을 얻을 수도 있지만, 그것은 어디까지나 중국인의 입장에서 바라보며 표현한 것이므로 간접적인 수준에 머물 수밖에 없다. 『삼국사기』나 『삼국유사』를 살펴보면 관등을 나타내는 말로 位·爵·職 등의 다양한 용례가 나타난다. 그 중에서도 가장 빈도가 높은 것은 位라는 용례로서, 그 자체 등급·서열의 의미를 내포하고 있다. 그 다음으로 빈도수가 많은 것이 爵 또는 職이라는 표현이다.

이 글에서는 먼저 爵이라는 용례에 주목하고자 한다. 다음과 같은 『삼국유사』의 기사는 편찬자인 一然의 생각을 파악하는 데 도움이 된다.

　　元和 연간에 南澗寺의 중 一念이「髑香墳禮佛結社文」을 지었는데, 이 사실(이차돈 순교-필자)을 매우 상세히 실었다. 대략 다음과 같다. …그 아버지는 알 수 없고 할아버지는 阿珍宗이니 곧 習寶 갈문왕의 아들이었다. [신라의 官爵은 모두 17등급인데 그 네 번째를 波珍喰 또는 阿珍喰이라고도 한다. 宗은 그 이름이고, 習寶 역시 이름이다. 신라인은 추봉한 왕을 모두 葛文王이라 불렀는데 그 실상은 史臣 역시 자세히 모른다고 하였다.…]… (이차돈은) 나이 22살로 舍人의 자리에 있었다. [신라 官爵에 大舍, 小舍 등이 있는데 대개 下士의 秩이다.]…[1] (『삼국유사』 권제3, 興法 제3 原宗興法 厭髑滅身)

　　여기서 [　] 속에 들어 있는 문장은 細註이다. 『삼국유사』에 삽입된 세주는 일연 자신의 견해를 적은 경우가 많고, 위의 문장도 문맥으로 보면 일연이 직접 달아놓은 것이라 생각된다. 史臣이라고 한 것은 『삼국사기』 편찬자를 가리킨다. 『삼국사기』에 "신라 추봉왕은 모두 갈문왕을 칭했는데 그 뜻을 알 수 없다"[2]는 편찬자의 주가 달린 곳이 있기 때문이다. 일연은 『삼국사기』를 읽고 기억하고 있었던

---

1) "元和中 南澗寺沙門一念撰髑香墳禮佛結社文 載此事甚詳 其略曰… 其父未詳 祖阿珍宗 卽習寶葛文王之子也[新羅官爵凡十七級 其第四曰波珍喰亦云阿珍喰也 宗其名也 習寶亦名也 羅人凡追封王者 皆稱葛文王 其實史臣亦云未詳…]… 時年二十二, 當充舍人[羅爵有大舍小舍等 蓋下士之秩]"([　] 부분은 細註).

　　일찍이 필자가 작성한 글(2000「삼국시대 관등제의 특성에 대하여」『韓國古代史論叢』9, 駕洛國史蹟開發硏究院)은 『삼국유사』의 해당 구절에 대한 착오를 포함하고 있다. 여기서는 이들을 바로잡고 내용을 손질하였다.

2) "封朴阿道爲葛文王(新羅追封王 皆稱葛文王 其義未詳)"(『삼국사기』 권제1, 신라본기 제1 일성이사금 15년)

것이다.

여기서 阿珍宗의 아진을 波珍湌(阿珍湌)으로, 宗을 이차돈의 할아버지 이름으로 구분한 일연의 파악은 논란의 여지가 다분하다. 다만, 그가 여기서 신라 경위 17등을 官爵이라고 표현한 것에 주목하고 싶다. 위에 인용한 기사에서 일연은 官爵이란 표현을 2번 쓰고 있는데, 그 중 한 곳에서는 신라 경위 大舍·小舍 등을 "下士의 秩이다"라고 덧붙여 놓았다.

일연이 활동하던 고려시대의 爵은 公·侯·伯·子·男의 5등 爵制가 기본으로서,3) 卿·大夫나 上士·下士 등의 爵名이 사용될 여지가 없었다. 또한 원종흥법조의 세주에 보이는 下士라는 표현은 중국 先秦時代의 爵制에서나 나올 수 있는 것이다. 따라서 일연은 선진시대의 봉건제도 아래서 사용되던 爵에 대해 얼마간의 지식을 가지고 있는 상태에서, 신라 경위를 가리켜 官爵이라고 표현했다고 생각된다.

『삼국유사』의 다른 곳 세주에서 백제 佐平을 爵名이라 설명하거나,4) 신라 경위 蘇判(迊湌)을 3급 爵名이라 하고5) 大角干을 '신라 冢宰의 爵名'이라 설명한6) 부분도 마찬가지 맥락에서 이해된다. 신라 경위제와 중국 선진시대의 爵制는 전혀 다른 것인데도 일연이 이런 표현을 자연스레 쓴 것을 오류로 볼 것인가, 그렇지 않으면 그럴 만한 배경이 있었기 때문일까를 생각해 볼 필요가 있겠다.

그런데 『삼국유사』의 본문에서도 신라 관등을 爵이라 표현한 경우

---

3) 고려시대의 爵制에 대해서는 金基德, 1999 『高麗時代 封爵制 硏究』, 청년사 참조.
4) 『삼국유사』 권제1, 紀異 제1 太宗春秋公
5) 『삼국유사』 권제2, 기이 제2 眞聖女大王·居陁知 ; 동 권제4, 義解 제5 慈藏定律
6) 『삼국유사』 권제3, 塔像 제4 栢栗寺

가 많이 발견된다. 『삼국유사』에서 고구려·백제에 관한 부분이 소략한 만큼, 이러한 사례는 신라 통일기 이후에 집중되어 있다. 장보고 암살을 보고한 閻長에게 "阿干의 爵을 내렸다"[7]는 것이 대표적이다. 이외에도 특정 관등명이 명기되지는 않았지만 효성왕이 信忠에게 내린 '爵祿'[8]이나 원성왕이 金現에게 내린 爵,[9] 일찍이 자신이 왕이 될 것임을 예언했던 餘三의 자손에게 원성왕이 내린 爵[10] 등 많은 사례가 있다.

이제 『삼국사기』의 경우를 생각해 보자. 백제의 경우는 사례를 찾기 어렵지만, 고구려·신라의 경우에는 관등을 爵이라 표현한 사례가 많이 발견된다. 특히 고구려의 경우에는 특정인을 어떤 관직에 임명하면서 관등을 높여주는 것을 '進爵'·'加爵'이라 표현한 사례가 많다.[11] 그런데 『삼국사기』에 나오는 이들 표현 모두를 후대적인 손질을 거친 결과로 간주하기는 어렵다. 신라의 경우[12]도 마찬가지라 생각된다. 일률적으로 단정하기는 어렵지만, 『삼국사기』는 『삼국유사』에 비하여 상대적으로 원형에 가까운 표현을 많이 간직하고 있는 편이기 때문이다. 예컨대 『삼국사기』에서는 朴堤上이 '歃良州干'으

---

7) 『삼국유사』 권제2, 神武大王·閻長弓巴
8) 『삼국유사』 권제5, 避隱 제8 信忠掛冠
9) 『삼국유사』 권제5, 感通 제7 金現感虎
10) 『삼국유사』 권제2, 기이 제2 元聖大王
11) "秋七月 … 以桓那于台菸支留爲左輔 加爵爲大主簿"(『삼국사기』 권제15, 고구려본기 제3 차대왕 2년). 이외에도 신대왕 2년, 고국천왕 13년, 봉상왕 2년·3년, 溫達傳 등에서도 爵이란 표현을 찾을 수 있다. 이들 중 溫達傳을 제외한 나머지는 모두 특정인을 관직에 임명하면서 관등을 높여준 내용이다.
12) 『삼국사기』에서 신라의 관등을 爵이라 표현한 경우는 신라본기에서는 조지마립간 원년, 진흥왕 원년, 문무왕 21년, 성덕왕 원년, 원성왕 원년, 헌덕왕 14년, 효공왕 즉위 등이 있다. 그리고 열전에서는 金슈胤傳, 裂起傳 등이 있다.

로 나오지만 『삼국유사』에서는 '猷羅郡太守'로 되어 있는 것이 대표적인데, 전자가 원형에 가까운 것임은 물론이다.[13]

『삼국사기』 신라본기 초기 기사들에 나오는 신라 경위의 명칭을 검토해 보면, 편찬자에 의해 의도적으로 손질하거나 바꾼 경우는 거의 없다.[14] 이러한 판단은 고구려본기의 경우에도 대략 비슷하게 생각해 볼 수 있을 것이다. 따라서 『삼국사기』의 고구려본기와 신라본기에 빈번히 나타나는 爵이라는 표현도 후대적 관념에 의해 굴절되었을 가능성보다는, 편찬할 때 저본이 되었던 기록들을 그대로 옮긴 결과일 가능성이 큰 것으로 생각된다. 한 걸음 더 나아가서 생각하면, 당대인 스스로의 표현이 몇 차례 옮겨 적는 과정을 거치면서도 원형을 간직한 결과로 생각할 수 있는 것이다.

신라의 경우, 당대인이 爵이란 표현을 사용한 분명한 증거가 있기 때문이다. 다음 금석문이 그 대표적 사례이다.

為國盡節有功之徒　可加賞爵物[15]以章勳効[16]　(「마운령순수비」
제8행～제9행)

568년(진흥왕 29)에 신라 진흥왕은 새로 편입된 영역을 직접 둘러보면서 "국가를 위해 忠節을 다하여 功이 있는 자들에게는 賞으로 爵과 物을 더하여 勳績을 표창하는 본보기로 삼을 것"이라 선언하고 있다. 이 구절에 앞서 '新古黎庶'(제6행)·'訪採民心'(제7행)이라는

---

13) 이 책 2장 참조.
14) 이 책 1장 참조.
15) 이 글자는 마멸되어 잘 보이지 않으나 黃草嶺碑의 동일한 구절을 참고하여 '物'로 추독하는 것이 일반적이다.
16) 黃草嶺碑에도 동일한 구절을 찾아볼 수 있다. 또한 昌寧碑에서도 '看其身受爵'이라는 구절을 찾을 수 있으며, 마멸이 심한 北漢山碑의 6행에도 비슷한 구절이 새겨져 있었을 것으로 추정된다.

구절이 나온다. 제6행의 '新'은 새로 신라의 영토에 편입되었음을 의식한 수식어이며, 7행의 '民'이란 이렇게 새로 편입된 지역의 주민을 이미 자국민으로 대접하는 상태에서 나올 수 있는 표현이다. 따라서 위 인용문에서 '爵物을 더해줄 수 있다'고 선언한 대상에는 당연히 지방민이 포함될 것이므로, '爵'이란 표현에는 신라의 관등 중에서 외위가 포함되리라 추정된다.[17] 6세기 중반의 신라인들 스스로가 경위는 물론 외위까지도 爵이라고 표현한 경우가 있었던 것이다.

이렇게 『삼국유사』 본문이나 『삼국사기』에서 관등을 爵이라 한 것은 당대인의 표현을 그대로 옮겨 적은 결과일 가능성이 크다. 두 책의 편찬자들은 '述而不作'의 원칙을 비교적 충실히 지켰다고 생각되는 것이다. 그런데 삼국의 관등은 그들이 살던 고려시대의 爵과 다른 면을 지니고 있었다. 그 차이점을 인식하고 있었기 때문에 『삼국유사』 원종흥법조의 세주에서처럼 신라 경위 大舍·小舍를 '대개 下士의 秩'이라고 언급할 수 있었던 것이다.[18] 이 때의 下士는 중국 선진시대의 爵制에서 사용되던 명칭이었다.

일연은 이차돈의 관직인 舍人을 설명하면서 신라 경위 大舍·小舍를 끌어들였고, 다시 대사·소사를 설명하기 위해 중국 선진시대의 하급 爵名인 下士를 예로 들었다. 신라의 경위는 그 자신이 살던 시대인 고려의 爵制와는 다른 것이었지만, 중국 선진시대의 爵名을 활용하여 비유적인 설명이 가능하다고 생각했던 것이다. 이제 삼국의 관등, 특히 신라 경위의 어떤 측면이 선진시대의 爵制와 통하는 성격을 가질까 하는 점을 생각해 보자.

---

17) 이상은 이 책 5장 참조.
18) 물론 '下士의 秩'이라는 언급이 一然의 것인지 『(구)삼국사』 찬자의 것인지, 혹은 그 이전 기록자의 것인지까지 판별하는 것은 불가능하다.

2. 관등의 기능이 지닌 다면성

1) 爵的 성격

삼국의 지배층이 자국의 관등을 爵이라고 부르기도 했었다면, 그러한 표현이 사용될 만한 이유가 있었을 것이다. 漢字를 빌어서 표현하는 과정에서 중국적 상황과는 부합되지 않지만 편의적으로 선택한 글자를 사용했을 가능성도 배제할 수 없다. 그러나 이렇게만 간단히 처리하기는 어렵고, 그 어떤 역사적 상황의 유사성 속에서 그 漢字를 쓸 만한 이유가 있었으리라는 생각도 해봄직하다. 따라서 그 역사적 상황의 어떠한 측면이 爵이란 표현을 쓸 수 있게 했을까 하는 점을 짚어 볼 필요가 있겠다.

중국에서는 周代 封建制 아래서 公·侯·伯 등의 爵을 지닌 國君은 자국 내에서 자치권을 누리고 있었다. 이들은 爵을 세습하면서 卿·大夫·士 등의 內爵을 지닌 자들을 거느리고 독립된 內政을 운영하였던 것이다. 爵的 질서는 이렇게 周 왕실의 영향력이 미치는 전체 지역 내에서 周 왕실과 列國, 列國 상호간, 列國 지배층 내부의 위계서열을 유지하는 형식적인 틀이었다.

국가 형성 초기의 삼국은 조그만 소국으로 출발하였고, 주변의 다른 소국들을 단기간에 압도할 만큼 절대적 우위에 있지 않았다. 정복과 복속의 과정은 꾸준히 진행되었지만, 상대적으로 우월한 무력을 기반으로 하여 주변 소국을 느슨한 형태로 묶어둔 채 영향력을 행사하면서 옛 소국 수장층의 독립성을 어느 정도 인정하는 방식이었다. 이러한 상황에서 중심 소국의 최고 지배자가 복속시킨 여타 소국 수장층들을 일종의 分封과 같은 형식으로 묶어두는 경우가 많았으리라 생각된다. 고구려의 경우에 보이는 다음과 같은 사례는 시사적이다.

① 여름 6월에 松讓이 나라를 들어 來降하였다. 그 땅을 多勿都라 하고 송양을 封하여 主로 삼았다.[19] (『삼국사기』 권제13, 고구려 본기 제1 시조동명성왕 2년)

② 가을 7월에 多勿侯 松讓의 딸을 맞아들여 妃로 삼았다.[20] (동, 유리명왕 2년)

③ 가을 7월에 부여왕의 從弟가 … 1만여 인과 함께 항복해오니 왕 (대무신왕)이 왕으로 封하여 椽那部에 안치하였다. 그의 등에 絡 文이 있었으므로 絡氏姓을 내렸다.[21] (동, 고구려본기 제2, 대무 신왕 5년)

③에 보이듯이 고구려 왕은 1만여 인을 이끌고 항복해온 부여왕의 從弟를 연나부에 안치하고 그를 왕으로 봉하고 있다. 비록 많은 주민을 이끌고 와서 왕으로 봉해졌다지만, 본거지를 떠나 연나부에 안치된 인물이 독립적인 지위를 실질적으로 얼마나 누렸을지는 회의적이다. 그러나 어쨌든 이렇게 '왕으로 봉한다'는 것은 매우 높은 지위로 대우해 줌을 뜻하는데, 이러한 조치가 이 때 처음 창안된 것은 아니었다. ①·②의 기사는 이런 조처가 오랜 관행이었음을 알려준다.[22]

건국 초기에 주몽은 송양의 沸流國과 가까운 지역에서 우열을 다투었다.[23] 그러나 결국 주몽의 상대적 우위가 확인되면서 송양의 복속을 받아낸 결과가 기사 ①의 내용이다.[24] 여기서는 "主로 삼았다"

---

19) "夏六月 松讓以國來降 以其地爲多勿都 封松讓爲主"

20) "秋七月 納多勿侯松讓之女爲妃"

21) "秋七月 扶餘王從弟 … 乃與萬餘人來投 王封爲王 安置椽那部 以其背有 絡文 賜姓絡氏"

22) 고구려의 정복과정에서 나오는 '王封爲王'의 형식에 주목한 연구로는 이 옥, 1981 「高句麗의 征服과 爵位(試論)」 『東方學志』 27을 들 수 있다.

23) 『삼국사기』 권제13, 고구려본기 제1 시조동명성왕 즉위년. 李奎報의 『東國 李相國集』 「東明王篇」에는 그 과정이 영웅담으로 묘사되고 있다.

고 표현되어 있지만, ③의 경우를 참조하면 '封'이라는 형식을 빌어 비류국 '王'의 지위를 그대로 인정해준 데 지나지 않을 것이다. 이후 고구려 지배층은 송양을 侯로 부르며 혼인을 통해 결합을 강화하였다(②).[25]

이렇게 보면, 복속시킨 주변 소국의 지배자를 '王'·'侯' 등으로 봉하여 중심 소국의 영향력 하에 묶어두는 것은 이전부터 널리 통용되던 소국간 관계 설정의 오래된 형식이었다고 할 수 있을 것이다. 물론 王을 칭한 首長들 중에는 고구려 왕의 宗主權을 따르지 않다가 무력으로 정벌당한 경우[26]도 있었다. 초기 고구려의 국가형태는 이러한 것이었다. 分封의 형식은 주변 소국의 수장층에게만 적용된 것이 아니었다. 주변의 독립 소국들이 거의 통합된 이후, 고구려에서는 자국의 왕족을 '君'으로 봉하기도 했다.

차대왕의 태자 鄒安(을) … 왕이 狗山瀨·婁豆谷 두 곳을 주고 讓國君으로 封하였다.[27] (『삼국사기』 권제16, 고구려본기 제4 신대왕 2년)

겨울 10월에 숙신이 침략해와서 邊民을 살해하였다. … 왕이 이에 達賈를 보내 정벌케 하니 달가가 불의에 기습하여 檀盧城을 빼앗아 그 추장을 죽이고 600여 가를 부여 남쪽 烏川으로 옮기고 항

---

24) 이것을 『三國志』 高句麗傳에서 언급한 消奴部→桂婁部의 왕위교체와 동일한 사실로 보는 것[李丙燾, 1976 「高句麗國號考」 『韓國古代史研究』 博英社, 359쪽~360쪽(원재 1956 『서울大論文集』 3)]이 일반적이다.

25) 이 때의 侯라는 것은 爵名으로서 公 다음가는 지위를 나타내는 제도적 명칭이라기보다는 주몽집단 측의 다소 편의적인 표현이라 생각된다.

26) "春二月 遣貫那部沛者達賈伐藻那 虜其王"(『삼국사기』 권제15, 고구려본기 제3 태조대왕 20)

   "冬十月 王遣桓那部沛者薛儒伐朱那 虜其王子乙音爲古鄒加"(위의 책 권제15, 태조대왕 22)

27) "次大王太子鄒安…王卽賜狗山瀨婁豆谷二所 仍封爲讓國君"

복한 부락 예닐곱곳을 附庸시켰다. 왕이 크게 기뻐하여 달가를 安國君으로 삼고 內外兵馬의 일을 맡겼으며 梁貊·肅愼의 여러 부락을 거느리게 하였다.[28] (동, 고구려본기 제5 서천왕 11년)

여기서 君으로 삼았다는 것은 앞서 보았던 侯로 봉한 경우와 형식상으로 큰 차이가 없다. 일정한 지역 또는 종족을 지배할 권한을 인정한 점에서는 같지만, 그것이 당사자의 오랜 연고지가 아니라는 점에서 다르다. 또 형식상 그 권한을 부여받은 자가 본래 독립성을 유지하던 수장이 아니라 국왕과 가까운 왕족이었다는 점에서 차이가 있을 뿐이다.

『삼국지』 위서 고구려전은 고구려 국왕권 아래 결집한 상태에서도 일정하게 독자성을 유지하던 세력들의 칭호와 존재양상을 보여준다. 즉 桂婁部 왕권이 정착된 후에 과거 국왕을 배출했던 消奴部의 適統大人이 古鄒加를 칭하며 宗廟를 세우고 靈星·社稷을 제사하며, 絕奴部의 지배자도 고구려 왕실과 지속적인 혼인관계를 맺으며 古鄒加를 칭했다는 것, 왕의 宗族으로서 大加인 자도 古鄒加로 불렸다는 것[29]이 그것이다. 그러나 이러한 가운데서도 국왕을 중심으로 한 위계서열은 비교적 엄격하게 지켜졌다. 다음 기사는 그 모습을 보여준다.

그 나라에는 王이 있고, 官으로는 相加·對盧·沛者·古鄒加·主簿·優台丞·使者·皁衣·先人이 있어 尊卑에 각기 등급이 있

---

28) "冬十月 肅愼來侵 屠害邊民 … 王 於是 遣達賈往伐之 達賈出奇掩擊 拔檀盧城 殺酋長 遷六百餘家於扶餘南烏川 降部落六七所 以爲附庸 王大悅 拜達賈爲安國君 知內外兵馬事 兼統梁貊肅愼諸部落"

29) 『삼국지』 권30, 魏書30 高句麗傳. 古鄒加란 명칭은 封爵의 성격이 강한 것임은 이미 지적된 바 있다(余昊奎, 1992 「고구려 초기 那部統治體制의 成立과 運營」 『韓國史論』 27 서울대 국사학과, 54쪽).

다. … 大加들 역시 스스로 使者·皂衣·先人을 두는데 명단을 모
두 왕에게 보고한다. 卿·大夫의 家臣과 같으니 함께 모여 일어서
고 앉을 때 王家의 使者·皂衣·先人과 同列에 서지 못한다.[30]
(『三國志』 권30, 魏書30 烏丸鮮卑東夷傳 高句麗)

고구려 국왕 밑에도 使者·皂衣·先人이 있었고, 大加들도 스스
로 使者·皂衣·先人을 두었는데 양자간에 엄격한 구별이 있었다는
것이다. 즉 명칭은 동일하지만 大加의 使者·皂衣·先人들의 명단
은 국왕에게 보고되었고, 함께 모이는 자리에서는 王家의 使者·皂
衣·先人보다 낮게 대우받았다. 이는 "列國의 大夫가 天子의 나라
에 들어갈 때는 某士라고 칭한다"는 『예기』의 언급[31]을 연상케 한
다. 선진시대의 爵的 질서와 유사한 측면이 있는 것이다.

더구나 이 장면을 목격한 중국인 관찰자는 大加의 使者·皂衣·
先人 등을 중국의 卿·大夫의 가신에 빗대고 있다. 그들의 안목으로
보아도, 당시 고구려 지배세력 상호간의 위계질서가 중국의 爵的 질
서와 유사하게 느껴졌기 때문일 것이다. 이렇게 다원적이고 중층적
인 지배구조 속에서도 국왕을 중심으로 한 위계서열이 확립되어 있
던 역사적 상황이, 고구려인으로 하여금 그 지배세력의 위호를 爵이
라고 부를 수 있게 한 바탕이 되었다고 생각된다.

신라의 경우도 마찬가지였다. 신라 경위 명칭의 상층부는 사로국
을 구성한 독립적 대세력의 고유한 위호에 기원을 두고 있었고, 하층
부는 그들에 隷屬된 家臣的 존재의 명칭에 기원을 두고 있었다.[32]

---

30) "其國有王 其官有相加·對盧·沛者·古鄒加·主簿·優台·丞·使者·
皂衣·先人 尊卑各有等級 … 諸大加亦自置使者·皂衣·先人 名皆達於
王 如卿·大夫之家臣 會同坐起 不得與王家使者·皂衣·先人同列"
31) "列國之大夫 入天子之國曰某士 自稱曰陪臣某"(『禮記』 曲禮 제2)
32) 이 책 2장 참조.

독립적인 대세력들은 자신에게 附屬된 중소 세력을 거느리고 있었으며, 사로국 전체를 대표하는 이사금 아래서 일정한 서열 속에 포섭되어 있었다. 이들의 존재양태는 다음에서 엿볼 수 있다.

> 于老는 임금을 섬겨 공을 세워 여러 번 舒弗邯이 되었다. 흘해의 생김새가 준수하고 머리가 明敏하여 일을 처리하는 것이 보통 사람과 다른 것을 보고 諸侯에게 일러 "우리 집안을 일으킬 사람은 반드시 이 아이일 것이다"고 하였다.[33] (『삼국사기』 권제2, 신라본기 제2 흘해이사금 즉위년)

이 사료에 나타난 諸侯라는 표현은 비교적 원형을 간직하고 있는 것으로 판단된다. 이 때의 제후란 우로에게 부속된 중소세력을 가리킬 것이다. 이렇게 보면, 당시 우로와 그에 버금가는 세력은 이사금과의 관계 속에서는 이사금을 君으로 지칭했겠지만, 자신에게 부속한 중소세력과의 관계 속에서는 자신을 王으로, 그들을 諸侯로 인식하고 있었음을 보여준다.[34]

우로와 같은 대세력은 자신의 집단 내에서는 王으로 불렸을 가능성이 높다. 우로의 죽음과 관련된 사건을 전하는 『일본서기』에서 우로를 '新羅王'이라 표현하고 있는 것도[35] 이러한 사정을 반영하고 있을 것이다. 또 이찬의 위호를 갖고 있었던 許婁나 摩帝가 '許婁王'[36] 또는 '磨帝國王'[37]으로 표현될 수 있었던 것도 이러한 사정에서 말

---

33) "訖解尼師今立 奈解王孫也 父于老角干 母命元夫人 助賁王女也 于老事
　　君有功 累爲舒弗邯 見訖解狀貌俊異 心膽明敏 爲事異於常流 乃謂諸侯
　　曰 興吾家者 必此兒也"

34) 이상은 이 책 2장 참조.

35) "新羅王 宇流助富利智干"(『일본서기』 권제9, 仲哀 9년 12월)

36) 『삼국사기』 권1, 신라본기 제1 유리이사금 즉위년 細註

37) 『삼국유사』 권1, 王曆 제1

미암은 것으로 생각된다.

신라의 지배층이 자국의 관등을 爵이라고 표현한 것은, 이상과 같이 그 지배구조의 초기형태가 다원적·중층적 모습을 지니고 있었던 데서 기인할 것이다. 이러한 지배구조는 중국 선진시대의 爵的 위계질서와 외형상의 유사성을 지닌다. 그렇기 때문에 비록 명칭은 다르지만 신라 지배층이 자신들의 위호를 선진시대의 爵에 빗대어 표현할 수 있었다고 생각된다. 단순히 漢字를 빌어 쓰는 가운데 생겨난 '실재와 명칭의 어긋남'은 아니었던 것이다.

2) 관직의 기능

한편 『삼국사기』에서는 관등을 職으로 표현한 사례들도 발견된다. 이는 고구려·백제의 경우에는 거의 없지만, 신라의 경우에는 종종 찾아볼 수 있다. 이를 誤記로 판단하는 견해[38]도 있다. 그러나 다수의 사례가 발견되는 만큼, 오기로 생각하기보다는 관등 자체에 爵的 성격과 (官)職의 기능이 함께 포함되어 있었던 역사적 상황에서 말미암은 것으로 보는 것이 좋을 듯하다.

『삼국사기』에서 관등이 職이라 표현된 사례는, 승려가 된 거칠부가 고구려에서 돌아온 뒤 환속하여 관직에 나아갔는데 職이 대아찬에 이르렀다고 한 것,[39] 訥催의 죽음을 비통히 여긴 신병왕이 그에게 급찬의 職을 追贈했다는 것,[40] 문무왕이 김유신에게 太大舒發翰, 즉 太大角干의 職을 주었다고 한 것[41] 등이 있다. 職이란 특정한 職

---

38) 金翰奎, 1987 앞의 논문, 188쪽
39) "… 逐還國 返本從仕 職至大阿湌"(『삼국사기』 권제44, 열전 제4 居柒夫傳)
40) "王聞之悲慟 追贈訥催職級湌"(『삼국사기』 권제47, 열전 제7 訥催傳)
41) "於是授太大舒發翰之職 食邑五百戶"(『삼국사기』 권제43, 열전 제3 金庾信傳 下)

事를 의미하는 말로서 관등과는 성격이 다르다. 그런데도 관등이 職
이라 표현될 수 있었던 것은 신라의 관등이 지니고 있던 또 다른 기
능이 있었기 때문일 것이다.

　이사금 시기 사로국을 구성한 지배세력은 서로간의 역학관계를 토
대로 연합하거나 갈등하는 가운데 이사금을 중심으로 세력관계가 조
정되면서 국정에 참여하고 있었다. 국정 운영에서 핵심적인 역할을
한 부류는, 뒷날 제도화된 경위 체계에서 최고위급에 해당하는 이벌
찬·이찬 등의 위호를 지닌 자들이었다. 이들은 비록 형식상 이사금
의 임명을 받는 것처럼 나타나지만, 독립성이 강한 집단의 대표자였
다. 이사금의 정치적 파트너로서 이벌찬·이찬에게 부여된 역할은
'參國政'이라든가 '委以政事'·'兼知內外兵馬事' 등으로 표현되고 있
다. 이는 아직 '제도화된 관등'으로 정착하기 이전에 이벌찬·이찬의
위호를 지닌 자들이 사로국 차원에서 수행하는 고유한 기능이었다고
할 수 있을 것이다.

　신라 경위 제4등급인 파진찬의 경우도 海干이란 異稱을 갖고 있
었으므로[42] 해상활동과 관련된 직책의 명칭이었으리라는 점이 일찍
부터 지적된 바 있다.[43] 또 일길찬은 이사금 시기에 군사활동과 관
련하여 나타나는 빈도가 높다.[44] 독립성이 강한 여러 세력의 고유한
위호들이 사로국 차원에서는 일정한 위계서열을 이루고, 사로국 전
체 차원에서 관행적으로나마 각기 일정한 직무를 맡아 수행하고 있
었던 것이다. 즉 제도로 확립되기 이전의 각 관등은 職의 기능을 포
함하고 있었다고 할 수 있는 것이다.[45] 관등을 職이라 표현한 사례

---

42) 『삼국사기』 권제38, 志 제7 職官上
43) 李鍾恒, 1974 「新羅 上古의 官位制의 性格에 대하여」 『國民大論文集』 7,
　39쪽
44) 이 책 3장 참조.
45) 신라 초기의 관등이 관직적 성격을 갖는다는 점은 일찍이 李鍾恒, 1974 앞

들은 이러한 오래된 전통에서 말미암은 것으로 생각된다.[46]

관료제도가 체계적으로 확립되기 이전에도 특정인에게 사로국 차원에서 중요한 직무를 맡기는 권한은 이사금에게 있었다. 그러나 그에 맞는 인물을 선발하는 데는, 爵으로 관념되기도 했던 관등(위호)이 일정 등급 이상 되어야 한다는 관행이 존재했던 것 같다. 독립성이 강한 세력들이 연합하여 사로국을 구성하고 국정을 운영함에 있어서도 관행적으로나마 각 직무별 중요성에 따라 높낮이가 있었을 것이기 때문이다. 다음 사례는 이러한 상황을 반영한다.

> 봄 정월에 처음으로 南堂에서 정사를 보았다. 漢祇部 사람 夫道라는 자가 집이 가난하나 아첨함이 없고 書算을 잘하기로 이름나서 왕이 불러 阿湌으로 삼고 物藏庫의 사무를 맡겼다.[47] (『삼국사기』 권제2, 신라본기 제2 첨해이사금 5년)

즉 개인적인 능력이 뛰어난 부도를 발탁하여 物藏庫 사무를 맡기면서 아찬으로 삼았다고 한다. 당시는 부도가 맡은 업무에 딸린 관직 명칭이 세분된 형태로 정착되지 않았기 때문이기도 하겠지만, 그 업무를 수행하는 데는 그에 상응하는 관등(위호)을 지닐 필요가 있었기 때문일 것이다. 즉 관직이 다양하게 분화·발전하기 이전 단계에는 서열화된 위호를 지닌 자들이 특정 직무와 연결되고 있었으므로, 그 직무를 수행하는 데는 일정 등급 이상의 위호(경위의 시원 형태)가 요구되었다고 생각된다. 관등이 職의 기능을 겸한 것은 이 단계에

의 논문에서 지적된 바 있다.

46) 백제의 고위 관직인 內臣·內頭·兵官 등의 6佐平도, 최고 관등인 佐平을 소지한 자의 職掌이 분화한 결과였다고 생각된다.

47) "春正月 始聽政於南堂 漢祇部人夫道者 家貧無諂 工書算著名於時 王徵之爲阿湌 委以物藏庫事務"

서였고, 후대에 관등을 職이라 표현한 것도 이 단계의 관행이 남긴 흔적으로 생각된다.[48]

앞서 삼국의 관등이 爵的 성격을 지님을 언급하였다. 그런데 중국의 경우에도 관직체계가 본격적으로 분화·발전하기 이전 단계에는 爵이 職에 해당하는 기능을 수행하였다. 그리고 특정한 직무를 수행하는 데는 일정 등급 이상의 爵이 요구되었다. 즉 秦 孝公이 商鞅을 발탁한 뒤에 變法을 추진하려 했으나 상앙은 주변의 드센 비판을 받을까 저어하고 있었다. 그리하여 효공이 상앙에게 左庶長의 爵을 준 뒤에 變法을 시행하였다. 또 秦 惠王은 樗里子에게 右更의 爵을 주면서 군사를 이끌고 曲沃을 정벌케 하였으며, 張儀 역시 혜왕으로부터 客卿의 爵을 받으면서 제후들을 정벌할 것을 도모하였다.[49] 將軍이 제도화된 職名으로 정착하기 이전의 선진시대에는 '將○○軍'의 역할 곧 軍將의 기능을 卿·大夫의 爵을 지닌 자가 수행하였다. 이 점을 참고하면, 특별한 軍功과 무관하게 상앙이나 樗里子·張儀가 爵을 먼저 받았던 것은, 그들이 해당 직무를 수행하는 데는 그에 상응하는 爵을 지닐 필요가 있었기 때문이라 판단된다.

신라의 경우에도 관료제도가 체계적으로 발달하고 직무가 세분되기 전에는, 상급 위호 소지자가 중요한 직무와 연결되는 경우가 많았다. 이사금 시기에 이벌찬·이찬 등이 兵馬의 일을 주로 맡았던 것도[50] 관등의 기원을 이룬 위호 자체가 특정한 직무와 연결되어 있었

---

48) 실제『삼국사기』에서 관등을 職이라 표현한 사례의 대부분은 6세기 이전에 해당된다. 이 때까지는 신라에서는 특정한 職事에 따른 상급 官職名이 아직 성립하지 않았다. 한편『삼국사기』권43, 金庾信傳 下에서도 太大舒發翰을 職이라 표현하고 있고,『삼국유사』권2, 處容歌·望海寺에서는 헌강왕이 처용에게 급찬의 관등을 준 것을 '賜級干職'이라 하였다. 이는 오래전부터 관등을 職이라고도 표현하던 관행에서 비롯된 것으로 생각된다.
49) 閔厚基, 2000「戰國 秦의 爵制 연구-爵制에서 官僚制로의 이행을 중심으로-」『東洋史學研究』67, 10쪽~11쪽 참조.

던 결과라고 이해된다. 이러한 職의 기능은 상급 관등에만 해당하는
것이 아니었으며, 오히려 하급 관등에서 더욱 분명하게 나타난다.

고구려의 경우, 후기까지 관등명으로 이름을 남기고 있는 使者·
皁衣·先人은 國王이나 大加 밑에 두어진 하급 실무직에서 비롯된
존재였다.[51] 신라의 경우에도 경위 상층부에 해당하는 위호를 지닌
세력들에게 예속된 일종의 가신과 같은 하급 실무직이 있었다. 그에
해당하는 것이 경위 非干群이었다. 즉 奈麻는 독립성이 강한 대세력
가 밑에서 하급 실무를 관리하는 자, 舍知는 하급 실무를 직접 담당
한 자, 吉士는 호위를 비롯한 전투업무에 종사한 자 등의 고유한 명
칭에서 비롯되어 하급 관등으로 정착하였다고 추정된다.[52] 그렇기
때문에 통일 이후 중앙관부에 大奈麻·大舍·舍知 등 관등과 동일
한 명칭의 하급 실무직명이 남아 있을 수 있었던 것이다.

이렇게 관등의 상층부는 관직체계가 발달하기 이전에 관행적으로
특정 직무와 연결되어 관념되기도 했고, 하층부는 그 자체 하급 실무
직의 호칭에 연원을 두고 있었다. 관등이 職이라고도 표현된 것은,
그러한 일반적 관행의 오랜 연원 때문이었다. 따라서 초기 관등은 그
자체 職의 기능을 함께 지닌 것이었다고 할 수 있는 것이다.

---

50) 이 책 2장 참조.
51) 임기환은 那國 수장층 밑에 설치된 하급 관료로서의 성격으로 출발한 使
者·皁衣·先人이 관등조직이 성립·전개되는 과정에서 諸加 세력을 왕
권 아래 수렴하는 중앙 관등 조직의 일부로 기능하였으리라 추정하였다
(2004『고구려 정치사 연구』, 한나래, 133쪽).
52)『삼국사기』권3, 내물마립간 2년조에 "春發使 撫問鰥寡孤獨 各賜穀三斛
孝悌有異行者 賜職一級"이라 한 내용에서 職이란 실제로 특정 업무를
맡겼다는 것이 아니라, 후대에 하급 관등명이 된 호칭을 일종의 虛爵처럼
주었다는 뜻으로 생각된다(자세한 내용은 이 책 2장 참조).

3. 신라 관등제의 특성

삼국의 관등, 특히 신라 관등의 특징을 거론할 때 가장 중요하게 언급되는 것이 세습성과 폐쇄성이다. 고구려·백제의 경우는 여러 차례 천도를 경험하면서 귀족세력 내부의 신분적 폐쇄성이 신라에 비해 상대적으로 완화되었으리라 생각되기도 한다.[53] 물론 고구려·백제의 경우에는 뚜렷한 증거가 부족하다는 점을 감안해야 하지만, 어쨌든 신라의 경우에 관등이 갖는 신분적 성격이 분명하게 잘 드러나는 것은 사실이다.

신라 관등제가 제도로 확립된 것은 520년(법흥왕 7)의 율령반포 때였다. 그 전후한 시기에, 지배체제 운영에서 관등이 어떤 기능을 발휘하고 있었는가를 잘 보여주는 것이 냉수비(503)와 봉평비(524)이다. 두 비에는 여러 등급의 관등 소지자가 다양한 역할을 수행하고 있음이 드러난다.

먼저 율령 반포 이전에 해당하는 냉수비를 살펴보면, '共論'의 주체에 포함된 자들 중 전통적인 위호로 생각되는 干支를 제외한 나머지 인물들이 소지한 경위가 壹干支(2)에서 居伐干支(9)라는 큰 폭에 걸치고 있다. 냉수비 단계에는 경위제가 법제화되지는 않았지만 이미 일원적인 형태로 정비된 상태였다.[54] 이 점을 감안하면, 이들이 共論은 물론 敎·別敎의 공동주체에 참여할 수 있었던 자격은 관등이 아니었다고 판단된다. 비슷한 경우는 율령 반포 이후에 세워진 봉평비에서도 확인된다.

봉평비의 敎事集團에 포함된 인물들은 모두 14명이다. 이 중 寐錦王과 葛文王, 그리고 2명의 干支를 제외하면 10명이 되는데, 이들이

---

53) 李基東, 1984 「新羅 骨品制硏究의 現況과 그 課題」『新羅 骨品制社會와 花郎徒』, 一潮閣, 13쪽(원재 1977 『歷史學報』74) 참조.
54) 이 책 2장 참조.

소지한 경위 역시 太阿干支(5)에서 奈麻(11)라는 큰 폭에 걸친다. 특히 이들 중 절반에 해당하는 5명의 인물들은 경위 하층부의 비간군에 속하는 太奈麻(2명)와 奈麻(3명)를 지니고 있다. 따라서 이들이 寐錦王·葛文王 등과 함께 교사집단에 포함될 수 있었던 기준은 일정 등급 이상의 경위가 아니었음을 알 수 있다. 이는 교사집단 이외의 경위 소지자와 비교해 보면 더욱 분명해진다.

즉, 봉평비에는 중앙정부에서 어떤 결정을 내린 뒤에 현지에 파견되어 煞牛儀式을 비롯한 실무를 처리한 4명의 '大人'이 나타나는데, 이들 중 2명은 나마의 경위를 소지하고 있다. 교사집단에 속한 3명의 경위와 같은 등급이다. 같은 나마의 경위를 지니고 있음에도 불구하고 어떤 이는 교사집단에 포함되어 중요한 결정을 내리는 위치에 있고, 어떤 이는 그 명령을 받은 뒤 현지에 파견되어 실무를 처리하고 있는 것이다. 동일 관등 내에서 이러한 대조가 나타나는 것을 단순히 직책이 달랐기 때문으로 볼 수는 없다. 물론 이들은 구체적 직명을 띠고 있지 않으므로, 아직 관직체계가 세분되어 정비되지 않은 단계라고 짐작된다. 이러한 상태에서 그들의 역할을 결정하는 기준이 경위에 있지 않았다면, 그 기준은 혈연에 따른 신분 즉, 골품이었다고 볼 수밖에 없는 것이다.[55]

율령 반포 이전의 냉수비에서나 그 이후의 봉평비에서나, 관등에 앞서 신분제의 원리가 관료제도 속에서 개인의 역할을 규정하는 일차적 기준이 되고 있었다. 신라의 경우에는 율령을 통하여 옛 사로국을 구성한 세력집단의 기득권이 철폐된 것이 아니라, 어떤 측면에서는 오히려 강화되었다.[56] 특히 그것은 최상급 신분층의 특권을 배타

---

55) 위와 같음.

56) 혈연적 氏族制度가 해체되지 못하고 社會的으로 轉化한 것이 骨品制란 점은 일찍이 李德星, 1949 『朝鮮古代社會研究』 正音社에서 지적된 바였다.

적으로 보장하는 방향으로 제도화되었던 것이다. 이 점은 일본의 율
령관위제와 비교해 볼 때도 뚜렷이 나타나는 특징이라 할 수 있다.

즉 일본의 경우, 율령관위제가 확립된 후에도 기존의 氏姓조직이
완전히 해체되었다고는 보기 어렵고 관위의 신분적 성격이 강했음에
도 불구하고, 제도 운영상으로는 개인에게 수여된 위가 우선시되어
그에 따라 관직이 맡겨졌다. 그러나 신라에서는 경위제가 확립된 이
후에도 개인의 관등이 지배체제 운영에서 일차적인 기준이 되지 못
했던 것이다. 따라서 관등 수여의 주체는 국왕이었지만, 국왕이 발휘
할 수 있는 인물 선택의 폭은 신분제의 운영원리에 따라 제한되었다.
이렇게 신라의 경우에는 관등제 운영에서 귀족들의 전통적 기득권이
매우 완강하게 관철되고 있었다고 할 수 있다. 이는 비단 관등제에만
그치는 문제가 아니었다.

신라에서 국정 운영의 핵심부에 참여하여 활동할 수 있는 자격은
골품에 따라 주어졌다. 관등제 운영에서도 제5등급 대아찬 이상의
관등은 진골이 독점하였고, 6두품은 능력에 관계없이 그 이상의 승
진이 불가능하였다. 그리고 그 이하의 두품 신분에게도 관등 승진의
상한이 설정되어 있었으리라 추정된다.[57] 여기에 대한 불만이 존재
했음은 통일 이전부터 발견되지만,[58] 통일 이후에도 상황이 근본적
으로 개선되지는 않았던 것으로 생각된다.

고구려·백제의 경우, 관등제 운영에서 신라와 같은 정도의 세습
성·폐쇄성이 있었는지는 분명치 않다. 관등별 服色이나 冠飾 구분
을 바탕으로 관등별 계층성을 살펴볼 수도 있지만, 이는 위계서열이
있는 관료조직 속에는 시대를 불문하고 존재한 것이기 때문에 명확

---

57) 奈麻·大奈麻에 설정된 重位의 존재로부터 추정할 수 있다.

58) "闕頭曰 新羅用人 論骨品 苟非其族 雖有鴻才傑功 不能踰越 我願西遊中
華國 奮不世之略 立非常之功 自致榮路 備簪紳劍佩 出入天子之側 足矣"
(『삼국사기』 권제47, 열전 제7 薛闕頭傳)

한 표지는 되지 못한다. 다만 몇 가지 간접적인 자료를 통해서 판단하면, 고구려·백제 관등제 역시 개방적으로 운영되었다고는 생각하기 어려운 면이 많다.

고구려 관등제는 시기에 따라 변화가 있었지만,『翰苑』에 인용된「高麗記」에 나타난 13관등이 말기의 것으로 간주된다. 여기에 기술된 바에 따르면, 7세기의 고구려에서는 掌賓客의 업무를 맡은 拔古鄒加는 大夫使者[59]의 관등 소지자가 맡고, 國子博士·大學士 등의 관직은 小兄 이상, 武官職에서 大模達은 皂衣位頭大兄 이상, 末若(客)은 大兄 이상의 관등 소지자가 맡도록 되어 있었다. 이러한 기술을 토대로 고구려 관등제에는 先人/小兄/大兄/位頭大兄을 하한으로 하는 크게 4부류의 계층성이 존재했을 가능성이 지적된다.[60]

이렇게 보면, 특정 관직에 취임할 수 있는 관등의 하한이 정해져 있었던 점에서 신라와 고구려가 공통된다. 그러나 신라 執事部의 차관인 典大等의 관등범위가 아찬(6)∼나마(11)로 규정된 사례에서 볼 수 있는 것처럼, 고구려에서도 특정 관직에 취임할 수 있는 관등범위의 상한 규정까지 존재했는지는 알 수 없다. 그렇기 때문에 고구려 관등제의 운영에서 신라와 동일한 형태의 신분제적 폐쇄성이 존재했는지 여부는 속단하기 어렵다. 다만,「고려기」에서 최상급 다섯 관등소지자들이 "機密을 관장하고 政事를 도모한다"고 한 언급을 참고하면, 관등제 운영에서도 최상급 신분층의 특권을 제도화하거나, 적어도 관행화하고 있었을 가능성을 배제하기는 어렵다. 예외적인 경우로 생각할 수도 있지만, 淵蓋蘇文의 아들 男生이 9세에 先人, 15세

---

59) 이를 太大使者의 誤記로 보기도 한다.

60) 武田幸男, 1989「高句麗官位制の史的展開」『高句麗史と東アジア』岩波書店, 394쪽∼397쪽(원재 1978『朝鮮學報』86). 한편 임기환, 2004 앞의 책, 245쪽∼252쪽에서는 大使者/上位使者/先人을 하한으로 한 3계층으로 구분해볼 가능성도 제시되었다.

에 中裏小兄, 18세에 中裏大兄, 23세에 中裏位頭大兄으로 고속 승진한 사례[61]가 있다. 이는 고위 관등의 세습성을 강하게 시사하는 사례로 생각된다.[62]

백제의 경우는 이보다 분명한 사례를 남기고 있는데, 「黑齒常之墓誌銘」이 그것이다. 이에 따르면 흑치상지의 가문은 대대로 達率의 관등을 지녔고, 그 역시 '地籍'에 따라 弱冠이 되기 전에 達率의 관등을 받았다.[63] 이는 가문이 속한 신분층에 따라 관등이 세습되었음을 알려주는 것이면서, 다른 한편으로는 최고 관등 佐平과 達率 사이에는 개인의 능력과 관계없는 신분상의 뚜렷한 界線이 존재했음도 말해준다.[64] 대아찬 이상의 다섯 관등을 진골 독점으로 운영한 신라와 비교하면 폐쇄성의 정도에 차이가 있다고 생각되지만, 신분에 따른 관등 승진의 제한이 존재한 점에서는 공통되는 것이다.

『삼국사기』 직관지에 따르면, 신라에서는 특정한 관직에 취임할 수 있는 관등의 상한과 하한이 모두 규정되어 있었다. 즉 중앙관부에 소속된 대부분의 관직은 물론 武官과 지방관직까지 취임할 수 있는 관등의 범위를 명기해놓고 있는 것이다. 얼핏 보면 이는 신분에 따른 관등 승진의 한계로 말미암아 초래될 수 있는 관직 임명 대상의 협소성을 완화하고, 관료제 운영의 탄력성을 기하기 위한 것으로 판단될 수도 있다. 즉 신분이 낮아서 하급 관등밖에 지니지 못한 개인이 취임할 수 있는 관직의 범위를 넓혀주는 것으로 생각할 수 있는 것이다. 그러나 정작 그 본질은 전혀 상반되는 곳에 있었다고 생각된

---

61) 韓國古代社會硏究所 編, 1992 「泉男生墓誌銘」 앞의 책, 493쪽
62) 余昊奎, 1997 『1~4세기 고구려 政治體制 연구』 서울대 박사학위논문, 148쪽에서는 男生·男産·獻誠 등이 모두 9·15·18·23세에 先人·小兄·大兄·位頭大兄으로 승진한 사례에 비추어 고위 귀족의 경우에 父職承襲에 따른 승진코스가 정해져 있었을 것으로 추정하였다.
63) 韓國古代社會硏究所 編, 1992 「黑齒常之墓誌銘」 앞의 책, 557쪽~558쪽
64) 김영심, 1998 「百濟 官等制의 成立과 運營」 『國史館論叢』 82, 121쪽 참조.

다.

앞서 언급했듯이 냉수비와 봉평비에서는 낮은 관등 소지자가 높은 관등 소지자와 共論은 물론 敎를 내리는 역할을 함께 수행하고 있었다. 또한 동일한 관등을 지니고 있는 인물들 사이에서도 양자가 수행하는 역할은 신분에 따라 敎를 내리는 자와 그 敎를 받아 실무를 집행하는 자라는 극단적인 대조를 보이고 있었다. 이 두 비는 6세기 전반기의 것들로서, 당시는 아직 관직이 다양하게 분화하여 체계화되기 이전이었다. 관직이 본격적으로 분화·발전하기 이전에는, 관등의 높낮이보다 신분의 높낮이에 따라 각기 중요도를 달리하는 직무를 수행하고 있었던 것이다.

신라의 중앙관부가 정식 명칭을 가지고 본격적으로 설치되기 시작하는 것은 6세기 후반기에 접어들면서부터였다. 이렇게 여러 관직이 제도적으로 체계를 갖추어갈 무렵이면, 출신 신분에 따라 중요한 직무를 맡아 수행하던 관행은 한계에 부딪히게 되었을 것이다. 신라의 최고 지배층이 이러한 한계를 기득권을 지키는 방향에서 조정하여 법제화한 것이, 관직에 취임할 수 있는 관등 폭을 넓게 규정하는 것으로 나타나게 되었다고 판단된다.[65] 즉 이 규정은 신분은 낮지만 개인적 능력이 뛰어난 자가 비교적 중요한 관직을 맡을 수 있도록 배려한 것이라기보다는, 신분이 높지만 연령이나 경륜이 부족한 자들에게 관직 선택의 폭을 넓혀주는 구실을 한 것으로 생각된다.[66] 물론 특출한 능력이나 공로가 있을 경우, 관등을 높여주기 어려울 때

---

65) 『삼국사기』 직관지에 보이는 관등의 범위를 정한 규정은 법흥왕대의 율령 반포 때보다는 중앙관부가 본격적으로 분화하는 6세기 후반기 이후에 정해졌을 가능성이 큰 것으로 생각된다.

66) 설사 관등폭을 넓게 규정한 것이 직접 이러한 의도에서 나온 것이 아니라 할지라도, 결과적으로는 낮은 신분에게 높은 관직을 맡을 기회를 넓히기보다는 높은 신분의 연소자가 일찍부터 관직 경험을 쌓을 기회를 누릴 수 있게 하는 방향으로 귀착되었으리라 생각된다.

높은 관직에 임명하는 경우도 없지는 않았을 것이다.[67]

이렇게 삼국시대 관등제는 세습성과 폐쇄성을 강하게 갖고 있는 것이 특징이었다. 한편 관등 소지자, 특히 고위 관등 소지자는 높은 정치적 지위를 누림과 동시에 여러 가지 경제적 혜택도 누리고 있었을 것이다. 고구려의 경우 고위 관등을 수여할 때는 그에 따르는 경제적 반대급부를 함께 지급하는 경우가 보인다. 대표적인 경우를 다음 사료를 통해 알 수 있다.

(明臨)答夫를 國相에 임명하고 爵을 더하여 沛者로 삼아 內外兵馬를 맡기고 梁貊部落을 거느리게 했다.[68] (『삼국사기』 권제16, 고구려본기 제4 신대왕 2년)

… 이 때 新城宰 北部 小兄 高奴子가 500騎를 이끌고 王을 맞이하러 왔다가 적을 만나 奮擊하니 (慕容)廆의 군대가 패퇴하였다. 王이 기뻐하여 高奴子의 爵을 더하여 大兄으로 삼고 鵠林을 食邑으로 내렸다.[69] (『삼국사기』 권제17, 고구려본기 제5 봉상왕 2년)

백제의 경우도 예외가 아니었다. 『삼국사기』에는 백제 말기인 의자왕 17년에 의자왕의 庶子 41인을 佐平으로 삼으며 각기 食邑을

---

67) 백제의 경우에 達率이 兵官佐平에 임명된 다음 사례가 있다.
　　"九月 王命達率眞嘉謨伐高句麗 拔都坤城 虜得二百人 王拜嘉謨爲兵官佐平"(『삼국사기』 권제25, 백제본기3 辰斯王 6년)
　　"夏五月 兵官佐平眞老卒 拜達率燕突爲兵官佐平"(동 권제26, 동성왕 19년)
　　이는 達率 관등 소지자가 佐平의 관직에 임명된 것으로 생각되는데(김영심, 1998 앞의 논문, 121쪽), 眞嘉謨와 燕突의 관등이 佐平職 임명과 동시에 올랐지만 기록이 생략되었는지, 또는 그들이 佐平의 관등으로 승진할 수 없는 신분이었는지 등은 알 수 없다.
68) "拜答夫爲國相 加爵爲沛者 令知內外兵馬兼領梁貊部落"
69) "… 時 新城宰北部小兄高奴子 領五百騎迎王 逢賊奮擊之 廆軍敗退 王喜加高奴子爵爲大兄 兼賜鵠林爲食邑"

내린 기사70)가 있다. 『周書』와 『北史』에는 백제 좌평의 인원수가 5
명으로 기록되어 있기 때문에, 이를 예외적인 조치로 볼 수도 있다.
그러나 이것이 왕족 중심으로 지배체제를 강화하려는 의도에서 나온
것이라 해도, 佐平의 관등을 지닌 자에게는 마땅히 식읍이 주어지는
것이 관행화 또는 제도화되어 있었기 때문에 가능했던 조치로 생각
된다. 물론 식읍의 지급 대상은 최고 관등 좌평에만 한정되지 않았
다. 즉 黑齒常之 가문은 대대로 달솔의 관등을 세습하며 일종의 '封
地'를 지니고 있었는데, 그 역시 '地籍'에 의해 달솔이 되었다고 한
다.71) 따라서 달솔 관등 소지자에게도 그에 걸맞는 식읍이 주어졌고,
관등이 세습될 경우에는 식읍 역시 세습되고 있었음을 알 수 있는
것이다.

　신라의 경우도 마찬가지였다. 신라에서 식읍에 관한 기사가 나오
는 사례는 법흥왕 때 항복해온 金官國의 金仇亥에게 本國을 식읍으
로 준 경우,72) 고구려가 멸망한 직후 문무왕이 김유신을 太大舒發翰
으로 삼으며 식읍 500호를 준 경우,73) 사망한 朴紐의 식읍 500호를
金仁問에게 준 경우74) 등이 있다. 이 때의 식읍이란 평양을 포위하
고 있던 소정방에게 군량을 전달하고 온 김유신 등에게 "封邑과 爵
位를 차등 있게 내렸다"75)는 기사의 封邑과도 통하는 내용일 것으로
생각된다. 이렇게 신라에서도 功이 있을 경우에 식읍을 지급하는 관
행이 있었다. 그러나 관등을 지녔다는 것만으로 일정한 경제적 특권
을 함께 지급한 경우도 있었다. 다음 사례는 매우 구체적이다.

---

70) "春正月 拜王庶子四十一人爲佐平 各賜食邑" (『삼국사기』 권제28, 백제본
　　기 제6 의자왕 17년)
71) 앞의 주63 참조.
72) 『삼국사기』 권제4, 신라본기 제4 법흥왕 19년
73) 『삼국사기』 권제43, 열전 제3 金庾信傳 下
74) 『삼국사기』 권제44, 열전 제4 金仁問傳
75) 『삼국사기』 권제42, 열전 제2 金庾信傳 中

馬阹 174곳을 나누어 주었는데 所內에 22곳, 官에 10곳을 속하게 하고, 庚信 太大角干에게 6곳, 仁問 大角干에게 5곳, 角干 7인에게 각 3곳, 伊湌 5인에게 각 2곳, 蘇判 4인에게 각 2곳, 波珍湌 6인과 大阿湌 12인에게 각 1곳, 이하 74곳은 隨宜賜之하였다.76) (『삼국사기』 권6, 문무왕 9년)

이는 고구려 멸망 직후인 669년에 문무왕이 臣僚들에게 말목장을 분급한 내용이다.77) 당시는 신라가 백제를 멸망시킨 뒤에 그 영토를 서서히 잠식해가던 때로, 이 때의 말목장은 백제 영토에서 새로 접수한 곳일 가능성이 크다. 왕실 직할인 所內를 제외하고 말목장을 분배한 내역을 전체적으로 파악하기 쉽게 정리한 것이 아래 표이다.

관등별 말목장 분배 내역

분배대상		馬阹數			비 고
太大角干 庚信				6	
大角干 仁問				5	
角干	7	× 3 =		21	
伊湌	5	× 2 =		10	賜
蘇判	4	× 2 =		8	
波珍湌	6	× 1 =		6	
大阿湌	12	× 1 =		12	
'以下'				74	'隨宜賜之'

여기서 각 관등별로 명기된 인원수가 해당 경위를 지닌 귀족의 전

---

76) "頒馬阹凡一百七十四所 屬所內二十二 官十 賜庚信太大角干六 仁問太角干五 角干七人各三 伊湌五人各二 蘇判四人各二 波珍湌六人大阿湌十二人各一 以下七十四所 隨宜賜之"

77) 이 기사에 대한 상세한 분석은 河日植, 1996「新羅統一期의 王室直轄地와 郡縣制-永川 菁堤碑 貞元銘의 力役動員 事例分析-」『東方學志』97 참조.

체라고 단언하기는 어렵지만 대략 그에 가깝다고 생각해도 큰 무리가 없을 것이다. 주목해야 할 점은, 이 때 말목장을 분배한 기준이 특별한 공을 세운 자들을 대상으로 하여 공의 크고 작음에 따라 정해진 것이 아니라는 점이다. 김유신과 김인문의 경우를 예외적인 파격적 대우로 판단하여 제외하고서 생각한다면, 나머지 사람들의 기준은 관직이 아니라 경위의 높낮이였다. 그리고 각 관등의 정원수에 따라 분배된 목장수도 3-2-1의 질서를 갖추고 있다.

아찬 이하도 분배의 대상이 된 것으로 나타나는데, '隨宜賜之'라는 표현은 그들에게도 '어떤 일정한 기준'에 입각한 분배가 이루어졌을 것임을 강하게 시사한다.[78] 또한 그 '마땅한(宜)' 바의 기준은 이 때 처음 만들어진 것이 아니라, 그 이전부터 관행적 또는 제도적으로 내려오던 비교적 오랜 것이었음을 짐작할 수 있다. 이렇게 신라사회에서는 관등을 소지한다는 것 자체가 그에 수반되는 경제적 혜택을 받을 수 있는 조건이기도 했던 것이다. 이는 신라에 국한되지 않고 고구려·백제 모두에게 공통된 점이었다고 생각된다. 다만 관등 자체가 개인의 능력이나 국왕에 대한 충성도에 따라 승진할 수 있는 것이 아니라, 혈통에 입각한 신분적인 특권 또는 제약이 뒤따랐다는 점에서 삼국시대 관등제의 특성을 찾을 수 있을 것이다.[79]

식읍이나 목장 등의 경제적 혜택 이외에도 관등 소지자들은 다양한 특권을 누리고 있었을 것으로 생각된다. 다만 그 실체를 알 수 있

---

78) 물론 경위 17등급 중 최하위인 先沮知에 이르는 모든 경위 소지자가 그 대상이 되었다고는 생각하기 어렵다. 적어도 경위 상층부의 간군에 해당하는 관등 소지자라야만 분배의 대상에 들 수 있지 않았을까 추정된다.

79) 현재까지의 연구성과에 따르면, 고구려의 경우에만 '세습적 신분에 따른 관등 승진의 한계'가 분명하게 확인되지 않는다. 「고려기」에서 볼 수 있는, 특정 관직에 취임할 수 있는 관등 자격의 下限이 중국식 官品制에 가까운 형태로 나아가는 모습이었는지, 아니면 신라와 같은 내용의 신분규정이었는지를 선뜻 판단하기 어렵기 때문이다.

는 구체적인 자료가 없는 상태에서는 추정의 근거를 찾기가 어렵다. 관등이 爵으로도 인식되었던 점을 감안하면, 중국의 경우와 비슷하게 有爵者에게 刑罰免除의 혜택이 주어졌으리라 추정[80]할 수도 있다. 신라의 경우 大舍·小舍 등의 하급 관등 소지자는 검토의 여지가 있겠지만, 상층에 해당하는 간군 관등 소지자가 누린 특권으로는 이 점을 상정하는 것도 가능하리라 생각된다.

4. 나머지 문제

이상에서 삼국시대 관등제의 역사적 특성을 신라 경위제를 중심으로 살펴보았다. 이제 그 대강을 정리하면서, 앞으로의 연구에서 관심을 기울여야 할 몇 가지 문제들에 대해 생각해 보기로 한다.

『삼국사기』와 『삼국유사』 본문에 보이는, 관등을 爵으로 칭한 용례는 후대의 손질을 거쳐 바뀐 표현이 아니었다. 그 대부분은 당대인 스스로의 표현이었다고 판단된다. 그런데 삼국의 지배층이 관등(위호)을 爵으로 칭한 것은, 단순히 실상과 어긋나게 漢字를 차용했을 가능성을 상정하는 것으로만 해소되지 않는다. 거기에는 역사적 연원이 있을 것이며, 그에 어울리는 지배구조가 존재했을 것으로 생각되기 때문이다.

삼국의 지배층이 爵이라는 표현을 사용한 기준은 중국 선진시대, 늦추어 보아도 漢代까지의 爵制였다. 중국 선진시대의 爵的 질서는 삼국이 국가를 형성하던 초기의 역사적 상황과 유사한 측면이 있었다. 이 역사적 상황이란 다음과 같은 것이었다.

즉, 초기 삼국은 주변 지역을 단기간에 통합할 정도의 절대적 우위

---

80) 尹善泰, 1998 「新羅의 役祿과 職田-녹읍연구의 진전을 위한 제언-」 『韓國古代史硏究』 13, 249쪽 참조.

를 차지하지 못하였다. 이러한 상황에서 상대적으로 우월한 무력을 바탕으로 주변 지역 수장층과 맺은 관계가 일종의 分封과 같은 형식의 복속관계였다. 때로는 무력으로 정복한 경우일지라도, 그곳에 직접 관리를 파견하여 지배할 정도로 관료제가 발달하지 않은 상태에서 수장층의 기득권을 온존시켰다. 그 때도 일종의 分封 또는 封爵의 형식으로 재설정된 관계를 맺었다.

또한 신라의 경우에만 한정해서 보더라도, 사로국을 구성한 여러 세력들은 상대적 독립성을 간직한 채 연합하여 이사금을 추대하면서 서로 갈등과 협력을 반복하고 있었다. 물론 이사금 자신은 사로국을 대표하는 지위를 누렸다. 이사금과 연합하여 협력하는 세력들이 맺고 있는 관계는 중국 선진시대 봉건제의 爵的 질서를 방불케 하는 것이었다. 다원적·중층적 지배구조는 그 체계 속에 편입된 여러 집단의 독립성이 어느 정도 용인되면서도 전체 차원에서 서열화되어 있었기 때문이다. 바로 이러한 정치적 역학관계, 역사적 상황의 유사성에 기반하여 爵이란 표현을 당대인 스스로 사용할 수 있었으리라 생각된다.

그런데 삼국이 성립할 무렵, 중국의 봉건제도는 이미 붕괴하여 爵이란 명칭은 남았지만 그 내용과 의미가 현저히 달라져 있었다. 그럼에도 불구하고 삼국의 최고 지배층이 주변 지역 수장층을 묶는 데 分封·授爵의 형식을 援用하고 있었던 배경에는 그들이 겪은 오랜 역사적 경험이 깔려 있었기 때문으로 생각된다. 삼국에 선행하는 사회를 살펴보면 약간의 시사점을 찾을 수 있다.

첫째는 고조선의 경우이다. 즉 기원전 4세기 무렵인 전성기 고조선의 官名에서 발견되는 大夫[81]나, 말기의 相·卿·將軍 등은 先秦時代에서 漢初에 걸친 중국의 爵名·官名이었다. 다만 말기에 보이

---

81) 『三國志』 권30, 韓傳에 인용된 「魏略」

는 歷谿卿[82)]·尼谿相[83)] 등의 이름에서 그것이 중국의 戰國末~漢初의 卿이나 相과 달리, 독립적인 지역기반을 지닌 채 중앙정부에 참여한 존재임을 추정할 수 있다. 그리고 망명해온 衛滿에게 圭를 주고 백리의 땅을 봉한 사례[84)]로부터, 말기의 고조선 역시 독립성이 강한 여러 지역집단을 느슨하게 묶은 중층적인 구조를 지녔음을 알게 된다. 일찍이 성립한 초기국가의 역사적 경험 속에서 비슷한 시기 중국의 爵名이 원용되고 있었던 것이다.

둘째는 부여의 경우이다. 부여의 지배층은 飮酒儀禮를 행할 때 '洗爵'의 풍습을 간직하고 있었다. 『삼국지』 부여전에서 "會同하여 술잔을 바칠 때 洗爵하며 揖讓하여 (계단을) 오르내린다"[85)]고 한 기록이 그것이다. 이는 앞서 언급했던 爵의 어원적 의미와 관련하여 『예기』의 기록[86)]을 연상시킨다. 부여에서는 爵制의 기원이 된 중국 고대의 飮酒器가 사용되고 있었고, 변형된 형태일지도 모르지만 그것을 연상케 하는 飮酒儀禮가 행해지고 있었던 것이다. 부여가 존속하던 시기부터 알려져 있던 중국 선진시대의 관행에 대한 기억들이,

---

82) 위와 같음.

83) 『사기』 권150, 朝鮮傳

84) "準信寵之 拜爲博士 賜以圭 封之百里"(『삼국지』 권30, 韓傳에 인용된 「魏略」)

85) "會同拜爵洗爵 揖讓升降"(『삼국지』 권30, 魏書 30, 夫餘). 여기서 뒤의 揖讓升降은 앞 구절과 별개의 것인지도 모르지만, 앞의 拜爵이 '官爵을 제수한다'는 뜻이 아님은 물론일 것이다. 이는 중국의 古禮와 관련이 있을 것이기 때문에 夫餘人의 풍습을 직접 본 관찰자의 傳言에 입각하여 기록된 구절로 생각된다. 물론 飮酒時에 洗爵하는 것은 중국에서도 아주 후대까지 계속된 관행이었으나, 이를 杯라고 하지 않고 爵이라고 한 점이 주목된다.

86) "尸飮五 君洗玉爵獻卿 尸飮七 以瑤爵獻大夫 尸飮九 以散爵獻士及群有司 皆以齒明尊卑之等也"(『예기』 祭統 제25). 이는 祭祀 때의 儀禮이기는 하지만 洗爵·獻爵의 절차를 알려주는 점에서 참고된다.

이후 한국의 고대국가들이 성립하면서도 완전히 단절되지 않고 이어진 측면이 있지 않을까 한다.

셋째는 고구려와 백제의 경우이다. 부여에서 分枝한 세력을 중심으로 성립한 고구려에서도 爵에 대한 先秦 이래의 관념이 이어지고 있었을 가능성이 크다. 고구려 초기의 관명으로 나타나는 中畏大夫는 중국의 爵名을 원용하여 중앙정부의 관직명으로 정착시킨 사례에 해당할 것이다.

넷째로, 신라의 지배층 사이에서도 고조선 멸망 후의 流移民들이 6촌을 이루었다는 기억[87]이 남아 오랫동안 있었다는 점이다. 그들 역시 고조선 이래의 정치사회의 역사적 경험을 간직하고 있었다. 따라서 이러한 오랜 역사적 경험의 바탕 위에서 그들 나름의 지배체제를 성립시키는 데서 爵이란 표현을 사용하고 分封의 형식을 원용할 수 있었을 것이라 생각된다.

삼국의 지배층 스스로가 관등을 爵이라고도 부른 것은 이상과 같은 역사적 경험을 바탕으로 했을 것이다. 『삼국유사』를 편찬한 일연 역시 이러한 상황이 중국 선진시대의 爵的 질서와 유사하다고 판단했기에 원종흥법조의 세주에서 신라 경위를 '官爵'이라고 표현할 수 있었던 것이 아닌가 한다. 삼국 초기의 지배구조는 爵이란 표현을 사용하기에 적합하였다. 그리고 중국에서도 관직체계가 본격적으로 발달하기 이전에 爵이 직무를 맡는 전제이기도 했던 만큼, 독립성이 강한 수장층이 결집하여 일정한 직무를 분담하던 삼국 초기의 상황은 이러한 표현을 사용하기에 무리가 없었으리라 생각된다. 삼국 초기의 관등이 職的 성격을 갖고, 실제 職이라고 표현되기도 했던 것은

---

87) "先是 朝鮮遺民 分居山谷之間爲六村"(『삼국사기』 권제1, 신라본기 제1 시조혁거세 즉위조)

이러한 배경에서 말미암은 것이었다.

그런데 중국에서 爵的 질서가 유지되던 때와 비슷한 정치사회를 경험하면서도, 한국의 초기 국가 지배층은 중국의 爵制나 官制를 그대로 자신의 지배체제에 적용하지는 않았다. 漢字의 수용과 함께 그 일부 표현을 원용하면서도 '고유한 역사적 발전의 길'을 밟아갔다. 중국에서는 이미 수 세기 전에 변질되어 실질적 의미를 잃어버린 爵이란 표현이, 삼국의 지배체제를 구성한 세력에게서는 여전히 사용되고 있었지만, 그 내용과 운영방식은 의연히 스스로의 역사적 경험에 입각한 것이었다. 신라처럼 폐쇄적이고 배타적인 지배체제, 신분제를 탄생시킨 것은 그 대표적인 사례라고 할 수 있을 것이다.

삼국, 특히 신라의 경위제가 지닌 봉건제적인 성격은 지금까지 연구에서 적극적으로 해석되지 못했던 부분이다. 그러나 이는 신라가 집권적인 지배체제를 정비하면서도 명실상부한 국왕 중심의 중앙 집권체제가 아니라 진골귀족 중심의 귀족제와 같은 내용을 지녔던 이유를 알 수 있는 단서가 된다. 또 골품제가 사라진 이후의 고려왕조에 들어와서 官品制가 기본을 이루는 한편으로 5등 爵制가 새삼 채택되고, 그 5등 작제에 뒤따르는 식읍 수여의 내용이 후기로 갈수록 형식화되어 食實封이 따로 규정되는 이유를 생각하는 데도 도움을 준다고 생각된다.

이러한 점들을 거론하는 이유는, 삼국시대 특히 신라를 대상으로 했을 때 6세기 이래 중앙 집권체제가 정비된다는 시각으로만 이루어지는 연구경향으로는 역사적 실상을 총체적으로 파악하기 어렵다는 문제의식을 갖기 때문이다. 삼국시대부터 체제 내부에 자리잡고 있었던 봉건제적인 요소들을 아울러 생각할 때라야 삼국통일을 전후한 歷史像, 신라에서 고려로 나아가는 변화가 갖는 역사적 의의 등을 조금 더 입체적으로 규명할 수 있으리라 생각된다. 어쩌면 신라에서 고려를 거쳐 조선 초기까지 이어지는 토지 지배방식에서 收租權 분급제도가 자리잡게 된 먼 기원을 국가 성립기로까지 소급하여 더듬어볼 여지를 마련할 수도 있을 것이다.

제 2 부
영토 구획과 지방민 편제

4장 왕경 지배층이 지방민을 대한 태도

　지금의 경주 일원을 중심으로 성립한 사로국은 정복과 복속을 거쳐 주변의 다른 소국들을 아우르며 집권국가 신라로 성장하였다. 이렇게 집권체제를 정비하기에 이르기까지는 여러 단계를 밟고 다양한 변화를 거쳐야 했다. 집권적인 지배체제의 정비과정은 두 가지 측면에서 생각할 수 있다.

　하나는, 앞서 제1부에서 살펴본 것처럼 사로국을 구성한 여러 세력들의 독립성이 서서히 약화되고 국왕 권력 아래에 일원적으로 편제되는 것이었다. 다른 하나는, 오랜 정복과 복속의 과정에서 아우른 다른 소국의 토지와 주민을 신라의 지배체제 아래 실질적으로 편입시켜 지배하는 것이었다. 이는 다시 두 가지로 나눠 생각할 수 있는데, 전영역을 일정한 지배 단위로 구획하는 것과, 옛 소국이 있던 지역의 주민들을 신라의 지배체제 아래 포섭하는 것이다. 이들 모두를 실현해가는 시기가 6세기로서, 신라사 전체를 두고 보면 일종의 전환기에 해당한다고 생각된다.

　제2부에서 다루려는 내용은 이런 문제들이다.

　먼저 4장에서는 일반적인 검토 순서와는 조금 다른 각도와 다른 순서로 이들 문제에 접근할 예정이다. 먼저 6세기의 전환기를 살던 중앙 지배층의 관념과 자세를 분석하고자 한다. 그리고 그 관념이 어떤 현실을 반영하고 있는가를 검토하여 대응시켜보고, 현실과 관념의 불일치가 드러난다면 그 배경과 이유에 대해서도 생각해 볼 것이다. 이를 통해 집권체제 정비기의 신라사회를 조금 더 역동적으로 이해하는 한편, 그 역동성의 이면에 놓인 완고함을 함께 짚어볼 수 있는 여지를 마련하고자 한다.

1. 6세기 초 금석문의 지방민관

1) 폐쇄적 자의식

삼국통일 이전의 신라사회를 살펴볼 때 활용하는 문헌사료는 「삼국사기」와 『삼국유사』 등이 기본이 된다. 이들은 모두 해당 시대로부터 수백년 이상의 시간이 흐른 뒤에 편찬된 것들이다. 그 내용 속에는 삼국시대 사람들이 직접 남긴 기록들이 오랜 세월에 걸쳐 옮겨지면서도 비교적 원형에 가까운 모습으로 남아 있다고 생각되는 부분도 있다. 하지만 이런 요소들을 엄밀하게 구별해내기는 어렵고, 또 원형에 가까운 표현이라고 분명히 인정할 수 있는 경우도 흔치 않다.

후대인의 손으로 정리된 문헌 사료가 이런 제약을 갖는 데 비하여 금석문이 지닌 장점은 매우 크다. 當代人에 의해 만들어졌다는 점이 무엇보다 큰 가치를 갖는다. 그런 만큼 당대인의 意識이나 觀念을 되짚어볼 수 있는 표현을 금석문에서 찾을 수 있는 경우가 많다. 물론 거기에도 객관적인 상황과는 얼마간 거리가 있는 주관적 當爲와 理想이 스며들어 있을 가능성이 있다. 따라서 사료비판이 전제되어야 하고 면밀한 분석이 요구됨은 당연하다.

여기서는 6세기 초의 신라 王京 지배층이 '新羅'라는 공간을 어느 정도의 지역 범주로 생각하고 있었는가를 알아보려고 한다. 이 점은 경주를 중심으로 한 小國으로 출발한 신라가 주변의 다른 소국을 아우르면서 중앙 집권적인 지배체제를 갖추어나가는 과정에서, 그 지배층의 의식이 변화해가는 모습을 추적할 단서가 될 수 있을 것이기 때문이다. 冷水碑와 鳳坪碑는 좋은 분석 자료가 되는데, 新羅·斯羅라는 國名이 들어 있기 때문이다. 봉평비부터 먼저 살펴보자.

봉평비의 내용은 모두 8개 문단으로 나뉘는데, 여기서 모든 내용을 다룰 필요는 없으므로 국명을 기록한 일부 구절에만 초점을 맞추어 살펴본다. 첫 번째 문단은 제1행~제3행으로, 이 비에 적힌 모든 조치가 기본적으로 牟卽智 寐錦王[1]을 비롯한 6部 대표자 14인의 敎에 바탕을 둔 것임을 밝힌 일종의 前文에 해당한다. 두 번째는 別敎令으로 시작되는 제4행~제5행인데 구체적인 내용을 추정하는 데는 異見이 많다.[2] 그러나 그 대략적인 내용은 비를 세운 배경과 계기, 그리고 현지 촌락이 져야 할 부담(負共値□)과 함께 비문에서 특별히 언급되지 않은 사항은 奴人法을 따를 것(其餘事種種奴人法)임을 명령한 내용으로 추정된다. 봉평비에서 특별히 주목하고 싶은 부분은 제6행으로 시작되는 아래와 같은 문단이다.

⑥ 新羅六部煞斑牛□[3]沐[4]娑[5]事大人喙部內沙智奈麻沙喙部一登

1) 이는 川前里書石追銘(539)에 나오는 '另卽知太王妃'의 '另卽知'와 마찬가지로 法興王으로 생각되고 있다. 『三國遺事』 권세1 王曆篇은 法興王의 이름을 原宗이라 적으면서 『冊符元龜』에서 '姓募名秦'이라고 한 구절을 인용하였다. 그리고 『梁書』 권54 新羅傳에도 "普通二年 王姓募名秦 始使使隨百濟奉獻方物"이라 기록하였다. 普通 2년은 521년이다. 법흥왕의 姓名을 募秦이라 한 것은 오해로 말미암은 것이나, 牟卽智와 募秦의 音相似는 봉평비의 건립연도를 524년으로 비정하는 중요한 근거가 된다.

2) 판독이 불분명한 까닭에 봉평비를 세운 목적과 그에 담겨 있는 조치의 내용에 대해서는 연구자마다 견해가 다르다. 失火를 틈탄 반란세력에 대한 조치, 軍主와 王을 모멸한 데 대한 조치, 失地 수복에 따른 조치 등 다양한 의견이 나와 있다(韓國古代史研究會, 1989 『韓國古代史研究』 2에 실린 여러 논문들 참조).

智奈麻 …6)

이 세 번째 문단에서는 別敎令으로 표현된 6부 지배층의 결정 내용을 선포하고 이에 따른 조치를 집행하면서 居伐牟羅와 부근 지역의 지방인들에게 杖刑을 가한 사실, 그리고 그에 관계한 인물들의 이름을 열거하였다. 당시 현지에 파견된 大人들은7) 6부 지배층의 결정 내용을 집행하며 다짐을 행할 때 얼룩소를 잡아 犧牲儀禮를 치렀다.8) 비문에서는 이를 '新羅六部煞斑牛□沐裟事'라고 기록하였는데, 이 때 신라육부는 하나의 서술문에서 '煞斑牛'하고 '□沐裟(事)'한 주체(주어)에 해당한다.

그런데 여기서 '신라육부'라고 한 표현에 주목할 필요가 있다.

비를 세우게 된 배경과 계기는 물론, 비문 속에 담겨 있는 결정과

---

3) '朔' 또는 '謂', '翎' 등으로 판독하기도 한다. 우변은 月이 분명하고, 좌변은 중간 劃이 하나 모자란 言에 가깝다. 글자의 획은 비교적 선명하지만 어떤 글자인지를 판정하기가 어렵다.

4) 卒의 古字(迳)로 보는 경우도 있으나 字劃上으로 좌변은 분명한 '冫'이다. 그리고 우변은 本에 가깝다. '沐'으로 판독해도 무리가 없을 것으로 생각된다.

5) 이는 '麥'으로 판독하는 경우가 많았다. 그러나 이 글자는 윗 부분의 '从'이 '丶丶'로 간략화된 '夌'(跪不至地)로 판독할 수 있다. 땅 바닥에까지 완전히 닿지는 않게 몸을 굽히는 것을 뜻한다.

6) 판독은 탁본과 함께 비면을 직접 검토하여 작성하였다.

7) 제6행의 8~10字는 판독이 불분명하여 연구자들마다 차이를 보인다. 그러나 '…所敎事'와 마찬가지로 종결형 어미 事가 들어가서 '…裟事'로 끝나는 하나의 독립된 문장임은 분명 하다. 따라서 그 다음에 열거되는 인물들의 職名은 大人이 된다. 大人에 해당하는 범위가 어디까지인가 하는 점이 논란이 될 수 있겠지만, 喙部와 沙喙部 소속으로 京位를 지닌 4명의 인물로 판단하는 것이 무난할 것으로 생각한다.

8) 犧牲儀禮에 관한 분석은 辛鍾遠, 1992「新羅 碑文에 보이는 6세기 初의 犧牲禮」『新羅初期佛敎史硏究』, 民族社(原載, 1990『震檀學報』70)가 참고된다.

다짐도 6부인 내부의 문제로 인한 것이 아니었고, 더구나 외국을 상대로 한 것도 아니었다. 그것은 6부 지배층이 거벌모라와 그 부근의 현지 주민을 대상으로 한 것이었다. 그런데도 중앙정부의 지배층이 현지에 내려와서 지방민들이 지켜보는 가운데 관련 인물들을 처벌하고 재발 방지를 위한 다짐을 행하면서 煞牛儀式을 치를 때, 그 儀式을 집행하는 주체를 '新羅六部'라고 굳이 내세운 것은 분명 그냥 지나칠 수 없는 특이한 구절이다.

비슷한 표현은 냉수비에서도 찾을 수 있다. 냉수비의 앞면 일부를 인용하면 다음과 같다.

① 斯羅喙斯夫智王乃智王此二王教用珎而
② 麻村節居利爲證尒令其得財教耳
③ 癸未年九月廿五日沙喙至都盧葛文
④ 王斯德智阿干支子宿智居伐干支
⑤ 喙尒夫智壹干支只心智居伐干支
⑥ 本波頭腹智干支斯波暮斯智干
⑦ 支此七王等共論教用前世二王教
⑧ 爲證尒取財物盡令節居利
⑨ 得之教耳 …9)

냉수비를 세운 배경에는 珍而麻村의 유력자로 짐작되는 節居利란 인물과 末鄒·斯申支 등의 '財'10)를 둘러싼 오래된 분쟁이 있었

---

9) 냉수비는 보존상태가 좋아 판독에 異見이 거의 없는 편이다. 판독문은 탁본과 함께 비면을 직접 검토하여 작성하였다.

10) 財의 실체에 대해서는 여러 가지 견해가 제출되어 있다. 조세수취권[安秉佑, 1990「迎日冷水里新羅碑와 5~6세기 新羅의 社會經濟相」『韓國古代史研究』3 ; 朱甫暾, 2002「迎日冷水里新羅碑에 대한 기초적 검토」『금석문과 신라사』, 지식산업사(원재, 1989『新羅文化』6) ; 朴香美, 1995「迎日

다.11) 이에 대해 至都盧 葛文王12)을 비롯한 '7王'들이 共論하여 절거리가 財를 얻도록 판정하는 한편, 나머지 두 사람에게 다시 분쟁을 일으키면 重罪로 다스릴 것을 선언하였다. 계미년(503) 9월 25일에 내린 이 판정의 근거가 되었던 것은 前世二王, 즉 斯夫智王과 乃智王13)의 敎였다. 이는 냉수비 앞면의 첫머리에 해당하는 제1행~제2행에 명시되어 있고, 제7행~제8행에도 다시 언급되어 있다. 6부 지배층의 판정 내용을 선포하면서 현지에 파견된 典事人들이 煞牛儀式을 치른 것은 봉평비의 경우와 같다.

그런데 여기서 주목되는 것은, 제1행 첫머리에서 前世二王의 이름을 적을 때 '喙'라는 부명 앞에 '斯羅' 즉 新羅라는 국명을 굳이 덧붙여놓은 점이다. 이는 봉평비와 마찬가지로 특이한 표현이라 생각되는데, 여기에 주목하는 이유는 다음과 같다.

冷水碑를 통해 본 5~6世紀 新羅의 財産相續」『慶北史學』17·18合], 제사 비용을 대기 위한 수조권[최광식, 1994 「제3부 1장」『고대 한국의 국가와 제사』, 한길사, 242~243쪽(원재 1990 『三國遺事의 現場的 研究-新羅 文化祭 學術發表會論文集11-)], 또는 광산이나 광산물 중 金일 가능성(李宇泰, 1992 「迎日冷水里碑의 再檢討-財의 性格을 中心으로-」『新羅文化』9)과 함께 조세수취 청부권으로 보는 의견도 제출되어 있다(徐毅植, 1997 「新羅 中古期의 '筍'·'作'과 冷水碑文의 吟味」『歷史敎育』63).

11) 냉수비의 분쟁 당사자가 절거리가 아니라 '其第兒斯奴'라고 보는 견해도 있다(주보돈, 2002 위의 책, 59~60쪽).

12)『삼국사기』권제4, 신라본기 제4 智證王 즉위조에는 지증왕의 이름을 智大路·智度路·智哲老라고 하였다. 이를 근거로 냉수비의 지도로 갈문왕을 지증왕으로 생각하는 데 연구자들 사이에 의견이 일치한다. 그가 즉위한 지 4년째 되던 해에 세워진 비에서 아직 葛文王을 칭하고 있었던 이유에 대해서는 鄭求福, 1990 「迎日 冷水里新羅碑의 金石學的 考察」『韓國古代史研究』3, 42~43쪽 참조.

13) 각각 實聖麻立干과 訥祇麻立干에 비정하는 것이 일반적이다. 그러나 斯夫智王을 照知麻立干에 비정하는 견해도 있다(武田幸男, 1990 「新羅六部와 그 展開」『民族史의 展開와 그 文化(上)-碧史李佑成敎授定年紀念論叢』, 115쪽).

봉평비에서 사용된 '신라'나 냉수비에서 사용된 '사라'는 국명이다. 외국을 상대로 하여 자국을 대표하는 어떤 결정 사항을 선포하고 다짐을 행할 때라면 국명을 붙여 표현하는 것이 자연스럽다. 그러나 중앙정부의 지배층이 지방민을 대상으로 어떤 조치를 취한 뒤에 다짐을 행하고 희생의례를 치르면서, 그 행위를 서술한 문장 속에서 의식을 집행하는 주어에다 국명을 붙여 표현한 것은 이례적이다.

냉수비의 경우도 마찬가지라고 할 수 있다. 중앙정부의 최고위 지배층이 共論하여 지방인 사이에서 財를 둘러싸고 발생한 분쟁을 판정하면서 그 근거로 활용한 것이 前世二王의 敎였다. 그런데 이 사실을 첫머리에 밝히면서 전세이왕의 소속 부명을 적은 것은 어느 정도 이해되는 바이지만, 사라라는 국명까지 내세워 적은 것은 특이하다고 하지 않을 수 없다. 소속 부명을 적은 것은, 지방인이 소속 촌락을 적는 관행과 대비하여 서로를 구별하기 위해서라고 생각할 수 있겠다. 그러나 전세이왕이나 공론의 주체였던 7왕, 그리고 절거리를 포함한 지방인들도 신라라는 국가의 틀 속에 함께 포함된 존재임에 틀림없지만, 마치 외국인을 대상으로 설명하듯이 국명을 첫머리에 적어놓은 것이다.

봉평비에서 희생의례를 치른 문장상의 주어, 그리고 냉수비에서 敎의 주체가 소속한 곳은 '王京六部'나 '王都六部' 또는 단순히 '六部' 등으로 표현되는 것이 자연스럽다.14) 아니면 아예 생략될 수도 있었을 것이다. 그렇기 때문에 굳이 국명을 내세운 점에 주목하여 그 의도와 배경을 생각해 보려는 것이다.

물론 고려나 조선 등 후대의 금석문에서 첫머리에 국명을 명기한

---

14) 『삼국사기』에서는 '京城쿷'(권제1, 신라본기 제1 남해차차웅 15년)이라든 가 '京都地裂泉湧'(동 유리이사금 11년) 등에서 보듯이, 宮城 주변을 가리 킬 때 '京城'·'京都' 등의 표현이 곧잘 사용되고 있다. 물론 이러한 표현의 대부분은 후대적인 것에 속할 것이다.

사례는 일일이 들기 어려울 만큼 많다. 고려시대의 경우 '高麗國'이나 '有元高麗國'·'大元高麗國', 그리고 조선시대의 경우에는 '朝鮮國' 또는 '有明朝鮮國'·'大明朝鮮國'이라고 한 표현이 흔히 보인다. 통일신라의 경우에도 '有唐新羅國'·'大唐新羅國'이라고 한 경우가 많다.15) 중국 왕조명을 덧붙인 것은 의례적인 事大關係를 바탕에 깐 관념의 산물이며, 단순히 국명을 써넣은 경우도 주변 국가와 자신의 국가를 구별하면서 자기 국가에 대한 귀속의식을 표현한 것이라 할 수 있다. 특히 이것들은 비문의 첫머리, 즉 제목에 해당하는 곳에서 사용된 표현이다.

그러나 봉평비나 냉수비의 경우는 이와 다르다. 먼저 후대 비문처럼 제목에서 국명을 밝혀 적은 경우가 아니라는 점에서 뚜렷하게 구분된다. 이 점을 염두에 두면서 조금 더 따져보기로 하자. 어떤 비문이든 내용상의 행위주체(주인공)와 그 행위의 대상자들, 그리고 그 모든 내용을 기록한 서술 주체(비문 작성자)의 3자 관계(인칭관계) 하에서 작성되기 마련이다. 따라서 비문의 주어를 해석할 때는 이 3자 관계를 고려할 필요가 있다. 특히 비문 작성자의 입장에서 "그것이 주로 누구에게 읽혀져서 오래동안 확인되기를 바랐는가" 하는 점을 짚어보는 것도 중요하다.16)

---

15) 통일 직후에 해당하는 무열왕릉비 螭首의 題額에는 '太宗武烈大王之碑'라고 되어 있고, 문무왕릉비의 첫 행은 '國新羅文武王陵之碑'로 시작된다. 문무왕릉비의 상단부는 실물로 남아 있지 않고 『海東金石苑』에 전하는 것인 만큼, 拓本帖을 만들거나 옮겨 적는 과정에서 글자의 순서가 바뀌었을 가능성도 있다.

16) 예컨대 광개토왕릉비문에서는 廣開土王과 高句麗軍이 주된 행위주체이며 百殘·新羅·倭 등은 그 활동의 대상자가 될 뿐이다. 그럼에도 불구하고 倭나 百殘 등이 주어로 등장하는 문장이 있다. 이는 그 뒤에 이어지는 행위주체의 활동이 갖는 배경이나 정당성을 서술하기 위한 前置文이기 때문이다. 광개토왕릉비문의 작성자는 고구려인이었다. 또 비문 작성자의 입장에서는, 고구려 王京에 세워진 그 비문을 읽을 사람도 自國人이었다. 따라

봉평비의 경우, 비문의 내용을 이루는 행위로는 몇 가지의 敎 · 別敎와 처벌, 희생의례 등을 들 수 있다. 敎의 경우에는 공동주체에 해당하는 人名을 모두 열거한 뒤에 '…等所敎事'라고 표현하였다. 그런데 그 중 '煞斑牛□沐娑事'하는 희생의례를 서술한 문장의 주어로서 '신라육부'라는 표현을 사용하였다. 냉수비 역시 계미년 결정의 근거가 前世二王의 敎에 있음을 밝힌 비문 첫머리에 '斯羅'라는 국명을 명기하였다. 여기에는 희생의례 및 교의 주체를 그 대상과 구별하기 위한 의도가 깔려 있었다고 판단된다.

그러나 이와 달리, 제목에 국명을 쓴 후대의 비문들은 본문 속에 서술된 특정한 행위의 주체를 그 대상(예상 讀者를 포함)과 구별하기 위한 의도가 아니었다. 행위주체와 대상, 서술주체(비문 작성자), 그리고 그 비문을 가까이에 두고 읽을 것이라 예상되는 사람들 모두가 같은 국가에 속해 있을 경우에, 서술문의 주어로 굳이 자국의 국명을 내세울 필요가 없었다. 그렇다면 봉평비 · 냉수비에서 국명을 내세운 것은, 6부 지배층이 자신들만을 신라 · 사라라고 관념한 나머지 여타 지역의 주민과 자신을 구별하고 있었던 흔적이라 할 수 있겠다. 즉 봉평비에서 '신라육부'라고 한 표현에는 신라=6부라는 관념, 뒤집으면 6부 이외에는 신라가 아니라는 식의 관념이 들어 있었다고 생각된다. 이는 매우 폐쇄적인 自意識이라고 하지 않을 수 없다.

2) 배타적 지방민관

봉평비와 냉수비에 나타나는 특이한 표현들이 갖는 의미를 정확하게 파악하기 위해서는, 다른 금석문에서 비슷한 용례를 찾아 다양하

─────────

서 광개토왕릉비문에서는 고구려군의 활동을 서술할 때 단지 '官軍' · '王幢'이라고만 하였을 뿐, '高句麗軍'이라든가 '我國軍' 등으로는 표현하고 있지 않은 것이다.

게 비교 검토하는 것이 도움이 될 것이다. 그럴 때 참고할 수 있는 것이 中原高句麗碑(이하 중원비라 함)와 진흥왕의 北漢山巡狩碑(이하 북한산비라 함)이다. 먼저 중원비부터 살펴보기로 한다.

중원비는 5세기 후반에 세워진 것으로 추정된다.[17] 이 비문에서는 당시 신라가 고구려에 臣屬하는 형식을 취하고 있었고, 고구려 또한 형식상 신라의 宗主國과 같은 태도로 여러 가지 조치를 취하고 있었음이 드러난다. 신라 왕을 '新羅寐錦' 또는 '東夷寐錦'이라 부르며 衣服을 내려준 것이 이를 뒷받침한다.[18] 당시 신라는 정치적으로 고구려의 직접 지배를 받는 상태는 아니었으나, 고구려가 主가 되는 국제적인 질서체계 속에 편입된 위치에 있었던 것이다.

중원비에서 특히 주목해야 할 부분은 앞면 제1행에서 제2행에 걸친 다음과 같은 구절이다.

① 五月中高麗大(太)王相(祖)王公(令)□新羅寐錦世世爲願如兄如弟

② 上下相和守天東來之 …[19]

---

17) 중원비는 장수왕 69년(481) 무렵에 건립된 것으로 보는 견해(邊太燮, 1979 「中原高句麗碑의 內容과 年代에 대한 檢討」『史學志』 13, 단국대 사학과)가 학계에서 널리 수용되고 있다.

18) 衣服을 내려준 사실은 중원비 앞면 제4행의 '賜寐錦之衣服' 운운한 구절에서 확인된다. 또한 당시 고구려 왕으로부터 어떤 물건을 하사받은 대상에는 新羅寐錦 뿐아니라 그 臣下들까지 포함되어 있었음이 제6행의 '節敎賜寐錦土內諸衆人…'이라는 구절을 통해 확인된다.

19) 판독은 韓國古代社會硏究所 編, 1992『譯註 韓國古代金石文Ⅱ』(중원비 역주자는 徐永大)를 따랐다. 괄호 속의 글자 祖·令은 발견 당시부터 이견이 있었는데 2000년 고구려연구회에서 새로 제시한 釋文(高句麗硏究會, 2000『中原高句麗碑硏究-高句麗硏究10-』, 학연문화사, 100쪽)은 이렇게 읽었다.

현재의 중원비 앞면은 비문이 처음 시작되는 곳이 아니다. 題額에 해당하는 글자 또는 첫 문단은 다른 면에 있었을 것으로 추정되며, 따라서 앞면의 첫 행이라고 해도 비문 전체의 제목에 해당하는 자리는 아니다. 그런데 비문 작성자는 제1행의 서술문 속에서 자국의 왕을 '高麗大王'이라고 하여 국명을 붙여 표현하였다. 주어에 해당하는 자신의 국왕을 객관화하여 '新羅寐錦'과 대응하게끔 쓴 것이다.

자신이 작성하는 비문의 내용이 주로 고구려와 신라 사이의 일에 관한 것이고, 특히 고구려가 신라에 대해 취한 행동이 주된 내용을 이루고 있기 때문이었다. 특히 제1행과 2행의 뜻은 대략 "고려대왕과 … 신라매금은 世世토록 형제처럼 지내기를 願하여 서로 守天한다"는 것인 만큼, '我國王'이라든가 '我大王'보다는 3인칭으로 객관화된 표현이 적합하다.[20] 비문 작성자의 입장에서는, 이 비문을 읽을 사람이 고구려인들에 한정되지 않고 신라인들까지 포함한다고 생각하면서 써내려간 결과가 아닌가 한다.[21] 따라서 두 나라 사이의 일을 적은 것인 만큼 각각의 국명을 내세워 표현한 것은 자연스럽게 이해된다.

고구려인은 자신을 중심으로 한 天下觀에 입각하여 주변 세계를 인식하고 있었다.[22] 이를 고구려 왕의 지배력이 그 지방관을 통하여

---

20) 진흥왕순수비의 '眞興太王'처럼, 당시의 고구려·신라의 국왕 이름에다 '~大王'·'~寐錦'을 붙여 쓸 수도 있었을 것이다. 그러나 비문의 내용이 현 국왕 單代에만 적용되는 것이 아니라 향후로도 이어져야 함을 전제하고서, 국왕 개인이 아니라 고구려와 신라라는 국가 사이의 일에 관한 것이므로 양쪽 다 국명을 붙여 표현하였다고 생각된다.

21) 중원비의 내용을 보면, 비가 세워질 당시 그 자리에는 고구려와 신라의 고위 지배층과 실무자들이 함께 모여 있었던 것으로 추정된다.

22) 고구려인의 자기인식과 주변 세계에 대한 이해에 대해서는 노태돈, 1999 「금석문에 보이는 고구려인의 천하관」『고구려사 연구』, 사계절(원재 1988 『韓國史論』19, 서울대 국사학과)에 잘 밝혀져 있다.

직접 미치는 지역을 1차적 천하로, 그리고 고구려 왕의 권위 하에 종
속되어 있어야 한다고 여기는 지역을 아우른 공간을 2차적 천하로
구별하여 파악하기도 한다.[23] 중원비에 서술된 고구려인의 활동에서
주된 대상이 되고 있는 것은 신라였다. 그런데 신라는 형식상 고구려
의 2차적 천하에 포함되어 있었을 뿐, 고구려 왕의 지배력이 직접 미
치는 지역은 아니었다. 중원비에서 전자를 '大王國土'(앞면 제6행)로,
후자를 '新羅土'(앞면 제9행) 혹은 '寐錦土'(앞면 제6행, 좌측면 제5
행)로 구분하여 표현하고 있는 것은 그때문이다.[24]

　고구려인이 신라 영토에 가까운 곳에 와서 비를 세운 것도, 비문의
내용이 신라와의 관계(조치와 다짐)를 다루고 있었기 때문일 것이다.
그렇기 때문에 중원비의 비문 작성자는, 신라인을 대상으로 하여 이
러저러한 조치를 내린 자국의 왕을 '高麗大王'이라고 객관화하여 표
현할 수 있었다. 그것은 고구려를 중심으로 한 국제질서 속에 포함되
어 있긴 했지만, 어디까지나 타국인이었던 신라인도 염두에 두고 작
성한 문장이기 때문에 나타날 수 있는 표현이었다고 생각된다.[25] 이

---

23) 노태돈, 1999 위의 책, 374쪽 참조.
24) 중원비 앞면 제9행의 '新羅土內幢主下部拔位使者補奴'라는 구절을 통하
　여, 5세기 후반에 신라 영토에 고구려 군대가 주둔하고 있었음을 알 수 있
　다. 여기서 '新羅土'란 중원비가 있는 곳이 아니라 소백산맥을 넘어선 지금
　의 경상북도 지방을 말하는 것으로 생각된다(李基白, 1979「中原高句麗碑
　의 몇 가지 問題」『史學志』13, 38~39쪽 참조). 이렇게 자국의 군대가 주
　둔하고 있었음에도 불구하고 그 장소가 고구려 영토가 아니라고 생각했기
　때문에 '新羅土'·'寐錦土'와 같은 표현을 사용했을 것이다.
25) 또한 고구려 영토 한 가운데에 세워져서 고구려인들이 주로 읽을 것을 염
　두에 둔 광개토왕릉비와 달리, 중원비는 광개토왕릉비에서 新民으로 간주
　된 '韓穢'가 거주하던 지역에 세워졌다는 사실도 참고할 필요가 있을 것이
　다. 이 지역 주민은 '舊民'과 차이가 있었고, 광개토왕릉비를 세울 당시의
　고구려인들은 이를 의식하고 있었다. 이 점에 대해서는 노태돈, 1999 앞의
　책, 373쪽 참조.

점은 봉평비의 문장 속에서 煞牛儀式을 치른 주어에 신라라는 국명을 붙여 표현한 것과 같은 맥락을 갖고 있다. 즉 봉평비의 비문 작성자도 살우의식을 집행하는 주체가 '신라육부'라고 생각하고, 울진 지역의 주민(예상 讀者)들을 '신라인'의 범위에 넣지 않고 있었던 것이다.

다음으로 북한산비를 살펴보자. 북한산비는 중원비와 비슷한 면을 지니고 있는 한편으로, 이와 다른 측면도 아울러 지니고 있다. 북한산비의 隨駕人名 부분을 제외하고 題記와 紀事 부분, 즉 제1행~제7행까지를 인용하면 다음과 같다.

① … 　眞興太王及衆臣等巡狩□□之時記
② … 　　言□令甲兵之仿□□□□□覇主設□賞□□
③ …判　之所用高祀西□□□□□相戰之時新羅太王□
④ …讀　德不□兵故□□□□□□建文大淂人民□□□
⑤ …不　是巡狩管□□□民心□欲勞賚如有忠信精誠□
⑥ …能　可加□□□以□□□□□□□路過漢城陟□
⑦ … 　　見道人□居石窟□□□□刻石誌辭[26]

북한산비는 첫머리의 건립 연월일이 새겨진 부분이 마멸되어 판독이 불가능하다. 따라서 건립 연도에 대해 연구자들 사이에서 의견이 일치되지 않는다.[27] 그러나 『삼국사기』에서 진흥왕이 북한산 지역을

---

26) 판독은 탁본사진과 함께 韓國古代社會硏究所 編, 1992 앞의 책(북한산비의 역주자는 盧重國)의 釋文을 참고하여 작성하였다.

27) 葛城末治, 1935 『朝鮮金石攷』, 151쪽에서는 북한산비 제8행에 보이는 '南川軍主'에 착안하여 『삼국사기』에서 南川州가 설치되었다고 한 568년 이후에 세워진 것으로 생각하였다. 이후 대부분의 연구가 이를 따랐다(건립 연도에 대한 기왕의 논의는 盧鏞弼, 1996 『新羅眞興王巡狩碑硏究』, 一潮閣의 序論에 정리되어 있다).
　　그런데 『삼국사기』에 기록된 6세기의 州 설치는 행정구역의 설정을 의미

巡幸한 것으로 되어 있는 555년[28]으로 비정하는 것이 타당할 것으로 생각된다. 이 지역을 둘러싼 당시 3국간의 정세 역시 이 추정을 뒷받침해준다.

신라는 진흥왕 12년(551)에 백제와 동시에 고구려를 공격하고 죽령 이북의 10郡을 탈취하여 한강 중류 유역을 지배 아래에 두었다.[29] 그리고 동 14년(553)에는 백제로부터 한강 하류 유역을 다시 뺏아 新州를 설치하고 金庾信의 祖父인 阿湌 武力을 軍主로 파견하였다.[30] 그런데 1년 뒤인 동왕 15년(554)에는 이에 반발한 백제가 신라의 管山城을 공격하였으나 聖王이 전사하고 佐平 4인과 3만에 달하는 士卒을 잃는 참패를 당하였다.[31] 이로써 신라는 한강 하류 유

하는 것이 아니라 軍主의 주둔지를 정한 것이다. 따라서 州는 필요에 따라 옮겨 다닐 수 있는 것이었으므로 南川州의 설치를 절대적 기준으로 삼을 수는 없다. 북한산비의 건립은 『삼국사기』 진흥왕 16년의 巡幸記事에 비중을 두어 판단하는 것이 바르다고 생각된다(盧鏞弼, 1996 위의 책, 6쪽에서도 555년설을 택하였다).

28) "冬十月 王巡幸北漢山 拓定封疆 十一月 至自北漢山 教所經州郡 復一年 租調 曲赦 除二罪皆原之"(『삼국사기』 권제4, 신라본기 제4 진흥왕 16년). 이 기사에서 보듯이, 진흥왕은 한 달 가량의 순행을 마치고 돌아오는 길에 거쳤던 州郡의 1년 조세를 면제해주고 죄수를 사면하는 조치를 취했다. 이는 단순히 恩典을 베푸는 차원이 아니라, 국왕의 대규모 행차에 따르는 도로 정비와 음식물 조달 등을 부담한 고을 주민에 대한 반대급부였다고 생각된다. 568년 이후 북한산 지역에 이런 대규모 행차를 다시 단행했다고 보기는 어렵고, 555년의 행차 기사를 부정할 근거도 없다.

29) "王命居柒夫等 侵高句麗 乘勝取十郡"(위의 책 진흥왕 12년)
 "十二年辛未 王命居柒夫及仇珍大角湌·比台角湌·耽知迊湌·非西迊湌·奴夫波珍湌·西力夫波珍湌·比次夫大阿湌·未珍夫阿湌等八將軍 與百濟侵高句麗 百濟人先攻破平壤 居柒夫等乘勝取 竹嶺以外高峴以內十郡"(동 권제44, 열전 제4 居柒夫傳)

30) "秋七月 取百濟東北鄙 置新州 以阿湌武力爲軍主"(위의 책 권제4, 진흥왕 14년)

31) "秋七月 … 百濟王明襛與加良 來攻管山城 軍主角干于德·伊湌耽知等逆

역에 대한 점유를 확고히 할 수 있었고, 북한산비는 이러한 정세 속에서 진흥왕이 현지를 직접 순행했을 때 세운 것으로 생각된다.

북한산비의 제1행은 題記에 해당하는데, '眞興太王'과 衆臣들이 巡狩□□32)할 때 세운 것임을 밝혔다. 여기서는 진흥왕의 이름을 직접 거명하고 있다. 그리고 제3행의 '新羅太王'은 다름 아닌 진흥왕으로 판단되는데, 이렇게 '新羅太王'이라 하여 국명을 밝혀 기재한 것이 주목된다. 따라서 동일한 비문 속에서 왜 이렇게 서로 다른 표현이 사용되었는가를 살펴볼 필요가 있다.

'新羅太王'이란 표현이 사용된 곳은 紀事 부분에 해당한다. 이는 진흥왕이 신하들과 함께 현지를 직접 순수하게 된 배경을 적은 부분인데, 마멸된 글자가 많아 분명한 해석에는 어려움이 따른다. 그러나 전후의 문맥으로 보아, 3국이 각축하던 상황('…相戰之時') 속에서 마침내 신라가 이 지역을 차지하였고, 얼마 후 진흥왕이 순수관경하고 주민을 慰撫하면서 신라에 忠信精誠을 다하는 자에게는 그에 상응하는 보상이 따를 것임을 선언한 내용이다.

따라서 신라인이 세운 것임에도 불구하고 북한산비의 紀事 부분에서 '新羅太王'이라는 국명을 사용한 이유는 분명해진다. 즉 3국이 각축하던 상황을 마무리하고 이 지역을 영토로 확보하기에 이르는 과정·상황과 함께 그 주체를 설명하는 문장이라면, 고구려·백제에 대응하는 의미에서 '新羅太王'이라고 3인칭으로 객관화된 표현을 사용할 필요가 있었기 때문이다.33) 이 점은 '新羅寐錦'에 대응하여 '高

戰失利 新州軍主金武力 以州兵赴之 及交戰 裨將三年山郡高于都刀 急擊殺百濟王 於是 諸軍乘勝大克之 斬佐平四人 士卒二萬九千六百人 匹馬無反者"(위의 책 진흥왕 15년). 같은 내용은 백제본기의 성왕 32년에도 실려 있다.

32) 북한산비는 마멸로 인해 이 부분을 판독하기 어렵다. 그러나 제5행의 '巡狩管□'이라는 구절과 함께 마운령비의 예로 보아 '管境'일 가능성이 높다.

33) 또한 북한산비가 세워질 당시에 이 지역은 신라 영토로 편입된 지 얼마되

麗大王'이라는 객관화된 표현을 사용한 중원비와 맥락을 같이한다.

그러나 중원비 앞면 1행과 달리 북한산비 첫머리의 題記에서는 '眞興太王'이라는 표현을 사용하였다. 이는 일종의 제목에 해당하는 부분으로, 진흥왕이 직접 행차한 사실을 강조하기 위해서 사용된 것이다. 또 다른 한편으로는, 북한산비를 세운 신라인들이 해당 지역 주민들을 자국민으로 간주한 결과이기도 하다.[34] 만약 그렇지 않았다면 '新羅太王'이라는 표현은 비문 중간의 紀事 부분이 아니라 냉수비처럼 첫머리의 題記에서 명기되었을 것이다.

이상 중원비와 북한산비에서 '高麗大王' 또는 '新羅太王'이라는 표현이 사용된 배경에 대해 검토해 보았다. 이를 바탕으로 봉평비와 냉수비를 살펴보면 더욱 분명한 결론을 얻을 수 있다.

봉평비의 서술문에서 煞牛儀式의 주어를 '新羅六部'라고 한 것, 또 냉수비에서 일찍이 敎를 내렸던 前世二王의 소속으로 '斯羅'라는 국명을 명기한 것은 스스로를 객관화시킨 표현이었다. 그런데 이렇게 객관화된 표현은 자국 영토내의 지방민을 대상으로 한 비문에서는 불필요하다. 결국 봉평비와 냉수비를 작성한 사람들은 울진과 영일 지역의 주민들을 '신라인'으로 간주하는 의식이 미약했던 셈이고, 그런 마음상태가 비문 서술에서 자연스레 표출된 결과가 신라라는 국호를 내세운 것이었다. 거꾸로 이야기하자면 '原新羅人'에 해당하는 6부 지배층의 의식 속에서 '新羅'라는 공간은 현재의 경주 일원에 국한되어 있었던 사실을 드러내는 것으로 해석된다.

이렇게 냉수비와 봉평비는 당시 왕경인이 지방민을 대하는 태도·

지 않았고, 비문의 내용도 신라 국가의 지배체제에 새로 편입된 주민들을 대상으로 한 것이었음을 감안할 필요도 있을 것이다.

34) 마운령비와 황초령비의 題記에서 '眞興太王'을 내세운 것도 북한산비와 마찬가지 맥락에서 이해할 수 있을 것이다. 이 점에 대해서는 뒷장에서 자세히 이야기하기로 한다.

마음가짐의 단면을 생생하게 보여주는 귀중한 사료인 것이다. 이 지
방민관에 대해서는 강한 폐쇄성과 배타성을 느끼게 되며, 이것이 골
품제는 물론 신라의 관료제 운영에서 왕경인과 지방인을 차별하는
오래된 전통과 연결되는 것임도 알게 된다. 단, 6세기 초의 금석문에
나타나는 이러한 관념이 당시의 현실을 얼마나 직접적으로 반영하는
것인가, 또 전후한 시기에 변화는 없었던가 하는 점은 다른 차원에서
더 검토해 보아야 할 문제이다.

2. 지방민관의 역사적 연원

봉평비와 냉수비에서 엿볼 수 있는 6부 지배층의 폐쇄적 자의식,
그리고 배타적 지방민관의 연원은 매우 오래 되었을 것이다. 사로국
지배층의 지방민에 대한 우월감은 긴 역사 과정에서 사로국이 정복
과 복속의 주체였기 때문에 얻어진 것이고, 폐쇄적인 자의식은 일찍
이 주변의 여러 소국들과 병존하던 시기부터 배태되었을 가능성이
크다. 이제 이 점을 살펴보기로 한다.

지금의 경상도 일대에 여러 소국들이 병존하던 상태는『삼국지』
위서 변진전에 잘 나타난다. 여기서 사로국은 辰韓 12국 중의 하나
였다. 반면에 비슷한 시기의『삼국사기』해당 부분은 상당히 초기부
터 신라가 주도적인 역할을 행사하고 있었던 듯한 서술 기조를 유지
하고 있다. 그러나 이는 후대에 삼국으로 대표되는 왕조의 하나를 이
룬 주체에 의하여 정리된 자료에 근거한 것이기 때문에[35] 비판적인
안목이 요구됨은 물론이다.

이상과 같은 점을 유념한다면,『삼국사기』를 통해서도 초기 신라

---

35) 盧重國, 1988『百濟政治史研究』, 一潮閣, 26~27쪽 참조.

가 주변의 여러 소국들과 대등하게 병존하던 상태에 있었던 것을 확인하고, 그 실상을 부분적이나마 복원할 수도 있을 것이다. 『삼국사기』 신라본기의 초기 기사에는 音汁伐國·悉直谷國·押督國 등 여러 소국들의 명칭이 나온다. 신라인들에 의해 정리된 사료에 입각하여 편찬된 것임에도 불구하고 이렇게 소국의 명칭들이 적지 않게 남아 전해지게 된 것은, 사로국이 다른 소국들과 병존한 기간이 매우 길었기 때문이라고 생각된다.[36]

사로국이 여러 소국들과 병존하였던 것은, 주변의 다른 소국들 위에 군림할 수 있을 만큼 힘의 우위를 확보하지 못하였기 때문이다. 따라서 이 상태에서는 다른 소국들도 사로국을 자신과 대등하게 인식하고 있었을 것이다. 후대적인 傳承에 바탕을 둔 이야기로 생각되지만, 다음 기사는 그 일면을 엿볼 수 있게 하는 사례이다.

居道는 그 族姓에 관한 기록을 잃어 어디 사람인지 알지 못한다. 탈해이사금을 섬겨 干이 되었는데, 이 때 于尸山國과 居柒山國이 이웃하는 경계에 끼어 자못 國患이 되었다. 거도는 邊官이 되어 병탄할 뜻을 품고 매년 한 번씩 張吐 들판에 말을 모아놓고 병사들로 하여금 타고 달리며 즐기게 하였다. 당시 사람들은 이를 馬叔이라 불렀다. 두 나라 사람들이 이를 보는 데 익숙해져서 新羅에서 늘

---

36) 『삼국지』와 『삼국사기』의 소국 이름 중에서 서로 일치하는 경우는 드물다. 물론 이는 기록 주체가 중국인과 신라인으로 각기 달랐던 데에서 기인할 것이다. 그런데 더 나아가서, 『삼국사기』의 소국 이름을 신라가 낙동강 동쪽 지역을 통합한 뒤에 각 지역을 가리켰던 지역명으로 파악하는 견해가 있어 참고된다. 이에 따르면 『삼국사기』의 소국 이름은 그 자체 신라화되어 그 지배를 받게 된 것을 상징하는 것으로 해석된다(李熙濬, 1998 『4~5세기 新羅의 考古學的 研究』, 서울대 박사학위논문, 133~135쪽). 단, 여기서는 이렇게 지역명을 소국 이름으로 표기한 것이 『삼국사기』 편찬 당시에 이루어진 것으로 보았지만, 필자는 신라인 스스로가 남긴 기록에서 이미 그렇게 정착되어 전해진 것으로 생각한다.

하는 일로 여기고 이상하게 생각지 않았다. …37) (『삼국사기』권제
44, 열전 제4 居道傳)

　이는 탈해 때의 거도가 馬戲를 이용하여 거칠산국과 우시산국38)
을 병합했다는 내용으로, 다소 설화적인 색채를 띠고 있다.39) 그러나
거도와 관련된 전승은 6세기 초에 異斯夫의 활동과도 결부되어 신라
인들의 기억 속에서 상기되고 있었던 만큼,40) 완전히 架空의 것으로
간주하기는 어렵다. 어느 정도의 사실성을 인정하는 것이 옳을 것으
로 생각된다.

　거도전에서 보듯이, 초기 신라인의 입장에서 인접한 우시산국이나
거칠산국이 자못 '國患'이 되었다고 할 때, '國'이라고 하는 것은 경주
일원에 국한된 공간을 차지하고 있던 사로국이었다. 그렇기 때문에
우시산국이나 거칠산국에서 경주 일원의 소국을 '新羅'라고 부른 것
도 자연스럽게 받아들여진다. 따라서 이 기사는 표현 자체의 후대적
변형 여부를 일단 차치하고서라도, 초기 사로국과 주변 소국의 상호
인식이 어떠했나를 아는 데 좋은 참고가 된다. 앞서 살펴본, 봉평비
나 냉수비에 나타나는 空間觀念은 일차적으로는 이렇게 소국들이

---

37) "居道 失其族姓 不知何所人也 仕脫解尼師今爲干 時于尸山國居柒山國
　　介居隣境 頗爲國患 居道爲邊官 潛懷幷呑之志 每年 一度 集群馬於張吐
　　之野 使兵士騎之 馳走以爲戲樂 時人稱爲馬叔 兩國人習見之 以爲新羅
　　常事 不以爲怪 …"(『삼국사기』권제44, 열전 제4 居道傳)

38) 居柒山國과 于尸山國의 위치에 대해서는 각각 지금의 울산과 부산 동래
　　로 비정하는 것이 일반적이다(李丙燾 譯註, 1977『三國史記』, 乙酉文化
　　社, 645쪽의 주 3, 4).

39) 居道傳의 내용에 대한 검토는 李基東, 1997「新羅 上古의 戰爭과 遊戲-
　　'風流'의 源流를 찾아서-」『新羅社會史硏究』, 一潮閣(원재 1983『南都泳
　　博士華甲紀念史學論叢』)이 참고된다.

40) "異斯夫 … 智度路王時 爲沿邊官 襲居道權謀 以馬戲誤加耶(或云加羅)
　　國取之"(『삼국사기』권제44, 열전 제4 異斯夫傳)

병존하던 상태에 역사적 연원을 둔 것이었다.

그러나 6세기 초의 봉평비·냉수비에 보이는 배타적 의식을, 사로국이 주변의 소국들과 병존하던 단계와 같은 차원에서 취급할 수는 없다. 사로국은 2세기 말까지 인접한 소국들과 동해안 지역의 悉直國·音汁伐國 등을 복속시켰으며,[41] 3세기 초에는 낙동강 유역까지 군사 활동무대를 확대하였다.[42] 이렇게 사로국은 진한의 나머지 소국들을 정복하거나 그 영향력 아래에 두면서 마립간 시기 이후에는 가야 지역 일부를 제외한 지금의 경남·경북 일대를 아우른 국가로 성장하였고, 차츰 고구려·백제와의 대치상태에 접어들고 있었다.

그러면 봉평비와 냉수비가 세워질 당시에 이 지역은 신라 중앙정부와 어떤 관계 하에 놓여 있었는가? 이 문제를 짚어보면 봉평비와 냉수비에 보이는 6부인의 지방민관에 대해 더욱 정확한 이해에 도달할 수 있을 것이다.

봉평비가 있는 울진 지역은 『삼국지』에 열거된 優由(中)國이 있던 곳으로 비정된다.[43] 이는 진흥왕의 창녕순수비(561) 제23~제24행에 보이는 '于抽悉直河西阿郡'의 '于抽'와 같은 곳이다.[44] 그런데 이 于抽라는 지명은 다른 사료에서도 발견할 수 있다. 다음의 기사이다.

---

41) 위의 책 권제1, 신라본기 제1 파사이사금 22년

42) 이 책 제1부 2장 참조.

43) 千寬宇, 1991「辰·弁韓 諸國의 位置試論」『加耶史硏究』, 一潮閣, 83~85쪽(원재 1976 『白山學報』20). 그런데 優由國을 경북 영덕군 寧海로 비정하는 견해도 있다(末松保和, 1954『新羅史の諸問題』, 東洋文庫, 126쪽). 優中國은 『삼국지』汲古閣本과 殿本에는 優中國으로 되어 있으나 그외에는 優由國으로 되어 있다(國史編纂委員會, 1987『中國正史朝鮮傳1』, 196쪽).

44) 이는 前間恭作, 1974『前間恭作著作集(下)』(京都大學 文學部), 215쪽의 주26(원재 1925「新羅王の世次と其の名について」『東洋學報』15-2)에서 이미 지적된 바 있다.

(沾解) 7년 癸酉에 왜국 사신 葛那古가 館에 와 있었는데 于老가
접대하면서 사신을 놀려 "조만간 너희 왕을 鹽奴로 삼고 왕비를 爨
婦로 삼겠다"고 하였다. 倭王이 듣고 노하여 장군 于道朱君을 보
내 우리를 공격했다. 大王은 于柚村으로 나가 있었다. … 45) (『삼
국사기』권제45, 열전 제5 昔于老傳)

이는 우로의 죽음에 얽힌 이야기인데 얼마간 설화적인 색채를 띠
고 있을 뿐아니라 연도도 그대로 믿기에는 문제가 있다. 이 기사에는
우로의 죽음이 첨해이사금 7년 癸酉(253)의 일로 나오지만, 신라본기
에서는 첨해이사금 3년(249)에 우로가 왜인에 의해 죽임을 당한 것
으로 되어 있기 때문이다.46) 그러나 『일본서기』에도 비슷한 내용의
설화가 전하는 것으로47) 보아 사실 자체를 부정할 수는 없다. 따라
서 여기 등장하는 지명도 가공의 것이 아니라 실제 그렇게 불리던
곳이 있었을 것으로 생각된다.

3세기 중엽경 우로의 失言을 계기로 신라가 왜군의 공격을 받았을
때 첨해이사금은 于柚村으로 피난하였다. 이는 고구려 동천왕이 魏
毌丘儉의 공격을 받아 수도가 함락된 데 이어 王頎의 추격을 받자
옥저까지 피난한 사실을48) 연상케 한다. 옥저 지역은 일찍이 고구려

---

45) "七午癸酉 倭國使臣葛那古在館 于老士之 與客戲言 早晚 以汝工爲鹽奴
  王妃爲爨婦 倭王聞之怒 遣將軍于道朱君 討我 大王出居于柚村…"
46) "夏四月 倭人殺舒弗邯于老"(『삼국사기』권제2, 신라본기 제2 첨해이사금
  3년)
47) 『日本書紀』권제9 神功攝政 前期(仲哀天皇 9년 12월조)의 分註에는 '新
  羅王宇流助富利智干'이 나온다. 『일본서기』의 해당 기사는 연도의 오차가
  워낙 크고 사실 자체도 굴절된 시각으로 재편된 것이다. 그러나 우로의 죽
  음과 관련된 내용이 『삼국사기』와 흡사하기 때문에 '新羅王宇流助富利智
  干'을 우로에 비정하는 것이 일반적이다. 여기에 대해서는 李基東, 1997
  「于老傳說의 世界」앞의 책(원재 1985 『韓國 古代의 國家와 社會』, 歷史
  學會).

에 복속되어 있던 곳이었다.

이에 비추어보면, 왜군의 공격을 받고 첨해이사금이 몸을 피했던 于柚村 역시 신라에 적대적인 지역은 아니었을 것이다. 오히려 이 지역은 일찍부터 팽창하는 신라의 영향력 아래에 놓여 있었을 가능성이 크다고 생각된다.[49] 그러나 이 사실이 곧 지방관이 파견되는 신라의 행정구역으로 편제되어 있었음을 뜻하지는 않을 것이다. 냉수비가 발견된 영일 지역에는 3세기 후반에서 4세기 초에 걸쳐 대방군과 교섭을 가지던 세력이 존속하고 있었다. 이는 영일군 신광면 마조리에서 '晉率善濊佰長印'과 硝子玉이 발견된 사실[50]에서 추정할 수 있다. 따라서 이보다 북쪽인 울진 지역도 마찬가지 상황에 놓여 있었으리라 생각된다.

봉평비가 있는 지역도 토착세력이 온존하면서 신라에 복속하는 형식을 취하고 있었던 것으로 추정된다. 즉 이 지역은 오랫동안 신라의 간접지배 지역으로 남아 있었던 것이다. 그런데 이후 동해안 지역의 일부는 고구려의 세력권에 편입되었다. 『삼국사기』 지리지에 蔚珍郡이 "본래 고구려의 于珍也縣이었다"[51]라고 한 것은 이를 뒷받침한

---

48) "毌丘儉討句麗 句麗王宮奔沃沮 遂進師擊之 沃沮邑落皆破之 斬獲首虜 三千餘級 宮奔北沃沮 北沃沮一名置溝婁 去南沃沮八百餘里…"(『삼국지』 권30, 위서30 동옥저). 그런데 『삼국사기』 권제17, 고구려본기 제5 동천왕 20년에는 "王奔南沃沮 至于竹嶺"이라고 하여 차이가 있다.

49) 다음 기사들을 통하여 이 지역이 일찍부터 신라의 영향권 내에 있었음을 추정할 수 있다.
"悉直押督二國王來降"(『삼국사기』 권제1, 신라본기 제1 파사이사금 23년)
"秋七月 悉直叛 發兵討平之 徙其餘衆於南鄙"(동 파사이사금 25년)

50) 梅原末治, 1967 「晉率善濊佰長印」 『考古美術』 8-1·2. 이 印章의 주인공에 대하여, 『삼국사기』에서 '靺鞨'로 표현된 濊가 3세기 말에서 4세기 초에 이 지역에 南下 移住하였다고 추정하기도 한다(慶州文化財研究所, 1993 『南彌秩夫城地表調査報告書』에 수록된 양기석의 글, 126~127쪽).

51) "蔚珍郡 本高句麗于珍也縣 景德王改名 今因之 領縣一 海曲(一作西)縣

다. 당시 동해안 쪽에서 고구려 세력권의 하한선은 현재의 울진군 청
하면까지로 생각된다.52) 한편『삼국사기』지리지에는 경상북도 북부
일대가 고구려 세력권에 편입된 적이 있었음을 시사하는 부분이 더
러 있다.53) 이를 감안하면, 竹嶺을 넘어 경상도 북부 지역을 장악한
고구려가 내륙 지방으로부터 울진 지역을 공략하여54) 얼마 동안 점

本高句麗波旦縣 景德王改名 今未詳”(『삼국사기』권제35, 志 제4 지리2)

52) “海阿縣 本高句麗阿兮縣 景德王改名 今淸河縣”(위의 책 지리2 有隣郡).
그런데 신라는 481년에 조지마립간이 比列城(안변)에 行幸하고 있고(같은
책 권제3, 신라본기 제3 照知麻立干 3년 “春二月 幸比列城 存撫軍士 賜
征袍”), 그 직후 고구려는 신라를 공격하고 있다(동 3년 “三月 高句麗與靺
鞨入北邊 取狐鳴等七城 又進軍於彌秩夫 我軍與百濟加耶援兵分道禦之
賊敗退 追擊破之泥河西 斬首千餘級”). 이는 신라 역시 꾸준히 동해안 진
출을 추진하고 있었음을 말하는 것이며, 이 전투의 승리를 계기로 동해안
지역에 대한 영향력은 강화되었으리라 생각된다.

53) 위의 책 권제35, 雜志 제4 지리2 朔州·溟州 管內 郡縣의 沿革에서는 “본
래 고구려의 ○○郡(縣)이었다”는 설명을 곧잘 볼 수 있다.

54) 다음 기사들은 신라가 지금의 강릉 지역을 일찍부터 점유하고 있었음을
시사하는 것들이다.
“秋七月 北邊何瑟羅旱蝗 年荒民飢 曲赦囚徒 復一年租調”(『삼국사기』
권제3, 신라본기 제3 내물마립간 42년)
“春 高句麗與靺鞨 襲北邊悉直城 秋九月 徵何瑟羅人年十五已上 築城於
泥河”(동 자비마립간 11년)
　그런데 다음 기사들은 강릉보다 남쪽인 삼척 지방을 두고 고구려와 신라
사이에 잦은 교전이 있었음을 보여준다.
“秋八月 靺鞨侵北邊 出師 大敗之於悉直之原”(동 내물마립간 40년)
“秋七月 高句麗邊將獵於悉直之原 何瑟羅城主三直出兵掩殺之…”(동 눌
지마립간 34년)
　위의 두 종류의 기사는 얼핏 모순된 것처럼 생각될 수 있다. 따라서 신라
가 강릉 지역을 점유한 것처럼 서술된 기사를『삼국사기』의 오류로 보기
도 한다(李丙燾, 1979「中原高句麗碑에 대하여」『史學志』13, 단국대 사
학과, 27쪽). 또 何瑟羅를 삼척과 울진 사이, 泥河를 낙동강 상류 일대로
비정하기도 한다(리지린·강인숙, 1976『고구려사연구』, 사회과학출판사,
68~69쪽). 그러나 고대사회에서 정복과 복속 및 군사적 충돌은 경계를 맞

유했던 것으로 추정해볼 수 있다.

이렇게 고구려의 세력권에 들기 이전에 신라가 이 지역에 지방관을 常住시켜 '영토'로 지배하고 있었다면, 그곳은 잠시 고구려에 빼앗겼다가 회복한 곳으로 인식하는 것이 자연스럽다.[55] 그럴 경우 『삼국사기』 지리지의 표현처럼 "본래 고구려의 于珍也縣이었다"는 표현은 나오기 어려울 것이다. 『삼국사기』 지리지가 신라인들에 의해 작성된 자료를 바탕으로 편찬되었을 것임을 염두에 둔다면 더욱 그렇다. 따라서 이는 이 지역에 대한 신라의 직접지배가 실현된 뒤에 오랜 시간이 지나면서 이전의 기억이 거의 사라진 상태에서 나온 표현으로 생각된다.[56]

신라는 지증왕 6년(505)에 지방 지배 조직을 대대적으로 정비하였는데, 그 제도 정비에서 제일 먼저 설치한 州가 지금의 울진보다 좀 북상한 곳의 悉直州(삼척)였다. 그리고 거기에는 당시 명망 있던 인물인 異斯夫가 軍主로 파견되었다.[57] 이로 보아, 신라의 입장에서

댄 상태에서만 이루어지는 것이 아님을 고려할 필요가 있다. 따라서 삼척 지방에 대한 고구려의 공격을 中原 지역으로부터의 側方공격으로 본 견해 (鄭雲龍, 1989 「5世紀 高句麗勢力圈의 南限」 『史叢』 35, 고려대 사학과, 11쪽)이 설득력을 갖는다.

55) 완전한 영역화를 전제로 지배권 내에 편입된 경우는, 고구려가 죽령 이북 지역을 신라에게 상실한 후 집요하게 수복을 추구하면서 溫達이 "惟新羅 割我漢北之地 爲郡縣 百姓痛恨 未嘗忘父母之國"(『삼국사기』 권제45, 열전 제5 溫達傳)이라 표현한 것이나 보장왕이 김춘추에게 "竹嶺本是我地分"(동 권제5 신라본기 제5 선덕왕 11년), "麻木峴與竹嶺本我國地"(동 권제41 열전 제1 金庾信 上)라 한 것에서 알 수 있듯이 기본적인 영토의식을 지니고 있었을 것이다.

56) 『삼국사기』 지리지에서 지금의 경상도 북부 지역의 일부 군현들이 본래 고구려 영토였던 것처럼 서술해놓은 것도 이와 유사한 측면에서 이해할 수 있을 것으로 생각된다.

57) "春二月 王親定國內州郡縣 置悉直州 以異斯夫爲軍主 軍主之名始於此" (『三國史記』 권제4, 신라본기 제4 지증왕 6년)

동해안 지역 진출이 결코 가볍지 않은 비중을 지니고 있었음을 알 수 있다. 이사부는 521년에는 悉直보다 북쪽인 何瑟羅(강릉) 지역의 軍主가 되어 于山國을 정벌하기도 하였다.[58]

이렇게 보면, 울진 지역이 신라의 직접 지배 아래에 들어온 것은 아무리 늦어도 505년 이전이 되어야 한다. 그리고 505년에는 그보다 더 북쪽인 강릉 지역에 軍主가 파견되면서 더 북상할 수 있는 전진 기지로 자리잡았다. 이렇게 봉평비가 세워진 524년 당시에 신라는 울진 지역을 그 영토 내에 확고히 편입하여 직접 지배하는 상태였으며, 그것도 최소한 20년 정도의 짧지 않은 기간이 이미 경과한 뒤였다.

당시 울진 지역에 대한 신라 국가의 지배가 어떠한 형태를 띠고 있었는가 하는 점은 봉평비를 통하여 엿볼 수 있다. 봉평비에는 모두 3인의 지방관을 비롯하여 현지의 지방인 대표자들이 나타난다. 이들 인명을 정리한 것이 <표 4-1>이다.

<표 4-1>을 보면 알 수 있듯이, 봉평비를 세울 당시 거벌모라 부근에는 여러 지방관이 파견되어 있었다. 悉支(悉直)에는 중앙군을 이끌고 파견된 軍主와 함께, 행정과 수취에 관한 업무를 관장한 것으로 추정되는 道使가 보인다. 당시 울진 지역이 悉支軍主가 관할하는 軍管區에 속해 있었기 때문일 것이다. 거벌모라에도 도사가 파견되어 있었는데, 그 예하의 촌락으로 생각되는 阿大兮村·葛尸条村·男弥只村 등에는[59] 현지 유력자가 '使人'으로 임명되어 지방관

---

58) "夏六月… 伊湌異斯夫爲何瑟羅州軍主 謂于山人愚悍 難以威來 可以計服 乃多造木偶師子 分載戰船 抵其國海岸 誑告曰 汝若不服 則放此猛獸踏 殺之 國人恐懼則降"(위의 책 지증왕 13년)

59) 봉평비 제4행의 '居伐牟羅男弥只本是奴人'운운한 구절을 '거벌모라와 남미지'로 병렬적으로 해석하는 경우가 많다[盧泰敦, 1989 「蔚珍鳳坪新羅碑와 新羅의 官等制」 『韓國古代史硏究』 3, 179쪽 및 주보돈, 2002 「蔚珍鳳坪新羅碑와 法興王代 律令」 앞의 책, 95쪽(원재 1989 『韓國古代史硏究』

을 보좌하고 있었음도 알 수 있다.

<표 4-1> 봉평비의 지방관과 지방인[60]

직 명	출신(소속)	인 명	관등(등급)	비고
悉 支 軍 主 居伐牟羅道使 悉 支 道 使	喙 部 (喙 部) (喙 部)	尒 夫 智 本 次 烏 婁 次	奈 麻(11) 小舍帝智(13) 小舍帝智(13)	中央 派遣官
	居伐牟羅 (…?) (…?) (…?)	尼 牟 利 弥 宜 智 □只斯利 一 全 智	一 伐 (8) 波 旦(10)	役割不明
阿大兮村使人 葛尸条村使人 男弥只村使人 (…?)	(阿大兮村) (葛尸条村) (男弥只村) (…?)	奈 尒 利 奈尒利居尺 翼 □ 於卽斤利		關聯 處罰者
	居伐牟羅 …	異 知 巴 辛 日 智	下 干 支(7) 一 尺(9)	地方人 代表

한편 비록 주군제가 시행되기 전이기는 하지만, 냉수비가 있는 영
일 지역도 이와 비슷한 상황이었다. 즉 珍而麻村에는 지방관이 파견
되어 있지 않았지만, 중앙 지배층의 판정 내용을 전달하고 현지에 모
여 일을 처리한 7명의 典事人 가운데는 心誓公이란 인물이 보인다.
그는 喙部 소속으로 '耽須道使'란 職名을 띠고 있다.[61] 이로 보아,

---

2)]. 그러나 이를 '居伐牟羅의 男弥只'로 해석할 여지도 있다(주보돈, 앞의
  책 95쪽의 주9에서 이 가능성을 언급했다). 이럴 경우 남미지촌은 거벌모
  라 예하의 촌락이 된다. 필자는 그 가능성에 비중을 두고 싶다.
60) 봉평비 제7행의 □只斯利一全智는 1人의 인명인지 2人의 인명인지 속단
  하기 어렵다. 여기서는 일단 2人으로 처리하였다. 판독에 따라서는 一全
  (今)智를 냉수비의 壹今智와 같은 위계 명칭으로 볼 수도 있다. 여기에 대
  해서는 다음 장에서 논의한다.
61) 李鍒勳, 1995『新羅 中古期 村落支配 硏究』, 부산대 박사학위논문, 56~
  57쪽에서는 耽須를 인명으로 보았지만 무리가 있다. 다만 이를 인명으로
  보든 지명으로 보든, 냉수비가 세워진 곳이 6부 출신 도사의 관할 아래에

냉수비가 세워진 곳은 耽須에 파견된 6부 출신 道使의 관할 하에 놓여 있었다고 생각된다. 그리고 냉수비의 윗면에 기재된 촌주 2인은 지방지배의 매개 역할을 하는 현지의 유력자일 것이다.

이상과 같이 보면 봉평비와 냉수비가 세워질 당시 울진과 영일 지역에 대한 신라 국가의 지배방식은 독립 세력의 존재가 인정되던 상태와는 현저히 다른 것이었음을 알 수 있다. 이 지역은 신라 국가의 직접지배 하에 놓여 있었다. 그리고 봉평비에 보이는 현지 지방인의 일부는 외위를 수여받아 지니고 있었다. 또한 봉평비 제4행은 거벌모라 남미지가 본래 奴人이었으나 前時에 王이 大敎法함으로써 '奴人이라는 지위' 또는 '奴人이 과거에 국가와 맺고 있던 관계의 내용에 일부' 변화가 있었음을 시사한다.[62] 이 지역에는 지방관이 파견되어 있으며, 국왕이 반포한 법이 적용되는 곳이었던 것이다.

그럼에도 불구하고 6부 지배층은 현지에 비문을 새기면서 '王京六部'라든지 '王都六部'라고 하지 않고 '新羅六部'라는 표현을 사용하여 제반 조치와 결정의 주체인 자신들과 그 대상이 된 현지 주민을 명확히 구별하였다. 현지 주민들을 마치 타국인처럼 대하고 있었던 것이다.

이는 6부인들이 정복과 복속의 주체로서 오랫동안 지녀왔던 우월

놓여 있었던 것만은 분명하다고 생각된다.

62) 봉평비 제4행의 후반부와 제5행 전반부는 분명한 해석을 하기 어렵다. 그러나 '居伐牟羅男弥只 本是奴人 雖是奴人 前時王大敎法…'운운한 문맥으로 보아, 居伐牟羅의 男弥只 주민은 본래 奴人이었지만 그리 오래지 않은 과거에 國王이 '大敎法'의 조치를 내림으로써 비가 세워질 시점에는 그 지위에 일정한 변화가 초래되었던 것으로 짐작된다.

이 문제는 '雖是奴人'이라는 구절을 문맥상 어떻게 해석하느냐에 달려 있다. 大敎法의 조치로 奴人의 지위로부터 벗어난 상태라고 볼 수도 있겠지만, 그럴 경우는 여전히 '種種奴人法'의 적용을 받는다는 점이 걸린다. 따라서 奴人이라는 지위 자체에는 변함이 없으나 大敎法 이후에 국가에 지는 부담을 포함하여 얼마간의 변화·향상이 있었다고 해석할 여지도 있다.

의식이 표출된 것으로, 그 자체 이율배반적인 성격을 지니고 있다. 즉 수년 전부터 이미 신라 국왕이 선포한 율령이 적용되는 대상이었고, 또 그 율령으로 인하여 과거와 다른 대우를 받고 있던 주민들을 '신라'라는 범주 속에 넣지 않고 관념하고 있었기 때문이다.[63] 이 관념을 이율배반적이라고 하는 것은, 그것이 실제 현실과 부합되지 않는다고 생각하기 때문이다.

정리하자면, 봉평비와 냉수비가 세워진 곳은 신라가 막 정복하거나 복속시킨 지역이 아니었다. 그럼에도 불구하고 현지 주민을 신라의 범주 속에 넣지 않고 있었던 듯한 표현을 사용하였다. 이 폐쇄적이고 배타적인 관념은 신라가 주변 소국들과 병존하던 단계에 연원을 두었던 것이, 그러한 상태를 벗어난 이후까지도 6부 지배층의 의식 속에서 강하게 殘存한 흔적이라 생각된다. 따라서 두 비문에 나타난 지방민관은 당시의 관념으로서는 실재했지만, 6세기 초의 현실을 곧바로 반영하고 있지는 못하다고 할 것이다. 현실의 변화에 관념이 쫓아가지 못하는 일종의 '遲滯' 현상 또는 관념의 잔존형태라고 판단된다. 다만, 잔존형태라고 할지라도 그것을 근거로 삼아 그 이전 시기의 현실을 유추하거나, 그 이후의 변화상이 갖는 의의를 생각해 볼 수는 있을 것이다.

---

63) 냉수비와 봉평비에 보이는 배타적 지방민관이 신라 중앙정부와 특수한 관계 아래 놓여 있었던 곳에 한정되었을 가능성도 완전히 배제할 수는 없다. 그러나 이러한 관념의 역사적 연원이 소국 병존기에 있었음을 감안하면, 다른 지역으로 일반화하여 생각하는 것이 자연스러울 것이다.

5장 영역 지배의 전환, 지방민관의 변화

봉평비와 냉수비에 보이는 왕경인의 지방민관은 집권적 지배체제 아래서 중앙 지배층이 가지는 관념과는 거리가 먼 것이었다. 그러한 배타적인 관념의 기원이 일찍이 사로국이 다른 소국들과 병존하던 상태에 있었음은 지금까지 살펴본 바와 같다. 그러나 봉평비와 냉수비가 세워진 때는 신라가 주변 소국에 대한 통합을 거의 마무리한지 적어도 1세기 이상이 지난 뒤였다. 6세기 초 금석문에 나타난 지방민관은 현실을 바탕으로 한 것이라기보다는 '관념의 잔존형태'에 지나지 않았던 것이다.

이제 한 걸음 더 나아가서 따져보아야 할 문제는, 현실의 변화에도 불구하고 그러한 관념이 오래 존속한 이유이다. 거기에는 나름의 역사적 배경이 있었을 것이다. 따라서 이 장에서는 사로국이 주변 소국들을 아우르기 시작하면서부터 주변 지역과 맺은 지배·복속관계의 구체적 실상을 살펴보려고 한다. 일찍이 사로국과 주변 복속지가 맺은 관계는 단일하지 않았을 것이고, 또 시간의 흐름과 조건의 변화에 따라 바뀌어왔을 것이다.

다음으로는, 6세기 초에 들어 州郡制가 시행되면서 오랜 지방민관이 어떻게 바뀌어갔는가를 더듬어보려고 한다. 주군제의 시행이 어떤 의미를 갖는 것이었는지를 알아보고, 지배방식의 변화에 따라 기왕의 지방민관이 바뀌어나간 과정을 추적할 필요가 있을 것이다. 그를 위해 6세기 중반의 금석문들을 적극 활용하여, 비문 속에 보이는 표현을 실마리로 삼아 문장 작성자를 포함한 6부 지배층의 자세와 마음상태 등을 더듬어보려 한다.

이런 문제들을 밝혀내는 것은 신라가 중앙 집권적 지배체제를 갖추는 과정을 또 다른 측면에서 이해하는 데 도움을 줄 것이다. 또한 그렇게 성립한 집권체제의 특징은 물론, 향후의 전개과정까지도 전망할 단서를 제공할 수 있으리라 생각된다.

1. 6세기 이전의 복속지 지배

여러 소국들이 병존하다가 그 중 하나를 중심으로 통합이 진행되는 경우, 중심 국가가 처음부터 복속지에 관리를 파견하여 직접 지배하는 경우는 드물었다. 현지 토착 세력의 존재를 인정하면서 매년 일정하게 '貢'을 납부케 하는 등의 형식적인 복속관계를 유지하는 것이 일반적이었을 것으로 생각된다. 그 대표적인 사례를 고구려의 東沃沮 지배에서 찾아볼 수 있다.

나라가 작고 大國 사이에 끼어 압박을 받아 마침내 (高)句麗에 臣屬하였다. 고구려는 (동옥저의) 大人을 使者로 삼아 相으로 하여금 主領케 하였다. 또 大加를 시켜 租稅를 統責케 하니 貊布·魚鹽·海中食物을 천리를 지고 와서 바쳤다. 또 美女를 보냈는데 婢妾으로 삼고 奴僕처럼 대우하였다.[1] (『삼국지』 권30, 위서30 烏丸鮮卑東夷傳 제30 東沃沮傳)

여름 6월에 于山國이 歸服하여 매년 토산품을 貢으로 바치기로

---

1) "國小 迫于大國之間 遂臣屬句麗 句麗復置其中大人爲使者 使相主領 又使大加 統責其租稅 貊布魚鹽海中食物 千里擔負致之 又送其美女 以爲婢妾 遇之如奴僕"

하였다. [우산국은 溟州 바로 동쪽 바다의 섬인데 혹은 鬱陵島라고
하며 땅이 사방 100리이다.][2] (『삼국사기』권제4, 신라본기 제4 지
증왕 13년)

즉 고구려는 동옥저를 복속시킨 뒤에 그 토착 세력인 大人을 使
者로 삼아 통치의 매개 역할을 맡겼다.[3] 그리고 大加로 하여금 그
조세를 관장토록 하였다. 토착 세력의 자치를 용인하면서 貢納만을
수취하였던 것이다. 1세기 무렵 고구려에 이미 정복된 동옥저가[4] 3
세기 무렵의 상황을 전하는 『삼국지』에 따로 立傳된 것도, 이러한
지배방식을 통하여 문화적 특성을 보전하고 있었기 때문으로 생각된
다. 이와 유사한 지배방식은 6세기 초에 신라가 우산국을 정복했을
때도 적용되었을 것으로 추정된다.

초기 고대 국가가 이런 방식을 취할 수밖에 없었던 것은, 정복과
복속의 주체부에서 광역의 토지와 인민을 관리해나갈 정도의 관료조
직을 갖추지 못했기 때문이었다. 따라서 복속지 토착 세력의 자치를
부정하고 중앙에서 파견한 官人을 常住시키며 직접지배를 실현시켜
나가는 데는 상당한 기간이 소요되었다. 이러한 점들을 염두에 두면
서, 사로국이 정복지 및 복속지를 편제하는 방식과 그 지배형태를 살

---

2) "夏六月 于山國歸服 歲以土宜爲貢 [于山國在溟州正東海島 或名鬱陵島
地方一百里…]" 이 기사에서 [ ]한 곳은 『삼국사기』편찬 당시에 추가한
문장으로서 細註로 처리되어야 할 부분으로 생각된다.

3) 종래 연구에서는 '使相主領'을 '서로 主領케 하였다'로 해석해왔다. 그러나
'其中大人爲使者'의 '使'가 '主'로 되어 있는 汲古閣本과 藝文本을 택하여
'使者'를 '主者'로 보고, "大人을 지방관(主者)으로 삼아 중앙의 相으로 하
여금 主領케 한" 것으로 해석하는 견해도 있다(徐毅植, 1990 「新羅 '中古'
期 六部의 部役動員과 地方支配」『韓國史論』23, 서울대 국사학과, 127
~128쪽). 필자는 이 견해가 설득력이 있다는 생각이다.

4) "秋七月 伐東沃沮 取其土地爲城邑"(『삼국사기』권제15, 고구려본기 제3
태조왕 4년)

펴보자.

　　河曲(西로 쓴 경우도 있음)縣은 婆娑王 때 屈阿火村을 취하여
縣을 두었다.[5] (『삼국사기』 권제34, 잡지 제3 지리1 良州 臨關郡)
　　音汁火縣은 婆娑王 때 音汁伐國을 취하여 縣을 두었다.[6] (동, 양
주 의창군)
　　獐山郡은 祇味王 때 押梁(督으로 쓴 경우도 있음) 小國을 伐取
하여 郡을 두었다.[7] (동 장산군)
　　尙州는 沾解王 때 沙伐國을 취하여 州로 삼았다.[8] (동 상주)
　　가을 7월에 伊湌 于老를 大將軍으로 삼아 甘文國을 討破하고 그
땅을 郡으로 삼았다.[9] (동 권제2, 신라본기 제2 조분이사금 2년)

　　여기에 나타난 사례들은 '伐取'·'討破' 등의 표현으로 알 수 있듯
이 대부분 신라의 무력을 통해 정복된 지역이다. 신라가 이들 소국을
정복·복속한 뒤에 州나 郡 또는 縣을 설치한 것으로 되어 있지만, 6
세기 이전의 신라에서는 군현제가 실시되지 않았다고 보는 것이 학
계의 일반적인 이해이다.[10] 따라서 위 사례들에 나타난 州·郡·縣
의 명칭은 신라 지배층의 일방적인 표현에 지나지 않으며, 그나마 신

---

5) "河曲(一作西)縣 婆娑王時 取屈阿火村置縣"
6) "音汁火縣 婆娑王時 取音汁伐國置縣"
7) "獐山郡 祇味王時 伐取押梁(一作督)小國置郡"
8) "尙州 沾解王時 取沙伐國爲州"
9) "秋七月 以伊湌于老爲大將軍 討破甘文國 以其地爲郡". 그런데 『삼국사
　기』 권제45, 열전 제5 昔于老傳에서는 甘文國을 멸망시킨 뒤에 그 땅을
　'郡縣'으로 삼았다고 되어 있다.
10) 특히 통일 이전에는 縣의 존재가 확인되지 않는 까닭에, 6세기에 들어서
　정비된 신라의 지방제도를 '州郡制'라고 부른다(浜田耕策, 1977 「新羅の
　城·村設置と州郡制の施行」『朝鮮學報』84). 이후 국내 연구들도 대부분
　통일기 이후의 군현제와 구별하여 통일 이전의 신라 지방제도를 주군제로
　부르고 있다.

라인들이 스스로의 역사를 정리하던 시점에 시간을 소급하여 적용된 표현일 가능성도 크다. 따라서 그 자체 군현제의 시행을 뒷받침하는 내용은 아니라고 할 수 있다.

다음과 같은 기사들은 사로국과 그에 복속한 소국들이 맺고 있던 관계의 실상을 엿볼 수 있게 해준다.

> 悉直과 押督 2국의 왕이 항복해왔다.[11] (『삼국사기』 권제1, 신라 본기 제1 파사이사금 23년)
> 가을 7월에 悉直이 叛하여 군사를 내어 토벌하고 나머지 무리들을 남쪽으로 옮겼다.[12] (동, 파사이사금 25년)
> 겨울 10월에 押督이 叛하여 군사를 내어 토벌하고 나머지 무리들을 남쪽 땅으로 옮겼다.[13] (동, 일성이사금 13년)
> 沙梁伐國은 예로부터 우리에게 복속해 있었으나 沾解王 때 갑자기 百濟로 돌아서므로 于老가 군사를 이끌고 가서 토벌하여 멸망시켰다.[14] (동, 권제45 열전 제5 昔于老傳)

『삼국사기』 초기 기사의 연도를 실제 연도로 간주할 수는 없다. 그러나 사실 관계 자체는 부정하기 어려운 경우가 많으며 시간의 선후가 바뀌어 있을 가능성이 적다는 점을 감안하면서 위의 기사들을 하나씩 살펴보자.

『삼국사기』 신라본기에는 압독국과 실직국이 102년(파사이사금 23)에 신라에 항복한 것으로 되어 있다. 그러나 실직국은 2년 뒤인

---

11) "悉直押督二國王來降". 파사이사금 23년에 音汁伐國과 悉直谷國(悉直國)의 영역 분쟁에 뒤이은 갈등으로 신라의 공격을 받은 음즙벌국이 항복해오자, 悉直·押督 2국의 왕이 뒤따라 항복해온 것으로 되어 있다.

12) "秋七月 悉直叛 發兵討平之 徙其餘衆於南鄙"

13) "冬十月 押督叛 發兵討平之 徙其餘衆於南地"

14) "沾解王在位 沙梁伐國舊屬我 忽背而歸百濟 于老將兵往討滅之"

104년(파사이사금 25)에, 압독국은 40여 년 뒤인 147년(일성이사금 13)에 각각 반란을 일으켰다.[15] 신라는 이를 무력으로 진압하고 徙民策을 실시하였다. 복속이라는 형식이 갖는 구속력이 그다지 크지 않아서 언제라도 반발할 수 있는 불안정한 상태였음을 알게 한다. 또 신라에 복속해 있던 사량벌국이 첨해이사금 때 와서 백제와 가까워지자 군사를 내어 정벌하기도 하였다. 사량벌국은 신라에 복속해 있었지만 그동안 군사적으로나 외교적으로 상대적 독립성을 유지해왔던 것이다.

처음 사로국이 주변 소국을 정복하거나 어떤 소국이 자진해서 복속해왔을 때, 그 지배층을 완전히 제거하고 중앙에서 파견한 지방관을 상주시키며 현지를 지배하였다면, 수십년이 지난 뒤에 옛 소국의 반란이 일어나기는 어려웠을 것이다. 설사 옛 소국의 지배층이 제거된 뒤에 그 곳 주민들이 중앙정부에 반발하는 사건이 일어났다고 할지라도 그 주체가 소국의 이름으로 표현되지는 않았을 것으로 생각된다. 따라서 이상의 사례들은 이사금 시기에 정복당하거나 복속된 지역일지라도 그 지배층이 온존되는 경우가 많았음을 추측케 한다. 그리고 느슨한 복속관계 하에서 때로는 신라에 등을 돌리거나 관계를 끊는 행동을 취할 수도 있었음을 보여준다. 초기 신라의 복속지 지배는 매우 유동적이며 불안정하였던 것이다. 앞서 든 지리지 기사에서는 압독국을 취하여 郡을 설치한 것이 지마이사금 때로 되어 있으나 신라본기에서는 파사이사금 때[16]로 되어 있어 차이를 보이는

---

15) '叛'이라고 표현된 경우는 신라에 적극적인 공격을 단행한 것은 아니라고 판단된다. 우호적인 관계 또는 복속한 상태에 있다가 그로부터 이탈하거나 관계를 끊는 경우가 대부분이었을 것이다. 장보고가 納妃 실패 후에 叛했다고 한 것도["淸海弓福 怨王不納女 據鎭叛"(『삼국사기』 권제11, 신라본기 제11 문성왕 8년)], 그가 무력으로 신라를 공격한 것이 아니라 관계를 끊었다는 의미이다.

16) 『삼국사기』 권제1, 신라본기 제1 파사이사금 23년

것도, 이러한 유동적인 상황에서 말미암은 것으로 보인다.

한편 무력에 의한 정복이 이루어지기 전에 소국들이 병존하던 단계라고 할지라도, 소국 사이의 우열은 존재하였을 것으로 생각된다. 비록 사로국이 절대적인 힘의 우위를 차지하고 있지는 않았다 하더라도, 주변의 여러 소국들과 완전히 평등한 관계를 맺고 공존하는 상태는 역사적 현실 속에서는 상정하기 어렵기 때문이다. 사로국이 성립한 초기에, 馬韓王이 宗主國과 같은 태도를 취하고 있었던 것[17]은 이를 반증한다. 이후 파사이사금 때 영역 분쟁을 일으킨 音汁伐國과 悉直谷國이 사로국에 중재를 요청한 것은,[18] 사로국이 진한 지역의 새로운 중심 국가로 등장하는 상황을 반영하고 있다. 따라서 무력에 의하지 않고서도 비교적 일찍부터 신라에 복속한 지역도 있었을 것이다.

비록 후대처럼 중앙정부에서 파견된 지방관이 상주하면서 조세와 역역의 수취를 직접 관장하는 상태는 아니었지만, 현지의 수장층이 신라의 지배질서에 복속되어 있었던 상황은 다음 사료를 통해 시사받을 수 있다.

봄 정월에 靺鞨이 대거 북쪽 국경에 들어와서 吏民을 殺掠하였다.[19] (『삼국사기』권제1 신라본기 제1 지마이사금 14년)

봄 2월에 史勿縣에서 꼬리가 긴 흰 꿩을 바쳤다. 왕이 가상히 여

---

17) "春二月 遣瓠公聘於馬韓 馬韓王讓瓠公曰 辰卞二韓爲我屬國 比年不輸 職貢 事大之禮 其若是乎 … 前此中國之人 苦秦亂 東來者衆 多處馬韓東 與辰韓雜居 至是寖盛 故馬韓忌之 有責焉"(위의 책, 시조혁거세거서간 38년)

18) 위의 책, 파사이사금 23년. 이때 파사가 직접 판정을 내리지 않고 금관국의 수로왕을 초빙해온 것은, 금관국 역시 사로국과 함께 진변한 지역의 중심 소국으로 성장하고 있었던 사정을 반영하는 것으로 생각된다.

19) "春正月 靺鞨大入北境 殺掠吏民"

겨 縣吏에게 곡식을 하사하였다.[20] (동 권제3, 신라본기 제3 눌지 마립간 25년)

이 기사들에 나타난 '吏'라고 하는 표현은 6세기 이전에 신라가 멀리 떨어진 복속지를 어떤 방식으로 관리하고 있었는가를 엿볼 수 있는 좋은 기회를 준다. 『삼국사기』와 『삼국유사』에서는 '官'과 '吏'라는 용어가 경우를 달리하여 사용되고 있다. 즉, 官은 중앙 관서에 종사하거나 중앙정부에서 지방으로 파견한 官人을 가리키며, 吏는 현지인으로서 지배의 매개 역할을 하도록 한 인물에 사용되고 있는 것이다.[21]

따라서 말갈이 북쪽 국경을 넘어와서 吏民을 殺掠한 사건은, 상주하는 지방관이 없는 상태에서 단순히 신라의 세력권 내에 복속하고 있던 지역에서 일어난 일이었으므로 그 지역의 수장층과 주민이 '吏'와 '民'으로 표현되어 있다고 생각된다. 또한 史勿縣[22]에서 흰 꿩을 진상한 경우도, 그곳에 중앙에서 파견된 지방관이 상주하고 있었다면 당연히 그를 포상해야 할 것이지만 그렇지 못한 상태였기 때문에 '縣吏'를 포상했던 것으로 생각할 수 있다. 여기서 '縣吏'는 독립성이 강한 현지의 수장층이었음이 분명하다. 이들 기사에서 吏라는 것은 신라인의 일방적인 표현일 뿐이다.[23]

---

20) "春二月 史勿縣進長尾白雉 王嘉之 賜縣吏穀"

21) 후대의 고려나 조선시대에도 현지인으로 지배의 매개역할을 담당한 부류에 대해서는 중앙에서 파견한 지방관 즉 '外官'과 구별하여 '鄕吏'로 칭한 것이 일반적인 사용례였다. 그리고 중앙 관청의 경우에는 品官이 아닐 때 胥吏라는 표현을 썼다. 3장에서 든 『삼국사기』 권제44, 열전 제4 居道傳의 '居道爲邊官'과 異斯夫傳의 '智度路王時爲沿邊官', 그리고 『삼국유사』 권제2 文虎王法敏條의 '武珍州吏安吉' 등은 官과 吏에 대해 단초적이나마 분명한 구분을 보여준다.

22) 史勿縣의 위치는 현재의 경남 泗川으로 추정된다(『삼국사기』 권제34, 잡지 제3 지리1 康州 固城郡 "泗水縣 本史勿縣 景德王改名 今泗州").

앞의 사료들에서는 州·郡·縣이라고 되어 있지만, 이는 중앙 집권적인 지배체제를 갖추어 제도적으로 잘 짜여진 체계 하에서 사용된 명칭이 아니라 신라 지배층이 임의로 명명한 것에 지나지 않는다.24) 그러므로 아직 군현제가 시행되고 있지 않은 단계라고 해도, 『삼국사기』초기 기록에 등장하는 주군현이라는 명칭 자체는 일괄 부정될 것이 아니라고 생각된다. 거기에는 복속관계만 유지하고 있던 지역이 포함될 수 있기 때문이다.

초기의 신라는 정복하거나 복속시킨 소국의 지배층을 완전히 해체시켜 해당 지역을 직접지배하지 못하였다. 지방관을 파견하여 상주시킬 정도의 관료조직이 뒷받침되지 못하였기 때문이다. 현지의 수장층은 우산국의 경우처럼 매년 일정한 '貢'을 바침으로써 복속관계를 유지하였을 것으로 생각된다.25)

그러나 이 단계에서도 해당 지역이 완전한 자치를 누리고 있었다고는 보기 어렵다. 부정기적이나마 감찰관을 파견하여 사로국을 중심으로 한 지배질서를 유지하려는 노력은 있었을 것이다.26) 비교적

---

23) 吏라는 것이 6세기 이후 또는 통일기에 작성된 기록에서 시간을 소급한 표현이라 하더라도, 그때 官으로 표현되지 않았다는 점은 토착 유력자와 중앙 파견관의 구분이 이루어져 있었음을 말해주는 것이다.

24) 『삼국사기』권제2, 신라본기 제2 내해이사금 27년의 牛頭州가 눌지마립간 22년에는 牛頭郡으로, 유례이사금 10년의 沙伐州가 자비마립간 8년에는 沙伐郡으로도 나타난다. 그리고 조분이사금 7년에 骨伐國王 阿音夫가 항복해온 이후 그 곳에 郡을 설치한 것으로 되어 있으나 지리지의 양주 임고군 臨川縣에서는 縣을 설치한 것으로 되어 있다. 이러한 혼란은 정복지·복속지에 대한 지배 단위 명칭의 부여가 不定型形이었을 뿐더러 후대적인 관점에서 소급된 표현이었을 가능성이 높음을 말한다.

25) 다음 사료 역시 그러한 상황을 반영하는 것으로 생각된다.
"秋八月 貊帥獵得禽獸 獻之"(『삼국사기』권제1, 신라본기 제1 유리이사금 19년)
"秋 大有年 古陀郡進嘉禾"(동 신라본기 제2 조분이사금 13년)

26) 6세기 이전에 부정기적으로 파견된 監察官의 존재에 대해서는 全德在,

이른 시기에 보이는 州主·郡主27)가 이에 해당할 것으로 생각된다. 한편 군사적인 요충지에는 일찍부터 城主·鎭主 등으로 표현된 군 지휘관이 파견되어 활동하고 있었다.28) 이들은 복속지가 신라의 세 력권에서 이탈하는 것을 감시하는 한편, 군사력으로 정복함으로써 세력권을 더욱 확대하는 임무를 띠고 있었을 것이다.

진한 소국들에 대한 복속을 거의 완료한 마립간 시기에 들어와서 도 이러한 양상에는 큰 변화가 없었던 것으로 생각된다. 이 시기의 감찰관의 존재는 堤上과 異斯夫의 경우를 통해 짐작해 볼 수 있다.

朴堤上(혹은 毛末이라고도 한다)은 始祖 혁거세의 후손이며 파 사이사금의 5세손이다. 할아버지는 阿道 葛文王이고 아버지는 勿 品 波珍湌이다. 제상은 벼슬하여 歃良州干이 되었다. … 눌지왕이

1990 「新羅 州郡制의 成立背景 研究」 『韓國史論』 22, 서울대 국사학과, 15~17쪽 참조.

27) "春正月 以朴氏貴戚 分理國內州郡 號爲州主郡主"(『삼국사기』 권제1, 신 라본기 제1 탈해이사금 11년)

"夏五月 古陁郡主獻靑牛"(동 파사이사금 5년)

"秋七月 分遣使十人 廉察州郡主不勤公事 致田野多荒者 貶黜之"(동 11 년)

　이 때의 州主·郡主는 사로국에 인접한 복속지의 관리를 맡았을 것으로 생각된다. 그러나 그들이 일정한 임기동안 현지에 상주하는 존재였는지는 회의스러운 면이 있다.

28) ① "秋八月 百濟襲西境圓山鄕 又進圍缶谷城 仇道率勁騎五百擊之 百濟 兵佯走 仇道追及蛙山 爲百濟所敗 王以仇道失策 貶爲缶谷城主 以薛支 爲左軍主"(『삼국사기』 권제2, 신라본기 제2, 벌휴이사금 7년)

② "冬十月 百濟兵入牛頭州 伊伐湌忠萱將兵拒之 至熊谷 爲賊所敗 單騎 而返 貶爲鎭主 以連珍爲伊伐湌 兼知兵馬事"(동 내해이사금 27년)

③ "春二月 築達伐城 以奈麻克宗爲城主"(동 첨해이사금 15년)

④ "秋八月 百濟來攻烽山城 城主直宣率壯士二百人 出擊之 賊敗走 王聞 之 拜直宣爲一吉湌 厚賞士卒"(동 미추이사금 5년)

　이중 ①·② 기사가 갖는 의미에 대해서는 이 책 2장에서 언급하였다.

즉위하자 辯士를 얻어 맞이하여 올 것을 생각하였다. 水酒村干 伐寶靺과 一利村干 仇里逎, 利伊村干 波老 3인이 어질고 지혜가 있다는 말을 듣고 불러 물으니 … 3인이 똑같이 대답하기를 "신들이 듣기에 삽량주간 제상이 굳세고 꾀가 있다고 하니 전하의 걱정을 풀어드릴 수 있을 것입니다"고 하였다. …29) (『삼국사기』 권제45, 열전 제5 朴堤上傳)

異斯夫(혹은 苔宗이라고도 한다)는 성이 金氏로서 내물왕의 4세손이다. 智度路王 때 沿邊官이 되어 居道의 꾀를 본받아 馬戲로써 加耶(혹은 加羅라고도 한다)國을 속이고 취하였다. …30) (동 권제44, 列傳4 異斯夫傳)

즉 제상은 5세기 전반에 歃良州干이 되었다가 실성이사금에게 불려와서 부탁을 받고 고구려와 왜국으로부터 卜好와 美斯欣을 구출해내었다.31) 또한 이사부 역시 6세기 초에 '沿邊官'이 되어 활동하면서 加耶 지역을 공략한 적이 있다. 앞 장에서 살펴본 居道의 경우32)와 같이, 이들은 일정한 수의 군사를 이끌고 현지에서 활동하였을 것이다.33) 그들은 신라의 세력권 내에 있던 지역을 통제하고 감찰하는

---

29) "朴堤上(或云毛末) 始祖赫居世之後 婆娑尼師今五世孫 祖阿道葛文王 父勿品波珍湌 堤上仕爲歃良州干 … 及訥祗王卽位 思得辯士 往迎之 聞水酒村干伐寶靺·一利村干仇里逎·利伊村干波老 三人有賢智 召問曰 … 三人同對曰 臣等聞歃良州堤上 剛勇而有謀 可得以解殿下之憂 …"

30) "異斯夫(或云苔宗) 姓金氏 奈勿王四世孫 智度路王時 爲沿邊官 襲居道權謀 以馬戲 誤加耶(或云加羅)國取之"

31) 앞서 언급했듯이 이 때의 歃良州라는 것은 신라 지배층이 일방적으로 명명한 不定型인 명칭에 지나지 않는다. 堤上의 출신에 대해서는 이 책 제1부 2장 참조.

32) 『삼국사기』 권제44, 열전 제4 居道傳.

33) 『日本書紀』 권제17 繼體天皇 23년조에는 新羅 上臣 伊叱夫禮智干岐가 3천에 달하는 士卒을 이끌고 가야 지역의 4村을 抄掠한 것으로 되어 있다. 『일본서기』의 해당 기사는 연도의 착오가 있지만, 사실 자체를 비교적 생

역할을 맡고 있었으리라 추정된다.[34]

그런데 여기서 주목되는 것은 눌지마립간에게 제상을 추천한 수주촌간 벌보말, 일리촌간 구리내, 리이촌간 파로 등 3촌간의 존재이다.[35] 이들은 눌지의 자문에 응하고 있는 것으로 보아 완전한 독립세력이 아니었고, 수시로 왕경에 와서 머물기도 하는 존재였다고 생각된다. 그들은 눌지의 자문을 받자 "제상이 굳세고 꾀가 있다."고 했는데, 자신의 출신 지역과 멀리 떨어진 곳에 파견되어 있던 제상을 이미 알고 있었음을 시사한다. 제상도 여러 곳에 파견된 경험이 있고, 3촌간 역시 왕경에 드나들던 사람이었기 때문일 것이다.

이로 미루어보면, 마립간 시기에 들어서도 신라의 주변 지역 지배는 기본적으로 간접적인 방식으로 이루어지고 있었음을 알 수 있다. 부정기적으로 감찰 임무를 띤 자를 중앙에서 파견하고, 때로는 지방 세력을 왕경에 불러와 머물게 하는 등의 방법을 통하여 그들을 통제하고 있었다.[36] 또 신라는 주변 지역의 유력자들에게 裝身具를 비롯한 金銅冠 등을 내려주고, 그들 상호간의 관계를 이용하여 견제와 지원을 교차함으로써 영향력을 유지하고 있었다.[37] 이러한 지배방식

생하게 전달해주는 것으로 판단된다. 여기서 伊叱夫禮智는 異斯夫로 보는 것이 학계의 일반적 견해이다.

34) 全德在, 1990 앞의 논문, 13~15쪽 참조.

35) 3村의 위치는 각각 醴川, 星州 근방, 榮州에 비정된다(金哲埈, 1952 「新羅上代社會의 Dual Oganization(上)」 『歷史學報』 1, 43~44쪽 참조). 이들 지역은 모두 일찍이 신라의 영향권 내에 든 경북 일원이다.

36) 이 점과 관련하여 『삼국유사』 권제2, 기이 제2 文虎王法敏條에 나오는 武州의 上守吏 安吉의 존재가 주목된다. 이렇게 지방 유력자가 일정 기간 上京하여 머무는 上守制의 기원을 6세기 이전으로 올려보는 것도 크게 무리한 일은 아닐 것이다.

37) 이 점에 대해서는 全德在, 1990 앞의 논문과 李漢祥, 1995 「5~6세기 新羅의 邊境支配方式-裝身具 分析을 중심으로-」 『韓國史論』 33, 서울대 국사학과에 잘 정리되어 있다. 다음의 연구들도 경상도 일대의 高塚古墳과

은 집권국가의 '지방지배'라기보다는 정복국의 '피정복지·복속지 管理'에 가까운 것이었다.

냉수비와 봉평비에서 보듯이, 왕경 지배층의 배타적인 지방민관이 강하게 잔존할 수밖에 없었던 중요한 배경으로는, 이상과 같은 간접지배가 오랫동안 지속되었다는 점을 들 수 있다. 간접지배가 유지되는 동안에는 중앙 지배층이 주변 지역 주민을 자신과 동격의 존재로 인식하기가 쉽지 않았을 것이다. 또한 그 기간이 오래 지속되었을 경우에는, 지배방식이 전환된 이후에도 중앙 지배층의 지방민에 대한 인식이 변화하기까지는 상당한 시간이 걸렸으리라 판단된다.

2. 주군제 시행과 지방민관의 변화

6세기 이전이라 하더라도 신라 영역 내의 모든 지역이 현지 수장층의 자치에 맡겨져 있었던 것은 아니었다. 앞서 언급했듯이, 군사적 요충지에는 중앙에서 城主나 鎭主가 파견되어 주둔하고 있었다. 이렇게 군사적 긴장이 유지되면서 중앙에서 파견된 軍官이 주둔한 지역에서는 그 곳 수장층의 자율성이 상대적으로 많은 제약을 받았으리라 생각된다.

또한 신라에 복속한 소국의 지배층이 왕경으로 이주한 지역에는 중앙 권력이 상대적으로 이른 시기부터 침투했을 가능성이 높다. 이 문제는 신라가 군사력으로 정복하거나, 혹은 자진해서 복속해온 지

副葬品을 분석하여 마립간 시기의 신라가 주변 지역에 미친 정치·경제적 영향을 검토한 것으로 큰 도움을 준다.
朴普鉉, 1995 『威勢品으로 본 古新羅社會의 構造』, 경북대 박사학위논문
金龍星, 1998 『新羅의 高塚과 地域集團』, 춘추각
李熙濬, 1998 앞의 박사학위논문

역의 수장층을 편제한 방식과 관련하여 생각할 필요가 있다. 다음 사료는 하나의 실마리가 될 것이다.

봄 2월에 骨伐國의 王 阿音夫가 무리를 이끌고 항복해와서 좋은 집과 田莊을 주어 정착시키고 그 땅을 郡으로 삼았다.[38] (『삼국사기』 권제2, 신라본기 제2 조분이사금 7년)

골벌국왕 아음부를 비롯한 그 지배층이 항복해오자, 좋은 집과 토지를 주어 安置시키고 그 지역을 '郡'으로 삼았다고 한다. 여기서 '郡'이란 표현이 곧 후대와 같은 행정구역을 의미하지는 않는다는 것은 이미 언급하였다. 따라서 이곳이 곧바로 지방관이 상주하는 행정구역으로 편제되었다고 생각하기는 어렵다.[39] 신라는 왕경으로 이주한 옛 소국의 수장이 현지에 남겨둔 중간 지배층을 통하여 얼마 동안 수취하는 것을 위임하는 등 기득권을 보장해준 뒤에, 서서히 직접지배를 관철시켜 나갔을 것이다.[40] 따라서 소국의 수장층이 왕경으로 이주한 경우, 해당 지역은 신라가 지방사회에 대한 직접 지배력을 실현시켜 나가는 중요한 거점이 되었을 것으로 생각된다.

---

38) "春二月 骨伐國王阿音夫率衆來降 賜第宅田莊安之 以其地爲郡"

39) 앞서 지적했듯이,『삼국사기』의 6세기 이전 기록에 보이는 군·현 명칭이 매우 부정형적인 것이었다는 것은, 이러한 명칭의 부여가 다소간 자의적이었음을 반영할 것이다.

40) 金官國의 金仇亥는 신라에 항복한 뒤에 '本國'을 食邑으로 받아 同氣 脫知尒叱今을 머물게 하였다(『삼국사기』 권제4, 신라본기 제4 법흥왕 19년 ;『삼국유사』 권제2 駕洛國記). 한편 報德國의 安勝이 王京으로 불려온 뒤에 현지에 남은 자들이 '官吏'를 살해하고 반란을 일으켰다는 기사(『삼국사기』 권제8, 신라본기 제8 신문왕 4년)는, 安勝의 이주와 함께 중앙정부에서 직접지배를 위한 '官吏'를 파견했음을 보여준다. 이들 사례는 후대의 것이다. 그러나 신라 지배층의 오랜 역사적 경험이 집약된 것이리라는 점을 감안하면, 소국 지배층을 편제하는 방식을 짐작하는 데 도움을 준다.

신라의 중앙 지배층이 초기의 小國意識을 벗어나 지방민을 자신과 동질적인 존재로 생각하게 되는 계기도 위와 같은 지역에서부터 마련되기 시작하였을 것으로 생각된다. 그러나 이러한 지역은 그리 많지 않았을 것이다. 중앙 지배층이 모든 영역의 주민을 자국민으로 인식하기 위해서는 기존의 간접지배가 직접지배로 전면 전환될 때를 기다려야 하였다. 그 일차적인 계기는 고구려·백제와의 대치라는 조건 속에서 주어진 것으로 생각된다.

신라는 5세기 중반 무렵부터 고구려의 영향에서 벗어나 고구려·백제와 본격적으로 충돌하기 시작하였다. 그리하여 5세기 후반에서 6세기 초에 걸쳐 변경 지역에 집중적으로 성곽을 축조하였다.[41] 이렇게 축성 작업을 수행하기 위해서는 대규모의 力役動員이 요구되었다. 축성이 필요한 주변 지역을 일괄 장악하여 일시에 많은 노동력을 투입할 수 있어야 하였고, 이를 위해서는 기존과 같은 간접 지배 방식을 지양할 필요성이 높아지고 있었다. 다음 사료는 이러한 노력이 5세기 후반에 일정한 성과를 거두고 있었음을 보여준다.

> 가을 9월에 何瑟羅 사람들 15세 이상을 징발하여 泥河에 성을 쌓았다.[42] (『삼국사기』 권제3, 신라본기 제3 자비마립간 11년)
> 봄 정월에 伊湌 實竹을 장군으로 삼고 一善界의 丁夫 3천을 징발하여 三年·屈山 두 성을 개축하였나.[43] (동 조지마립간 8년)

여기에는 축성에 동원된 役夫의 연령층과 구체적인 수자가 명기되어 있다. 이는 신라 국가가 지방사회를 파악하는 정도가 5세기 후반이면 이미 상당히 진전되고 있었음을 반영한다. 특히 伊湌 實竹을

---

41) 5세기 후반 신라의 축성 작업에 대해서는 浜田耕策, 1977 앞의 논문 참조.
42) "秋九月 徵何瑟羅人 年十五已上 築城於泥河"
43) "春正月 拜伊湌實竹爲將軍 徵一善界丁夫三千 改築三年屈山二城"

將軍으로 임명하여 소백산맥 동쪽 지역의 역부 3천을 동원하고 이를 둘로 나누어 소백산맥 서쪽의 2성44) 개축에 투입한 사실은 주목된다. 변방의 방어시설을 보수하는 데 후방의 주민을 동원했기 때문이다. 이는 신라가 고구려·백제와 본격적으로 대치하면서부터 개별 小地域의 범위를 넘어서는 국가적 차원의 대응이 요구된 결과였다. 이렇게 대규모 역역동원과 군사활동, 그 전제가 되는 지방사회의 토지·호구에 대한 일원적 파악의 필요성이 높아지면서, 중앙 권력의 지방 침투는 서서히 강화되어 갔던 것으로 추정된다.

469년(자비마립간 12)에 王都의 坊里 명칭을 정한 것은45) 6부의 변화와 함께 '지방'과 대비되는 의미에서의 '王都'의 성립을 의미한다. 경주 일원이 사로국 자체이던 상태에서, 이제는 그 때까지 아우른 모든 영토의 중심지인 王都로 자리매김되면서 왕도의 내부를 구획하여 坊里 명칭을 붙였던 것이다. 이제 지방은 정복된 피복속지가 아니라 王都에 대비되는 地方으로, 국왕의 德化 대상으로 자리잡을 수 있었던 것이다.46) 487년(조지마립간 9)에 중앙정부의 명령을 지방으로 전달하는 郵驛을 설치하고 官道를 수리한 것도,47) 전영역에 대한 직접지배를 실현하기 위한 조치의 일환이었다. 그리고 지방의 城·村에 道使를 파견하기 시작한 것도 이 무렵부터일 것으로 생각

---

44) 三年山城은 현재의 충북 보은이며, 屈山城은 충북 옥천군 靑山面으로 비정된다(李丙燾 譯註, 1977 『三國史記』, 乙酉文化社, 48쪽).

45) "春正月 定京都坊里名"(『삼국사기』 권제3, 신라본기 제3 자비마립간 12년)

46) 여기에 대해서는 주보돈, 1998「麻立干時代 新羅의 地方統治」『新羅地方統治體制의 整備過程과 村落』, 신서원, 65~66쪽(原載 1996 『嶺南考古學』 19) 참조. 다만, 앞 장에서 지적했듯이, 6부 지배층의 관념은 이러한 현실의 변화 속도에 미치지 못하고 있었다.

47) "三月 始置四方郵驛 命所司修理官道"(『삼국사기』 권제3, 신라본기 제3 조지마립간 9년조).

된다.48)

이러한 변화를 거친 결과, 신라의 중앙 지배층은 503년(지증왕 4) '新羅' 국호의 확정49)을 통하여 자신의 지배하에 놓여 있는 전영역을 동질적으로 인식하려는 의지를 집약적으로 표명하였다. '網羅四方'을 표방한 국호의 확정은 기존의 피복속 세력을 적대 세력으로서가 아니라 형식적이나마 신라의 '民'으로 인식하려는 의지의 발로로 생각된다.50) 그리고 505년(지증왕 6년)에는 주군제를 시행하였다. 이를 계기로 국왕의 주도 하에 전 영역이 州와 郡, 그리고 城·村으로 구획되면서 각기 지방관이 파견되었다.

주군제가 정착하면서 중앙정부에서 파견하는 지방관의 수도 차츰 늘어났을 것이다. 521년(법흥왕 8) 무렵에는 왕경을 제외한 전 영역이 52개의 '邑勒'으로 구획되어 있었다.51) 특히 538년(법흥왕 25)에는 지방관이 가족을 이끌고 부임할 수 있도록 하였다.52) 이 조치는

---

48) 주군제가 시행되기 전인 냉수비에서 이미 道使가 나타나고 있다. 朱甫暾, 1998 위의 책, 63쪽에서는 郵驛을 설치할 무렵에 道使가 파견된 것으로 보았다.

49) "冬十月 群臣上言 始祖創業已來 國名未定 或稱斯羅 或稱斯盧 或言新羅 臣等以爲 新者德業日新 羅者網羅四方之義 則其爲國號宜矣 又觀自古有 國家者 皆稱帝稱王 自我始祖立國 至今二十二世 但稱方言 未正尊號 今 群臣一意 謹上號新羅國工 王從之"(『삼국사기』권제4, 신라본기 제4 지증 왕 4년)

50) 新羅라는 國號의 확정이 갖는 의미에 대해서는 朱甫暾, 1998「新羅 國號의 確定과 民意識의 成長」앞의 책(원재 1994『九谷黃鍾東敎授停年紀念 史學論叢』) 참조.

51) "國有六啄評 五十二邑勒"(『梁書』권제54, 列傳 제48 新羅傳). 『양서』의 이 기사가 521년의 사신 파견 때 전달된 내용임은 이 책 제1부에서 이미 검토한 바와 같다. 이 때의 52邑勒에 대해서는 여러 가지 의견이 있다. 朱甫暾, 1998 앞의 책, 86쪽~89쪽에서는 道使가 파견된 城·村으로 보았다.

52) "春正月 敎許外官携家之任"(『삼국사기』권제4, 신라본기 제4 법흥왕 25년)

지방에 상주하는 관인의 생활을 안정시킴으로써 지방지배를 강화하는 한편, 왕경인과 지방민의 상호 동질적인 인식이 확산되는 데도 기여하였을 것으로 생각된다.

또한 6세기 이후에는 軍主와 그 예하의 幢主 등이 일정한 규모의 중앙군을 이끌고 지방에 주둔하면서 지방민과 함께 백제·고구려를 상대로 군사활동을 활발히 벌이고 있었다. 이러한 활동을 통하여 왕경인이 지방민을 대하는 태도도 서서히 바뀌어갔을 것이다. 또 백제·고구려와의 전쟁은 신라 국가에 대한 지방민의 귀속감을 높여주는 직접적인 계기로도 작용했을 것이다. 다음 사료는 그러한 변화의 결과를 보여준다.

> 신라는 明王이 직접 온다는 말을 듣고 나라 안의 군사를 모두 동원하여 길을 막고 격파하였다. 이 때 신라는 佐知村 飼馬奴인 苦都(谷智라고도 함)에게 말했다. "苦都는 賤奴이며 明王은 名主이다. 이제 賤奴로 하여금 名主를 죽이게 함으로써 후세에 전하여 길이 입에 오르내리게 하겠다." 이윽고 苦都가 明王을 붙잡아 再拜하면서 "왕의 머리를 斬하기를 청합니다."라고 하니, 明王은 "왕의 머리는 奴手를 받기에 적합하지 않다."고 대답하였다. 苦都는 "우리 나라의 法(我國法)에는 盟을 어기면 비록 국왕이라도 奴手를 받는 것이 마땅합니다."라고 했다. …53) (『일본서기』 권제19 欽明天皇 15년 12월)

이는 554년 管山城 전투 때 백제 성왕이 죽임을 당하는 장면을 전하는 것이다. 성왕을 죽인 苦都는 『삼국사기』에는 新州軍主 金武力

---

53) "新羅聞明王親來 悉發國中兵 斷道擊破 是時 新羅謂佐知村飼馬奴苦都(更名谷智)曰 苦都賤奴也 明王名主也 今使賤奴殺名主 冀傳後世 莫忘於口已而 苦都乃獲明王 再拜曰 請斬王首 明王對曰 王頭不合受奴手 苦都曰 我國法 違背所盟 雖曰國王 當受奴手 …"

의 지휘 아래 전투에 참가한 三年山郡 高干 都刀로 나온다.[54] 그런데 『일본서기』에서는 그가 '飼馬奴'·'賤奴' 등으로 표현되어 있다. 그가 고간이라는 높은 外位를 지니고 있으면서도[55] 이렇게 표현된 것은, 6부인의 지방민에 대한 신분적 차별의식이 나타난 것으로 볼수 있다.[56] 그럼에도 불구하고 고도 자신은 성왕에게 '우리 나라의법' 운운하며 자신이 신라 국가에 속한 사람임을 강하게 내세우고 있다.

이렇게 6세기 중반이 되면 지방인들에게까지도 신라가 자신의 국가임이 강하게 인식되고 있었다는 것은 주목할 만한 현상이다. 이는단순히 지방인들에 국한된 것이 아니었다. 중앙 지배층의 지방민관에도 실질적인 변화가 진행되고 있었다. 다음은 이를 잘 보여준다.[57]

③ 夫純風不扇則世道乖眞旵 化不敷則耶爲交競是以帝王建号莫
④ 不修己以安百姓然朕歷數當躬仰紹太祖之基纂承王位兢身自
⑤ 愼恐違乾道又蒙天恩開示運記冥感神祇應符合筭因斯四方託

---

54) "百濟王明襛與加良 來攻管山城 軍主角干于德伊湌耽知等 逆戰失利 新州軍主金武力 以州兵赴之 及交戰 裨將三年山郡高干都刀 急擊殺百濟王…"(『삼국사기』 권제4, 신라본기 제4 진흥왕 15년)

55) 물론 高干은 전투의 결과로 받은 포상일 가능성도 없지 않다. 그렇다고 하더라도 그가 전투가 벌어지던 당시에 아주 낮은 외위를 소지했거나 無位였다고는 생각되지 않는다.

56) 주보돈, 1998 「지방민의 신분구조」 앞의 책, 243쪽(원재 1986 「新羅 中古期 村落構造에 대하여(Ⅰ)」, 『慶北史學』 9) ; 2002 『금석문과 신라사』, 지식산업사, 97쪽(원재 1989 『蔚珍鳳坪新羅碑와 法興王代 律令』 『韓國古代史研究』 2). 그런데 '飼馬奴'·'賤奴' 등의 표현은 왕경인의 지방인에 대한 차별의 흔적이라는 측면과 함께, 聖王 역시 '奴手'라는 표현을 쓰고 있는 것으로 보아 生死를 가르는 戰場에서조차 유지된 평민에 대한 우월감의 발로일 가능성도 있다고 생각된다.

57) 판독은 韓國古代社會研究所編, 1992 『譯註 韓國古代金石文Ⅱ』(磨雲嶺碑 譯註者는 盧重國)과 탁본을 참고하여 작성하였다.

⑥ 境廣獲民土隣國誓信和使交通府自惟忖撫育新古黎庶猶謂道
⑦ 化不周恩施未有於是歲次戊子秋八月巡狩管境訪採民心以欲
⑧ 勞賚如有忠信精誠才超察属勇敵强戰爲國盡節有功之徒可加
⑨ 賞爵物58)以章勳効59)

이는 磨雲嶺碑(568) 앞면의 紀事 부분으로, 비가 세워진 현지의 주민들을 신라인으로 간주하고 있음이 확연히 드러난다. 진흥왕이 사방으로 영토를 넓히고(四方託境) 널리 '民土'를 얻었다(廣獲民土)고 했고, 국왕이 직접 巡狩管境한 이유가 '訪採民心'하기 위해서라고 썼다. 그리고 새로 편입된 지역이든 오래 전부터 영토로 관리하던 곳이든간에, 그곳에 살고 있는 주민들을 모두 民·百姓으로 표현하고 있고, 그를 제외한 나머지 국가를 '隣國'이라 구분하였다. 다만, '新古黎庶'라고 표현한 구절로 보아, 동질적으로 파악된 백성이라 해도 新古의 구분은 있었다.60)

이렇게 마운령비 단계에서는 새로 편입된 영토의 주민들도 구영토의 주민과 마찬가지로 국왕의 德化가 미쳐야 할 대상으로 여기고 있다. 군사력을 통해서든 행정력을 통해서든 신라 국왕의 영향력이 미

---

58) 黃草嶺碑를 참고하면 이 부분에 해당하는 글자는 '物'이다.

59) 『譯註 韓國古代金石文Ⅱ』에는 '勞'로 되어 있지만 탁본사진상으로는 効이다.

60) 광개토왕릉비문에서는 이전부터 고구려 영토 내에 살고 있던 주민을 '遠近舊民'이라 하고, 광개토왕이 직접 經略한 지역의 주민('吾窮巡所略來韓穢')과 합쳐 부를 때는 '新'字를 붙여 표현하였다('新舊守墓'·'新來韓穢'). 이는 구영역의 주민과 새로 편입된 영역의 주민을 新舊로 구분하고는 있지만 동일하게 자국민으로 인식한 증거이다. 新民만으로 守墓人을 충당하라는 廣開土王의 存時敎言은 이러한 인식을 바탕으로 나올 수 있었다고 생각되기 때문이다. 물론 이를 직접 신라의 경우와 비교하기는 어렵다. 그러나 새로 편입된 주민에 대한 고구려인의 인식이 비교적 일찍부터 개방적으로 바뀌고 있었음을 지적할 수는 있을 것이다.

치는 곳에 사는 주민들 모두를 자국민으로 간주하는 의식이 확고히 자리잡고 있는 것이다. 더구나 그들 중에서도 '나라를 위하여 忠節을 다하여 功이 있는 자들(爲國盡節有功之徒)'이 있으면 賞爵(物)을 더할 것임을 선언하고 있다. 이는 현지의 주민들을 '신라라는 국가의 테두리' 속에서 동질적으로 파악하는 태도가 아니면 나올 수 없는 표현이다. 이미 555년의 북한산비에서 새로 편입된 지역의 주민을 자국민으로 대한 흔적이 보였던 만큼,[61] 이는 매우 당연한 표현이라 할 수 있다. 또 이 비문에서는 功이 있는 자들에게 "賞爵(物)을 주겠다"는 것이 아니라 "爵(物)을 더할 수 있다(可加)"고 표현하였다.[62] 여기서 '爵'은 신라의 官等, 그 중에서도 외위를 의미할 것인데, 진흥왕이 현지에 행차하기 이전에 이미 그곳 지방인들은 외위를 받아 지니고 있는 상태였음을 엿볼 수 있다.

이상을 정리하면 다음과 같다. 5세기 후반 이후 신라 국가의 지방 지배는 간접지배에서 직접지배로 전환하고 있었다. 그런데 중앙에서 파견되는 지방관과 軍指揮官의 활동에는 현지 유력자의 적극적인 협력이 필요하였다. 따라서 과거와 같이 지방민을 피정복민·복속민으로만 대하는 태도로는 그들을 단일한 지배체제 안으로 포섭하는 데 한계가 있었을 것이다. 이제 왕경 지배층의 지방민에 대한 인식도 변화를 요구받았고, 점차 그들을 자국민으로 인식하기 시작하였다. 지방민들도 신라를 자국으로 인식하기 시작하였음은 물론이다.

그런데 지방인에 대한 배타적인 관념은 주군제가 시행된 이후에도 얼마간 잔존하였다. 오랫동안 지속된 간접지배의 경험이 있었고, 또

---

61) 이 책 3장 참조.
62) 북한산비에서도 '如有忠信精誠…'(제5행)이란 구절이 있으므로, 功이 있는 지방인들에게 '賞爵物'을 내린다는 방침은 그 이전부터 확립된 것이었음을 알 수 있다.

6부 지배층이 가진 독특한 폐쇄성으로 인하여, 지방민에 대한 차별 의식을 쉽사리 불식시키기 어려웠기 때문이다. 지방관을 보좌하여 지방지배의 매개 역할을 맡을 유력자들을 체제 내에 포섭할 목적으로 관등을 수여하게 되었지만, 왕경인과는 별도의 관등제를 정비한 배경은 이러한 맥락에서 이해된다.

6장 외위제 정비와 전개 과정

6세기 들어 주군제가 시행되고 지방관이 본격적으로 파견되기 시작하면서, 왕경 지배층은 주변 지역의 주민들을 자국민으로 간주하기 시작하였다. 이는 단순히 意識의 변화에만 그치지 않았고, 실제적인 조치가 뒷받침되었다. 그들에게도 관등이 수여되기 시작했던 것인데, 외위가 바로 그것이었다. 이로써 옛 사로국을 제외한 나머지 영토, 옛 소국이 있던 지역의 주민들도 왕경인에 대비되는 신라 국가의 '지방민'으로 자리잡을 수 있었다.

외위제는 신라가 중앙 집권적 지배체제를 갖추어나가는 과정에서 지방 세력을 포섭하여 편제한 형식의 하나였다. 다만, 그것이 경위와 다른 별도의 관등제였다는 점에 신라의 집권체제가 갖는 고유한 특징이 있다고 할 수 있을 것이다. 여기서는 경위제의 정비과정을 염두에 두면서, 먼저 외위제가 만들어진 시기를 추적해 보려고 한다. 외위제는 경위와 달리 오랜 기간의 제도화 과정을 거친 결과물이라고 보기는 어려운 만큼, 언제 만들어졌는가를 알아내는 것은 왜 만들었을까를 생각할 때 여러 가지 실마리를 제공할 것이기 때문이다.

또 현재 알려진 11등급의 외위가 한 번에 만들어진 것인지, 최초에 일부가 만들어지고 나서 시간이 가면서 늘어난 것인지를 검토해 볼 예정이다. 11등급 모두가 동시에 만들어진 것이 아니고 차츰 늘어나는 과정을 거쳤다면, 그렇게 된 배경이나 필요성을 추적하여 당시 신라사회의 역동성을 이해하는 단서로 삼을 수가 있을 것이기 때문이다.

이 장에서는 이런 점들을 살펴보기 위하여, 외위 관련 문헌자료를 검토하고 외위가 제정된 시기를 생각해 보기로 한다. 그리고 외위의 수가 늘어나는 계기와 과정 등을 여러 측면에서 다루기로 한다.

1.『삼국사기』직관지 외위조

京位와 달리 外位는 문헌사료를 통해서는 그 실체를 바로 알기가 어렵다. 단적인 보기를 들자면, 고대사를 연구할 때『삼국사기』와 함께 대표적인 자료로 꼽는『삼국유사』에서는 외위 명칭을 한 군데도 찾을 수 없는 것이다. 불교와 관련된 이야기들이 대부분을 차지하므로 시간상으로도 6세기 이후의 내용이 압도적으로 많고, 6세기 이전이라 하더라도 뒤에 신라의 '지방'이 되는 주변 소국을 다룬 부분이 매우 적기 때문이다.

따라서 외위에 관한 문헌 사료는『삼국사기』가 유일하다고 할 수 있다.『삼국사기』에는 약간의 외위 명칭과 함께 외위를 지닌 인물들의 활동이 담겨 있지만, 외위의 정확한 실체를 파악하는 데는 어려움이 있었다.『삼국사기』에는 외위에 대한 오해를 불러일으킬 소지가 다분한 구절이 포함되어 있었기 때문이다. 외위제의 전모를 수록해 놓은 듯한 구절로『삼국사기』직관지 外位條(이하 외위조라 함)에 들어 있는 내용은 다음과 같다.

外位 : 문무왕 14년에 여섯 무리의 眞骨들을 5京 9州로 나가 살면서 官名을 따로 일컫게 하였다. 그 위계를 京位에 견주면 嶽干은 一吉湌에, 述干은 沙湌, 高干은 級湌, 貴干은 大奈麻, 選干(撰干이

라고도 한다)은 奈麻, 上干은 大舍, 干은 舍知, 一伐은 吉次, [一尺
視大烏],[1] 彼日은 小烏, 阿尺은 先沮知에 대응한다.[2] (『삼국사기』
권제40, 志 제9 職官 下 外官 外位)

이 기사의 내용을 그대로 받아들인다면, 외위는 문무왕 14년(674)
에 신라의 최고 신분인 진골층을 5경과 9주, 즉 왕경을 제외한 지방
의 주요 거점지역에 분산 이주시키면서 따로 칭하게 한 官名이 된다.
이는 학계에서 초창기에 이루어진 외위에 대한 연구성과[3]와 너무나
동떨어진 것이 아닐 수 없다. 그럼에도 불구하고 이 기사에 대한 분
석이 본격적으로 시도된 적은 없었다.

실제로 1970년대에 들면서 그동안 발견된 금석문에 의해 외위의
실체가 부분적으로나마 밝혀지기 이전, 1960년대까지의 연구에서는
외위조에 바탕하여 외위의 실체에 대해 오해하는 경우도 없지 않았
다. 즉 경위는 '중앙관'에게, 외위는 '지방관'에게 준 것이었다거나,[4]

---

1) 一伐과 彼日 사이에 [一尺視大烏]가 누락된 것으로 추정된다.
2) "外位 文武王十四年 以六徒眞骨出居於五京九州 別稱官名 其位視京位
嶽干視一吉湌 述干視沙湌 高干視級湌 貴干視大奈麻 選干(一作撰干)視
奈麻 上干視大舍 干視舍知 一伐視吉次* 彼日視小烏 阿尺視先沮知"(*
一伐과 彼日 사이에 '一尺視大烏'라는 문장이 누락된 것으로 추정된다.)
3) 신라 외위에 대해 1980년대까지 이루어진 대표적 연구로는 다음이 있다.
村上四男, 1979「新羅外位小考」『朝鮮古代史研究』, 開明書院(原載 1954
『史潮』51)
三池賢一, 1970「三國史記職官志外位條의 解釋-外位의 復原-」『北海道駒
澤大學研究紀要』5
李鍾旭, 1974「南山新城碑를 통하여 본 新羅의 地方統治體制」『歷史學
報』64
權悳永, 1985「新羅外位制의 成立과 그 機能」『韓國史研究』50・51合
權悳永, 1986「7세기 중엽의 新羅 官等制의 變化-外位制의 소멸과 관련
하여-」『韓國精神文化研究院 大學院論文集』1
4) 末松保和, 1954「新羅六部考」『新羅史의 諸問題』, 東洋文庫, 287쪽. 그러

진골귀족을 강제로 徙民하여 외위 즉 일종의 鄕職에 奉仕케 했고, 이들이 차츰 '鄕吏'로 전락했다거나[5] 하는 등의 오해가 있었다. 그리고 7세기 이전의 금석문에서도 외위 명칭이 나타나는 사실을 토대로, 외위가 문무왕 14년(674)에 제도로서 확립되었을 뿐 그 명칭은 이전부터 있었고 외위 전체가 진골 본위로만 편제된 것은 아니라고 추정하거나,[6] 기존에 존재하던 외위의 순위와 경위에 대한 대응관계를 결정한 기사라고 해석하기도 하였다.[7]

결론부터 이야기한다면, 외위조는 『삼국사기』 편찬자들의 착오에 따른 오류라고 생각된다. 그러나 이렇게 판단하는 것만으로 문제가 간단히 해결되는 것은 아니며, 외위조의 내용을 다시 검토할 필요가 있다. 그 오류가 어디서 기인하는 것인가를 알면, 신라 외위제가 갖는 특징을 정확히 이해하는 데 도움이 될 수 있다. 또한 외위제 연구가 어떠한 사료를 중심으로 이루어져야 하는가를 다시 확인하는 계기가 될 수도 있기 때문이다. 이제 외위조가 갖는 문제점들을 하나씩 검토해 보자.

첫 번째로 눈에 띄는 것은, 외위조에서 경위와 외위를 대비시키는 가운데 경위 제15등 大烏와 외위 제9등 一尺이 누락되어 있는 점이다. 이 누락은 편찬과정에서 발생한 것으로 생각되는 바, 그만큼 이 기사의 신빙성을 약하게 한다. 외위 제9등이 一尺임은 다음에 인용할 百濟人位條를 통하여 보충된다.

둘째, 외위조가 경위와 외위를 대비시킨 규정을 마련한 것을 뜻한

나 그는 한 편으로는 外位가 部名을 갖지 않은 他國人·他部落人에게 준 것임은 인정하고 있었다(같은 책, 289쪽).

5) 韓沽劤, 1960 「古代國家 成立過程에서의 對服屬民施策(上)」『歷史學報』 12, 114쪽, 120쪽
6) 金哲埈, 1975 『韓國古代社會研究』, 知識産業社, 149쪽(원재 1956 「高句麗·新羅의 官階組織의 成立過程」『李丙燾博士華甲紀念論叢』)
7) 末松保和, 1954 앞의 책, 287쪽

다는 해석도 재고의 여지가 있다. 이는 이보다 1년 앞선 문무왕 13년 (673)에 항복해온 백제인에게 수여한 관등을 보면 쉽게 알 수 있다. 관련 기사는 다음과 같다.

　百濟人位 : 문무왕 13년에 백제에서 온 사람들에게 內外官을 주었다. 그 위계는 本國의 官銜을 참고하였다. 京官 大奈麻는 본래 達率이었던 경우, 奈麻는 본래 恩率, 大舍는 본래 德率, 舍知는 본래 扞率, 幢은 본래 奈率, 大烏는 본래 將德에게 주었다. 外官 貴干은 본래 達率에게, 選干은 본래 恩率, 上干은 본래 德率, 干은 본래 扞率, 一伐은 본래 奈率, 一尺은 본래 將德에게 주었다.[8] (『삼국사기』 권제40, 지 제9 직관 하 외관)

　여기서는 외위조에 누락된 一尺이 포함되어 있어 외위의 전모를 아는 데 도움이 된다. 673년 당시 백제인에게는 경위와 외위가 동시에 수여되었다. 그런데 그 때도 신라 경위의 서열에 따른 대응기준이 모두 적용되고 있었다. 이는 외위조와 백제인위조의 내용에 따라 표를 만들어보면 선명하게 드러난다.

　외위조에서는 大烏와 一尺이 누락되어 있으나 백제인위조에서는 갖추어져 있다. 백제인위조에서 彼日과 阿尺이 언급되지 않은 것은 그 외위를 수어받을 대상자가 없었기 때문으로 생각하는 것이 자연스러울 것이다. 한편 외위조에서는 14등 경위가 吉次로 되어 있으나 백제인위조에서는 幢이라는 異稱으로 되어 있다. 따라서 같은 직관지에 포함된 기사라고 해도, 외위조와 백제인위조는 계통을 달리하는 자료로부터 직관지에 모아진 것임을 알 수 있다.

---

8) "百濟人位 文武王十三年以百濟來人授內外官 其位次視在本國官銜 京官 大奈麻本達率 奈麻本恩率 大舍本德率 舍知本扞率 幢本奈率 大烏本將德 外官 貴干本達率 選干本恩率 上干本德率 干本扞率 一伐本奈率 一尺本將德"

<표 6-1> 『삼국사기』 직관지 외위조와 백제인위조의 대비

京位 等級	外位條(674년)		百濟人位條(673년)		
	京 位	外 位	外 位	百濟官等	京 位
7	一吉湌	嶽干			
8	沙 湌	述干			
9	級 湌	高干			
10	大奈麻	貴干	貴干	達 率	大奈麻
11	奈 麻	選干	選干	恩 率	奈 麻
12	大 舍	上干	上干	德 率	大 舍
13	舍 知	干	干	扜 率	舍 知
14	吉 次	一伐	一伐	奈 率	幢
15	[大 烏	一尺]	一尺	將 德	大 烏
16	小 烏	彼日			
17	先沮知	阿尺			

위 표에서 알 수 있듯이, 673년의 백제인위조에서도 이미 경위와 외위는 정연한 대비를 이루며, 674년 외위조의 대비와도 일치하고 있다. 따라서 외위조 기사는 그 이전까지 별도로 존재하던 외위가 674년에 와서 비로소 경위에 상응하는 순서로 정비된 사실을 기술한 것이 아님을 알게 한다. 더구나 그 전부터 진행되어 왔던 외위의 경위화를 법제적으로 정비한 것[9]으로 이해하기도 어려운 것이다.

셋째, 외위조에서는 사실에 명백히 부합되지 않는 점이 발견된다. 즉 674년에 진골귀족들을 5경 9주에 분산시키면서 따로 官名을 일컫게 한 것으로 되어 있으나, 정작 신라가 5소경을 최종적으로 갖춘 것은 685년(신문왕 5)이었다. 이 때 西原小京과 南原小京이 설치되었으며,[10] 문무왕 14년 당시에는 5소경 중 아직 中原小京 밖에 설치되어 있지 않았다.[11] 또한 9주가 제도로서 갖추어진 것도 685년이었

---

9) 李鍾旭, 1974 앞의 논문, 60쪽

10) "西原京 神文王五年 初置西原小京"(『삼국사기』 권제36, 잡지 제5 지리3 熊州)

"南原小京 … 神文王五年 初置小京"(동 全州)

다.12)

이상과 같이, 외위조는 그 자체만으로 보아도 몇 가지 모순을 안고
있음이 분명해진다. 그러나 더욱 중요한 것은 이러한 오류가 어디에
서 기인하는가 하는 문제가 될 것이다. 이는『삼국사기』편찬자들이
신라 외위를 얼마나 정확하게 이해하고 있었던가 하는 점과 관련된
다. 제1부에서도 잠깐 언급한 적이 있었지만, 12세기 당시 金富軾을
비롯한『삼국사기』편찬자들은 이미 신라사회의 많은 부분을 알 수
없는 상태에 놓여 있었다. 신라의 官制에 대해서도 예외가 아니었다.
이는 직관지 서문의 다음과 같은 언급에서 잘 드러난다.

新羅의 官號는 때에 따라 변하여 그 명칭이 같지 않고 唐夷가 서
로 섞였다. 侍中이나 郞中 등은 모두 唐의 官名이라 그 뜻을 대략
살필 수 있지만, 伊伐湌이나 伊湌 등은 모두 夷言이라서 그렇게 부
른 뜻을 알지 못한다. 당초에 만들었을 때는 반드시 직책에 맡은 바
가 있었고 자리에는 定員이 있어서 尊卑를 구별하고 人才의 大小
에 따라 대우했겠지만 세월이 오래되고 기록이 빠져서 상세하게 살
펴볼 수가 없다. …(『삼국사기』권제38, 志 제7 職官 上 서문)13)

---

11) 中原(國原)小京은 진흥왕 18년(557), 北原小京은 문무왕 18년(678), 金官
  小京은 문무왕 20년(680)에 각각 설치되었다.

12) "春 復置完山州 以龍元爲摠管 挺居列州以置菁州 始備九州 以大阿湌福
  世爲摠管"(『삼국사기』권제8, 신라본기 제8 신문왕 5년). 신라의 9州 중
  完山州를 제외한 나머지 8州의 창설연대는 모두 文武王 14년(674) 이전이
  며 完山州만 685년에 설치되었다.
    단, 7세기 전반까지도 州의 명칭이 不定型的인 상태를 완전히 벗어났다
  고 보기는 힘든 만큼, 외위조의 '九州'는 통일 이후의 정비된 9州를 의미하
  지 않을 수도 있을 것이다.

13) "新羅官號 因時沿革 不同其名言 唐夷相雜 其曰侍中郞中等者 皆唐官名
  其義若可考 曰伊伐湌伊湌等者 皆夷言 不知所以言之之意 當初之施設
  必也職有常守 位有定員 所以辨其尊卑 待其人才之大小 世久文記缺落
  不可得覈考而周詳 …" 직관지 서문은 김부식이 직접 쓴 것이다.

『삼국사기』 편찬자들은 신라의 관제에 대해 전반적인 이해가 결여되어 있었다. 외위에 대해서도 마찬가지였다. 경위와 함께 150여 년간을 존속하였던 외위를 직관지를 편찬할 때 경위와 함께 묶지 않고 직관(하)의 '外官'조에서 따로 설명하고 있다는 사실은 그 단적인 보기라고 생각된다. 따라서 『삼국사기』 편찬자들이 직관지를 편찬할 때, 진골귀족들을 지방으로 徙民한 사실과, 경위-외위의 대응관계를 담은 서로 다른 두 기사를 합쳐서 착오를 일으켰을 가능성을 생각해 볼 수 있겠다.

그런데 이러한 착오를 고의적인 것이라 판정하기는 어렵다. 이러한 착오가 일어나게 된 일차적인 원인은 신라의 외위 자체가 특이한 것이었을 뿐 아니라, 고려시기에는 지방관을 뜻하는 말로 사용한 '外官'과 신라의 外位를 『삼국사기』 편찬자들이 혼동한 데 있었다고 생각된다. 앞서 언급했듯이 이러한 혼동이 1960년대까지의 외위 연구에서도 발견되기 때문이다. 그렇기 때문에 『삼국사기』 편찬자들은 외위에 관한 설명을 직관(상)의 경위와 함께 묶지 않고 직관(하)의 '外官'조에 분리해 놓았던 것이다.

外官이란 王命을 받고 정해진 지방에 가서 상주하면서 현지 鄕吏들의 보좌를 받아 현지 지배에 임하는 자를 가리킨다. 때로는 상주하지 않고 부정기적인 감찰 기능만 수행하는 경우에도 외관으로 간주하는 것이 보통이다. 따라서 이러한 관직이 외위와 전혀 다른 것임은 말할 것도 없다. 그런데도 신라 외위제의 내용을 알리는 자료가 부족하여 12세기의 고려인들에게는 그만큼 생소한 것이 되었기에[14] 이러한 착오가 발생하였던 것이다. 또한 한 걸음 더 나아가서 생각하면,

---

14) 7세기 전후부터 지방인에게도 경위가 수여되기 시작한 것이, 『삼국사기』 편찬 당시에 외위에 관한 기록이 많이 남아 있지 못한 원인의 하나로 생각된다. 『삼국유사』에 단 하나의 외위도 언급되지 않은 것도 마찬가지 이유 때문이었을 것이다.

이는 신라인 스스로가 고려시기의 외관과는 다른 의미로 쓰인 '外官'
이란 용어를 담은 기록들을 남겼기 때문이라 생각된다.[15] 앞서 언급
한 백제인위조에서 항복해온 백제인들에게 本國의 官銜에 따라 '內
外官을 주었다'든가, 외위를 '外官'이라 표현한 것은 그 좋은 사례라
할 수 있다.

그런데 외위조의 기사에 비록 혼란이 있다 해도, 거기에는 통일 직
후에 6부 귀족을 지방 각지에 분산 거주시킨 조치가 들어 있다는 사
실을 지나칠 수는 없다. 신라는 지배 영역의 확대과정에서 특별히 중
요한 의미를 갖는 지역에 소경[16]을 설치하여 6부인들을 이주시킨 경
험이 있었다. 즉 지증왕 15년(514)에는 阿尸村에 소경을 설치하고 6
부인과 남부 지방 주민들을 이주시켰다.[17] 또 진흥왕 18년(557)에는
國原을 소경으로 삼고 이듬해에 貴戚子弟 및 6부 豪民을 이주시키
기도 하였다.[18]

그러므로 통일 직후의 어느 시점에 옛 고구려와 백제로부터 새로
확보한 영역을 관리하기 위하여 6부 소속의 귀족들을 일부 이주시켰
을 가능성이 있다. 특히 신라는 백제가 멸망한 뒤 그 영토에 대한 집
요한 공략을 감행하여 唐과 대치하기에 이르렀고, 문무왕 12년부터
唐軍과 본격적으로 충돌하기 시작하였다. 이에 신라는 문무왕 13년

---

15) '外位'항목이 『삼국사기』 직관지 '外官'조에 들어 있으며, '백제인위'조에서
    도 외위와 외관이란 용어가 구분 없이 사용되고 있는 점을 참고할 수 있겠
    다.
16) 신라의 小京에 대해서는 다음 연구가 참고된다.
    藤田亮策, 1963 「新羅九州五京攷」『朝鮮學論考』(원재 1953 『朝鮮學報』
    5)
    林炳泰, 1967 「新羅小京考」『歷史學報』35·36合
17) "春正月 置小京於阿尸村 秋七月 徙六部及南地人戶充實之"(『삼국사기』
    권제4, 신라본기 제4 지증왕 15년)
18) "十八年 以國原爲小京"(위의 책 권제4, 신라본기 제4 진흥왕 18년)
    "春二月 徙貴戚子弟及六部豪民 以實國原"(동 19년)

에 대대적인 축성사업을 벌임과[19] 아울러 백제에서 항복해 온 자들에게 신라 관등을 수여하여 체제 내에 포섭하는 등 다각도의 노력을 기울였다. 그러므로 문무왕 14년에 이러한 대책의 일환으로서, 뒷날 소경이 설치되는 곳이나 9주의 중심 지역에 진골귀족을 이주케 하여 방비를 도모했을 가능성이 있는 것이다.[20]

다만 외위조에서 '官名을 따로 일컫게'(別稱官名) 했다는 내용이 무엇이었을까 의문으로 남는다. 그런데 소경이 설치된 곳에는 왕경과 마찬가지로 6부명을 본딴 坊里制가 시행되고 있었다.[21] 이를 감안하면 소경에 설치된 官署 중의 일부와 그에 속한 관직도 왕경에 있는 중앙 관서와 동일한 명칭을 사용했을 가능성이 충분하다. 따라서 "관명을 따로 일컫게 했다"는 것은 이를 가리킨 것으로 짐작된다.

외위제는 고려시기에는 없던 것이었다. 그리고 고구려·백제 어디서도 확인되지 않는 신라 특유의 것이었다. 그런 만큼 외위제의 실체를 정확하게 밝혀내면 신라 관등제가 갖는 특징을 더욱 잘 파악할 수 있을 것이다. 그러나 지금까지 보았듯이, 그나마 외위의 전모를

---

19) "十三年 二月 增築西兄山城" "八月 以波珍湌天光爲中侍 增築沙熱山城 九月 築國原城(古薍長城)·北兄山城·召文城·耳山城·首若州走壤城[一名迭巖城]·達舍郡主岑城·居烈州萬興寺山城·歃良州骨爭峴城"(『삼국사기』 권제7, 신라본기 제7 문무왕 13년)

20) 權悳永, 1986 앞의 논문, 140~141쪽에서는 신라본기 문무왕 14년 춘정월조의 '又據百濟故地 使人守之 唐高宗大怒 詔削王官爵'이라 한 기사와 관련지어 외위조의 眞骨出居 기사를 百濟故地에 대한 官人 파견으로 해석하였다.

21) 『삼국사기』 권제46, 열전 제6 强首傳에서는 그를 "中原京沙梁人"이라 하였다. 이는 비단 中原京에만 국한된 문제는 아니었다. 西原京 부근의 청주 上薫山城에서 '沙梁部'의 銘文瓦가 발견된 것은(忠淸北道, 1982 『上薫山城地表調査報告書』, 62쪽의 도판과 忠北大學校 湖西文化硏究所·淸州市, 1997 『上薫山城-西將臺 및 南門外 遺蹟地 調査報告-』, 126쪽의 도판 참조), 西原京의 행정구역도 6부로 구획되어 있었음을 말해준다.

보여주는 『삼국사기』 직관지는 근본적 오류를 포함하고 있었다. 따라서 외위제가 어떠한 과정을 거쳐 성립하며, 신라 지배체제에서 어떤 역할을 수행하는가 하는 문제는 대부분 6세기의 금석문에 의존할 수밖에 없는 것이다.

2. 외위의 제정과 증설 필요성

1) 외위 제정 시기

신라가 정복지·복속지에 지방관을 파견하여 상주시키면서 租稅와 力役을 직접 관장하기 시작한 때는 상당히 늦었다. 그러나 5세기 말부터 신라의 지방지배에는 조금씩 변화가 나타나기 시작하였다. 그 변화의 구체적인 결과이면서 새로운 변화의 시작이었던 것이 6세기 초에 시행된 주군제와 외위제의 정비라고 할 수 있다.

그 중 외위제는 지방에 거주하는 인간에 대한 포섭이라는 점에서 특히 주목된다. 고대사회의 관등이란 것이 국가적 직무를 맡을 수 있는 자격 요건이라는 점을 감안하면, 관등을 얻는다는 것은 '참정권'을 얻는 것과 같았다. 그리고 고대사회에서 국가의 직무를 맡는 것은 누구에게나 개방된 일이 아니고 일정한 신분이나 사회적 영향력, 국가에 대한 기여도에 따라 국왕에 의해 결정되는 것이었다. 따라서 지방민에게 관등을 준다는 것은, 그들을 더 이상 피정복민·복속민으로 간주하지 않는다는 것을 뜻한다. 이제는 그들을 自國民—더 정확하게 말하자면 자국 내의 '지방민'—으로 대우하기 시작했음을 보여주는 증거가 외위제라고 할 수 있는 것이다.

그러면 이 외위제는 언제부터 시행되었을까?

1970년대 이전의 연구에서는 외위제가 6세기 후반에 성립한 것으로 보기도 하였다.[22) 그러나 해방후에 발견된 금석문들을 통하여 신라의 지방 통치를 검토한 연구들은 외위제의 성립 시기를 6세기 초로 추정하는 것이 일반적이다.[23) 이러한 차이는 외위제의 성립을 알려주는 명확한 기록이 없다는 사정에서 말미암은 것이다. 그러나 외위제가 정비된 시기는 신라의 지배체제가 정비되는 일반적 추이를 염두에 두고 검토할 필요가 있다.

앞서 언급했듯이, 『삼국사기』를 비롯한 문헌 사료는 외위제의 실체를 파악하는 데 상당한 한계를 지니고 있다. 다만『삼국사기』직관(하)의 외위조와 백제인위조를 종합하여, 외위가 모두 11등급의 체계를 지닌 것이었음을 알 수 있을 뿐이다. 이 11등급의 외위 모두를 열거해 보면 다음과 같다.

嶽干(1), 述干(2), 高干(3), 貴干(4), 選干(5), 上干(6), 干(7), 一伐(8), 一尺(9), 彼日(10), 阿尺(11)

외위가 언제 성립했을까 하는 문제를 생각할 때는 다음과 같은 점을 먼저 전제할 필요가 있을 것이다. 즉 국왕이 지방인에게 관등을 수여할 수 있기 위해서는 왕경인에게 주어지는 경위제가 먼저 성립해 있거나, 적어도 성립해가는 과정에 있어야 한다는 점이다. 왕경 6부 지배층의 신분 서열, 정치적 位階를 정하는 제도적 기준이 마련되지 않은 상태에서, 지방인에게 수여할 목적으로 외위라는 별도의 관등제를 마련할 수는 없기 때문이다. 따라서 외위제의 성립 시기는 경위제와 연관하여 살펴보아야 한다.

경위의 제도화 시점을 추정할 때와 마찬가지로 외위가 만들어진

---

22) 末松保和, 1954 앞의 책, 289쪽
23) 李鍾旭, 1974 앞의 논문, 58쪽 ; 李宇泰, 1981「新羅의 村과 村主」『韓國史論』7, 서울대 국사학과, 116쪽 ; 權悳永, 1985 앞의 논문, 90쪽

때를 생각하는 데도 冷水碑와 鳳坪碑는 중요한 실마리를 제공한다. 두 비에는 많은 수의 6부인들과 함께, 현지의 유력자로 생각되는 인물들이 보인다. 따라서 양자를 비교하면 제법 주목할 만한 단서를 찾을 수도 있다. 먼저 냉수비(503)에 나타난 왕경의 최고 지배층 및 지방 村主의 인명을 정리하면 다음과 같다.

<표 6-2> 냉수비의 共論집단과 촌주

	출 신	인 명	관등·지위(등급)
王 〔共 論〕	沙喙	至都盧	葛 文 王
	…	斯德智	阿 干 支(6)
	…	子宿智	居伐干支(9)
	喙	尒夫智	壹 干 支(2)
	…	只心智	居伐干支(9)
	本波	頭服智	干 支
	斯波	暮斯只	干 支
村主	(珍而麻村?)	奥 支	干 支
	(…?)	須 支	壹今智

냉수비는 경위가 일원화된 지 얼마 되지 않은 시점의 것이었다. '共論'에 참여한 자들의 기재순서가 京位順을 따르고는 있지만, 그보다 앞서 部順이 일차적인 기준이 되고 있는 사실이 이를 말해준다. 여기서 本波(本彼部)와 斯波(習比部)의 部主는 '干支'를 칭하고 있다. 이것이 경위와는 다른, 부주가 관행적으로 칭하던 일반적 位號였다는 사실은 앞의 제1부에서 살펴본 바와 같다.

그런데 냉수비에서 더욱 주목되는 것은 奥支라는 자가 지닌 '干支'라는 칭호이다. 그는 촌주라는 직명을 띠고 있는 것으로 보아 지방인이 분명하고,[24] 따라서 本波部나 斯波部의 부주와는 다른 존재임도

24) 냉수비에서는 그의 출신지가 명기되지 않았다. 節居利가 珍而麻村에 거주하는 인물인 것으로 보아 村主 역시 珍而麻村 출신으로 추정할 수 있다. 그러나 6세기의 다른 금석문을 보면 村主는 郡을 단위로 선임되고 있으므

분명하다. 그럼에도 불구하고 양자는 동일하게 干支를 칭하고 있는
것이다.[25]

6부인들이 지닌 경위에 '支'라는 존칭어미가 붙어 있는 것으로 보
아, 奧支가 칭한 干支를 외위 7등급의 干으로 생각해볼 수도 있다.[26]
그러나 외위의 수여가 주변 지역 주민을 자국민으로 대우하기 시작
함을 의미하는 한편, 그들을 왕경인과 차별하는 의미도 함께 지녔음
을 감안하면 이렇게 보기는 어렵다. 최고 지배층으로서 지방인 사이
의 소유권 분쟁을 판정한 주체가 지닌 위호와, 지방인 촌주에게 수여
한 외위가 동일한 명칭으로 출발했을 가능성은 거의 없기 때문이다.
따라서 503년의 냉수비 단계에서는 외위제가 아직 정비되지 않았다
고 보는 것이 자연스럽다.

그러면 지방인인 奧支 干支는 왕경의 本波部나 斯波部의 部主가
칭한 干支와 마찬가지로 상징적인 차원에서나마 독립적인 지위를 여
전히 인정받는 존재였을까? 그렇게 보기도 어렵다. 왜냐하면 그는
촌주라는 직명을 띠고 있기 때문이다. 6세기의 남산신성비(591)를 비
롯한 다른 금석문들을 보면 촌주는 郡 단위로 2명씩 존재하였다.[27]

로 단정짓기는 어렵다.

25) 李宇泰, 1992 「迎日冷水里碑의 再檢討-財의 性格을 中心으로-」『新羅文
化』 9, 108쪽에서는 本波나 斯波의 部主가 칭한 干支와 마찬가지로 干이
분화되기 이전의 모습으로 해석하였다.

26) 宣石悅, 1990 「迎日冷水里新羅碑에 보이는 官等・官職問題」『韓國古代
史研究』 3, 195쪽, 204쪽과 金羲滿, 1990 「迎日 冷水碑와 新羅의 官等制」
『慶州史學』 9, 27쪽에서는 이를 外位로 보았다. 그리고 朱甫暾, 1998 『新
羅 地方統治體制의 整備過程과 村落』, 신서원, 141쪽~143쪽(원재 1990
「6세기 초 新羅王權의 位相과 官等制의 成立」『歷史敎育論集』 13・14
合, 경북대 역사교육학과)에서는 성립 초기 단계의 외위로 보았다.

27) 村主라는 職名을 정확히 기재한 2인의 村主가 나오는 경우로는 昌寧碑
(561)의 尖聰智 述干과 麻叱智 述干, 그리고 南山新城碑(591)의 '郡中村
主' 등을 들 수 있다.

이는 촌주라는 직책이, 중앙정부가 일정한 지역 내의 유력자 중에서 특정인을 선별하여 임명한 것이었음을 뜻한다.[28]

따라서 냉수비가 주군제를 시행하기 이전의 것이었음을 고려해도, 奧支가 독립성을 인정받는 존재였다고 볼 수는 없다. 더구나 奧支는 2인의 촌주 중 1인이었고,[29] 나머지 1인은 干支를 칭하고 있지 않은 것이다.[30] 이렇게 보면 냉수비에서 촌주인 奧支가 칭한 干支 역시 외위제가 정비되기 이전에 중앙정부의 묵인하에 지방사회의 유력자가 사용하던 일반적인 칭호였다고 할 수 있다. 다만 이들은 이미 오래전에 독립성을 상실한 존재였다고 판단된다.

냉수비가 외위제 정비 이전 단계의 것임을 뒷받침하는 또 하나의 증거는, 촌주 중의 나머지 1인인 須支 壹今智이다. 이는 5字 전체를 인명으로 보는 경우도 있으나,[31] 분리해서 보는 것이 자연스럽다. 다만 그럴 경우에 壹今智를 어떻게 파악할 것인가가 문제가 된다. 이

---

28) 889년(진성왕 3)에 사벌주의 반란군 元宗·哀奴와 싸우다가 村主 祐連이 전사하자 진성여왕은 10여 세 된 그의 아들로 하여금 촌주 자리를 잇게 하였다(『삼국사기』권제11, 신라본기 제11 진성왕 3년). 지방의 촌주를 국왕이 직접 임명한 사례인데, 이것이 6세기 이래의 원칙이었다고 보기에는 시간이 너무 떨어져 있고 상황 자체도 특수한 경우이다. 어쨌든 국왕이 직접 임명했는가 여부는 차치하고서라도 촌주의 직책을 맡을 자는 중앙정부 차원에서 현지 사정을 보아 선박하는 것이있음은 밀힐 것도 없다.

29) 주보돈, 2002『금석문과 신라사』, 지식산업사, 65쪽(원재 1989「迎日冷水里新羅碑에 대한 基礎的 檢討」『新羅文化』6)에서는 村主를 1인으로만 보았다.

30) 須支壹今智의 경우 중복을 피하기 위해 '干支'가 생략된 것으로 볼 수도 있다. 6세기 금석문에서는 소속 부명의 중복을 피하기 위해 생략한 경우가 있기 때문이다. 그러나 냉수비에서는 本波部와 斯波部의 부주 2인의 '干支'는 생략되지 않고 거듭 열거되고 있다. 따라서 須支壹今智의 뒤에 '干支'가 생략된 것으로 보기는 어렵다.

31) 金昌鎬, 1990「迎日冷水里新羅碑의 建立 年代」『韓國古代史研究』3, 93쪽 ; 宣石悅, 1990 앞의 논문, 186쪽

는 외위제가 정비되기 이전 단계에 지방사회에서 干支 아래의 지위에 있는 자가 관행적으로 사용하던 칭호였던 것으로 생각된다. 사로국의 경우에 복수의 伊湌 아래에 ‘位卑者’가 있었듯이,[32] 지방사회에서도 干支 아래의 유력자가 일정한 칭호를 지니고 있었을 가능성이 크기 때문이다.

다만 그것이 『삼국사기』에 나오는 외위 명칭과 직접 연결되지 않는 것은 다음과 같은 이유 때문이 아닌가 한다. 즉 제도화 이전의 위호에 기원을 둔 경위와 달리, 외위는 지방사회의 유력자들이 관행적으로 지니던 칭호를 그대로 제도화한 것이 아니라 중앙정부에서 일괄 제정한 것이라 생각된다.[33] 따라서 외위가 제도화되기 이전에 지방사회에서 전통적으로 쓰던 干(干支) 아래 호칭들이 있었다고 하더라도, 그것이 문헌사료 속에 흔적을 남기기는 쉽지 않았을 것이다. 또 제도화될 당시의 외위가 지방사회의 전통적인 호칭들을 그대로 흡수하지는 않았고, 새로 창안한 것이었기 때문이 아닌가 한다.

냉수비는 경위가 제도적으로 확고히 정착되지는 못했으나 일단 일원화된 단계에 해당한다. 따라서 왕경인의 서열 기준이 마련된 만큼, 외위가 정비될 수 있는 객관적인 조건은 갖추어진 상태였다고 할 수 있을 것이다. 그러나 이 단계에서는 아직 외위제가 정식으로 제도화되지는 않았다고 생각된다. 本波部와 斯波部의 부주와 지방의 유력자가 동시에 干支라는 칭호를 사용하고 있는 것이 이를 반증한다. 즉 지방인에 대해 배타적인 우월감을 갖고 있었던 6부인이 지방인에게 줄 관등을 정비하면서, 6부의 일부 대표자와 동일한 干支라는 명칭의 관등을 지방인에게 주었다고 생각할 수가 없기 때문이다.

本波部와 斯波部의 부주는 일원화된 경위체계에 포섭되지 못하고

---

32) 『삼국사기』 권제1, 신라본기 제1 파사이사금 23년
33) 이 점에 대해서는 뒤에서 언급하기로 한다.

상징적인 차원에서 기존의 위호를 인정받은 경우였다. 그리고 지방인인 旱支 역시 중앙정부의 묵인 하에 자신이 기존에 지니고 있던 干支라는 칭호를 그대로 사용하고 있었다. 따라서 냉수비는 지방인과 왕경인의 차별을 제도화한 외위제가 정비되기 직전의 상태를 보여주는 것이라 할 수 있다.

그러면 이러한 과도적 단계에서 지방인과 왕경인이 함께 칭한 干(干支)이란 것은 어떠한 실체였을까? 6세기 이전의 문헌 사료에서 干은 다음과 같이 여러 가지 유형으로 나타난다.

居道는 그 族姓에 관한 기록을 잃어 어디 사람인지 알지 못한다. 탈해이사금을 섬겨 干이 되었는데, 이 때 于尸山國과 居柒山國이 이웃하는 경계에 끼어 자못 國患이 되었다. 居道는 邊官이 되어 병탄할 뜻을 품고 매년 한 번씩 張吐 들판에 말을 모아놓고 병사들로 하여금 타고 달리며 즐기게 하였다. 당시 사람들은 이를 馬叔이라 불렀다. (『삼국사기』 권제44, 열전 제4 居道傳)
朴堤上(혹은 毛末이라고도 한다)은 始祖 혁거세의 후손이며 파사이사금의 5세손이다. 할아버지는 阿道 葛文王이고 아버지는 勿品 波珍湌이다. 堤上은 벼슬하여 歃良州干이 되었다. … 訥祗王이 즉위하자 辯士를 얻어 맞이하여 올 것을 생각하였다. 水酒村干 伐寶靺과 一利村干 仇里迺, 利伊村干 波老 3인이 어질고 지혜가 있다는 말을 듣고 불러 물으니 … (동 권제45, 열전 제5 朴堤上傳)

거도전의 신빙성 여부는 앞 장에서 검토한 바 있다. 이는 거도가 탈해이사금 때 干이 되어 거칠산국과 우시산국을 병합한 사실을 전한다. 문맥으로 보아 거도는 일정한 수의 군사를 이끌고 다른 소국과의 경계 지점에 파견되어 활동한 자로 추정된다. 그리고 박제상전에 따르면 제상은 歃良州의 干으로 파견되어 있었다. 이들은 복속지 지배를 위한 감찰 임무를 띠고 파견된 책임자로 볼 수 있다.[34] 이렇게 거도와 제상의 경우에 사용된 干은 국왕의 임명을 받아[35] 국가적 직무를 맡아 수행하는 자에게 붙여진 호칭임을 알 수 있다. 이를 干의 첫 번째 유형이라 할 수 있다.

그런데 박제상전에서는 이와 다른 干이 보인다. 즉 '辯士'를 구하고 있던 눌지 마립간에게 제상을 추천한 자들로 水酒村干 伐寶靺, 一利村干 仇里迺, 利伊村干 波老 등의 3村干[36]이 등장하는 것이다. 이들은 신라에 복속한 지방의 유력자로서 해당 지역에서 상대적인 자치를 누리던 세력으로 짐작된다. 그러나 눌지의 자문에 응하고 있는 것으로 보아 완전히 독립적인 세력은 아니었다.[37] 따라서 이들이 칭한 干은, 신라의 영역에 편입된 지역의 유력자들이 사용해오던 칭호였다고 볼 수 있다. 이는 냉수비의 奧支가 칭한 干支에서 시간을 소급하여 연결되는 존재라고 보아도 무리가 없을 것이다. 이를 '干'의 두 번째 유형이라 할 수 있다.

한편, 시간을 더 소급해 보면 이들 3村干보다 독립성이 더욱 강한 존재로서 干을 칭한 경우를 찾을 수 있다. 다음 사료가 그것이다.

가을 8월에 音汁伐國과 悉直谷國이 영토를 다투다가 왕에게 와서 판정해주기를 청했다. 왕이 난처해하면서 "金官國의 首露王이 연로하고 지식이 많다"며 불러서 물으니, 수로가 논의를 주재하여

---

34) 全德在, 1990「新羅 州郡制의 成立背景研究」『韓國史論』22, 서울대 국사학과, 13~15쪽 참조.

35) 居道의 경우 "仕脫解尼師今爲干", 堤上의 경우 "堤上仕爲歃良州干"이라고 되어 있다.

36) 이들은 『삼국유사』 권제1, 기이 제2 奈勿王 金堤上條에서는 '國中豪俠'으로 표현되어 있다. 『삼국사기』의 표현이 원형에 더 가까운 것이라고 판단된다.

37) 3촌의 위치는 각각 醴川, 星州 근방, 榮州에 비정되어 모두 일찍이 신라의 영향권 내에 든 경북 일원이라 할 수 있다(金哲埈, 1952「新羅上代社會의 Dual Oganization(上)」『歷史學報』1, 43~44쪽 참조).

다투던 곳을 음즙벌국에 귀속시켰다. 이 때 왕이 6부에 명하여 함께 수로왕을 접대하게 했는데, 5부는 모두 伊湌을 내보냈으나 오직 漢祇部만이 서열이 낮은 자(位卑者)를 보냈다. 首露가 노하여 耽下里라는 奴를 시켜 漢祇部主 保齊를 죽이고 돌아가고, 奴는 音汁伐主 陁鄒干의 집으로 도망가서 숨었다. 왕이 사람을 시켜 奴를 찾았으나 陁鄒는 보내지 않았다. 왕이 노하여 군사로 음즙벌국을 치니 그 主가 무리와 함께 스스로 항복하고, 悉直과 押督 2국의 왕도 와서 항복하였다.(『삼국사기』 권제1, 신라본기 제1 파사이사금 23년)[38]

파사이사금대에 사로국에서 가까운 곳에 있던 음즙벌국의 지배자가 타추간이었다. 음즙벌국은 실직곡국과 영역 분쟁을 벌인 독립 소국이었다. 물론 사로국의 파사에게 분쟁의 조정을 의뢰한 사실로 미루어, 두 소국은 사로국이 주도하는 소국간 질서에 느슨하게 포섭되어 있었음을 알 수 있다. 그러나 음즙벌국의 타추간이 漢祇部主 保齊를 살해한 耽下里의 송환을 거부한 것으로 보아 사로국에 강하게 예속된 상태는 아니었다고 생각된다. 이렇게 干이라는 것은 주변의 독립 소국 首長이 사용하던 칭호이기도 하였다. 이를 干의 세 번째 유형으로 분류할 수 있을 것이다.

이상의 사례에 따라 干을 몇 가지 유형으로 나누어보았다. 그 모두는 독립적인 지배자라는 뜻에 뿌리를 두고 있다는 점에서 본질적인 공통점을 지니고 있다. 그런데 거도와 제상의 경우를 보듯이, 신라에서는 주변 지역에 파견한 官人에게도 干이라는 칭호를 쓰고 있

---

38) "秋八月 音汁伐國與悉直谷國爭疆 詣王請決 王難之 謂金官國首露王 年老多智識 召問之 首露立議 以所爭之地 屬音汁伐國 於是 王命六部 會饗首露王 五部皆以伊湌爲主 唯漢祇部以位卑者主之 首露怒 命奴耽下里 殺漢祇部主保齊而歸 奴逃依音汁伐主陁鄒干家 王使人索其奴 陁鄒不送 王怒 以兵伐音汁伐國 其主與衆自降 悉直押督二國王來降"

었다. 이는 官制 발달이 미숙하여 세분된 職名이 아직 존재하지 않는 상태에서 사용되었다. 여기에는 신라 정부의 임명을 받아 파견된 자가 기존의 수장층과 마찬가지로 해당 지역의 지배권을 행사할 수 있는 존재임을 강조하는 의미도 담겨 있을 것이다. 干이라는 칭호는 본래 독립 소국의 수장이 사용하던 것이었기 때문이다. 그것은 금관국의 시조설화에서 보이는 9干처럼39) 읍락사회40)의 우두머리에게도 사용되던, 아주 연원이 오랜 것이었다.

이렇게 오랜 연원을 가진 것이었던 만큼, 소국들의 독립성이 사라진 뒤에도 해당 지역의 유력자들은 干이라는 칭호를 관행적으로 계속 사용하였다. 마립간 시기에 해당하는 박제상전의 3村干이 이러한 경우에 속한다.41) 이보다는 중앙정부에 대한 의존도가 훨씬 높지만, 냉수비의 촌주가 칭한 干支도 마찬가지라고 할 수 있다. 냉수비 단계까지도 지방 세력이 전통적으로 쓰던 干支 칭호는 6부 지배층에 의해서도 용인되고 있었다. 한편 냉수비에서는 本波部와 斯波部의 部主도 干을 칭하였다. 그러나 그들은 경위제를 확립시켜가는 주도 세력에 들지 못하는 존재였다. 이렇게 형식화된 칭호란 점에서 그들이 지닌 干支는 村主가 지닌 干支와 공통점이 있다고 할 것이다.

6세기 초까지도 명맥을 유지하며 干(干支)이라는 칭호를 사용하던 세력들은, 그 명칭상 독립성을 띤 듯이 보이지만 실제로는 그와 정반

---

39) "開闢之後 此地未有邦國之號 亦無君臣之稱 越有我刀干汝刀干彼刀干五刀干留水干留天干神天干五天干神鬼干等九干者 是酋長領總百姓 凡一百戶 七萬五千人"(『삼국유사』 권제2 「駕洛國記」)

40) 『三國志』 魏書 韓傳에 묘사된 社會相에 따라 '小國을 구성하는 邑落'이란 의미에서 이렇게 표현하였다.

41) 이러한 측면을 감안하면, 麻立干의 말뜻 속에는 왕경에 거주하는 干 뿐만 아니라 지방에 거주하는 干에 대한 우두머리란 뜻이 내포되어 있으리라는 추정(朱甫暾, 1998 앞의 책, 38쪽(원재 1996 「麻立干時代 新羅의 地方統治」 『嶺南考古學』 19)은 설득력을 갖는다.

대였다. 냉수비의 壹干支·阿干支·居伐干支 등에서 볼 수 있듯이, 이미 干支 앞에 다양한 수식이 붙어 서열 등급으로 사용되는 상태였음에도 불구하고 이들 部主의 칭호는 여전히 예전과 같은 干支에 머물고 있었다. 本波部와 斯波部의 部主가 칭한 干(干支)은, 喙部와 沙喙部를 중심으로 이미 경위체계가 일원화되고 난 뒤에 그로부터 소외되어 남겨진 것에 불과하였다. 따라서 이 干(干支)을 중심으로 경위가 분화되었을 가능성은[42] 희박하다. 냉수비·봉평비의 干支는 경위가 제도화되는 과정에서 그 대상에서 제외되어 소멸하기 직전의 상태에 있는 것이었기 때문이다.

한편 村主 奭支가 칭한 干支라는 칭호가 외위의 모태가 된 것으로 보기도 어렵다. 그 이유는 다음과 같다. 진한 지역에 읍락사회가 성립하여 발전하던 초기 단계에는 여러 가지 위호를 지닌 자들이 동시적으로 존재하였다. 그들은 독립성을 지니면서도 세력의 크기에 따라 고유한 위호를 칭하고 있었다.[43] 따라서 사로국과 같이 선진지역의[44] 내부에서는 후대의 경위 干群의 기원을 이룬 것과 같은 다양한 위호들이 존재하였을 것이다.

---

42) 朱甫暾, 1990 앞의 논문, 257~258쪽에서는 경위 干群 伊伐湌에서 級湌까지가 이 干支에서 하향적으로 분화한 것으로, 263쪽에서는 외위가 干支에서 상향적으로 분화해간 것으로 보았다.

43) "弁辰有十二國 又有諸小別邑 各有渠帥 大者名臣智 其次有險側 次有樊濊 次有殺奚 次有邑借"(『삼국지』 권30, 위서30 동이 弁辰條). 이는 변진조에 기술된 내용이지만 삼한사회 전체에 해당하는 것으로 보아도 무리가 없을 것이다. 그리고 같은 책 韓條에서는 臣智 중에서 優呼를 더하는 자들도 있었음을 적고 있다('臣智或加優呼…'). 이러한 기록들은 삼한 소국이 성립할 당시부터 세력의 대소에 따른 위호의 차이가 있었을 것임을 짐작케 한다.

44) 4~6세기 전반에 걸쳐 출토된 경상도 지역의 철제 농기구는 경주 지역이 압도적인 우위를 차지하고 있는 사실이 참고된다(金在弘, 1991「新羅 中古期의 村制와 地方社會構造」『韓國史研究』72, 18쪽의 <표 3>).

그런데 마립간 시기가 되면 신라는 주변 소국에 대한 통합을 일단락짓고 옛 진한 지역의 유일한 국가로 성장하였다. 따라서 정복과 복속의 주체가 된 신라에서는, 다양한 세력들의 고유한 위호들이 지배층 내부의 규범화된 서열 명칭으로 자리잡아갔을 것이다. 제1부에서 언급했듯이, 이것이 경위제가 성립하는 과정이었다.

한편 신라와 같이 집권적인 지배체제를 성립시키지는 못하였지만, 6세기 이후까지 독립국으로 남았던 금관국의 경우에도 지배층 내부의 서열화가 어느 정도 진행되고 있었다.[45] 그리고 가야 諸國의 경우에도『일본서기』에서 安羅 次旱岐, 加羅 上首位, 多羅 下旱岐 등이 나타나는 것으로 보아,[46] 단초적으로나마 서열 명칭이 자리잡아가는 모습을 볼 수 있다. 이러한 변화는 비교적 오랫동안 독립성을 유지할 수 있었기 때문에 나타난 결과였다.

그 반면에 군사력을 통해 정복당하거나 자진 복속함으로써 독립성을 상실하고 신라의 세력권에 편입된 여타 지역은 이와 다른 과정을 밟았을 것으로 생각된다. 즉 원래의 위호들이 차츰 頹化되어 실질적인 의미를 상실하게 되었을 것이다. 단순히 복속 관계를 맺고 자치를 허용받은 경우라 할지라도, 독자적인 위계 서열을 보전하여 분화·발전시켜 나가는 데는 한계가 있었을 것이기 때문이다. 그 결과 신라

---

45) 신라에 통합된 시기가 비교적 늦은 금관국의 경우에는 당초의 위호들이 어느 정도 수준까지 발전하였음을 짐작케 하는 자료가 있다. 즉『삼국유사』권제2「가락국기」에는 수로가 즉위한 뒤에 9干의 명칭을 고친 기사와 함께, 신라의 職儀를 본따 角干·阿叱干·級干 등의 서열을 정한 기사가 있다("取雞林職儀 置角干阿叱干級干之秩"). 이는 금관국에서 신라의 위호체계를 모방한 것이라기보다는, 두 지역에서 서열의 의미로 사용되던 언어 또는 위호가 유사했던 상황을 반영하는 것으로 해석된다.

46) "夏四月 安羅次旱岐夷呑奚·大不孫·久取柔利·加羅上首位古殿奚·卒麻旱岐·散半奚旱岐兒·多羅下旱岐夷他·斯二岐旱岐兒·子他旱岐等 與任那日本府吉備臣闕名字 往赴百濟 俱聽詔書 …"(『日本書紀』권제19, 欽明 2년조)

에 복속된 지역에서는 최고 수장의 형식적인 지위만 용인되었을 것으로 생각된다.

마립간 시기 이후 지방의 유력자들이 칭한 '村干'이라든가, 냉수비의 촌주가 지닌 '干支'는 그 頹化된 흔적에 해당할 것이다. 그리고 本波部와 斯波部의 부주가 지닌 '干支' 역시, 喙部와 沙喙部 중심의 지배체제가 성립되는 과정에서 소외된 部의 대표자에게 인정된 퇴화된 칭호였다고 생각된다.[47] 따라서 이 '干支'는 관등의 원형도 모태도 아니었다고 할 수 있다. 그렇기 때문에 왕경인과 지방민 사이에는 차등이 유지되던 상태였음에도 불구하고 지방의 촌주와 중앙의 부주가 '干支'라는 동일한 칭호를 지닐 수 있었던 것이다.

봉평비(524)는 이상의 추정을 뒷받침하면서 외위가 성립한 때를 짐작할 수 있게 해준다. 봉평비에 등장하는 6부인과 지방인의 인명을 정리하면 다음 <표 6-3>과 같다.

봉평비는 경위제가 완전히 정착한 단계였다. 그런데 本波部와 岑喙部(牟梁部)의 부주로 생각되는 인물 2인이 干支 칭호를 쓰고 있고, 그들의 기재순서는 냉수비와 달리 喙部와 沙喙部 소속의 경위 소지자들보다 앞서고 있다. 2장에서 언급했듯이, 이는 그들의 현실적 지위가 향상되었음을 뜻하는 것이 아니다. 경위제가 완전히 정착되면서 그들이 지닌 등급 밖의 지위가 지극히 상징적인 차원에서 갈문왕 다음으로 자리매김된 결과에 지나지 않는다. 그들은 곧 경위제에 편입되어 사라지거나 도태될 처지에 놓여 있었던 것이다.

---

47) 지방의 干(干支)이 중앙정부의 묵인 하에서 관행적으로 사용된 것이었다면, 本波와 斯波의 干(干支)은 喙·沙喙의 용인 하에서 유지된 상징적인 대표자의 지위였다고 할 수 있다. 단 喙·沙喙 중심의 지배체제가 성립하였음에도 불구하고 봉평비에서 '新羅六部'를 표방한 것은 그러한 상징적 지위를 인정한 때문이었을 뿐, 실질적인 권력이 다른 부와 균등하게 공유된 것은 아니었다고 생각된다.

<표 6-3> 봉평비의 敎事집단과 지방인

소속(출신)		인 명	관등(지위)	비고
6부인 (敎事集團)	喙 部	牟 卽 智	寐錦王	
	沙喙部	徙 夫 智	葛文王	
	本波部	□ 夫 智	干 支	部主
	岑喙部	美 昕 智	干 支	
	沙喙部	而 粘 智	太阿干支 (5)	優勢部 所屬 臣僚
	…	吉 先 智	阿 干 支 (6)	
	…	一毒夫智	一吉干支 (7)	
	喙 (部)	勿 力 智	一吉干支 (7)	
	…	愼 肉 智	居伐干支 (9)	
	…	一 夫 智	太 奈 麻(10)	
	…	一 尒 智	太 奈 麻(10)	
	…	牟 心 智	奈 麻(11)	
	沙喙部	十 斯 智	奈 麻(11)	
	…	悉 尒 智	奈 麻(11)	
地方人	居伐牟羅	尼 牟 利	一 伐(8)	役割 不明
	(…?)	弥 宜 智	波 旦(10)	
	(…?)	□只斯利		
	(…?)	一 全 智		
	(阿大兮村)	奈 尒 利		關聯 處罰者
	(葛尸条村)	奈尒利居尺		
	(男彌只村)	翼 □		
	…	於卽斤利		
	居伐牟羅	異 知 巴	下干支(7)	地方人代表
	…	辛 日 智	一 尺(9)	

그런데 봉평비에서는 거벌모라에 거주하는 異知巴가 下干支, 尼
牟利가 一伐, 辛日智가 一尺, 弥宜智가 波旦(旦)이라는 외위를 소지
하고 있었다. 使人을 제외한 나머지 인물의 구체적인 직명이 명기되
지는 않지만, 異知巴와 辛日智 2인은 비문 말미에 나란히 기재된
것으로 보아 촌주에 견주어볼 수 있는 존재로 생각된다. 여기서 문제
는 異知巴가 지닌 下干支인데, 이는 외위 7등급인 干에 해당하는 것
으로 보아도 좋을 것이다. 이렇게 '下'字를 붙인 것은, 本波部와 岑喙

部의 부주가 사용한 干支란 칭호와 구별짓기 위한 것이었음이 분명하다.[48] 이는 왕경인과 지방인의 차등을 염두에 두고 부여한 명칭이었다고 생각된다.

이렇게 보면 봉평비가 세워진 524년(법흥왕 11)은 외위제도 일단 정비된 상태였다는 결론을 얻을 수 있다. 그런데 봉평비에서는 처벌을 받은 使人들은 모두 외위를 지니지 않고 있다.[49] 그리고 나머지 지방인 중에서도 외위를 지니지 않은 인물이 발견된다. 이런 점들을 감안하면 봉평비는 외위가 정비된 지 얼마 되지 않는 시점에 해당한다고 볼 수 있다.

외위제가 정비된 시기는 언제였을까? 냉수비가 세워진 503년 이후부터 봉평비가 세워진 524년 사이에 해당하는 어느 시점일 것이다. 그 중 가장 유력한 것은 520년(법흥왕 7)의 율령반포 때로 생각된다. 당시 신라에서는 오랜 과정을 거치며 일원화된 경위제를 法制로 확립하였고, 그와 동시에 지방인에게 줄 외위를 따로 마련한 것으로 짐작된다. 지방인을 자국민으로 대우하는 조치의 하나가 관등을 수여하는 것이었지만, 그조차 왕경인과 차등을 유지하는 형식으로 정비되었던 것이다. 따라서 왕경의 부주가 지닌 干支와 구별하기 위해, 외위의 干은 처음에 下干(支)이란 명칭으로 출발하였다고 판단된다. 봉평비에 보이는 下干支가 바로 그것이다.

520년에 외위제가 일단 정비되었다고는 하지만 11등급 모두가 갖추어진 것은 아니었다고 생각된다. 외위의 下干支가 왕경의 本波와 岑喙의 부주가 칭한 干支와 구별짓기 위한 것이었다면, 외위 6등급

---

48) 봉평비의 下干支가 외위 제6위의 上干과 대비되는 의미에서 '下'字를 붙인 것이 아니라 6부의 長이 사용한 干支와 구별짓기 위한 것이었다는 점은 朱甫暾, 1990 앞의 논문, 265쪽에서 처음 지적되었다.

49) 봉평비가 세워질 당시에 이들은 처벌과 관련하여 이미 외위를 박탈당했을 가능성도 배제할 수 없다고 생각된다.

의 上干이 이와 병존할 수는 없기 때문이다. 따라서 당시에 정비된 외위는 11등급 중 일부였을 가능성이 크다.

2) 상향적 증설 배경

11등급의 외위를 살펴보면 우선 눈에 띄는 것은, 그 명칭에서 경위와 유사한 것들이 발견된다는 점이다. 즉 제1부에서 언급했듯이 경위는 많은 異稱을 지니고 있었는데,『삼국사기』직관지와 신라본기, 금석문들에 나타난 것까지 합치면 상당한 수가 된다. 그 이칭들 중에서 비교적 原古形에 속하는 것들을[50] 가려내어 외위와 비교하면 몇 관등이 명칭상의 유사성을 지니고 있음을 알 수 있다. 이들을 정리하면 다음 표와 같다.

<표 6-4> 경위와 외위의 유사명칭 대비

京 位	一伐干/1	一尺干/2	迊干/3	波珍干/4	大阿尺干/5	阿尺干/6
外 位	一伐 /8	一尺 /9		彼日 /10		阿尺 /11

(* /數字는 관등의 등급을 표시함)

이 중 波珍干과 彼日의 경우는, 다른 관등만큼 명확하지는 않지만 대응관계를 갖는 것으로 보아도 큰 무리는 없으리라 생각된다.[51] 그

---

50) 금석문을 통하여 볼 때 京位 干群 상층부의 伊伐湌·伊湌·波珍湌·(大)阿湌의 原古形은 각각 一伐干(支)·一尺干(支)·波珍干(支)·(大)阿尺干(支)로 상정된다. 이는 창녕비(561)의 표기례를 기준으로 삼은 것이다. 여기에 대해서는 武田幸男, 1965「新羅の骨品體制社會」『歷史學硏究』299, 10쪽의 주4 ; 盧泰敦, 1977「三國의 成立과 發展」『한국사 2』, 國史編纂委員會, 210쪽 참조.

51) 武田幸男, 1965 위의 논문, 10쪽의 주4에서는 "彼日이 pa-dor, pa-pi>pa-xe干과 어떤 관련이 있으리라" 언급하며 波珍湌과의 명칭상 연관성을 긍정하였다.

리고 大阿湌의 경우는 阿湌에서 분화된 것이니 만큼, 대응되는 외위가 없는 것이 당연하다. 또 경위 제3위 迊湌도 대응되는 외위가 없다. 그러나 迊湌은 原新羅 계통의 위호에 기원을 둔 것으로 보기 어려운 만큼, 대응되는 외위가 발견되지 않는 것이 오히려 자연스럽다.[52]

경위와 외위 사이에서 발견되는 명칭상의 유사성을 통해 한 가지 의문을 제기할 수 있다. 즉, 이러한 대응관계가 왜 신라의 고위급 귀족들이 독점했던 경위 干群 상층부와, 그들과는 구별되는 지방민들에게 수여된 외위 중에서도 하층부인 非干群 사이에서 발견되는가 하는 것이다. 기왕의 외위제 연구에서는 경위와 외위가 동일한 기반을 가졌기 때문으로 파악하였다.[53] 즉 一伐, 一尺 등이 사로국의 이사금과 주변 소국의 수장이 거느린 실무자의 명칭에 기원을 두고 있었다는 것이다. 그러나 이러한 파악에는 문제점이 없지 않다.

첫째로 지적할 점은, 왜 외위 중에는 迊湌과 대응되는 것이 없는가 하는 점이 설명되지 않는다는 것이다.

둘째는, 앞서 경위제를 검토할 때 보았듯이 一伐干(伊伐湌), 一尺干(伊湌) 등은 당초부터 이사금에 예속된 관료의 명칭이 아니었다는

---

52) 迊湌의 기원에 대해서는 1장에서 추정한 바 있다.

53) 지금까지 나온 대부분의 연구들이 이러한 이해방식을 취하고 있다.

金哲埈, 1975 『韓國古代社會硏究』, 知識産業社, 153쪽(원재 1956 「高句麗·新羅의 官階組織의 成立過程」『李丙燾博士華甲記念論叢』)

申東河, 1979 「新羅 骨品制의 形成過程」『韓國史論』5, 서울대 국사학과, 56쪽

李宇泰, 1981 「新羅의 村과 村主」『韓國史論』7, 서울대 국사학과, 113쪽

權悳永, 1985 앞의 논문, 86쪽 ; 1986 앞의 논문, 146쪽

朱甫暾, 1986 「新羅 中古期 村落構造에 대하여(Ⅰ)」『慶北史學』9, 16쪽

徐毅植, 1994 『新羅 上古期 '干'層의 形成·分化와 重位制』, 서울대 박사학위논문, 16쪽

全德在, 1996 『新羅六部體制硏究』, 一潮閣, 46쪽

사실이다. 이러한 위호를 지닌 자들은 이사금을 선출하는 권한을 가지고 사로국의 정치운영에서 강한 영향력을 발휘하던 독립 세력이었다. 특히 一伐干(伊伐湌)은 그러한 독립 세력들인 一尺干(伊湌) 사이의 역학관계를 조정하는 가운데 그 지위를 한층 높여 새로 설정된 위호였다. 이들은 자신이 속한 집단 내에서는 '王'으로도 불리던 세력이었다.

셋째는, 앞서도 언급했지만 외위제가 정비된 520년 당시까지 지방에서 독자적인 실무조직을 분화·발전시키며 독립성을 유지한 세력은 거의 존재하지 않았다는 점이다. 냉수비에서는 외위제가 정비되기 이전에 지방의 유력자가 칭한 '干支'와 그 아래의 壹今智라는 칭호가 보인다. 그러나 이들은 이미 독립성을 상실하고 신라 중앙정부로부터 촌주라는 직책에 임명되는 대상에 불과하였다. 또 壹今智란 칭호는 정비된 외위 속에 수렴되지 못하고 사라진 경우였다고 판단된다. 11등급 외위 중 어느 것과도 대응되지 않기 때문이다.[54]

넷째는, 6세기에 외위명으로 나타나는 一伐·一尺·彼日·阿尺 등이 특정한 직책과는 전혀 무관하다는 점이다. 만약 一伐·一尺·彼日·阿尺 등이 대세력에 예속되어 고유한 직무를 지니고 있던 자들의 명칭에 기원을 둔 것이었다면, 중앙 官府의 관직명으로도 사용된 경위의 大舍나 舍知처럼 일정한 職名과 연관을 맺고 있어야 마땅하다. 그러나 591년의 남산신성비만 놓고 보아도 一伐의 외위를 지닌 자의 직명은 文尺, 工尺, 面石捉人 등으로 다양하게 나타난다. 이는 一伐·一尺·彼日·阿尺 등이 당초부터 대세력 아래의 실무자 명칭에 기원을 둔 것이 아니라는 판단을 뒷받침하는 것이다.

다섯째, 이사금을 비롯한 독립적인 대세력에 예속된 하급 실무자,

---

54) 만약 봉평비 제7행 37字~39字의 '一全智'를 一今智로 판독할 수 있다면, 이는 外位 제정 이후에도 지방인의 관행적인 칭호가 여전히 사용된 사례가 될 것이다. 그러나 제7행 38字는 '今'보다는 '全'에 가깝다.

즉 家臣의 명칭은 경위 非干群의 기원을 이루고 있다는 점이다. 그렇기 때문에 경위 비간군의 명칭 중에서는 외위와 유사한 것을 전혀 찾을 수 없다. 경위 간군과 외위 비간군은 동일한 사회적 기반에서 출발한 명칭이 결코 아니었던 것이다.

이러한 점들을 감안하면, 일부 경위와 외위 사이에서 발견되는 명칭상의 유사성은 양자가 동일한 사회적 기반에서 나온 것임을 뜻하는 것이 아니라고 할 수 있다. 따라서 이 문제는 다른 각도에서 검토될 필요가 있다. 경위제의 성립 과정을 염두에 두고 살펴본다면, 이 문제를 해결할 실마리를 찾을 수 있을 것으로 생각된다.

신라의 경우에는 초기의 독립적인 세력들이 지니고 있던 다원적인 위호들이 마립간 시기를 거치며 일원화되었다. 그것이 一伐干(伊伐湌), 一尺干(伊湌), 波珍干(波珍湌), 阿尺干(阿湌) 등이었다. 이들 위호들은 왕경에 거주하는 여러 干들의 세력의 크기에 따른 순서, 정치적 서열을 나타내는 명칭이기도 하였다.[55] 이렇게 왕경의 여러 干들의 서열이 일단 정착된 뒤에 지방인을 편제하기 위하여 별도의 관등제를 마련하게 되었다. 이 때 이미 정착되어 있던 경위 상층부의 명칭을 본따면서도, 지배권자라는 의미가 내포된 '干'을 탈락시켜서 외위의 명칭으로 채택하였던 것으로 추정된다.

경위 상층부와 외위 하층부 사이에서 발견되는 명칭상의 대응관계는 이상과 같은 배경에서 이해된다. 양자의 대응관계는 사회적 기반이 동일하였던 데서 나온 것이 아니었던 것이다. 이렇게 보면 외위는 下干 이하의 非干群이 일괄 성립했다는 결론이 나온다. 이는 다음과 같은 추정을 통해서도 뒷받침된다.

외위는 경위와 달리, 干群에 속하는 選干(撰干)·干(下干)의 두 가지 경우를 제외한 나머지는 금석문이나 문헌 사료에서 이칭을 찾

---

55) 다만 앞서 언급했듯이 迊湌만은 原新羅系 지배층의 위호가 아니었다.

을 수 없다. 예외적으로 외위 10등급의 彼日이 금석문에 따라 波日로도 나타나는 경우가 있다.[56] 그러나 6부 중의 本彼部가 역시 本波部[57] 혹은 本波部[58]로도 나타나는 사실을 감안하면 본격적인 이칭은 아니다. 그리고 選干과 撰干은 음과 뜻이 서로 통하며 글자 모양도 비슷하여 이칭으로 보기는 힘들다.[59]

이렇게 외위 11등급 대부분에는 이칭이 보이지 않는다. 이는 외위의 기원과 제도화 과정이 경위와 근본적으로 달랐음을 뜻한다. 즉 경위에 나타나는 다양한 이칭은 오랜 제도화 과정의 산물이었다. 이에 반해 외위가 이칭을 갖지 않는 것은, 그것이 오랜 기간의 관행적인 명칭이 제도로 '성립'하는 과정을 거친 것이 아니라 기본적으로 중앙정부에 의해 '제정'된 것임을 반증한다.

다만 외위 7등급 干만은 下干이라는 이칭을 가진다. 여기에는 그만한 이유가 있을 것으로 생각된다. 下干이 처음 보이는 금석문이 봉평비이다. 봉평비의 下干支는 왕경의 本波部와 岑喙部의 부주가 칭한 干支에 대비되는 의미에서 격을 낮춘 것이었다. 즉 냉수비에서처럼 지방인들이 기존에 관행적으로 사용하던 干支라는 칭호를 무시하고 '下'字를 붙여 새로 부여한 관등이었다. 한편 봉평비에서는 一伐, 一尺과 波旦(日), 阿尺도 나타난다. 이는 봉평비에 앞선 520년(법흥왕 7) 율령반포 때 외위제가 정비된 결과였다.

이렇게 보면 법흥왕 7년에 제정된 외위는 下干 이하 一伐, 一尺, 彼日, 阿尺의 5등급이었다고 할 수 있다. 이들 5등급의 외위 명칭은 기존에 지방의 유력자들이 중앙정부의 승인 하에 관행적으로 사용하

---

56) 봉평비(524)에는 波旦으로, 명활산성비(551)에는 波日로 나온다.

57) 냉수비와 봉평비, 명활산성비에 이렇게 나타난다.

58) 창녕비와 마운령비에 이렇게 나타난다.

59) 『삼국사기』 권제40, 잡지 제9 직관(하) 외위조에서만 撰干의 이칭을 選干으로 전할 뿐, 현재 발견된 금석문에서는 모두 撰干으로 나온다.

던 칭호들을 무시하고 새로 제정된 것이었다. 당초 제정될 때 외위의 최고 관등은 왕경 6부의 일부 대표자가 여전히 사용하던 위호인 干支를 의식하여 下干支로 출발하였다. 외위가 왕경인과 지방민의 차등을 전제한 것임을 감안하면, 왕경의 干支와 동일하거나 더 높은 명칭의 관등을 설정하여 지방인에게 수여할 수는 없는 것이었기 때문이다. 따라서 上干 이상의 干群 외위는 이후의 필요에 따라 별도로 증설된 것으로 보는 것이 자연스럽다.

외위는 下干(干)을 기준으로 간군과 비간군의 구분이 가능하다. 그런데 경위의 경우에는 간군과 비간군의 대부분이 신라 고유의 명칭이었으나, 외위의 경우는 이와 다르다는 점에 주목할 필요가 있다. 즉 외위 하층부인 비간군은 신라 고유의 것이나 상층부인 간군은 漢字式으로 雅化된 명칭인 것이다. 이렇게 외위 하층부가 신라 고유의 명칭인 것은, 그것이 일괄 제정될 때 경위 간군의 명칭을 본땄기 때문이다. 그런데 外位 상층부는 下, 上, 撰, 貴, 高…의 順으로 정연한 질서를 보이고 있다. 이는 간군 외위가 비간군과 달리 일시에 제정된 것이 아니라 하나씩 증설되는 과정을 밟았음을 뜻한다.[60] 이러한 관점에서 외위 11등급이 완성되는 과정을 살펴보기로 한다.

처음 정비될 당시의 下干支에서 '下'字가 없어지는 것은, 6부인 중에서 喙·沙喙部 이외의 부주들이 경위제에 완전히 포섭되어 그들이 지닌 干支의 칭호가 사라진 이후가 되어야 한다. 외위 上干이 새로 생겨나는 시점도 이와 같을 것이다. 앞서 경위제를 검토할 때 보았듯이, 왕경의 부주들이 경위제에 완전히 포섭되어 사라지는 것은 561년의 창녕비에서 확인된다. 그러나 이는 어디까지나 下限일 뿐이

---

60) 외위 간군이 上向的으로 분화하였을 것으로 본 연구로는 朱甫暾, 1990 앞의 논문이 있다. 여기서는 외위 간군이 干支를 기준으로 분화한 것으로 보았으나, 증설이 더욱 적합한 표현이라 생각된다. 자생적으로 늘어난 것이 아니라 중앙정부에 의해 새로 설정된 것이기 때문이다.

다. 봉평비에 흔적을 남긴 뒤 오래지 않아 곧 사라졌을 수도 있기 때문이다.

외위 간군이 증설된 구체적인 시간 범위를 추정하기 위해서는 금석문에 나타나는 외위들을 면밀히 검토할 필요가 있다. 6세기 금석문의 외위들을 정리하면 다음과 같다.

<표 6-5> 6세기 금석문에 보이는 외위

	冷水碑 (503)	鳳坪碑 (524)	菁堤碑 丙辰銘 (536)	赤城碑 (550)	明活山 城碑 (551)	雁鴨池 碑片 (551)	昌寧碑 (561)	塢作碑 (578)	新城碑 (591)
1									
2							迹干		
3									
4								貴干支	貴干
5				撰干支					撰干
6									上干
7		下干支	干支	下干支	下干支	干支		干	干
8		一伐			一伐	一伐		一伐	一伐
9		一尺						一尺	一尺
10		波旦			波日			彼日	彼日
11				阿尺	阿尺				阿尺
	干支 壹今智								

雁鴨池碑片은 明活山城碑와 같은 것이다.[61] 그런데 명활산성비에서는 下干이, 안압지비편에서는 干이 나타난다. 이로 보아 551년 당시에는 처음 정비될 때의 명칭인 下干에서 '干'이 탈락하는 과정에 이미 접어들어 있었음을 알 수 있다. 그런데 536년의 청제비 병진명에서도[62] '下'字가 붙지 않은 외위 干이 나온다. 따라서 下干이라는

---

61) 여기에 대해서는 주보돈, 2002 「雁鴨池出土碑에 대한 고찰」 앞의 책(원재 1985 『大丘史學』 27) 참조.
62) 청제비 병진명의 연도는 536년으로 보는 것이 일반적이다[李基白, 1974

외위명이 사용된 기간은 길었지만, '下'字가 탈락한 시점은 매우 이르다고 생각된다.[63] 이는 왕경의 부주가 칭한 干支가 사라진 시점이 이르다는 뜻도 된다. 따라서 왕경의 干支가 사라지고, 신라 정부에서 下干에서 '下'字를 탈락시킨 외위를 수여하기 시작한 것은 536년 이전이 될 것이다.[64]

下干이 干으로 바뀐 시점은 上干이라는 외위가 생겨난 시점과 밀접하게 관련된다. 上干은 왕경의 干支가 사라져야만 생길 수 있는 관등이기 때문이다. 따라서 上干은 536년을 전후하여 새로 증설된 것으로 보인다. 한편 적성비에서는 下干과 함께 上干보다 상위인 撰干도 보인다. 이는 위에서 추정한 내용들을 모두 확인시켜주는 증거가 된다. 적성비 단계에서는 이미 上干은 물론 撰干까지 증설되어 있었던 것이다.

그리고 561년의 창녕비에서는 2인의 촌주가 지닌 외위가 述干으로 나온다. 이를 적성비와 함께 비교하면, 적어도 550년대에 외위 貴干과 高干은 물론 述干까지 추가되어 있었다는 결론이 나온다. 高干은 『삼국사기』에서 554년의 관산성 전투에서 백제 성왕을 죽이는 공을 세운 都刀가 지닌 외위로도 나오는 만큼,[65] 이러한 결론을 뒷받

『新羅政治社會史硏究』, 一潮閣(원재 1970 「永川 菁堤碑의 丙辰築堤記」 『考古美術』 106·107合)].

63) 새로 외위를 받는 자에게는 '下'字를 탈락시킨 干을 수여했으나, 기존에 下干이란 외위를 이미 수여받아 지니고 있던 자들은 계속 이 명칭을 사용했을 가능성이 크다. 같은 시기의 것이지만 명활산성비에서는 下干이 나오고 안압지비편에서는 干이 나타나는 것은 그 때문일 것이다. 따라서 '下'字가 탈락되는 것은 下干이 완전히 사라지는 시점이 아니라 干이 처음 나타나는 시점이 기준이 되어야 한다.

64) 앞의 2장에서 部主의 干支 칭호가 경위제에 편입되어 사라진 시기를 川前里書石 乙卯銘(535)을 전후한 때로 추정하였다. 외위제와 함께 검토해 보면, 536년의 청제비 병진명을 전후하여 부주의 干支가 사라졌을 것이란 결론이 나온다. 따라서 앞서의 추정이 무리 없는 것이었음을 알게 된다.

침하는 사례라 할 수 있다.

이렇게 외위 간군은 신라의 지방통치 조직이 정비되고 지방 유력자를 체제 내에 포섭하려는 노력이 진행됨에 따라 하나씩 상향적으로 증설되어갔다. 그리고 그 증설 과정은 매우 급속하게 이루어지고 있었다고 생각된다. 이는 신라의 지방지배가 빠른 속도로 강화되고 있었음을 반영하는 것이기도 할 것이다. 이 과정을 간단히 정리하면 아래 그림과 같다.

外位制의 정비와 전개과정

	冷水碑(503)	→ 鳳坪碑(524)	→ 菁堤碑丙辰銘(536)	→ 赤城碑(550)
중앙	干支(部의 長) …		▷干支 소멸(京位 編制)	
지방	干支	▷ 下干支	▷'下'字의 탈락, 上干·下干 병용	
비고	외위 미정비	외위제 정비	干群 外位의 상향적 증설	

정리하자면, 경위와 달리 외위는 오랜 기간의 제도화 과정을 거친 것이 아니었다. 그것은 신라 중앙정부의 지배정책 전환에 따라 법흥왕 7년의 율령 반포 때 일괄 제정된 것으로 생각된다. 그런데 당시에는 11등급 모두가 갖추어진 것이 아니라 下干(干) 이하 一伐, 一尺, 彼日, 阿尺의 5등급이 전부였다.

그런데 6세기 초 이후 신라는 지방지배를 강화하는 한편, 백제나 고구려 혹은 가야 지역을 군사력으로 편입하여 적극적으로 영역을 확대하였다. 이러한 추세 속에서 기존의 5등급 외위로는 부족을 느끼게 되었다. 그리하여 上干을 비롯하여 상향적으로 새로운 외위가 증설되어갔다. 이렇게 기존의 명칭에 수식어를 덧붙여 새로운 명칭

---

65) "秋七月 … 百濟王明禯與加良 來攻管山城 軍主角干于德伊湌耽知等 逆戰失利 新州軍主金武力 以州兵赴之 及交戰 裨將三年山郡高干都刀 急擊殺百濟王 於是 諸軍乘勝大克之"(『삼국사기』 권제4, 신라본기 제4 진흥왕 15년)

을 설정한 경우는 경위에서도 찾아볼 수 있다. 무열왕 7년과 문무왕 8년에 김유신에게 준 大角干과 太大角干이 그것이다.[66)]

외위는 지방의 유력자를 적극 포섭할 의도에서 최초 5등급으로 정비되었지만, 그것은 제정될 때부터 인플레 경향을 안고 있었다. 신라 사회의 발전 추세가 그럴 수밖에 없는 객관적인 필요성을 만들어가고 있었기 때문이다. 즉, 제정 당시에 최고 등급이었던 下干의 외위를 받은 자가 功을 세웠을 때, 갑자기 경위를 줄 정도로 왕경인의 발상 전환이 이루어지지는 못하였다. 그렇다면 그보다 높은 새로운 외위를 증설해낼 수밖에 없는 것이다. 또 중요한 거점을 새 영토로 확보했을 때 현지 세력에게 일정한 외위를 주었다면, 조금 뒤에 그보다 더 중요한 곳을 점령했을 때는 당연히 더 높은 외위를 줄 필요가 생겨났으리라는 짐작도 가능하다.

실제로 6세기 중반의 진흥왕 순수비에서는 이런 상황을 짐작할 단서가 발견된다. 568년의 마운령비와 황초령비에서 진흥왕은 "나라를 위하여 忠節을 다하여 功이 있는 자들(爲國盡節有功之徒)이 있으면 賞爵(物)을 더할 것임(可加)"을 선언하고 있다. 이보다 앞선 555년 북한산비의 마멸된 제5행과 제6행에는 동일한 구절이 새겨져 있었다고 판단된다. 여기서 '爵'이 외위를 뜻하는 것이라면, 적어도 555년 이전부터 지방인에게 더 높은 외위를 약속하며 신라 국가에 대한 충성을 독려하고 있었던 셈이다. 이렇게 하여 외위는 하나씩 상향적으

---

66) "大角干(或云大舒發翰) 太宗王七年 滅百濟論功 授大將軍金庾信大角干 於前十七位之上加之 非常位也 太大角干(或云太大舒發翰) 文武王八年 滅高句麗 授留守金庾信以太大角干 賞其元謀也 於前十七位及大角干之 上加此位 以示殊尤之禮"(『삼국사기』 권제38, 잡지 제7 직관상).

그러나 창녕비(561)에서 이미 大一伐干(大角干)이 나타난다. 大等에서 上大等이 생겨나고, 萬波息笛을 萬萬波波息笛이라 加號한 사례(『삼국유사』 권제2, 기이 제2 萬波息笛條) 등을 통하여, 官名을 덧붙이는 신라인의 성향을 엿볼 수 있다.

로 새로 추가되어갔으리라 짐작된다.

외위 간군의 전개과정에서 干→上干→撰干→貴干→高干의 순으로 상향적인 증설이 한계에 달한 것은 高干이 생긴 이후부터였다. 高干 위의 迊干은 외위 간군의 다른 명칭과는 달리 漢字의 뜻을 취한 것이 아니라 音을 취한 것이다. 이는 한자식으로 雅化된 수식어를 덧붙이는 것이 高干을 마지막으로 한계에 도달하자, 신라어로 '최고'를 의미하는 迊干67)을 새로 증설해냈던 것으로 짐작된다. 嶽干 역시 최상위를 뜻하는 말에서 비롯된 것이라 생각된다.68)

이렇게 외위 간군 최상층부에서 신라 고유의 명칭이 다시 나타나는 것은, 신라의 지배체제가 이제 외위제로서는 지방세력을 더 이상 포용하기 힘든 상태에 진입하고 있었음을 반증하는 것이기도 하다. 그것은 지방인에게도 경위를 수여할 수밖에 없는 상황과도 상통할 것이다.

그런데 嶽干의 외위를 소지한 인물은 문헌에는 물론 지금까지 발견된 금석문들에서도 찾아보기 어렵다. 그 때문에 嶽干이 실재하지 않았거나 중앙 귀족으로 편입되었으리라는 추정이 나오기도 하였다.69) 그러나 嶽干이 현존 자료에 잘 나타나지 않는 이유는, 상향적

---

67) 迊干의 迊은 '수리'의 音寫로 '뫼'·'山'을 뜻하는 것이라는 해석이 있다(金哲埈, 1975 앞의 책, 152쪽). 수리에는 '최고'·'최상'이라는 뜻도 함께 내포되었을 것으로 생각된다. 한편 迊干을 '酒多' 즉 '술한'·'수블한' 등과 연관시켜 角干과 같은 성격의 것으로 파악하기도 한다(李宇泰, 1981 앞의 논문, 113~114쪽). 단, 여기서는 이를 근거로 迊干이 비교적 초기에 干에서 분화했다는 견해를 펴고 있어 본고와 논지를 달리 한다.

68) 嶽은 迊干의 '수리'를 漢譯한 것에 지나지 않는다는 해석이 참고된다(金哲埈, 1975 위의 책, 152쪽). 여기서는 嶽干과 迊干을 山岳崇拜에서 온 것으로 해석하였다. 한편 李宇泰, 1981 위의 논문, 115쪽에서는 嶽干을 名山大川의 祭禮를 주관하는 在地人으로 보았다.

69) 李鍾旭, 1974 앞의 논문, 61쪽. 한편 李鍾旭은 1980 「新羅帳籍을 통하여 본 統一新羅의 村落支配體制」『歷史學報』86, 34~35쪽에서 嶽干이 외위

증설이 嶽干까지 미칠 시점이면 이미 지방민에게도 경위가 확대 수여되는 상태였기 때문으로 생각된다. 따라서 嶽干을 수여받을 정도로 중요한 비중을 가진 세력에게는 경위가 수여되는 경우가 많았고, 그런 까닭에 실제로 嶽干을 수여받은 지방인의 수는 극히 적었을 것으로 생각된다. 嶽干이 사료에서 잘 드러나지 않는 배경에는 이러한 사정이 있었던 것이다.

외위제를 정비한 것은 지방의 유력자에게 관등을 수여하여 체제 내에 포섭함으로써 지배의 편의를 도모하려는 목적에서였다. 처음 제정될 때부터 11등급을 갖춘 것은 아니었고, 5등급의 간단한 체계로 출발했다고 추정된다. 외위는 비록 왕경인과 지방민의 차등을 전제로 한 것이었지만, 지방민을 자국민으로 대우함으로써 충성심을 이끌어내는 계기가 되었다.

그러나 바로 이 점에서, 처음에 5등급의 간단한 체계로 출발했던 외위가 시간이 갈수록 상향적으로 급속히 늘어날 수밖에 없는 상황을 만들어졌다고 생각된다. 영토의 확대 및 지배체제의 정비와 함께, 처음 정비된 외위는 지방사회에 빠르게 정착되고 상향적으로 증설되기에 이르렀다. 외위가 지방사회에서 빠르게 확산되어 증설을 필요로 하게 되었던 것은 신라의 영토 확대가 빠르게 진행되었기 때문이다.

의 특진책이 아닌가 추정하기도 하였다.

7장 외위의 기능 및 소멸 과정

신라 지배층이 외위를 만든 것은 기존의 복속민들을 자국민으로 대우하려는 의도였다. 그러면서도 자신들과는 기본적인 차별을 유지하려 했기 때문에 별도의 외위를 정비했던 것이다. 어쨌든 처음 외위를 만들어 지방인에게 수여한 것은 이전과는 다른 차원의 지방 지배를 행하려는 의지의 발로였다.

이 장에서는 신라 중앙정부의 지방 지배가 효과적으로 수행되는 과정에서 외위가 발휘한 기능을 살펴본다. 외위의 기능은 이 한 측면에만 있지 않을 것이다. 지방 유력자의 입장에서는 외위를 받는다는 것이 어떤 의미를 지니고 있었을까도 함께 짚어볼 필요가 있을 것으로 생각된다.

한편 신라 중앙 지배층이 지방민을 대하는 태도는 신라 국가의 지방 지배기 안정되고 고구려·백제와 국가간 대립이 심화되면 다시 변화를 겪을 수밖에 없었다. 당초부터 우대와 차별이라는 양면성을 안고 출발한 만큼, 상향적으로 증설되는 과정을 밟았고, 결국은 소멸의 길로 들어섰다. 7세기에 들어서면서 지방인에게도 경위가 주어지기 시작하였던 것이다. 이와 함께 삼국통일 이후 백제·고구려 유민을 관등으로 포섭한 사례들을 검토함으로써 외위가 완전 소멸하는 과정을 살펴보기로 한다.

1. 외위의 기능

6세기 초에는 일부 가야 지역을 제외하면 낙동강 동쪽의 경상도 일대에 독립 소국이라고 할 만한 정치적 실체는 거의 존재하지 않았다. 이제 6세기 중반까지 신라가 직면한 과제는 복속지를 직접 지배지로 바꾸는 것이 아니라 고구려·백제로부터 탈취한 영역에 거주하던 세력과 금관국·대가야 등 잔존한 가야 세력들을 자국민으로 편입하는 것이었다.

외위제가 정비되던 당시의 신라는, 왕경으로 이주하여 골품제의 하층부에나마 편입될 만한 독립 세력은 이미 편입이 거의 완료된 상태였다. 일부 가야세력이 남아 있어서 6세기 중반기에 하나씩 흡수되었는데, 마지막까지 남았던 대가야는 561년(진흥왕 22)에 무력으로 정복당하였다.1) 또한 532년(법흥왕 19) 금관국 왕족이 항복해온 것도 성립 과정에 있던 골품제에 영향을 준 것이 아니라 이미 완성된 골품제의 상층부에 피동적으로 편입된 것에 불과하였다. 골품제의 형성은 신라의 국가형성 과정과 궤를 같이 하는데, 그것이 법제적 보장에 의해서 정착된 시기는 법흥왕 7년의 율령반포 때였기 때문이다.2)

또한 골품제의 형성과정에서 왕경으로 이주함으로써 그에 편입된 대상은 옛 소국의 수장층 중에서도 일부에 한정되었다. 그리고 6세

---

1) "九月 加耶叛 王命異斯夫討之 斯多含副之 斯多含領五千騎 先馳入栴檀門 立白旗 城中恐懼 不知所爲 異斯夫引兵臨之 一時盡降"(『삼국사기』 권제4, 신라본기 제4 진흥왕 23년). 그런데 대가야 지배층의 일부는 小京으로 이주하여 準王京人의 대우를 받았음을 强首의 사례를 통하여 추정할 수 있다.

2) 申東河, 1979「新羅 骨品制의 形成過程」『韓國史論』5, 서울대 국사학과
   李基東, 1999「新羅의 骨品制度와 日本의 氏姓制度」『新羅 社會史研究』, 一潮閣(원재 1980 『歷史學報』94·95合)

기 초 당시에는 왕경인의 폐쇄성이 고정되어 지방민을 대상으로 별도의 외위제를 만들 만큼 양자 사이에는 구분이 이루어진 상태였던 것이다. 외위제는 이러한 조건 속에 정비되었다.

신라 국가의 입장에서 보면, 지방민을 대상으로 외위를 제정한 것은 지방지배의 매개 역할을 담당할 人的 기반을 확충하는 의미를 지니는 것이었다. 따라서 중앙 권력이 지방 촌락사회에까지 침투하는 데 있어서 외위를 수여받은 자들이 어떠한 역할을 했는지를 살펴볼 필요가 있다. 이 문제는 외위제를 정비한 중앙 지배층의 목적이 어떤 형태로 얼마나 달성되었나 하는 문제와 연결된다.

봉평비를 보면 居伐牟羅에는 道使가 파견되어 있었다. 그리고 거벌모라 출신으로 각기 下干과 一尺의 外位를 지니고 있는 異知巴와 辛日智 2인은 촌주에 해당되는 지위에 있었던 것으로 추정된다. 또 거벌모라 예하의 촌락으로 생각되는 阿大兮村과 葛尸條村, 男弥只村에는 현지인으로서 '使人'의 직명을 띤 인물들이 있었다. 이들이 띤 使人이라는 직명은 '중앙에서 파견한 道使의 使人'이란 뜻으로 풀이된다. 이들 지방의 유력자들은 道使의 지시를 받아 촌락의 호구와 토지를 파악하고 조세와 역역의 수취에 관여하였을 것이다.

봉평비는 외위제가 정비된 직후의 것이므로 외위를 소지하지 않은 지방인도 더러 보인다. 그러나 시간이 지날수록 외위를 수여받는 자들은 늘어났을 것이다. 그리고 그들의 매개 역할에 의존하여 신라 국가는 수취 대상인 지방 촌락사회의 실태를 더욱 정확하게 파악해갔을 것으로 생각된다. 6세기 중반 이후의 금석문들은 그 양상을 추정할 수 있는 실마리를 제공한다.

550년 무렵의 적성비에는 撰干·下干·阿尺 등의 외위 소지자와 함께 小女·小子·子·女 등의 표현이 나온다. 이는 丁男·丁女가 되기 전의 연소자일 것으로 생각된다. 이로 보아 6세기 중반경의 신

라 국가는 지방사회의 호구 실태를 일정한 기준에 따라 세분하여 상
세히 파악하고 있는 상태였음을 알 수 있다.[3] 그리고 그 과정에서
현지의 외위 소지자가 큰 역할을 하고 있었을 것임도 쉽게 짐작할
수 있다.

신라 국가의 지방지배가 외위를 소지한 지방의 유력자에게 얼마나
크게 의존하고 있었는가 하는 점은 명활산성비를 통해서 살펴볼 수
있다. 551년에 명활산성을 修築할 때 만들어진[4] 이 비에는 역역동원
책임자로서 本波部 출신의 지방관인 邏頭와 烏大谷의 郡中上人이
나온다. 그리고 공사 현장의 기술 책임자로 생각되는 匠人, 그 아래
서 실제 역부를 이끌고 공사를 시행한 3인의 工人이 나타난다. 이들
중 지방인은 모두가 외위를 지니고 있다.

비록 郡名은 기재되어 있지 않지만, '郡中上人'이라는 표현으로 보
아 이 비문 자체는 1개 郡을 단위로 한 공사 책임자를 기재해놓은
것임을 알 수 있다. 비문에 나타난 受作距離와 공사 책임자, 기술자
의 인명을 정리하면 <표 7-1>과 같다.

여기에 나타난 역역동원 방식은 외위를 수여함으로서 지방의 유력
자를 집권적인 지배체제 하에 포섭한 결과의 하나이다. 그러나 거꾸
로 이를 통하여 당초 중앙정부에서 외위제를 정비하고 외위를 수여
한 목적의 일단을 엿볼 수 있다. 이 표에서 주목되는 것은 수작거리

---

3) 적성비는 신라 국가에서 주민을 파악할 때 연령에 따른 일정한 기준을 마
　련하고 있었음을 알려준다. 그러나 그 구체적 내용에 대해서는 약간의 견
　해차가 있다. 즉 鄭求福, 1978「丹陽赤城碑의 內容에 대한 一考」『史學
　志』12, 단국대 사학과, 121쪽에서는 小子(小女)-子(女)-丁(丁女)의 구분
　을 상정했다. 여기에 老를 더하면 모두 4등급의 연령 구분이 존재한 것이
　된다. 그러나 김기홍, 1991『삼국 및 통일신라 세제의 연구』, 역사비평사,
　84쪽에서는 전체로서 小-丁-老의 3등급 구분을 상정하였다.

4) 명활산성비의 판독과 연대 문제에 대해서는 朴方龍, 1988「明活山城作城
　碑의 檢討」『美術資料』41 참조.

<표 7-1> 명활산성비의 인명과 수작거리

직 명	출 신	인 명	관 등	수작거리	
上人邏頭	本波部	伊皮尒利	吉 之(14)		
郡中上人	烏大谷	仇智支	下干支 (7)	동원집단	책임
匠 人	…	比智烋	波 日(10)		
工 人	…	抽兮	下干支 (7)	抽兮下干支徒	4보 5척 1촌
	…	□叱兮	一 伐 (8)	□叱兮一伐徒	4보 5척 1촌
	…	□□利	波 日(10)	□□利波日徒	4보 5척 1촌
書寫人	…	源欣利	阿 尺(11)	合高 10보, 장 14보 3척 3촌	

의 할당과 관련한 문제이다. 이를 40년 뒤의 남산신성비(591)와 비교하면 주목할 만한 차이를 발견할 수 있다.

즉 남산신성비의 수작거리는 지방에서는 郡 산하의 村을 최소 단위로, 왕경에서는 部 산하의 里를 최소 단위로 할당되는 형식을 취하고 있다.[5] 남산신성비에서는 각 촌락이 보유한 장정수를 기준으로 수작거리를 할당했기 때문에[6] 촌락 자체가 수작거리의 할당 단위로 명기될 수 있었을 것이다. 그러나 명활산성비에서는 촌락이 아니라 工人의 직명을 지닌 3인의 지방인 각각에게 '○○徒는 4보 5척 1촌'이라는 식으로 수작거리가 할당되었다.[7] 그리고 그 인솔자들은 모두 下干, 一伐, 波日 등의 외위를 지니고 있다.

축성 작업의 공사 책임구간을 할당받은 단위를 표시할 때, 촌락명을 기록한 것과 역부 인솔자의 이름을 내세워 기록한 것은 얼핏 큰

---

5) 여기에 대해서는 하일식, 1993 「6세기 말 신라의 역역동원 체계-남산신성비의 기재양식 재검토-」 『역사와 현실』 10 참조.

6) 秦弘燮, 1976 「南山新城碑의 綜合的 考察」 『三國時代의 美術文化』, 同和出版公社, 158쪽(원재 1965 『歷史學報』 26)에서는 수작거리의 할당이 공사의 난이도를 고려한 것으로 보았다. 그러나 하일식, 1993 위의 논문, 223쪽에서는 개별 촌락이 보유한 장정수를 기준으로 한 것으로 파악하였다.

7) 명활산성비로 생각되는 안압지비편에서도 '…一伐徒十四步'라고 하여 꼭 같은 형식을 취하고 있다. 안압지비편에 대해서는 주보돈, 2002 「雁鴨池出土碑에 대한 고찰」 앞의 책 참조.

차이가 없어 보일 수도 있다. 그러나 명활산성비처럼 '~徒는 얼마'의 수작거리를 기록한 경우는, 신라가 지방 촌락사회의 실태를 파악하여 역역을 동원하는 과정에서 촌락 자체가 아니라 그 촌락의 유력자를 기준으로 삼았던 단계가 있었음을 보여준다. 또한 이는 전 영역에 걸친 일원적인 수취체계를 마련하는 데서 현지 유력자에 대한 의존도가 매우 높았다는 사실을 반영한다. 그리고 무엇보다도 중요한 것은, 지방사회를 일원적으로 장악해나가는 데 있어서 인적인 편제와 포섭이 얼마나 긴요한 것이었나를 확인시켜주는 것이기도 하다.

외위는 이렇게 국가 지배에서 현지의 유력자들을 적극적으로 활용하기 위해 마련된 제도적 장치였다. 그리고 외위 소지자의 매개 역할에 힘입어 지방사회의 사정이 상세히 파악되고 있었다. 따라서 중앙정부는 이들에게 크게 의존할 수밖에 없었다. 551년에 명활산성을 수축할 때 역부를 동원하면서 '○○徒'를 기준으로 수작거리를 할당한 것은 그 때문이었다. 이러한 단계를 지나 지방지배가 더욱 강화되어야만 촌락 자체를 대상으로 한 역역운영이 실현될 수 있었다고 생각된다. 40년 뒤의 남산신성비에서 수작거리의 할당 단위로 개별 촌락이 기록된 것은 이를 말해준다.[8]

외위를 지닌 자들은 지방관을 도와 행정적 실무를 맡은 것 외에도 여러 방면에서 활약하고 있었다. 명활산성비와 남산신성비 등에서는 다양한 기술을 가진 자들이 외위를 지니고 나타난다. 신라 국가는 외위를 수여함으로써 지방사회의 기술자 집단을 일원적으로 장악하고 있었던 것이다.

외위 소지자의 역할이 구체적으로 드러나는 경우를 살펴보자. 적

---

8) 특히 1994년에 발견된 남산신성비 제9비에서는 수작거리를 명기할 때 '伋伐郡中伊同城徒受六步'라고 기록하였다. ~徒라는 표현을 썼지만 인명이 아니라 행정단위 명칭인 '伊同城의 역부'임을 밝히고 있어 명활산성비와 대비된다.

성비에서는 '勿思伐城 幢主 使人'으로 那利村 출신의 인물이 나타난
다. 비석 윗부분의 파손으로 그의 인명을 알 수는 없지만, 비문의 기
재순서로 보아 阿尺 이상의 외위를 지니고 있었던 것으로 추정된
다.9) 그는 직명으로 보아 중앙에서 파견된 군지휘관인 幢主를 보좌
하여 군사 활동을 원활히 하는 임무를 수행하고 있었을 것이다. 또 7
세기 이후의 사료에서는 외위를 지닌 자들이 軍師의 직명을 띠고 활
약하고 있다. 이들은 軍師幢으로 불린 軍團에 조직되어 군사 활동에
참여하고 있었던 것으로 추정된다.10) 이외에도 중앙정부의 사절이
일본을 내왕할 때 외위를 지닌 지방의 유력자들이 안내 역할을 한
사례도 있다.11)

외위 수여를 통해 편제되는 대상은 지방사회의 문자 해독층을 비
롯하여 기술자 집단, 무사 등등 매우 광범위했던 것으로 생각된다.
그리하여 이들 외위 소지자들은 여러 방면에서 활동하면서 신라 국
가의 지방 지배와 군사 활동을 원활히 하는 데 크게 기여하고 있었
던 것이다.

이제 경위와 관련을 염두에 두면서, 외위제가 어떻게 운영되었는
가 하는 문제를 검토해 보자. 주지하다시피 경위제는 골품제의 운영
원리에 의해 엄격한 규제를 받고 있었다. 골품제의 기능 가운데서 가
장 중요한 것이, 한 개인이 일정한 중앙 관직에 취임할 수 있는 범위
와 자격을 제한한 경위에 대한 규제였다.12) 그러나 외위는 경위와

---

9) 적성비 제19행이 '勿思伐城 幢主 使人 那利村'으로 끝나고, 제20행 앞 부
　　분에 9字의 파손부에 이어 '…人勿支次阿尺'이 나온다. 따라서 勿思伐城
　　幢主 使人의 외위는 적어도 阿尺 이상이라 추정할 수 있다.
10) 軍師에 대해서는 木村誠, 1976 앞의 논문, 16쪽 참조.
11) "己亥 新羅遣韓阿湌金承元·阿湌金祗山·大舍霜雪等 賀騰極 并遣一吉
　　湌金薩儒·韓奈末金池山等 弔先皇喪一云調使 其送使貴干寶·眞毛 送
　　承元·薩儒於筑戊申 饗貴干寶等於筑紫 賜祿各有差 即從筑紫返于國"
　　(『일본서기』 권제29, 天武下 2년 윤6월)

별도의 관등제인 만큼, 이와 동일한 차원에서 생각할 수 없음은 물론이다.

지방 유력자의 입장에서 보면, 외위제의 정비와 외위의 수여는 과거처럼 피정복민·복속민의 대우를 받던 단계를 벗어나서 이제 신라 국가의 '지방민'으로 대우받게 된 것을 의미하였다. 이렇게 외위제는 전체적으로는 집권적인 지배체제의 성립 과정에서 등장한 것이었다. 그러므로 이는 성립 당초부터 지방민을 적극적으로 체제 내에 포섭한다는 측면과, 그러면서도 왕경인과의 기본적 차별을 전제로 하여 경위와는 별도로 설정된 것이란 점에서 자기모순을 내포하고 있었다.

외위제가 정비된 후에도 지방의 유력자들은 골품제 자체에 포섭되지는 못하였다.[13] 이는 외위제의 정비가 지방 촌락사회의 유력자에 대한 인적 포섭을 의도한 것이긴 했지만, 기존의 차별을 근본적으로 지양한 위에서 이루어진 것이 아니라 그 연장선상에서 이루어진 것이었기 때문이다. 이러한 의미에서 외위제는 신라 국가의 집권화 초기에 나타난 과도적인 관등제였다고 할 수 있다.

경위와는 달리, 외위는 승진에 따르는 상한이 정해져 있었던 것으로 생각되지는 않는다. 그것은 골품을 지니지 않은 지방사회의 한 개인을 대상으로 수여한 관등이었기 때문이다. 그러나 여기에도 일정한 기준은 있었을 것이다. 남산신성비 제1비와 제2비를 비교하면 하나의 시사점을 발견할 수 있다. 비교의 편의를 위하여 남산신성비 제

---

12) 이 점과 관련하여, 경위제와 골품제와의 관련을 "신라의 원심적 발전에 따른 구심적 운동으로 밀접하게 된 것"이라 언급한 것은 매우 정확한 표현이라 생각된다(邊太燮, 1956「新羅官等의 性格」『歷史教育』1, 18쪽).

13) 9세기 흥덕왕 때의 色服規程 등에서 촌주가 5두품·4두품에 준한다고 한 것은, 역으로 촌주 등 지방 세력이 骨品制 편성에서는 제외되고 있었음을 반증한다(申東河, 1979 앞의 논문, 52쪽).

<표 7-2> 남산신성비 제1비의 인명과 수작거리

	직명	출신	인명	관등	경	외
A	阿良邏頭	沙喙	音乃古	大舍	12	
	奴含道使	沙喙	合 親	大舍	12	
	營沽道使	沙喙	□□知	大舍	12	
Ba	郡上村主	阿良村	今 知	撰干		5
		柒吐□	□知介利	上干		6
Bb	匠 尺	阿良村	末丁次	干		7
		奴含村	次□□礼	干		7
	文 尺		□文知	阿尺		11
Ca	城使上	阿 良	沒奈生	上□		6
	□ 尺		阿北ㄏ次	干		7
	文 尺		竹生次	一伐		8
Cb	面捉上		珍巾□			
	門捉上		知禮次			
	○捉上		首介次			
	小石捉上		辱テ次			
수작거리			11보 3척 8촌			

<표 7-3> 남산신성비 제2비의 인명과 수작거리

	직명	출신	인명	관등	경	외
A	阿且兮村道使	沙喙	勿生次	小舍	13	
	仇利城道使	沙喙	級 知	小舍	13	
	荅大支村道使	牟喙	所叱□知	大烏	15	
Ba	郡中上人	沙刀城	平西利之	貴干		4
		久利城	首□利之	撰干		5
Bb	匠 尺	沙戸城	可沙理知	上干		6
	文 尺		美叱□之	一伐		8
Ca	村作上人	阿大兮村	所平之	上□		6
	工 尺		可戸□之	一伐		8
	文 尺		淂毛也之	一尺		9
Cb	面石捉上		仁介之	一伐		8
	□石捉上		首叱兮之	一尺		9
	□石捉上		乙安介之	彼日		10
	小石捉上		丁利之	彼日		10
수작거리			7보 4척			

1비와 제2비의 인명과 출신, 관등을 정리하면 <표 7-2>, <표 7-3>
과 같다.

남산신성비는 郡을 단위로 하여 작성되었지만 그 수작거리는 개별
촌락에 할당된 것이었다. 따라서 제1비의 수작거리 11보 3척 8촌은
C그룹이 속한 阿良村에 할당된 것이며, 제2비의 수작거리 7보 4척은
阿大兮村에 할당된 것이었다.[14] 그리고 그 수작거리는 해당 촌락이
보유한 장정수를 기준으로 한 것이었다.[15] 이 점을 염두에 두고 살
펴보기로 하자.

제1비에서 3인의 지방관이 지닌 경위는 모두 제12등인 大舍이다.
그리고 제2비의 지방관들은 제13등인 小舍가 2인, 제5위인 大烏가 1
인으로 나타난다. 이렇게 지방관의 경위가 상대적으로 높은 것으로
보아, 제1비의 郡이 제2비의 경우보다 郡勢가 컸으리라 추정할 수
있다.

그러나 두 郡의 촌주에 해당하는 Ba그룹이 지닌 외위는 오히려 제
2비의 경우가 더 높게 나타난다. 더구나 제1비의 경우에는 村主 중
의 1인이 지방관이 파견된 阿良村 출신이다. 그러나 제2비의 郡中上
人[16] 2인의 출신지는 지방관이 파견되지 않은 沙刀城과 久利城이
다. 지방관이 파견된 촌·성이 그렇지 못한 촌락에 비해 토지와 호구
면에서 우월하였을 것임은 쉽게 추정할 수 있다. 그러나 제2비의 郡

---

14) 이 점에 대해서는 하일식, 1993 앞의 논문 참조.

15) 위와 같음.

16) 종래 이는 郡中村主로 推讀되어 왔다. 그러나 朴方龍, 1988 앞의 논문, 73
쪽에서 郡中上人으로 정확히 판독되었다. 이는 村主라는 職名을 띠고 있
지 않을 뿐, 村主와 동일한 지위로 생각된다[金在弘, 1991 앞의 논문, 43쪽
; 주보돈, 2002 「明活山城作城碑의 力役動員體制와 村落」 앞의 책, 219
쪽(원재 1992 『西巖趙恒來教授華甲紀念論叢』)]. 단 李宇泰, 1991 『新羅
中古期의 地方勢力研究』, 서울대 박사학위논문, 126~128쪽에서는 양자의
성격은 같으나 별개의 것으로 파악하였다.

中上人이 지닌 외위는 제1비보다 1등급씩 높게 나타난다.

또한 제1비의 阿良村은 11보 3척 8촌의 수작거리를 받았고, 제2비의 阿大兮村은 7보 4척의 수작거리를 할당받았다. 수작거리가 해당 촌락이 보유한 장정수를 기준으로 한 것임을 감안하면, 村勢도 阿良村이 阿大兮村보다 컸다고 추정된다. 그러나 阿良村의 Cb그룹은 거의가 외위를 지니지 않은 인물들임에 비하여 阿大兮村의 Cb그룹은 전부가 외위를 지니고 있다. 왜 규모가 더 큰 촌락보다 그렇지 못한 촌락에 외위 소지자 수가 많은가 하는 점은 외위제의 운영방식, 즉 외위 수여의 기준에 관련된 문제로 생각된다.

경위제는 골품 규정에 따라 승진의 상한이 정해져 있었다. 골품에 따른 수여의 기준이 존재하였던 것이다. 그 한도 내에서는 국왕에 대한 충성도나 국가에 대한 공로에 따라 승진하는 것이 가능하였다. 그러나 외위제는 이와 달랐다. 외위제에도 신라 국가 전체 차원의 수여 기준이 마련되어 있었을까?

지방의 유력자에게 수여된 외위 등급은 일차적으로는 해당 지역이 갖는 정치적·군사적 중요도에 따라 결정되었을 것이다. 또한 무력에 의해 백제나 고구려로부터 편입된 지역의 경우, 뒤에 편입된 경우가 더 높은 등급으로 대우받았을 가능성이 높다. 영역의 확대 과정에 따라 왕경에서 먼 변경 지역의 유력자는 상대적으로 중시되었을 것이기 때문이다. 또한 일단 제정된 외위가 보다 원거리, 전략적 요충지의 유력자들에게 수여되는 과정에서 당연히 발생하는 수여 등급의 인플레도 고려하지 않을 수 없다.17)

이러한 측면들이 복합적으로 작용하여, 외위 수여에서는 처음부터 전 영역을 포괄하는 일률적인 기준이 마련될 수는 없었다. 시간적 선

---

17) 干群 外位의 상향적 增設도 이러한 측면에서 이해될 필요가 있을 것으로 생각된다.

후에 따라, 또 해당 지역의 전략적 중요도에 따라, 그 지역에 거주하는 유력자에게 수여되는 외위 등급은 달라질 수밖에 없었다. 따라서 외위는 정비된 당초부터 수여 등급의 상승 경향을 내포하고 있었다고 생각된다. 앞의 6장에서 살펴보았듯이 법흥왕 7년에 下干 이하의 5등급이 제정되었다가 곧 간군 외위가 하나씩 상향적으로 증설되기 시작했던 것도 그 때문이었다. 남산신성비의 제1비와 제2비를 비교할 때 각각의 외위 소지자 사이에서 나타나는 외위 등급의 모순도 이러한 사정을 전제하면 자연스럽게 이해된다.

한편 외위는 해당 지역의 유력자가 신라 국가에 기여한 공헌도에 따라 승급되는 경우도 있었을 것으로 생각된다. 마운령비(568)의 제8행~제9행에서는 '나라를 위하여 忠節을 다하여 功이 있는 자들(爲國盡節有功之徒)'이 있으면 賞爵(物)을 더할 것임을 선언하고 있다. 이는 황초령비(568)와 북한산비(555)에도 동일하게 쓰여 있는 구절인데, 여기서 爵이란 외위를 뜻할 것이다. 그런데 비문에서는 '可加'라는 표현을 쓰고 있다. 즉 외위를 새로 주겠다는 것이 아니고 더해 줄 수 있다는 선언이었다. 이러한 조치는 550년대부터 국가적 차원에서 널리 표방되고 있었던 것이다.

다소 뒷 시기의 사례이기는 하지만, 이렇게 외위가 승급된 경우는 다음의 사료에서 확인할 수 있다.

> 22일에 왕이 백제로부터 돌아왔다. 功을 논하며 廚衿卒 宣服을 級湌으로 삼고 軍師 豆迭을 高干으로 삼았는데 戰死하였다.[18] (『삼국사기』 권제5, 신라본기 제5 태종무열왕 7년 11월)
>
> 軍師인 南漢山의 北渠는 平壤城 北門 싸움에 첫째가는 공을 세워 述干의 位를 주고 粟 1천석을 내렸다. 軍師인 斧壤의 仇杞는 平壤南橋 싸움에서 첫째가는 공을 세워 述干의 位를 주고 粟 7백

---

18) "二十二日 王來自百濟 論功 以廚衿卒宣服爲級湌 軍師豆迭爲高干 戰死"

석을 내렸다. 假軍師인 比列忽의 世活은 平壤少城 싸움에서 첫째
가는 공을 세워 高干의 位를 주고 粟 5백석을 내렸다.…19) (동 신
라본기 제6 문무왕 8년 동10월)

첫 번째 기사는 백제를 멸망시킨 뒤에 논공행상을 할 때, 전사한
軍師 豆迭에게 高干의 외위를 준 사실을 전한다. 豆迭이 그 전에는
아무런 외위 없이 軍師라는 직책을 맡아 참전했다가 전사한 뒤에 비
로소 高干을 수여받은 것으로는 볼 수 없다. 따라서 그가 받은 高干
은 기존의 외위가 승급된 것으로 보아야 한다. 그리고 두 번째 기사
는 고구려를 멸망시킨 평양성 전투에서 세운 軍功에 따라 지방인에
게 迷干·高干 등의 외위와 함께 賞으로 粟을 하사한 사실을 전한
다. 이들도 軍師의 직명을 띠고 있는 것으로 보아 그 이전에 일정한
외위를 지니고 있다가 이 때 와서 승급된 것으로 보는 것이 자연스
럽다.

위 사료들은 일부 지역에서 지방인에게도 이미 경위가 수여되기
시작한20) 이후의 사례들이다. 그러나 이들 사례를 통하여, 국가에 대
한 공헌도에 따라 지방인이 지닌 외위의 등급을 올려주거나 곡물을
賞賜하는 것은 그 훨씬 이전부터 관행적으로 행해지던 것이라 추정
할 수 있다. 외위의 승급과 곡물의 사여는 6세기 중반의 북한산비와
마운령비 등에서 선언된 내용과 완선히 일치하기 때문이다. 이렇게
보면 중앙정부에서 수여하는 외위가 당시 신라사회에서 어떠한 기능

---

19) "軍師南漢山北渠 平壤城北門戰功第一 授位迷干 賜粟一千石 軍師斧壤
仇杞 平壤南橋戰功第一 授位迷干 賜粟七百石 假軍師比列忽世活 平壤
少城戰功弟一 授位高干 賜粟五百石"

20) "竹竹 大野州人也 父郝熱爲撰干 善德王時爲舍知"(『삼국사기』권제47,
열전 제7 竹竹傳). 竹竹이 전사한 것은 642년이었다. 그의 아버지는 外位
를 지녔으나 자신은 京位인 舍知를 지니고 있어, 일부 지역에서 경위가 지
방민에게까지 확대되는 양상을 보여주는 대표적 사례이다.

을 했겠는가 하는 문제를 또 다른 측면에서 생각해 볼 여지가 생겨
난다.

중앙정부에서는 국가에 대한 공헌도에 따라 지방민에게 외위를 새
로 수여하거나, 기존에 수여한 외위를 높여주기도 하였다. 그리고 때
로는 수백 석의 곡물까지 賞으로 주고 있었다. 외위를 수여받는 것은
지방사회에서 한 개인의 정치적 지위를 높여주는 것이었을 뿐 아니
라,[21] 많은 곡물까지 받는 경우에는 누대에 걸쳐 세습할 수 있는 富
를 일거에 획득하는 기회이기도 하였을 것이다. 이러한 정책은 지방
인들 사이에서 경쟁을 유발하였을 것이며, 이 경쟁은 신라 국가의 지
배체제를 강화하는 방향으로 귀결되었을 것으로 생각된다. 특히 삼
국간의 전쟁이 치열해지던 상황에서는 이러한 정책이 큰 실효를 거
두었으리라는 점은 명백하다.

법흥왕대의 불교 공인이 신라사회의 이질적 이데올로기를 하나로
통합하는 계기가 되었다면, 외위제는 지방민의 신라 국가에 대한 귀
속감을 강화해주는 계기로 작용했다고 생각된다. 실제로 외위제를
통한 지방사회의 통합은 매우 광범위하게 이루어지고 있었던 것으로
보인다. 금석문에 보이는 외위 소지자의 양적인 확대는 이를 뒷받침
하는 것으로 생각된다.

6세기 초에 외위제가 정비된 이후 지방사회에서 외위를 소지한 자
의 수는 급격히 늘어나고 있었다. 이는 앞의 <표 7-1>에 나타난 명
활산성비의 외위 소지자와 <표 7-2>에 나타난 남산신성비 제1비의
외위 소지자를 비교하면 잘 알 수 있다. 양자의 수작거리는 각각 14

---

21) 실제 지방민에게 있어서는 중앙정부로부터 수여받은 외위가 매우 큰 의미
를 지니고 있었다. 경북 풍기의 於宿迹干墓 墨書銘처럼 생전에 지방사회
에서 어떤 직책을 맡아 수행했으리라 여겨지는 인물의 외위만을 기재해놓
은 것은 이러한 분위기를 반영하는 것으로 생각된다. 이 묵서명의 을묘년
은 595년으로 추정된다.

보 3척 3촌과 11보 3척 8촌으로 전자가 다소 많다. 따라서 공사에 투입된 장정수도 전자가 다소 많았을 것으로 추정된다. 그러나 외위 소지자의 수는 그와 정반대의 양상을 보이고 있다. 더구나 <표 7-3>에 나타난 남산신성비 제2비에서 阿大兮村의 수작거리는 명활산성비에 훨씬 못미치고 있지만, 외위 소지자의 수는 비교되지 않을 정도로 많다.

이는 두 비 사이의 40년이라는 기간 동안에 외위 수여 대상자의 폭이 현격히 넓어졌음을 뜻할 것이다. 그 원인으로는 첫째, 지방사회의 분화가 더욱 진행되어 외위를 수여받을 수 있는 대상이 많아졌으리라는 점을 들 수 있다. 둘째로는 신라 국가가 그동안 외위제를 활용하여 지방민을 체제 내에 적극 포섭했기 때문이기도 하다. 그 결과 신라 국가의 중앙 권력이 지방 촌락사회에 침투한 정도가 향상되었을 것이다. 그러나 다른 한편으로는, 개별 촌락 내부에서 더욱 많은 사람들이 외위를 수여받음으로써, 신라 국가에 대한 귀속감, 즉 국가의식을 강화시켜주는 결과를 가져왔으리라는 점도 당연히 생각해볼 수 있다.[22] 따라서 신라 국가의 외위 수여 정책은 고구려·백제와 대항하는 시기에 신라사회 전체의 내적 통합력을 강화시켜 주는 역할을 했다고 평가할 수 있다. 고구려·백제와의 전쟁에서 지방민들이 두드러진 역할을 하고 있는 것도 이러한 배경에서 이해할 수 있을 것이다.

---

22) 고구려·백제의 경우는 신라처럼 지방민과 왕경인을 구분한 별도의 관등제의 존재가 확인되지 않는다. 실제로 존재하지 않았을 가능성이 크다. 그러나 그렇다고 해서 왕경인과 지방민의 차별이 전혀 존재하지 않았다고는 생각하기 어렵다. 한편 고구려·백제의 경우에도 신라의 남산신성비에서 보는 것처럼 개별 촌락의 많은 주민들에게까지 관등이 수여되었을까 하는 문제를 생각해 볼 필요가 있을 것이다. 사료의 한계가 있지만, 이 점은 다소 회의적이다. 따라서 외위제는 고구려·백제에 비해 신라 사회가 상대적으로 강한 통합력을 발휘한 요인의 하나로 지적할 수 있지 않을까 한다.

지방 촌락사회에서 외위제가 수행한 역할을 지방민의 신분제와 연관하여 이해하는 것이 일반적이다.[23] 물론 외위가 일정하게는 지방 촌락사회 내부에서 개인의 신분적 서열을 표시하는 기준으로서의 역할도 수행했을 것임은 틀림없다. 그러나 이를 중앙 지배층 내부의 신분제인 골품제와 동일한 차원에서 이해할 수는 없다고 생각된다. 앞서 언급한 외위 수여 대상자의 성격을 고려하면, 외위는 일차적으로는 외위 수여 대상자가 지방 촌락사회에서 차지하고 있던 사회경제적 지위를 반영하는 것으로 파악하는 것이 타당할 것이다.

즉 중앙 지배층의 입장에서 집권적 지배의 매개역할을 담당할 현지인을 물색하는 기준이 되었던 것은, 자신들처럼 혈통에 기초한 골품제의 운영원리에 따른 신분의 상하 서열이 아니었고, 그들이 현지에서 행사할 수 있던 '현실적인 영향력의 크기'였다. 그것은 신분 서열이기 이전에 일차적으로는 촌락사회 내에서의 사회경제적 지위, 즉 계급관계에 기초하고 있었을 것이다. 그리고 그러한 계급관계를 기초로 하여 외위를 수여받고 촌주 등의 직책을 맡거나 그 아래의 실무자로서 준관료적인 지위를 갖게 되었을 때, 그 외위는 현지에서 신분적인 상하를 나타내는 기능도 함께 발휘할 수 있었을 것으로 생각된다.

그들은 중앙정부로부터 인정받은 지위를 이용하여 현지에서의 영향력을 더욱 강화할 수 있었을 것이다. 때로는 중앙 권력의 제약으로 오히려 약화되는 경우도 있었을 것이다. 그리고 이들은 자신의 계급적 지위를 바탕으로 현지에서의 영향력을 물려받을 수도 있었으리라 생각된다. 따라서 외위가 지방 촌락사회에서 신분제에 준하는 역할을 했다고 할 때, 그것은 어디까지나 계급적 지위에 따르는 부차적인

---

23) 武田幸男, 1965 「新羅の骨品體制社會」 『歷史學硏究』 299 이후 대부분의 연구가 이에 속한다.

기능이었을 것이다.

그런데 7세기에 들어서면서부터는 고구려·백제와의 대결이 전면적인 총력전으로 전화하는 가운데 지방민에게까지 경위가 확대 수여되기 시작하였다. 당시는 신라 내부에서 왕경인과 지방민의 차별이 갖는 의미에 앞서, 백제·고구려와의 대외적인 적대감이 최고조에 달하고 있던 상황이었다. 이로 말미암아 신라의 중앙 지배층도 이들에게 이전과는 다른 대우를 할 필요가 절실하였을 것이다. 그러나 상향적으로 증설해가던 외위로는 한계가 있었다. 이는 앞서 언급하였던 외위제가 갖는 자기모순이 표출된 결과이기도 하였다.

단, 지방인에게도 경위가 수여되게 되었다는 형식적인 변화에도 불구하고, 왕경인과 지방인 사이의 차별이 근본적으로 불식되지는 않았다. 그것은 왕경인 내부에서 골품제가 존속하는 한, 불가능한 것이었다.

2. 백제·고구려 유민의 편제

7세기경부터 신라 영토 내의 일부 지방인에게도 경위를 주기 시작하면서 외위는 차츰 소멸해갔다. 다만, 관등을 줌으로써 자국의 지배체제에 새로 편입된 인간을 포섭하는 조치는 이후에도 지속되었다. 백제를 멸망시킨 뒤에 그 영토를 차근차근 점유해가는 과정에서도, 이러한 오랜 역사적 경험이 구사되었다. 신라는 백제 공격에 나선 초기부터 백제로부터 항복해 온 자나 포로가 된 백제 장군을 우대하였다.

　　백제의 人員도 모두 그 재능을 보아 임용하니 佐平 忠常과 常永, 達率 自簡에게는 一吉飡을 주어 摠管의 관직을 맡겼고, 恩率 武守

에게는 大奈麻를 주고 大監의 직무를 맡겼으며 恩率 仁守도 大奈
麻를 주고 弟監을 맡겼다.[24] (『삼국사기』 권제5, 신라본기 제5 무
열왕 7년)

　이들은 660년(무열왕 6) 황산 전투에서 포로가 된 사람들이었다.
이들에게 신라의 경위를 주고 관직에 임명하는 조치까지 취한 것이
다. 이들 중 忠常은 661년에 阿湌으로 나오는 것[25]으로 보아 짧은
기간에 한 단계 승진한 것으로 판단된다. 또 같은 해에 雨述城을 공
격할 때 무리와 함께 항복해 온 達率 助服과 恩率 波伽에게는 級湌
의 관등을 주었다. 특히 助服은 곧바로 古陁耶郡 太守職에 임명하
였고, 波伽에게는 田宅과 衣物을 내려주었다.[26]

　이러한 조치들은 다소 파격적인 것이었다고 할 수 있다. 특히 항복
해 온 백제 지배층을 摠管・大監・弟監 등의 軍 지휘관이나 신라
內地의 郡太守로 임명한 것이 주목된다. 통일전쟁이 격화되는 중에
도 신라 영토 안의 지방인들에게조차 군 지휘관직이나 太守職을 준
경우를 찾아보기 어렵기 때문이다. 따라서 백제 지배층의 일부를 이
렇게 대우한 것은, 협조적인 자들에게는 신라 왕경인과 동일하게 주
어진 관등폭에 상응하는 일정한 직책을 맡기고 적극 활용하겠다는
의지의 표현으로 생각된다. 다만, 이상의 몇 가지 사례들은 옛 백제

---

24) "百濟人員並量才任用 佐平忠常・常永 達率自簡 授位一吉湌 充職摠管
恩率武守 授位大奈麻 充職大監 恩率仁守 授位大奈麻 充職弟監"

25) "春二月百濟殘賊來攻泗沘城 王命伊湌品日爲大幢將軍 迊湌文王・大阿
湌良圖・阿湌忠常等副之"(『삼국사기』 권제5, 신라본기 제5 무열왕 8년 2
월). 이 기사의 忠常은 무열왕 7년조의 忠常과 동일인으로 판단해도 무방
할 것으로 생각된다. 金壽泰, 1999「新羅 文武王代의 對服屬民 政策-百
濟遺民에 대한 官等授與를 중심으로-」『新羅文化』16에서도 동일인으로
간주하였다.

26) "…百濟達率助服・恩率波伽與衆謀降 賜位助服級湌 仍授古陁耶郡大守
波伽級湌 兼賜田宅衣物"(『삼국사기』 권제6, 신라본기 제6 문무왕 원년)

영토를 공략하던 초기의 절박한 상황에서 나온 조치였을 뿐, 이후에
도 일관되게 지속된 것으로 보는 데는 신중할 필요가 있겠다.

671년(문무왕 11)에 소부리주가 설치27)되면서 신라의 옛 백제 영
토에 대한 공략은 거의 마무리 단계에 접어들었다. 그러자 이제 군공
을 세우거나 자진 항복해와서 협조한 경우 등 그때그때의 상황에 따
른 임기응변식 조치가 아니라, 옛 백제 지배층을 일괄하여 편제할 기
준이 요구되었다. 673년(문무왕 13)에 취해진 다음의 조치는 그러한
필요성에서 나온 것으로 생각된다.

> 문무왕 13년에 백제에서 온 사람들에게 內外官을 주었다. 그 위
> 계는 本國의 官銜을 참고하였다. 京官 大奈麻는 본래 達率이었던
> 경우, 奈麻는 본래 恩率, 大舍는 본래 德率, 舍知는 본래 扞率, 幢
> 은 본래 奈率, 大烏는 본래 將德에게 주었다. 外官 貴干은 본래 達
> 率에게, 選干은 본래 恩率, 上干은 본래 德率, 干은 본래 扞率, 一
> 伐은 본래 奈率, 一尺은 본래 將德에게 주었다.28) (『삼국사기』 권
> 제40, 志 제9 職官 下)

여기서 보면, 백제 관등을 지닌 자들에게 준 가장 높은 경위는 大
奈麻였는데, 이는 신라 경위체계에서 5두품 신분이 오를 수 있는 관
등의 상한이었다. 따라서 백제 영토를 완전히 장악한 뒤에 옛 백제
관인층을 일괄 편제할 때, 대략 5두품 정도로 대우하는 쪽으로 기준
을 정한 셈이 된다. 이는 一吉飡을 받은 뒤에 곧 阿飡으로 승진한 佐
平 忠常 등의 사례에 비추어 보더라도 매우 낮은 수준이었다. 그 이

---

27) 『삼국사기』 권제7, 신라본기 제7 문무왕 11년
28) "百濟人位 文武王十三年以百濟來人授內外官 其位次視在本國官銜 京官
大奈麻本達率 奈麻本恩率 大舍本德率 舍知本扞率 幢本奈率 大烏本將
德 外官 貴干本達率 選干本恩率 上干本德率 干本扞率 一伐本奈率 一尺
本將德"

유를 생각할 때는 다음과 같이 여러 가지를 고려할 필요가 있을 것이다.

첫째, 백제가 멸망할 당시에 최고위급 귀족·관인들은 대부분 포로가 되어 당에 끌려갔다는 점이다. 따라서 신라 지배층의 입장에서 673년 당시에 최고 등급의 관등을 주어 편제할 대상이 거의 없는 상태였다는 점을 감안해야 한다. 둘째, 673년 당시는—忠常의 경우처럼—옛 백제 영토를 공략하던 초기처럼 특별한 우대책을 펼 대상도 거의 없어진 상황이었으리라는 점이다.

그러나 이상과 같은 점들을 고려해도 백제인에게 준 관등이 매우 낮은 이유가 충분히 설명되지는 않는다. 백제 관등이 16등급으로서 신라 관등 17등급과 거의 차이가 없었음을 생각하면 더욱 그렇다. 앞서 본 忠常의 경우도 백제의 최고 관등 佐平을 지녔으나 신라로부터 처음 받은 관등은 제7등급 —吉湌이었다. 그리고 達率은 백제의 제2등급 관등이었지만 673년에는 신라 제10등급 관등인 大奈麻를 주는 데 그쳤던 것이다. 따라서 이 문제는 신라 지배층의 입장을 고려하면서 다시 생각해 볼 필요가 있다.

신라 지배층은 백제 멸망 후 10여 년에 걸쳐 어려운 전쟁을 치른 끝에 그 옛 영토를 완전히 확보하고 백제 관인층에게 새로운 위계서열을 부여함으로써 신라적인 질서 속에 편제하였다. 그러나 옛 백제 관인층의 대부분은 5두품 이하의 신분으로 편제되는 데 그쳤다. 신라 지배층은 이미 확립되어 있던 골품제에 이질적인 새 세력이 고위 신분으로 다수 추가됨으로써 특권층의 범위가 넓어지는 것을 원치 않았다고 판단된다. 특권은 희소성이 있을 때라야 가치를 발휘할 수 있기 때문이다. 골품제를 기반으로 지배체제를 운영하던 신라 지배층의 폐쇄성이 잘 드러나는 경우라고 할 수 있겠다.

특히 앞의 백제인위조에서 주목되는 것은, 옛 백제 관인층에게 일괄하여 경위를 준 것이 아니라 외위도 병행 적용하고 있는 점이다. 동일한 옛 백제 관등인데도 경위를 받는 경우와 외위를 받는 경우로 나뉘는 기준이 무엇이었는지는 의문이다.[29] 또 비록 제도로서의 외위 자체가 사라진 것이 아니라 할지라도, 이 때는 신라 지방인들의 일부가 경위를 수여받기 시작한 지가 이미 오래된 시점이었다. 그럼에도 불구하고 신라 지배층은 옛 백제인들을 편제하면서 이미 의미를 잃어가고 있던 외위를 적용했던 것이다.

물론 673년에 이러한 이원적인 관등제를 여전히 적용했다고 해서, 6세기 초에 외위제가 성립했을 때처럼 신라 왕경으로 이주한 극소수에게 경위가 주어지고, 현지에 남은 자들에게 모두 외위가 수여되었다고는 판단되지 않는다.[30] 이 규정이 나온 바로 그 해인 673년에 조성된 것으로 추정되는 「癸酉銘阿彌陀佛造成記」와 「癸酉銘三尊千佛造成記」는 이 판단을 뒷받침한다. 즉 여기에는 불상 조성에 참여한 비중 있는 인물들의 이름이 나열되어 있는데, 백제 관등 達率을 지닌 身次 1인을 제외하면 대부분이 乃末·大舍 등 신라 경위를 지니고 있고 외위 소지자는 전혀 보이지 않기 때문이다.[31]

---

29) 그 이유에 대해, 백제 초기에 신라와 비슷한 이원적 관등제의 존재를 상정하거나, 외위가 존재했을 가능성이 높다고 보는 견해도 있다(盧重國, 1988 『百濟政治史硏究』, 一潮閣, 285쪽~287쪽 ; 金壽泰, 1990 앞의 논문, 52쪽). 한편, 백제인위조의 內外官을 文面 그대로 중앙관과 지방관으로 보고, 왕경인과 지방인의 구분이 아니라 옛 백제의 중앙관·지방관 여부에 따라 京·外位를 주었으리라 보는 견해도 있다(朱甫暾, 1998 「統一期 新羅地方統治體制의 再編과 村落構造의 變化」『新羅地方統治體制의 整備過程과 村落』, 신서원, 276쪽~277쪽).

30) 앞서 인용한 백제인위조(『삼국사기』 권제40, 지 9 직관 하)의 원문에는 '以百濟來人授內外官'으로 표현되어 있다. 이 때 '來'字에 비중을 두어 673년 당시 신라 王京으로 옮겨올(來) 정도의 비중 있는 자들에게만 京位가 주어졌다고 생각할 수도 있다. 그러나 후술할 내용을 감안하면, 이는 '來附'라는 뜻으로 파악하는 것이 온당할 듯하다.

이렇게 「계유명아미타불조성기」와 「계유명삼존천불조성기」를 함께 고려하면서 생각해 보면, 백제인위조에서 옛 백제 관인층에게 경위와 외위를 함께 적용하기로 한 것은 원칙의 확인이었을 뿐, 실상은 다수에게 경위를 적용했었다고 보아도 무리가 없을 것 같다. 그러나 비록 그것이 원칙의 수준에 머무는 것이었다고 할지라도, 오래 전에 사로국이 주변 소국을 병합하면서 그 최고 지배층을 왕경으로 이주시킨 뒤에 현지에 남은 중간층에게 지방 지배의 매개 역할을 맡기던 전통, 그리고 6세기에 들어서 이원적 관등제를 갖추어 왕경인과 지방인 사이에 기본적 차이를 두던 전통이 삼국통일 직후인 673년까지도 신라 지배층에게 기본 원칙으로서 강하게 남아 있었음을 보여주는 것만은 분명하다. 즉, 신라 지배층은 통일 이후 달라진 사회 상황에도 불구하고 기왕에 자신들이 지켜오던 지배체제 운영의 원칙을 수정하려는 의지를 적극 발휘하지는 않았다고 볼 수 있겠다. 이는 통일 전후의 현상적인 격동에도 불구하고, 신라 정치사회의 변화가 매우 더디게 진행될 수밖에 없었던 배경이기도 할 것으로 생각된다.

다만, 매우 느린 추세이긴 하지만 현실의 변화에 따라 이러한 원칙에도 얼마간의 수정은 불가피했다고 생각된다. 金馬渚에 있던 報德國이 소멸한 뒤인 686년(신문왕 6)에 고구려인을 편제할 때는 외위는 사라지고 보이지 않기 때문이다. 관련 기사는 다음과 같다.

高句麗人位 : 신문왕 6년에 고구려인에게 京官을 주었는데 本國의 官品을 헤아려 주었다. 一吉湌은 본래 主簿에게, 沙湌은 본래

---

31) 韓國古代社會硏究所 編, 1992 「癸酉銘阿彌陀佛造成記」‧「癸酉銘三尊千佛造成記」『譯註 韓國古代金石文Ⅱ』 참조. 여기서 신라 경위를 지닌 자들이 신라 왕경에 이주한 자라고는 생각할 수 없다. '香徒'를 칭한 이들은 現 燕岐 지방에 살던 유력자들일 것이다. 또 여기에 나오는 '達率 身次'는 현지에서 옛 백제 관등을 여전히 고집한 인물로 짐작된다.

大相, 級湌은 본래 位頭大兄 · 從大相, 奈麻는 본래 小相 · 狄相, 大舍는 본래 小兄, 舍知는 본래 諸兄, 吉次는 본래 先人, 烏知는 본래 自位에게 주었다.[32] (『삼국사기』 권제40, 지9 직관 하)

이 고구려인위조에 대해 본격적으로 언급하기 전에 먼저 보덕국의 성립과 소멸에 이르는 과정을 대략 살펴보기로 한다.[33] 보덕국이 성립하여 소멸하는 과정은, 신라가 소백산맥 이남의 주변 소국을 정복 · 복속을 통하여 흡수하고 직접 지배력을 행사해갔던 오랜 역사적 경험의 최종적 형태이자 전형이었다고 생각된다.

670년(문무왕 10)에 劍牟岑이 安勝을 맞아 왕으로 삼고 신라의 藩屛이 될 것을 청하자, 문무왕은 이들을 금마저에 안치하고 안승을 고구려왕에 봉하였다.[34] 아직 백제 고지를 완전히 차지하지 못하고 당군은 물론 옛 백제의 저항세력과 싸우고 있던 신라로서는, 옛 백제 영토의 한 귀퉁이를 차지한 그의 존재가 필요하였기 때문이었다. 이후 10년 남짓한 기간 동안 보덕국은 옛 고구려의 5부제와 관등제를 유지하고 일본에 사신을 여러 차례 파견하는 등 거의 독립국처럼 존속하였다.[35]

---

32) "高句麗人位 神文王六年 以高句麗人授京官 量本國官品授之. 一吉湌本主簿 沙湌本大相 級湌本位頭大兄 · 從大相 奈麻本小相 · 狄相 大舍木小兄 舍知本諸兄 吉次本先人 烏知本自位"

33) 보덕국에 대해서는 村上四男, 1978「新羅國と報德王安勝の小高句麗國」『朝鮮古代史研究』, 開明書院(원재 1966『朝鮮學報』37 · 38合) 및 임기환, 2004「고구려 유민의 활동과 보덕국」『고구려 정치사 연구』, 한나래(원재 2003『강좌 한국고대사 10』) 참조.

34) "六月 高句麗水臨城人牟岑大兄 收合殘民 … 向新羅行 至西海史冶島 見高句麗大臣淵淨土之子安勝 迎致漢城中 奉以爲君 遣小兄多式等 來告曰 興滅國 繼絶世 天下之公義也 惟大國是望 我國先王以失道見滅 今臣等 得國貴族安勝 奉以爲君 願作藩屛 永世盡忠 王處之國西金馬渚"(『삼국사기』 권제6, 신라본기 제6 문무왕 10년 3월). "封安勝爲高句麗王"(동 7월).

그런데 백제 고지를 거의 확보한 뒤인 674년(문무왕 14)에 문무왕은 안승을 다시 보덕국왕으로 봉하였고,[36] 다시 6년 뒤인 680년(문무왕 20)에는 王妹를 안승과 혼인시켰다.[37] 그리고 결국 683년(신문왕 3) 10월에는 신문왕이 안승을 왕경으로 불러들여 金씨 성을 내리고 蘇判의 관등을 주었다.[38] 이듬해 11월에 현지에 남은 자들의 반발이 발생하자 군대를 보내 무력으로 토벌하고 주민들을 國南 州郡으로 徙民시키는 한편, 그 지역을 金馬郡으로 편제하였다.[39]

이렇게 신라가 보덕국을 처리하는 과정은, 일찍이 주변 소국을 복속시키고 자신의 영향력 아래 둔 뒤에 서서히 영향력을 강화하여 마침내 그 지배층을 왕경으로 이주시키고 현지를 직접 지배해가는 단계별 조치의 최종 완성 형태를 보여준다. 오랜 역사적 경험이 여기에 집약되어 있다고도 생각되는 것이다.

앞서 소개한 고구려인위조 기사는 686년(신문왕 6)에 이루어진 조치로서, 보덕국이 완전히 사라진 684년보다 2년 뒤에 해당한다. 이때 고구려 유민에게 관등을 수여할 기준을 제시한 것은, 그들을 신라의 軍團, 즉 白衿誓幢과 赤衿誓幢으로 편제할 필요성 때문이었다고 생각된다.[40] 반란이 진압된 뒤에 남은 유민들에게 준 가장 높은 경위는 일길찬이었다. 이는 고구려 관등 主簿를 지닌 자가 받을 수 있

---

35) 물론 報德國의 對日外交는 신라의 監視 또는 引導 아래 행해졌을 것이다 (村上四男, 1978 앞의 책 참조).

36) "九月 … 封安勝爲報德王"(『삼국사기』 권제7, 신라본기 제7 문무왕 14년)

37) "賜報德王安勝 遂以王妹妻之(一云迎浪金義官之女也)"(위의 책 문무왕 20년)

38) "冬十月 徵報德王安勝爲蘇判 賜姓金氏 留京都 賜甲第良田" (위의 책 권제8, 신라본기 제8 신문왕 3년)

39) "十一月 安勝族子將軍大文 在金馬渚謀叛 事發伏誅 餘人見大文誅死 殺害官吏 據邑叛 王命將士討之 逆鬪幢主逼實死之 陷其城 徙其人於國南 州郡 以其地爲金馬郡"(위의 책 신문왕 4년)

40) 위의 책 권제40, 지9 직관 하 九誓幢

는 것이었는데, 주부는 고구려 말기의 13관등제에서 제2등급의 관등
이었다.

따라서 이 역시 아주 높은 대우는 아니었지만, 앞서 백제인을 편제
할 때와 비교하면 상대적으로 높다고 할 수 있다. 백제인에게 준 경
위가 5두품까지가 받을 수 있는 大奈麻로 한정된 데 비해, 보덕국 유
민이 받은 최고 관등 一吉湌은 6두품 이상이라야 받을 수 있는 것이
었기 때문이다. 무엇보다도 큰 특징은, 이 때는 더 이상 외위가 적용
되지 않았다는 점이다. 제도적인 차원에서 외위가 완전히 소멸한 것
을 이 시점으로 보아도 무리가 없을 듯하다.

백제인위조와 고구려인위조 사이에는 13년이라는 시간차가 있다.
그 중간 시점인 674년(문무왕 14)에 경위와 외위의 대비 규정, 즉 외
위조가 마련된 적이 있었다.41) 이 단계를 거쳤기 때문에 보덕국이
소멸한 뒤에 고구려인들에게는 모두 경위가 주어지게 된 것이 아닌
가 한다. 어쨌든 백제 유민을 경위·외위를 나누어 편제했던 것에 비
하면, 보덕국의 고구려 유민을 편제할 때는 경위만을 적용한 것은 일
단의 진전이었다고 생각된다.

신라가 지배방식을 전환하면서 기존의 복속지 주민을 자국의 지방
민으로 대우하기 위해 창안해낸 외위는 성립 당초부터 변화의 가능
성을 안고 있었다. 영토가 확대될수록 외위는 상향 증설될 수밖에 없
었고, 이윽고 지방민에게도 경위를 수여하기 시작하였다. 7세기 무렵
에 접어들면서부터였다고 생각된다.

외위는 기존보다 우대하면서도 왕경인과 차별을 둔다는 이중성을
안고 있었다. 그러나 실제 외위를 수여하면서 지방인을 포섭한 성과
는 괄목할 만한 것이었다고 생각된다. 신라의 국가 권력이 지방 촌락

---

41) 위의 책 권제40, 지9 직관 하 外位. 이 기사에 대해서는 앞의 6장 참조.

사회 내부에 깊숙이 침투하는 데는 외위 소지자의 역할이 컸고, 또한 지방의 유력자들은 외위를 받음으로써 지방사회에서 자신의 신분적 지위를 확인받을 수 있었으리라 생각된다. 6세기 후반이 되면 외위 소지자의 수가 대폭적으로 늘어났다고 추정되는데, 결국 이러한 분위기 속에서 지방민의 신라 국가에 대한 귀속감이 강화되었을 것으로 짐작된다. 외위가 신라사회에서 발휘한 기능을 이런 점에서 찾을 수도 있을 것이다.

7세기에 들면서 삼국항쟁이 격화되자 신라는 지방인에게도 경위를 확대 수여하기 시작하였다. 외위가 실질적으로 소멸하는 과정에 접어들었던 것이다. 그러나 신라 지배층이 지닌 보수성은 여전히 강하였다. 기존에 지방민을 대하던 태도가 삼국통일 직후에는 백제 유민을 대하는 태도로 옮겨갔다. 백제 유민을 포섭할 때는 그 일부에게 외위를 준다는 원칙을 여전히 갖고 있었던 것이다. 신라 지배층은 6세기 이래 정비해 온 지배체제의 전통에 입각해 있었고, 그 지배체제 운영의 기본 골격을 강고히 지키면서 현실의 변화를 따라 조금씩 폭을 넓혀가는 방향을 밟아갔던 것이다. 그러나 외위가 완전히 소멸했다고 해서, 왕경 지배층과 지방인 사이의 차별이 함께 사라진 것은 아니었다는 데 신라 지배체제의 특징이 있었다.

제 3 부
통일기의 정치체제와 관료제

8장 통일기의 정치기구와 관료제 운영

통일 전쟁이 끝나고 안정을 찾았을 때 신라의 영토는 2배 이상 확대되었고 인구 또한 대폭 늘어나 있었다. 이러한 새로운 상황을 바탕으로 하여 신라 국가의 지배체제에는 큰 변화와 발전이 뒤따랐으리라 생각하는 것이 일반적이다. 특히 정치체제와 관련해서는 강한 국왕 권력을 기반으로 하여 종래의 전통적인 정치구조에 중대한 변화가 생겨났다고 보아 이를 '전제정치'라고 이름붙이는 경우[1]도 있었다.

전제정치라는 용어의 타당성 여부에 대해서는 별도로 다루기로 한다. 이 장에서는 통일 이후 신라 정치체제상에 나타난 변화가 얼마나 본질적인 것이었나를 정치기구와 관료제 운영 원리라는 측면에서 검토해 보고자 한다. 지금까지 연구는 7세기 중반 이후 신라 정치체제상에 나타난 변화에 주목하여 그 이전 시기와의 차별성을 강조하는 경우가 대부분이었다. 그러나 삼국통일 이전과 이후의 차이점을 정치체제의 형식적인 측면만이 아니라 운영 원리라는 측면에서 살펴보면 논란의 여지가 많다. 사실에 대한 이해를 둘러싸고도 의견이 대립되는 경우도 많다.

통일기의 신라 정치체제를 살펴볼 때는 다음과 같은 점을 염두에 둘 필요가 있다고 생각된다. 첫째, 6세기 이후 신라 정치체제에 나타

---

1) 李基白, 1967 『韓國史新論』, 一潮閣

난 현상들을 '새롭다'는 관점에서만이 아니라, 그 이전 시기와 연속선
상에서 되짚어 볼 필요도 있다. 둘째, 정치체제의 운영원리라는 측면
에서 통일 이후에 나타난 변화가 갖는 의의는 물론, 그 한계까지도
검토할 필요가 있다. 그래야만 통일 이후에 나타난 변화가 얼마만큼
의미 있는 것이었는지를 가늠하고, 또 구조적으로 연속되고 있었던
것은 무엇인지를 구별할 수 있을 것으로 생각된다.

1. 상대등과 시중의 성격

1) 화백회의와 상대등

신라에는 귀족[2]들이 모여서 국정의 중대사를 논의·결정하는 회
의체가 있었다. 그 기원은 멀리 사로국이 성립할 때까지 소급될 수
있을 것이다. 사로국의 성립이 지금의 경주 일원에 흩어져 있던 독립
적인 여러 세력집단의 결집을 통하여 이루어졌기 때문에, 초기의 지
배체제 운영에서 이 회의체가 차지하는 비중은 매우 컸으리라 생각
된다. '6부 시조'와 그 子弟들이 함께 모여 혁거세를 맞이했다는 關
川회의[3]를 비롯하여, 이사금 시기의 기록에서 자주 확인되는 '國人'
또는 '臣僚'에 의한 국왕 추대는 그 대표적 사례일 것이다. 이렇게 사
로국을 대표하는 국왕 선출을 비롯하여 대내외적인 중요 정책의 결

---

2) 신라사에서 전통적인 '족장'과 성격을 달리하는 '귀족'이 출현한 것은 6세
기 이후로 생각된다(朱甫暾, 1992 「三國時代의 貴族과 身分制」『韓國社
會發展史論』, 一潮閣).

3) "前漢地節元年壬子 … 三月朔 六部祖各率子弟 俱會於閼川岸上 議曰 我
輩上無君主 臨理蒸民 民皆放逸 自從所欲 盍覓有德人 爲之君主 立邦設
都乎 於是乘高南望 楊山下蘿井傍 異氣如電光垂地 有一白馬跪拜之狀
尋撿之 有一紫卵(一云靑大卵) 馬見人長嘶上天 剖其卵得童男 形儀端美
驚異之…"(『삼국유사』 권제1 紀異 제1 新羅始祖赫居世王)

정이 대부분 이 회의체를 통하여 이루어졌다.

신라가 영역을 확대하면서 중앙 집권적인 지배체제를 정비하기 시작하던 6세기에 들어와서도 이 회의체는 유지되었다. 당시 회의체의 구성원들에 대해서는 冷水碑(503)와 鳳坪碑(524), 그리고 眞興王巡狩碑 등 6세기의 금석문들을 통하여 약간의 지식을 얻을 수 있다.

냉수비에서는 京位 순위로 보면 비교적 낮은 阿干支(6등)·居伐干支(9등) 등이 높은 경위인 壹干支(2등)와 함께 '共論'하면서 '敎'의 공동주체가 되어 해당 주요 결정을 내리고 있다.[4] 봉평비의 경우 敎事집단에 속한 인물들의 절반인 5인이 非干群 경위를 지니고 있는데, 그 중 3인이 奈麻이다.[5] 그런데 교사집단의 결정에 따라 현지에 나가서 실무를 처리한 '大人' 2인도 나마의 경위를 지니고 있다. 같은 등급의 경위를 지니고 있었음에도 불구하고 어떤 부류는 '교'의 주체로서 결정권자에 속해 있는 반면에, 다른 부류는 실무자라고 하는 대조가 보이는 것이다. 앞의 3장에서 이야기했듯이, 이는 당시 '공론'이나 '교'의 공동주체에 속할 수 있는 자격이 경위의 높낮이가 아닌 별도의 기준에 입각하여 부여되고 있었음을 말한다. 이 별도의 기준이란 골품을 제외하면 달리 생각하기 어려울 것이다.

특히 봉평비는 율령이 반포된 이후에 세워진 것임에 주목할 필요가 있다. 520년(법흥왕 7)에 반포된 율령에는 관등제를 비롯하여 골품제에 대한 여러 규정이 포함되었으리라는 것이 통설이다. 이렇게 보면, 신라에서는 관등제가 확립된 이후에도 그보다 우선하는 골품을 기반으로 정치운영의 핵심에 참여할 수 있는 부류가 존재하고 있었고, 그 지위는 제도적으로 보장되고 있었던 셈이다.[6]

---

4) 이 책 제1부 3장의 <표 3-1> 참조.
5) 이 책 제1부 3장의 <표 3-2> 참조.
6) 냉수비·봉평비는 本波·斯波·岑喙의 部主로서 干支의 位號를 지닌 자들도 정치 운영의 핵심부에 속해 있었음을 알려준다. 율령반포 이후에도

냉수비와 봉평비에서 핵심적인 지위에 있었던 인물들은 창녕비 (561)에 보이는 '大等'과 연결되는 존재라고 생각된다. 대등은 귀족회의의 일반 구성원이며, 典大等·仕大等·使大等 등은 대등 가운데서 특정 직무를 맡아 있던 인물들에게 붙여진 분화된 명칭이다.[7] 신라의 중앙관부가 본격적으로 설치되는 것이 6세기 후반에 들면서부터임을 감안하면, 창녕비의 분화된 '~大等'은 관부가 설치되기 이전 단계의 모습에 해당한다고 할 수 있다.

이렇게 신라에서는 중앙 집권적 지배체제가 정비되는 과정에서 기존의 半독립적인 세력들이 개별적으로 특정 직무를 맡아 곧바로 관료화되지는 않았다. 그들은 大等이라는 특수한 범주를 형성하여 스스로의 지위를 제도화시킴으로써 전통적인 특권을 일정하게 보장받고 있었다. 이 대등은 단순히 중앙관부가 정비되기 이전에 나타나서 관료제가 더욱 발전하면 소멸하게 될 과도적 존재는 아니었다. 오히려 중앙관제의 정비 자체가 이렇게 성립한 대등의 존재를 부정하지 않고, 오히려 그를 바탕으로 삼아 진행되었다고 생각된다.

6세기 후반 이후 중앙관부가 설치되면서 많은 대등들이 특정 관직을 맡게 되었을 것이다. 따라서 7세기 중반 무렵 "집사부가 설치될 무렵이면 본연의 모양을 갖춘 대등은 자취를 흐려버리게 되었을 것"[8]으로 생각할 수 있다. 그러나 그들은 신설된 중앙관부의 관직에 흡수되어 아주 소멸하거나 완전히 관료화된 것은 아니었다고 생각된

얼마동안 部主의 전통적 지위 역시 보장되었던 것이다(여기에 대해서는 앞의 3장 참조).

7) 李基白, 1974 「大等考」『新羅政治社會史硏究』, 一潮閣, 67쪽, 78쪽(原載 1962『歷史學報』17·18合) 참조.

8) 李基白, 1974 위의 책, 87쪽. 한편 통일 이후 재상회의가 운영되면서 대등이 의미를 상실한 것으로 보기도 한다[李仁哲, 1993 「新羅의 群臣會議와 宰相制度」『新羅政治制度史硏究』, 一志社, 110쪽(원재 1991『韓國學報』65)].

다. 고위 관직에 취임할 수 있는 관료 예비군의 범주가 국왕의 임명
권이 행사되기 이전에 골품제의 운영원리에 따라 결정되어 있었던
만큼, 정치운영 또는 권력구조에서 그들이 발휘하는 영향력은 일정
하게 유지되었던 것으로 보인다.

579년에 진지왕이 '政亂荒婬'하다는 이유로 '國人'에 의해 폐위된
사례,[9] "큰 일이 있으면 群官을 모아 상세히 의논하여 결정한다"는
기록,[10] 진덕왕대의 无知嚴회의[11] 등은, 대등을 구성원으로 한 귀족
회의체의 기능이 6세기 말에는 물론 7세기에도 기본적으로 유지되고
있었음을 보여준다. 통일 이후에도 귀족 회의체는 여전히 존속하고
있었다. 702년에 성덕왕이 '국인' 즉 진골귀족들의 추대를 받아 즉위
한 사례가[12] 있다. 그리고 만장일치의 의결방식을 취한 和白에 관한
중국 쪽 기록이[13] 8세기 후반의 신라 사정을 전하는 것으로 생각되
는 만큼, 귀족회의는 여전히 기본적인 기능을 유지하고 있었던 것으
로 보인다.

대등 또한 기록의 뒤편에서 후대까지 존속하고 있었을 가능성이

---

9) "第二十五 舍輪王 諡眞智大王 姓金氏 妃起烏公之女 知刀夫人 大建八年
丙申卽位(古本云 十一年己亥 誤矣) 御國四年 政亂荒婬 國人廢之"(『삼
국유사』 권제1, 기이 제1 桃花女鼻荊郎)

10) "其有大事 則聚群官 詳議而定之"(『隋書』 권81, 열전 제46 신라전)

11) "王之代有閼川公・林宗公・述宗公・虎林公(慈藏之父)・廉長公・庾信公
會于南山无知巖 議國事 時有大虎走入座間 諸公驚起 而閼川公畧不移動
談笑自若 捉虎尾撲於地而殺之 閼川公膂力如此 處於席首 然諸公皆服庾
信之威"(『삼국유사』 권제1, 기이 제1 眞德王)

12) "聖德王立 諱興光 … 神文王第二子 孝昭同母弟也 孝昭王薨無子 國人立
之"(『삼국사기』 권제8, 신라본기 제8 성덕왕 즉위년). 이는 김수태, 1988
「新羅 聖德王・孝成王代 金順元의 政治的 活動」『東亞硏究』 3, 212쪽~
213쪽에서 처음 지적되었다.

13) "事必與衆議 號和白 一人異則罷"(『신당서』 권220 열전 제145 신라전).
『신당서』에 실려 있는 신라에 대한 정보는 혜공왕대에 신라를 방문했던
唐 顧愔의 『新羅國記』에 근거한 부분이 많은 것으로 알려져 있다.

크다고 생각된다. 고려 성종 2년(983)의 鄕職 개편 때까지 지방사회
에 '堂大等'·'大等'으로 불리는 유력자들이 있었음이 확인된다.[14] 6
세기에 중앙관의 명칭으로 존재한 대등이 사라진 지 수세기가 지난
뒤에 많은 수의 지방 호족들이 새삼 그 명칭을 부활시켜 사용했을
가능성은 희박할 것이다. 홍덕왕대 골품제의 服飾규정에 보이는 '眞
骨大等'이란 구절 또한 대등이 후대까지 존속하였을 가능성을 강하
게 시사한다.[15] 다만 6세기 중엽경과 달리 통일 이후에는 귀족회의
참가자의 범위나 명칭에 다소간의 변화가 따랐을 가능성은 충분히
예상할 수 있다.[16] 그러나 그 경우에도 귀족회의 구성원이 되는 궁
극적인 자격이 국왕의 임명에 의한 것이 아니라 세습된 신분을 기반
으로 획득되는 한, 신라 정치체제의 운영에 근본적 변화가 있었다고
보기 어려운 것이다.

　이와 관련하여 주목되는 것이 상대등이다. 명칭상으로 보아 상대
등이 여러 대등의 존재를 바탕으로 하여 그보다 한 수준 높은 지위
로 생겨난 것임은 분명하다. 그런데 통일 이후 많은 중앙관부의 명칭
이 바뀌었다가 복고되는 변화를 겪었음에도 불구하고 상대등의 명칭

---

14) 『고려사』 권75 選擧志 銓注 鄕職. 고려 초기 금석문에 보이는 大等·堂大
　　等에 대해서는 하일식, 1999 「고려 초기 지방사회의 주관(州官)과 관반(官
　　班)-금석문 자료 분석을 통한 시론적(試論的) 해석-」 『역사와 현실』 34
　　참조.
15) "眞骨大等 幞頭 任意"(『삼국사기』 권제33, 잡지 제2 色服). 여기 나오는
　　眞骨大等이 기록상의 전승일 가능성이 크다고 보기도 한다(이기백, 1974
　　앞의 책, 87쪽). 그러나 비록 홍덕왕의 교서가 '敢率舊章'한 규정이라 해도
　　대등이 이미 소멸한 상태라면 이러한 표현이 나타나기 어려울 것이다. 따
　　라서 이를 기록상의 전승으로 보기는 어렵다.
16) 李基白, 1974 앞의 책, 82쪽에서는 大等보다 특권화된 존재로 '大臣'을 상
　　정하였다. 또 7세기 중엽 이후 대등이 증가하자 귀족회의의 참가 자격이
　　대아찬 이상의 행정 각부 장관으로 제한된 것으로 생각하기도 한다(李仁
　　哲, 1993 앞의 책, 101쪽).

은 바뀐 적이 없었다. 만약 대등이 이미 소멸한 상태였다면, 상대등의 명칭에도 어떤 변화가 있었을 가능성이 크지 않을까 하는 생각도 해본다.

『삼국사기』에 따르면 상대등은 531년(법흥왕 18)에 처음 설치되었는데,[17] 이후 새 국왕의 즉위와 동시에 임명되어 특별한 이유가 없는 한 종신직이었다. 그런데 상대등을 선임할 때는 곧잘 그 직무를 '摠知國事'·'委以國事'라는 구절로 표현하고 있다. 이런 상대등의 직무와 선임방식을 보면, 그것이 법흥왕대에 비로소 나타난 전혀 새로운 존재가 아니라 6세기 이전부터 확인되는 이벌찬·이찬, 특히 그 중에서도 이벌찬의 位號를 지닌 존재와 연결되는 것임을 알 수 있다.[18]

이사금 시기의 지배세력은 서로간의 역학관계를 토대로 연합과 갈등·견제를 반복하면서 사로국을 이끌어가고 있었다. 이벌찬은 독립성 강한 대세력가인 여러 명의 이찬 중에서 이사금과 결합한 자, 또는 그 결합에서 제외된 자를 무마하기 위해 새롭게 주어진 위호였다. 때로는 세력의 균형을 유지하기 위해 복수의 이벌찬이 선임되기도 하였다.[19] 이사금 시기의 기록을 보면, 이들은 국가적 중대사를 논의하는 자리에서 결정적인 발언권을 행사하고 있었다. 이렇게 이사금

---

17) "夏四月 拜伊湌哲夫爲上大等 摠知國事"(『삼국사기』 권제4, 신라본기 제4 법흥왕 18년)

18) 상대등의 기원이 이벌찬·이찬과 관련하여 고려될 필요가 있음은 일찍이 李基東에 의해 지적된 바 있다(1974「書評-新羅政治社會史硏究」『歷史學報』62, 139쪽 참조).

19) 이상은 이 책 제1부 2장 참조. 한편 이벌찬이 법흥왕대의 冠制規定 등에서 규정을 초월한 존재로 나타나는 것은(木村誠, 1971「6世紀新羅における骨品制の成立」『歷史學硏究』428, 28쪽 및 武田幸男, 1979「新羅官位制の成立」『朝鮮歷史論集(上)』, 170쪽 참조), 성립과정에서 얻어진 특수한 성격에서 말미암는 것으로 생각된다.

의 정치적 상대역과 같은 위치에서 국정을 운영할 때 큰 역할을 하는 존재였기 때문에, 그들은 새 이사금의 즉위와 동시에 선임되는 경우가 더러 있었다. 그리고 그 임무는 '知內外兵馬事' 또는 '以參國政'하는 것이었다. 이렇게 상대등은 이벌찬과 연결되는 존재였기 때문에 상대등이 처음 설치되었다는 531년 이전에도 '上臣'이란 표현[20]이 나올 수 있었던 것이다.

6세기에 들어 관등제가 확립되면서 이벌찬의 위호는 최고 경위로 정착하는 한편, 516년(법흥왕 3)에 두어진 兵部令이 군사활동과 관련한 업무를 전담하게 되었다.[21] 이후 얼마 되지 않아 율령이 반포되고 불교가 공인되었다. 그리고 531년(법흥왕 18)에 상대등이 처음 설치되었다.[22] 중앙관부가 아직 본격적으로 성립하기 이전 단계에, 여러 대등 중에서 상대등이 선임되었던 것이다. 따라서 상대등의 임무는 종래의 이벌찬의 임무에서 兵馬事를 제외한 '摠知國事'로 표현되었을 것이라 생각된다.

상대등은 이사금 시기 이래의 권력구조상 신라 국왕보다는 낮았지만 그에 버금가는 세력을 지니고 강한 영향력을 행사하던 존재가 그 전통적 지위를 제도적 차원에서 고정시킨 경우라 할 수 있다. 그렇기 때문에 상대등의 선임은 국왕의 일방적인 임명이 아니라 귀족 내부

---

20) "新羅改遣 其上臣伊叱夫禮智干岐 (新羅以大臣爲上臣 一本云 伊叱夫禮知奈末) 率衆三千 來請聽勅"(『일본서기』권제17, 繼體 23년 4월). 伊叱夫禮智 干岐는 이사부로 생각된다. 여기 나오는 上臣이란 명칭에 대해서는 木村誠, 1978「新羅上大等の成立過程」『古代東アジア史論集(上)』이 참고된다.

21) 이사금 시기에 복수의 이벌찬이 선임되었을 경우에도 양자의 역할이 동일했던 것이 아니라 한 쪽은 '參國政', 다른 한 쪽은 '知內外兵馬事'한 사례들이 발견된다(이 점은 이 책 제1부 2장 참조).

22) "夏四月 拜伊湌哲夫 爲上大等 摠知國事 上大等官 始於此 如今之宰相"(『삼국사기』권제4, 신라본기 제4 법흥왕 18년)

의 어떤 서열에 입각하여 이루어진 것으로 생각된다.23) 그 서열의
내용은 명확히 알 수 없다. 다만 골품제의 운영원리상 왕이 될 수 있
는 자격을 가진 여러 家系의 대표자들 중, 왕을 배출한 가계를 제외
한 나머지 가계의 대표자들 사이에서 어떤 서열이 존재했을 가능성
은 생각할 수 있겠다.24)

상대등은 직속한 독립 관부를 거느리지 않았다.25) 다만 헌덕왕대
에 상대등 忠恭이 政事堂에서 內外官을 注擬했다는 기록26)에서 보
이듯이, 내외관의 인사문제를 처리하는 것이 그 역할의 하나였음을
알 수 있는 정도이다.27) 그러나 상대등의 역할이 '摠知國事'하는 것
으로 표현되는 것으로 미루어, 그 영향력은 관리들의 인사 문제 외에
도 국정 전반에 걸쳐 광범위하게 행사되었을 것으로 생각된다.

이러한 상대등이 '귀족세력을 대표'하는 위상을 가졌던 것은 분명

---

23) 李基白, 1974 「上大等考」 앞의 책, 97쪽~98쪽(원재 1962 『歷史學報』 19)
및 1993 「統一新羅의 專制政治」 『韓國史上의 政治形態』, 一潮閣, 105쪽
~106쪽 참조. 한편 이인철은 국왕에 의한 임명을 강조하는데(1993 앞의
책, 106쪽), 이는 '班序'로 인하여 上位에 올랐다는 金軍官의 경우에서 시
중-병부령-상대등의 관직 역임순서를 '班序'로 해석한 결과이다[2003 「신
라 중대의 정치형태」 『신라 정치경제사 연구』, 일지사, 191쪽(원재 1994
『韓國學報』 77)].

24) 그러나 현실 정치에서는 군사적인 명망을 비롯한 지극히 실질적인 요소들
이 결정적 역할을 발휘하는 경우도 간혹 있었을 것이다. 오지암회의에서
상대등 閼川이 首席에 앉았으나 諸公이 모두 김유신의 위세에 복종하였
다는 것은 그 단적인 사례이다(『삼국유사』 권제1 진덕왕조). 김유신의 영
향력으로 결국 김춘추가 즉위하였고, 이후 자신도 상대등에 취임하였다.
유사한 현상은 하대에 들어서 빈번히 볼 수 있다.

25) 상대등이 인사문제를 담당한 位和府令을 겸직한 것으로 보기도 한다(李仁
哲, 1993 앞의 책, 38쪽~39쪽).

26) 『삼국사기』 권45, 열전 제5 祿眞傳.

27) 그러나 상대등이 모든 관리의 인사업무를 담당한 것으로 보기는 어렵고,
아마 中上級 이상 관리인사에 관여하지 않았을까 한다.

하다. 그러나 이를 곧바로 '귀족세력의 이익을 대변'했다고 일률적으로 이해하기는 어렵다. 상대등 자신이 귀족의 일원이면서 그 '대표적 존재'이기는 하였다. 그러나 귀족들의 이해관계도 다양하였을 것이며, 따라서 상대등의 지위 또한 귀족 내부의 정치적 경쟁을 통하여 확보되고 국왕과의 관계를 바탕으로 유지되는 것이었다. 따라서 상대등이 모든 귀족의 이익을 한결 같이 대변할 수는 없었을 것이다. 상대등은 진골귀족의 대표적 존재로서 국왕의 정치적 파트너28)와 같은 위치에 있었다고 할 수 있다.

　종래 상대등의 설치로 국왕권이 한층 강화된 것으로 이해하는 것이 일반적이었다.29) 집권적 지배체제의 정비가 국왕의 지위 격상과 궤를 같이 하는 것은 일반적인 추세라고 생각된다. 그런데 국왕이 자신을 초월자적 존재로 확립시키기 위해서는, 모든 귀족들의 정치적 지위가 자신의 임면권에 따라 결정되게끔 그들을 관료로 편제할 수 있어야 한다. 그러나 앞서 보았듯이, 신라의 경우는 국왕의 임면권과는 별도의 차원에서 일정하게 정치적 지위를 확보하고 있는 대등이라는 부류가 존재하고 있었다. 상대등이 된다는 것은 그들 중 1인의 정치적 지위가 한층 높아짐을 의미한다. 즉 '왕'이 '대왕'으로 격상되는 한편으로 '대등' 중에서는 '상대등'이 선임되고 있었던 것이다.30)

---

28) 굳이 '정치적 파트너'라는 표현을 사용한 것은, '首相'이라는 표현이 주는 선입견을 배제하는 한편, '왕권의 견제자' 혹은 '친왕적 성격' 등의 靜態的 규정을 피하기 위해서이다. 정치현실에서 견제와 협력은 고정된 것이 아닐 것이다.

29) 그 중요한 논거는 국왕이 귀족회의 의장의 자리를 상대등에게 넘겨주고 초월적 지위로 올라선다는 것인데(李基白, 1974 앞의 책, 95쪽 참조), 상대등이 의장이 되는 경우는 국왕이 회의에 참석하지 않았을 때뿐이라는 견해도 있다(李仁哲, 1993 앞의 책, 91쪽). 신라 국왕이나 국왕의 家系가 골품제의 운영원리를 완전히 벗어난 배타적인 왕족이 되지 못하는 한, 국왕도 귀족회의 구성원임은 부정할 수 없다. 신라에서는 진골 전체가 왕족이었기 때문이다.

국왕권의 격상은 진행되고 있었으나, 그것이 귀족들의 도태 또는 관료화와 병행되었다고 보기는 어려운 것이다.

2) 집사부와 중시

집사부는 651년(진덕왕 5)에 설치된 뒤 신라가 멸망할 때까지 존속한 관부였다. 747년(경덕왕 6)에 장관과 차관의 명칭이 侍中・侍郎으로 바뀐 것을 비롯하여 소속 官員의 명칭이 漢式으로 바뀐 적이 있었다. 또 829년(흥덕왕 4)에는 執事省으로 관부의 명칭이 격상되기도 하였다.[31] 집사부와 중시의 성격을 검토하기 위해서는 그 성립 배경을 먼저 살펴볼 필요가 있을 것이다.

신라의 중앙 관부가 설치・정비되기 시작한 것은 6세기에 들어서였다. 516년(법흥왕 3)에 처음 兵部가 설치된 이래 진흥・진평왕대를 거치며 位和府・調府・乘府・禮部・領客府・倉部・執事部 등이 순차적으로 성립하였다. 집사부의 모체는 稟主였다.[32] 여기에서 584년(진평왕 6)에 재정수입과 관련된 업무를 담당하는 조부가 분리되었고,[33] 651년(진덕왕 5)에는 재정지출을 담당하는 창부가 분리되었다. 이 때 기존의 품주 조직에 중시가 장관으로 임명되면서 집사부가

---

30) 等에서 大等으로, 여기서 다시 上大等이 선임되는 것으로 본다면(李基白, 1974 앞의 책, 68쪽), 귀족의 호칭 또한 계속 상승해 온 셈이 된다. 한편 17등 경위제가 완성된 이후에도 伊伐飡(1)보다 높은 大─伐干(창녕비)・太大角干(김유신) 등이 添設되는 경향도 주목할 필요가 있을 것이다.

31) 『삼국사기』 권제38, 志 제7 職官 上

32) 품주가 두어진 시기를 典大等이 설치된 진흥왕 26년(565)으로 본 견해(李基白, 1974 앞의 책, 138쪽)와 내물왕대까지 소급하여 생각하는 견해[李仁哲, 1993 「新羅 中央行政官府의 組織과 運營」 앞의 책, 29쪽(원재 1991 『白山朴成壽敎授華甲論叢-韓國獨立運動史의 認識』)]가 있다.

33) 調府가 품주에서 분리되었으리라는 추정은 李基白, 1974 「稟主考」 앞의 책, 142쪽(원재 1964 『李相佰博士華甲紀念論叢』) 참조.

성립하였던 것이다.

품주는 왕의 家臣的 전통을 이은 존재로 국왕과 밀접한 관계를 가지고 있었던 것[34]으로 파악되고 있다. 따라서 국왕이 거느렸던 가신의 업무에서 재정수입·지출과 관련된 조부와 창부가 분리되었다면, 집사부의 임무는 그 나머지 부분이 될 수밖에 없다. 즉 王政의 樞要한 機密에 참여하는 왕의 직속기관 구실이[35] 그것이다. 이러한 안목에서 신라 中代의 집사부가 위로는 왕명을 받들고 아래로 여러 관부를 통제하는 위치에 있었고, 그 장관인 중시는 왕권의 방파제이자 안전판 구실을 하였다고 이해되기도 하였다.[36]

그러나 국왕의 직속기관이었다고 해서 곧 여러 중앙관부를 통제하는 위치에서 왕권을 강화하는 방향으로 기능을 발휘했다고 단정하기는 어렵다. 앞서 언급했듯이, 집사부가 성립할 당시 신라에는 이미 여러 개의 중앙관부가 성립해 있었다. 이들 관부와 집사부의 관계를 파악하는 데는 장관의 관등을 비교하는 것이 효과적일 것이다. 신라의 관부 중 진골 신분 이상이 장관직을 독점한 경우를 정리하면 다음 <표 8-1>과 같다.

이들 관부들은 신라의 지배체제가 정비되는 과정에서 순차적으로 설치되었다. 651년의 집사부 설치는 신설과 분화를 거치며 진행되던 중앙관부 정비과정을 일단락 짓는 의미를 가지고 있었다.[37] 그런데 <표 8-1>에서 보듯이 다른 관부 장관의 관등범위는 대부분 대아찬 (5)~각간(1) 또는 태대각간에 이르지만, 중시의 관등은 대아찬(5)~

---

34) 李基白, 1974 앞의 책, 141쪽 참조.

35) 李基白, 1974 「新羅 執事部의 成立」 앞의 책, 151쪽(원재 1964 『震檀學報』 24~26合)

36) 李基白, 1974 앞의 책, 152쪽~167쪽. 이후 집사부는 최고 관부가 아니라 '핵심적 정치기구'이며 시중도 수상이 아닌 것으로 수정되었다(1993 앞의 논문, 112쪽).

37) 李基白, 1974 앞의 책, 140쪽 참조.

이찬(2)이었다. 진골 독점직이라는 공통성에도 불구하고 중시의 관등 상한은 먼저 성립한 다른 관부의 장관보다도 낮은 것이다.

<표 8-1> 진골 독점직 장관과 관부

관부명	장관의 관등	비 고
兵 部	大阿飡(5)~太大角干	516년 令1, 517년 관부설치, 544년 令+1, 659년 令+1 ; 合3
位和府	伊飡(2)~大角干	581년 관부설치, 衿荷臣 2, 685년 衿荷臣+1 ; 合3
調 府	衿荷 ~ 太大角干	584년 관부설치, 651년 令2
乘 府	大阿飡(5)~角干(1)	584년 令2
內 省	衿荷 ~ 太大角干	585년 3宮 私臣3 → 622년 內省私臣1로 통합 惟其人則授之 亦無年限
禮 部	大阿飡(5)~太大角干	586년 令2
領客府	大阿飡(5)~角干(1)	621년 領客典으로 개칭, 651년 令2
倉 部	大阿飡(5)~大角干	651년 稟主에서 분리, 令2
執事部	大阿飡(5)~伊飡(2)	651년 稟主에서 轉化, 中侍1
左理方府	級飡(9)~迊飡(3)	651년 관부설치, 令2
司正府	大阿飡(5)~角干(1)	659년 관부설치, 令1
船 府	大阿飡(5)~角干(1)	678년 兵部에서 분리, 令1
例作府	大阿飡(5)~角干(1)	686년 令1
京城周作典	大阿飡(5)~大角干	732년 관부설치, 令5

통일 이후 진골귀족의 관등이 인플레된 상태에서 그들을 관료조직에 재배치할 필요성에 따라 장관에 취임할 수 있는 관등의 범위가 다소 상향조정되었고, 직관지의 기록은 그 결과를 반영하는 깃일 가능성도 있다. 그러나 만약 그랬다면 중시의 관등 상한선만이 상대적으로 낮은 상태로 남아 있었다는 것은 쉽게 납득하기 어렵다. 더구나 집사부가 통일 이후 강화된 권력을 행사하던 국왕의 직속기관으로서 다른 행정 관부를 통제하는 위치에 있었다고 본다면[38] 더욱 그러할 것이다. 따라서 <표 8-1>에 나타난 중앙관부 장관의 관등 중 일부가

---

38) 李基白, 1974 위의 책, 152쪽

설치 당시보다 상향조정되고 일부는 설치 당시의 등급을 그대로 유지하고 있는 불균형한 상태는 아니라고 판단된다. 즉 <표 8-1>의 중앙관부 장관의 관등 범위는 설치 당시의 것이거나, 설혹 일부가 후대에 조정되었다고 해도 조정 당시에 관부간의 상호 관련성은 고려되었을 것이기 때문에, 집사부의 비중을 짐작하는 비교자료로 활용할 수 있는 것이다.

중시가 두어지기 이전에는 2인의 典大等이 그 업무를 관장하고 있었는데, 집사부 설치와 동시에 차관이 되었다. 이 전대등, 즉 執事侍郎의 관등 범위는 6두품도 취임할 수 있는 나마(11)~아찬(6)이었다. 따라서 진골만이 취임할 수 있는 중시를 장관으로 신설한 것은, 그 업무가 차지하는 비중을 이전보다 높였음을 뜻한다. 그럼에도 불구하고 집사부 중시의 관등 상한은 다른 관부의 장관보다 낮았다. 더구나 집사부 설치 초기인 658년(무열왕 5)에는 파진찬 文忠이 이찬으로 승진하면서 중시에서 면직되고 文王이 중시에 임명된 사례가 있다.[39] 이는 창설 당시의 중시가 이찬 즉 최고급 실력자로 임명될 성질의 것이 아니라[40] 그보다 낮은 관등 소지자를 위한 관직이었음을 반영한다. 아찬의 관등으로 중시(시중)에 임명된 사례가 적지 않게 나타나는 것도 이를 뒷받침한다.

이렇게 보면 집사부는 이미 성립한 다른 관부를 통제할 목적으로 설치된 것이 아니며, 그럴 위치에 있지도 않았음이 분명하다고 생각된다.[41] 또 집사부보다 늦게 성립한 관부의 장관 관등을 보아도 그

---

39) 『삼국사기』 권제5, 신라본기 권5 무열왕 2년, 5년
40) 李基白, 1974 앞의 책, 158쪽 참조. 한편 문충이 재상이 되었기 때문에 시중에서 물러난 것으로 보기도 한다(木村誠, 1977 「新羅の宰相制度」 『人文學報』 118, 32쪽).
41) 집사부가 수평적으로 병치되어 있는 제일급 중앙관부를 통제·장악하는 데 벅찼을 것이란 점은 李基東, 1984 「新羅 中代의 官僚制와 骨品制」 『新羅 骨品制社會와 花郎徒』, 一潮閣, 138쪽(원재 1980 『震檀學報』 50)에서

것을 집사부의 통제 하에 둘 의도를 찾아볼 근거가 별로 없다. 다만
통일 이후의 변화된 정치상황 속에서 집사부와 중시가 여타의 관부
를 실질적으로 통제하는 위치에 올라섰을 가능성을 완전히 배제할
수는 없다. 그러나 주지하듯이 통일기를 통털어 중시를 거쳐 병부령
이나 상대등이 되는 경우는 자주 있었으나 그 반대의 경우는 발견되
지 않는다. 따라서 집사부와 중시의 위치는 통일 이후에도 설치 당시
와 크게 달라지지 않았던 것으로 판단된다. 중시는 당대의 최고 실력
자가 맡는 관직이 아니었다고 판단된다. 다만 진골귀족 중의 유력자
가 당대의 최고 실력자로 성장하는 과정에서 관행적으로 거칠 수 있
는, 거치는 것이 더 유리한 관직이었을 수는 있을 것이다.

집사부라는 명칭도 그 성격의 일단을 시사해준다. 이미 지적된 바
있듯이 진평왕대에 鼻荊郞과 吉達이 執事에 임명된 사례가[42] 있다.
이 직책은 왕의 가신적 성격을 강하게 띤 것으로, 집사부라는 명칭과
도 통하는 바가 있다. 신라 고유의 관직명으로 생각되는 '中侍'라는
명칭도[43] 이를 시사하는데 '中'은 고구려 말기의 국왕 측근직으로 추
정되는 中裏職의 '中'과 통하는 바가 있을 것이며, '侍'는 '承'·'奉'을
의미할 것으로 생각된다. 백제의 중앙관직에서 이와 유사한 관직을
찾자면 '掌宣納事', '宣納號令'의 직무를 맡았던 內臣佐平에[44] 견줄
수 있을 것이다. 백제의 내신좌평이 內頭佐平·內法佐平 등 5좌평
을 총관한 것으로 생각하기는 어려운 만큼,[45] 신라의 집사부도 최고

이미 언급된 바 있다.

42) 『삼국유사』 권제1, 기이 제1 桃花女鼻荊郞. 李基白, 1974 앞의 책, 151쪽의
주4와 1993 앞의 논문, 113쪽~114쪽에서는 이 執事의 용어와 執事部의
관련을 부정하였다. 그러나 執事라는 표현 자체가 본질적으로 格을 달리
할 수 있는 것은 아니다.

43) 中侍가 신라 고유의 명칭임은 747년(경덕왕 6)의 漢化政策 때 侍中으로
바뀐 사실로서도 알 수 있다.

44) 『舊唐書』 권199, 열전 제149 백제전 ; 『新唐書』 권220, 열전 제145 백제전

행정관부로 보기는 어렵다고 생각된다.[46]

  대부분의 중앙관부 장관이 상·중고기 이래 권력구조의 전통상 복수제를 취하고 있었고,[47] 집사부와 동시에 성립한 倉部令이 2인이었음에 비하여 중시는 1인이었다. 국왕에 직속한 기관에서 처리하는 업무의 성격상, 전통적인 소속부별 안배가 고려될 필요가 없었기 때문일 것이다. 宮廷官府인 內省의 私臣이 3인으로 출발하여 1인으로 통합된 것, 御龍省 사신이 1인인 점과 司正令府이 1인이었던 것도 마찬가지이다. 또한 신라 통일기를 통틀어서 집사부 중시(시중)에 임명된 자는 국왕에 극히 가까운 친인척이 많았는데, 이 역시 일차적으로는 그 업무의 성격에서 말미암은 것인 한편, 고위 관료를 충원하는 궁극적인 기준이 골품이었기 때문에 나타난 자연스런 현상일 것으로 생각된다.

  집사부는 국왕의 가신에서 출발하여 국왕 직속의 중앙관부로 자리

---

45) 李基白은 내신좌평을 중시와 마찬가지로 수상으로 보았고(1959 「百濟王位繼承考」『歷史學報』11, 115쪽), 李鍾旭은 단순히 수석좌평이라고만 하였다(1978 「百濟의 佐平」『震檀學報』45 ; 최몽룡·심정보편, 1991 『百濟史의 利害』, 學研文化社에 재수록, 183쪽). 이들 견해는 상좌평을 6좌평보다 상위의 관직으로 보지만, 상좌평과 내신좌평을 동일시하는 견해도 있다(盧重國, 1988 『百濟政治史의 硏究』, 一潮閣, 190쪽). 필자는 6좌평을 병렬적인 것으로, 상좌평은 그보다 상위로 보는 편이 실상에 가깝지 않을까 하는 생각이다.

46) 집사부를 왕명출납을 관장한 조선의 승정원에 비기거나(李仁哲, 1993 앞의 책, 52쪽), 국왕의 비서기관으로 보기도 한다(동, 1993 「8·9세기 신라의 지배체제」『韓國古代史硏究』6, 128쪽). 한편 일찍이 지금의 총무처에 유비될 수 있다는 언급이 나온 바 있는데(申瀅植, 1984 『韓國 古代史의 新硏究』, 一潮閣, 48쪽, 164쪽), 최근 이영호도 동일한 견해를 표명하였다(1995 앞의 논문, 126쪽).

47) 6세기의 금석문들에서는 신라의 중앙관직이 梁部와 沙梁部에 적절히 안배되고 있음이 확인되는데, 이는 일찍이 李基白, 1974 앞의 책, 146쪽에서 지적된 바 있다.

잡았다. 따라서 그 업무는 단순한 왕명 출납에 그치지 않고 인사,[48] 외교[49] 등 매우 넓은 영역에 걸쳐 있었다. 이는 여러 관부를 총괄하는 상급 관부가 존재하지 않는 상태에서 국왕에 직속한 기관이 자연스럽게 지닐 수밖에 없는 특징으로 생각된다. 특히 통일 이후 확대된 영역과 주민의 관리·지배라는 현실에 직면하여, 다른 관부와 함께 집사부의 업무 역시 늘어났을 것임은 짐작하기 어렵지 않다.[50]

이러한 상황에서 집사부의 위치를 격상시키려는 노력도 행해졌다. 747년(경덕왕 6)에 장관의 명칭을 唐의 門下侍中을 연상케 하는 侍中으로 바꾼 것이나, 829년(흥덕왕 4)에 관부의 명칭을 격상시켜 執事省으로 바꾼 것 등은 그러한 노력의 일환이었을 것이다. 단 그러한 노력이 적극적·실질적인 것은 아니었던 만큼,[51] 집사부의 위치가 실제로 격상되었다고는 생각되지 않는다.

---

48) 집사부의 임무에 대해서는 李泳鎬, 1995 『新羅 中代의 政治와 權力構造』, 경북대 박사학위논문이 참고된다. 집사부의 署經 기능도 지적되지만(李仁哲, 1993 앞의 책, 29쪽), 인사행정의 최종 주체라고 할 국왕 쪽에서 서경의 권한을 행사했다고 보기는 어렵다(李泳鎬, 1995 위의 학위논문, 125쪽의 주32). 신라의 정치체제상, 집사부가 행사하는 인사기능은 주로 중하급 관료를 대상으로 발휘되었던 것으로 짐작된다.

49) 李泳鎬, 1995 앞의 학위논문, 126쪽~128쪽에서 희강왕 1년(836)에 집사성에서 일본 太政官에 보낸 牒文이 언급되어 있다.

50) 문무·신문왕대에 중앙관부의 하급 관직이 다수 증원된 것은 그 반영일 것이다. 이즈음 집사부에도 史 6인이 추가되고 舍知 2인이 새로 배치되었다(『삼국사기』 권제38, 지 제7 직관 상).

51) 경덕왕대에 이미 많은 궁정관부들이 省으로 명칭이 격상된 데 비하여 집사부는 그 장관이 侍中으로 개칭되었을 뿐이며, 執事省으로의 명칭 격상도 흥덕왕대에 가서 이루어졌다. 더구나 흥덕왕대 이후에도 시중을 거친 뒤에 병부령이나 상대등이 되는 사례가 더러 보이는 것은, 명칭의 개정이 실질적인 의미를 지니지 못했음을 반증한다.

2. 정치기구와 관료제 운영

1) 중앙 관부의 구성

『삼국사기』직관지에는 모두 44개의 신라 중앙관부가 수록되어 있다. 여기에는 집사부(省)를 비롯한 4개의 部와 9개의 府,[52] 그리고 다수의 典·署가 포함된다. 그러나 다른 사료가 극히 제한적일 뿐 아니라 직관지에도 이들 관부의 고유한 직무가 뚜렷이 기록되어 있지 않은 만큼, 각 관부들의 상하 統屬관계도 잘 알 수 없게 되어 있다.

部가 더 높은 관부로서 여러 府들을 지휘한 것으로 보기도 한다.[53] 그러나 部·府는 모두 令-卿-大舍-舍知-史의 5등급 또는 그에 준하는 관원으로 구성되어 있고, 그 장관의 관등 범위도 대아찬 이상이므로 상호 통속관계를 상정하기는 어렵다. 다만 직관지에서 國學을 비롯한 4개 署가 예부 소속이며 賞賜署가 倉部 소속임을 밝혀둔 것을 참고하면, 部가 署로 불린 부속관서를 거느린 관청인데 비하여 府는 그렇지 않을 것이라는 추정은[54] 가능할 것으로 생각된다. 이렇게 보면 직관지에서 병부·창부·예부 등의 중앙관부를 지휘·감독하는 상급 관부의 존재를 찾기는 어렵다. 물론 집사부의 위상을 강조하는 입장에서는 그것이 직관지에 최초로 기록된 관부인 만큼 가장 중요한 관부였을 것으로 추정하기도 한다.[55] 그러나 앞서

---

52) 監-主書-史로 구성된 工匠府는 다른 府와 격을 달리하므로 여기서 제외한다.

53) 申澄植, 1985 『新羅史』, 梨花女子大學校 出版部, 127쪽 및 1990 『統一新羅史硏究』, 三知院, 163쪽. 여기서는 위화부·예부 등이 집사부의 감독을 받았을 것으로 추정하였다.

54) 李仁哲, 1993 앞의 책, 23쪽과 40쪽 참조. 여기서는 典은 직능상 독립된 하위 관서로서 행정적으로 집사부의 통제를 받았다고 파악하였다. 단 이 경우에도 寺院成典은 예외일 것이다.

언급했듯이 제도적으로나 현실적으로 집사부와 그 장관인 중시가 다른 관부의 업무를 總管할 정도의 지위에 있었다고 보기는 어렵다.

신라에서는 여러 중앙관부를 총관하는 상급 관부가 별도로 존재하지 않았던 것으로 보인다. 그러한 관부의 필요성이 당초부터 존재하지 않았을 것이다. 전통적으로 중요한 정책의 논의·결정이 대등회의에서 이루어지고 있었고, 중앙관부가 정비된 후에는 필요한 업무의 조정이나 개별 관부의 차원을 넘어서는 사안들이 각 관부 장관인 진골귀족들의 회의체에서 처리되었기 때문이다.56) 따라서 집사부가 국왕의 직속기관으로서 다양한 업무를 폭넓게 처리하고 있었지만 여타 관부 위에 군림할 만한 여지는 없었다고 생각된다. 신라의 주요 관부들은 각기 병렬적으로 존재하고 있었던 것이다.57) 이를 신라 중앙관부의 구성이 갖는 미숙성으로 생각할 수도 있겠지만, 그 자체가 신라의 고유한 역사적 경험에서 나온 특징의 하나로 보는 것이 온당할 것으로 생각된다.

『삼국사기』 직관지에 수록된 총 115개에 달하는 궁정관부에58) 대

---

55) 李基白, 1993 앞의 논문, 112쪽~113쪽. 그러나 직관지(상·중·하)에서 집사부·내성·시위부가 각각 먼저 기재된 이유를 국왕의 근시기구란 점에서 찾기도 한다(李仁哲, 2003 앞의 책, 185쪽 참조).

56) 세부적인 점에서는 견해치가 있지만, 통일 이후 중앙관부 장관들의 합의제로 정국이 운영되고 있었던 점은 李基東의 지적(1984 앞의 책, 138쪽 참조) 이후 대체로 인정된다. 이러한 상태는 중앙관부가 본격적으로 성립한 6세기 말까지 소급하여 생각할 수 있으리라 본다.

57) 이를 "특정 기관의 월권을 방지하기 위해서 전 관부가 왕과 직결되어 있어, 고려의 都兵馬使制나 조선의 議政府와 같은 중간기구를 허용하지 않았던 중대 전제왕권의 단적인 표현"으로 보기도 한다(申瀅植, 1990 앞의 책, 165쪽).

58) 이에 대한 연구는 三池賢一, 1971·1972 「新羅內廷官制考(上·下)」 『朝鮮學報』 61·62과 李仁哲, 1993 「新羅 內廷官府의 組織과 運營」 앞의 책이 참조된다.

해서도 살펴볼 필요가 있다. 이는 內省 계통의 71관부, 御龍省 계통의 35관부, 東宮 계통의 9관부 등으로 나누어 볼 수 있다.

그런데 중앙 행정관부가 44개임에 비하면, 115개에 달하는 궁정관부의 수는 상대적으로 방대하다는 점이 주목된다.[59] 그 원인을 직관(상)의 편찬이 직관(중)에 비해 상대적으로 부실했던 까닭으로 돌릴 수도 있다. 그러나 이는 직관지 전체를 편찬할 때 수집된 신라 관부에 관련된 자료들이 궁정관부에 집중되어 있었기 때문일 것이며, 그 또한 실제 신라 궁정관부 조직이 방대했던 간접적 결과임도 부정하기 어렵다. 궁정관부 중에서 일부 설치 연도가 기록된 경우는 효소왕·성덕왕·경덕왕대 등인데, 이는 많은 궁정관부가 통일 이후에 신설되었을 가능성을 시사한다. 경덕왕 5년(746)에 內司正典을 별도로 설치한 것은 그렇게 늘어난 조직을 관리하기 위한 조처였을 것이다.

국왕과 왕실에 관한 업무를 관장하는 내성조직의 방대함이 강력한 국왕권을 반영한다고 생각할 여지도 있다. 그러나 이 문제는 신라 '왕족'의 범위가 후대 다른 왕조의 '宗親'과는 다른 내용을 지니고 있었다는 점을 충분히 고려할 필요가 있을 것이다. 또 거꾸로 생각하면, 이는 국왕이 여러 귀족을 초월한 결과라기보다는, 오히려 국왕 자신이 '최대의 귀족'에 가까운 존재였음을 보여주는 것으로도 해석될 수 있다. 초월적 차원의 국왕권은 국왕 개인 또는 왕실과 관련된 업무를 관장하는 궁정관부가 아니라, 국가의 公的 업무를 관장하는 관료조직을 통해서 발휘될 것이기 때문이다.

궁정관부로서 省이나 臺의 명칭을 갖는 경우는 국왕이나 동궁으로부터 직접 명령을 받았으나, 省이 典을 거느린 데 비해 臺는 아무

---

59) 물론 그 대부분은 군소관부이지만, 중앙 행정관부의 관원수가 780여 명인데 비하여 궁정관부가 480여 명에 달하므로 상대적인 방대함은 여전히 인정된다.

관부도 거느리지 않았다고 추정된다.[60] 그런데 이들 중 省으로 불린
관부들을 주목할 필요가 있는데, 內省・建平省・鈞天省・珍閣省,
御龍省・中事省, 東宮 御龍省 등이 여기에 해당한다. 이들 가운데
내성과 어룡성을 제외한 나머지는 5등급 관원체계에 미치지 못하는
군소 관청에 불과하다. 그런데도 그 명칭은 部보다 높은 省을 칭하
고 있는 것이다.[61] 특히 이 7관부 중에서 건평성・균천성・진각성
등은 경덕왕대 초에 설치되어 다시 성으로 고쳐불렀고, 중사성 역시
기존의 洗宅을 경덕왕대에 고쳐부른 경우이다.

경덕왕대에 추진된 漢化政策의 근간은 중앙 官名과 지방 郡縣名
의 개정이었다. 그러한 정책의 의도가 국왕권의 강화에 있었다면,[62]
궁극적으로는 단순한 관명・군현명의 개정에 머무는 차원이 아니라
고유한 명칭으로 상징되는 전통적 정치운영 방식의 변화를 지향한
것으로 해석할 수 있다. 또한 거꾸로 보면, 이는 당시까지도 전통적
정치운영 방식이 기본적으로 유지되고 있었음을 반증하는 것이기도
하다.

그런데 행정관부의 경우를 보면, 경덕왕대에 명칭의 격상이 이루
어진 사례를 거의 찾을 수 없다. 국왕 직속인 집사부의 경우도 그 장
관이 당의 문하시중을 연상케 하는 시중으로 개칭되는 등 소속 관원
의 명칭이 唐制에 대응하도록 바뀐 정도였다. 이에 비해 궁정관부의
경우는 省으로 명칭을 개정하여 그 지위를 격상시키려 한 흔적을 다
수 찾을 수 있는 것이다. 다만 그 경우도 대개가 관원 구성의 변화가
뒤따르지 않는, 지극히 관념적인 조처에 지나지 않았다.[63]

---

60) 李仁哲, 1993 앞의 책, 84쪽
61) 홍덕왕 4년(829)에 집사부를 집사성으로 개칭한 목적이 중앙관부 중에서
    차지하는 위치를 격상시키는 데 있었음을 감안하면, 궁정관부에서 사용된
    '省'은 형식적으로나마 격을 높인 명칭임을 알 수 있다.
62) 李基白, 1974 앞의 책, 246쪽~247쪽

경덕왕대의 한화정책은 唐式 관제를 수용함으로써 전통적 정치운영 방식을 지양할 것을 추구하려 한 의도에서 나온 것이라고 볼 수 있다. 그러나 그 목적이나 의도가 어떠하든간에 실제로 취해진 조치는 지극히 형식적인 차원에 머물렀다. 그나마 궁정관부의 지위를 격상시켜 국왕과 왕실의 위신을 높이는 데 그치는 것이었다. 관료기구의 재편이나 관료제 운영 방식을 혁신하여 진골귀족들의 전통적 특권을 현저히 약화시킨 것이 아니라, 국왕 개인 또는 왕실의 위신을 높임으로써 국왕권의 강화를 달성할 수는 없는 일이었다고 생각된다. 따라서 경덕왕대에 개정된 관명들의 대부분이 혜공왕대에 들어서 복고되고 말았던 것은 자연스러운 귀결이었다.

2) 관료제 운영 원리

관료제 운영을 생각할 때 먼저 주목되는 점은 주요 중앙관부 장관의 복수제와 겸직제이다. 앞의 <표 8-1>에서 보았듯이, 신라의 중앙관부 중에서 장관이 2인 이상이었던 경우는 병부·위화부·조부·승부·예부·영객부·창부 등이었다. 장관직의 복수제를 梁部와 沙梁部에 대한 안배64)에서 나온 것으로 보기도 한다. 그리고 복수제가 집행면보다는 주로 결정면에서 기능·작용하고 있었다고 보고, 장관직의 기능이 행정적 차원보다는 정치적인 측면에서 발휘된 것65)으로

---

63) 어룡성의 경우 애장왕 2년(801)에 兵部令 金彦昇이 私臣으로 임명되면서 외관상 지위가 격상된 경우지만 관원 구성상의 변화는 없었다. 더구나 金彦昇이 私臣에 임명된 것은 그 자신의 擅權에 의한 것으로 해석된다(李仁哲, 1993 앞의 책, 58쪽).

64) 李基白, 1974 앞의 책, 146쪽

65) 李基東, 1984 앞의 책, 137쪽 참조. 이는 관료조직의 최상층이 和白制의 원리에 입각해 있었다는 이해를 바탕으로 한 파악이다. 그러나 '전제왕권'을 강조하는 입장에서는 이를 직능의 분화와 권력의 견제 및 분산을 통한 '전

파악하기도 한다. 이런 파악은 모두 타당성을 지니고 있다고 생각된
다.

장관 복수제는 어느 일면만으로 그 성격을 규정하기 어렵다. 앞서
언급했듯이 내성이나 집사부·사정부처럼 업무의 성격에 비추어 1인
의 장관만이 필요했던 경우가 있다면, 복수의 장관 역시 그 관부가
맡은 업무의 성격에서 비롯된 경우가 있을 것이다. 처음에 1인으로
출발하여 진흥왕대에 1인, 무열왕대에 1인이 더 두어져 장관의 수가
3인으로 늘어난 병부가 그 경우에 속할 것이다. 이는 군사활동의 비
중이 높아짐에 따른 자연스런 증설로 생각된다.

그런데 복수제를 취한 관부라 할지라도 통일 이후 말기까지 줄곧
복수의 장관이 실제 임명되고 있었는지에 대해서는 회의스런 측면도
있다. 병부의 경우 통일 이후 안정기에 3인의 병부령이 임명되었다
고 보기 어렵다.[66] 따라서 6세기 이래의 전통적인 권력구조가 반영
되어 2인의 장관을 임명할 수 있도록 했지만, 실제로 복수 장관제가
철칙처럼 운영되었는지에 대해서는 확신하기 어려운 것이다.

大宮·梁宮·沙梁宮 3궁이 있을 때 內省 私臣을 3인으로 두었다
가 585년(진평왕 7)에 한 사람으로 겸하게 했던 것처럼, 다른 관부의
경우에도 빠짐없이 2명의 장관이 임명되고 있었다고 보기는 어렵다.
실제로 聖德大王神鐘銘에 나오는 771년(혜공왕 7) 당시의 신라 최
고위 관직자들의 명단을 보면 병부령은 金邕 1인만이 기록되어 있는
것이다. 내성 사신의 경우 "마땅한 사람이 있으면 임명하고 연한도
없다"고 한 점을 참고하면, 통일 이후에는 오히려 2인을 임명하는 경
우가 특별한 상황이 아니었을까 하는 추정도 가능하리라 생각된다.
따라서 장관 복수제를 통일 이후의 관료제 운영에까지 적용되는 특

제왕권'의 유지책으로 파악하기도 한다(申瀅植, 1990 앞의 책, 167쪽).
66) 申瀅植, 1984 앞의 책, 161쪽에서는 통일 이후 실제 임명되는 병부령의 수
　 는 1인이 되었다고 보고 있다.

징으로 간주하기에는 주저되는 바가 많은 것이다.

만약 장관 복수제가 통일 이후에도 실질적인 의미를 지니고 있었다면, 금석문에서 구체적으로 확인되는 고위 관직의 兼職制와 상충되는 측면이 있다. 신라에는 고위 귀족이 여러 관부의 장관을 겸직하는 것이 하나의 제도로서 기능하고 있었는데, 통일 이후에 겸직현상이 더욱 확대되는 추세를 보인다. 겸직제는 1인이 다수의 관직을 차지한다는 속성으로 인해 7세기 중반 이후 진골귀족들이 배타적으로 권력을 독점하는 중요한 수단으로 기능하였고, 당대의 최고 실력자들이 그를 통하여 자신의 정치적 지위를 확보하고 있었다.67) 이렇게 보면 겸직제는 통일 이후에 귀족세력에 대한 대대적인 숙청을 거쳐 관료제를 기반으로 한 강력한 왕권이 성립된다는 이해방식에 근본적인 재검토를 요구하는 것이 아닐 수 없다.68)

문무왕·신문왕대에 이전에 비해 유례없이 왕권이 강력하게 행사되고 있었다는 점에 대해서는 대부분의 연구자들이 동의하고 있다. 신문왕대 초의 귀족세력의 숙청은 그 대표적 사례에 속한다. 그러나 그것이 골품제를 기반으로 맺어진 국왕과 귀족 사이의 관계를 근본적으로 부정하는 것이었는지, 아니면 통일전쟁을 거치는 과정에서 국왕을 중심으로 한 강력한 군사체제가 오래 유지된 결과로 나타난 일시적인 현상이었는지는 되짚어볼 필요가 있을 것으로 생각된다.69)

신라 국가가 통일 이후에 넓어진 영역과 늘어난 주민을 포괄하면서 지배체제를 유지·강화하는 데는 보다 체계적인 정치제도가 필요

---

67) 겸직제에 대한 파악은 李文基, 1984「新羅時代의 兼職制」『大丘史學』26 참조.

68) 겸직제가 中代에는 상당히 제한·규제된 듯하다는 견해(申瀅植, 1990 앞의 책, 171쪽)도 있으나 설득력이 약하다.

69) 통일 이후의 왕권이 전제적인 듯 보이는 것은 국왕의 과단성 있는 정책추진에서 비롯되었다고 보기도 한다(李仁哲, 1993 앞의 책, 53쪽 참조).

하였다. 그리고 정치제도는 관료조직을 바탕으로 유지되는 만큼, 관료제 운영에서 변화가 요구되는 상황이었다고 생각된다. 신문왕이 '班序'와 무관한 유교적 이념에 충실하고 '才'를 갖춘 관료를 중시하고자 하였던 것도[70] 그러한 의욕의 표현일 것이다. 그러나 관료제의 혁신이란 그 외형적인 체계화 이전에 관료를 충원하고 재생산하는 방식에서 달성되어야 하는 것이다. 이러한 관점에서 통일 이후의 신라 정치체제에 대한 종래의 이해를 되짚어 볼 수 있을 것으로 생각된다.

신라의 정치제도가 골품제라는 폐쇄적 신분제의 제약을 강하게 받으며, 그를 바탕으로 운영되었음은 잘 알려진 사실이다. 그리고 골품제의 제약이 가장 잘 반영되고 있었던 것이 관등제였다.

당초 신라의 관등제는 왕경인을 대상으로 한 京位制와 지방인을 대상으로 한 外位制의 이원적인 형태로 성립하였다. 이는 지방인을 차별함으로써 신라 국가의 성장과정에서 정복과 복속의 주체가 되었던 6부인의 특권적 지위를 유지하기 위해서였다. 그런데 삼국간의 전쟁이 총력전·장기전화되던 7세기에 들어 지방인에게도 경위가 주어지면서 외위제는 소멸하였다. 삼국간 전쟁의 와중에서 지방인이 스스로의 역할과 비중을 높여가는 가운데, 그를 제도적 차원에서 적극 수렴할 필요가 절실했던 주관적·객관적 요구가 복합적으로 작용한 결과였다.

그러나 외위제가 소멸하였다고 해서 지방인에 대한 차별 자체가 완전히 철폐된 것은 아니었다. 지방인이 높은 경위를 받아 중앙정계에 진출할 수 있어야 하지만 통일 이후에도 그러한 사례를 찾기는 어렵다. 9세기 전반의 장보고처럼, 지방의 무력을 바탕으로 중앙정계

---

70) 姜鳳龍, 1992 「6~7世紀 新羅 政治體制의 再編過程과 그 限界」『新羅文化』 9, 150쪽 참조.

에 진출하려다 진골귀족의 반대로 무산된 사례가 발견될 뿐이다. 반면에 중앙 귀족이 정계에서 배제되어 지방으로 散居하는 현상[71]은 곧잘 확인된다.

이렇게 보면 신라의 관료제는 전국을 포괄하는 것으로서는 매우 불완전한 것이었다고 할 수 있다. 관료 충원 대상이 지역적으로 한정되어 있었으므로 권력구조상 왕경인과 지방인의 신진대사는 불가능한 상태였다. 그 결과 전체 지배체제에서 중앙정부의 고위 관직을 독점한 진골귀족들이 차지하는 위치가 핵심적인 것이 되었고, 그들간의 역학관계가 권력구조에서 차지하는 비중 역시 압도적인 것이 될 수밖에 없었던 것이다.

신라의 관등제는 개별 관직이 일정한 등급과 대응하는 후대의 官品制와 달리, 일정한 범위에 속하는 관등을 가진 자에게만 특정 관직에 취임할 수 있는 자격을 부여하는 방식으로 운영되었다. 그리고 신분에 따라 일정한 관등 이상으로 승위가 불가능한 상한선이 정해져 있었는데, 6두품은 아찬(6), 5두품은 대나마(10), 4두품은 대사(12)까지가 승위의 상한이었다. 따라서 대아찬(6) 이상의 관등 소지자만이 취임할 수 있는 주요 중앙관부의 장관직은 진골귀족에 의해 독점되고 있었다.

형식적으로 보면 관직 임명과 관등 수여의 최종적 주체는 국왕이었다. 그러나 골품제가 고유한 기능을 발휘하는 상태에서는, 국왕이 자신에 대한 충성도나 개인의 능력에 따라 관등을 높여줄 수 있는 여지가 한정되어 있었다. 이런 면에서 위화부의 존재가 주목된다. 위화부가 관리의 인사에 관련된 업무를 맡았을 것으로 보는 것이 일반적이다. 그런데 경덕왕대에 司位府로 개정된 적이 있음을 참고하면,

---

71) 金敬信과 권력다툼에서 밀려 溟州로 옮겨간 金周元의 경우가 대표적인 사례일 것이다. 이외에도 9세기 무렵이 되면 지방으로 내려가서 살던 귀족들의 존재가 금석문을 통해 발견된다.

그것이 인사문제 일반을 관장하고 있었다기보다는 '位' 즉 관등과 관련된 업무를 맡고 있었을 가능성이 높다고 생각된다.[72] 위화부가 설치된 것이 골품의식이 최고조에 달했던 진평왕대라는 점, 그 장관이 衿荷臣(衿荷大等)이라는 古官名을 취하고 있을 뿐아니라 이찬에서 대각간에 이르는 당대 최고의 관등 소지자만이 오를 수 있었다는 점,[73] 상설 관부가 아니었을 가능성이 크다는 점[74] 등이 그 추정을 뒷받침한다. 진골귀족으로 당대 최고의 관등을 지닌 금하신들이 상호협의하고 국왕이 최종 재가하는 형식으로 관등의 승위를 비롯한 관련 업무가 처리되지 않았을까 한다. 이렇게 보면 관등과 관련된 기본적인 결정은 골품제의 운영원리에 따라 귀족들 내부에서 자체적으로 처리되었고, 국왕의 권한이 독단적으로 미치지는 못하였을 가능성이 있는 것이다.

관료기구의 정상부를 차지한 각 부 장관은 귀족적 관료, 관료적 귀족의 성격을 동시에 지닌 존재였다.[75] 따라서 통일 이후 관료제가 발전함에 따라 비진골 출신의 유학자로서 국왕에 의존하여 관료가 된 자들이 늘어났다고 해도, 그들이 권력구조상에서 차지하는 비중은 크지 않았을 것이다. 즉 권력구조상으로 보면 왕경인 내부에서조차 진골과 비진골 사이의 소통은 매우 제한적이었기 때문이다.[76]

통일 이후 국학이 재정비되고 讀書三品科가 시행된 것은 관료제

---

72) 『삼국사기』 권제8, 신라본기 제8 신문왕 원년의 교서를 보면, 位와 職이 구별되고 있으며 位는 班序에 인연하여 오를 수 있는 것이었음이 드러난다.
73) 앞의 <표 8-1>에서 단적으로 나타나듯이, 위화부 장관의 관등 하한은 다른 중앙관부와 비교되지 않을 정도로 높았다.
74) 木村誠, 1982 「統一新羅の官僚制」『日本古代史講座 6』, 學生社
75) 李基東, 1984 앞의 책, 127쪽 참조.
76) 6세기와 통일 이후에 6두품이 귀족회의의 구성원이 될 수 있었던 것으로 보는 견해도 있다(朱甫暾, 1992 앞의 논문, 36쪽~39쪽 ; 李仁哲, 1993 앞의 책, 109쪽).

운영에 나타난 주목할 만한 변화이기는 하였다. 그러나 국학은 중간급 실무자의 양성을 목적으로 한 교육기관이며, 관등 소지자를 대상으로 하고 있었다. 더구나 이는 관직에 진출하는 유일한 길이 아니었으며 관리 등용제도 전체에서 차지하는 비중도 크지 않았다.[77] 따라서 국학과 독서삼품과는 관료를 재생산하는 메커니즘에 질적인 변화를 가져온 것은 아니었다고 생각된다.

　관료층 사이에서 각 신분층별로 엄격한 界線이 유지되는 가운데 탄력성을 부여하기 위한 장치도 마련되었다. 통일 이후에 일종의 특진의 길로 마련된 重位制가 그것이다. 중위는 아찬·사찬·대나마·나마에 설정되어 있었는데, 나마의 중위는 부정되기도 한다.[78] 중위제는 진골 중심의 골품제와 비진골 중심의 관료제라는 두 개의 이질적인 계층·원리가 서로 마찰하는 것을 피하기 위하여 도달한 일종의 타협점이라고도 볼 수 있다.[79] 이는 신라 멸망 때까지 유지된 것으로 보이는데, 관료제 운영에서 발휘되는 골품제의 제약이 신라 국가가 붕괴할 때까지 유지되었음을 말해주는 것이기도 하다. 따라서 중대 관료제의 의의가 과장되어서는 안된다는 지적[80]은 적절한 것이라 생각된다.

　신라 국왕은 모든 관료의 정치적 지위를 좌우할 수 있는 위치에

---

[77] 木村誠, 1982 앞의 논문, 156쪽~157쪽

[78] 邊太燮, 1956 「新羅 官等의 性格」 『歷史敎育』 1. 중위제를 둘러싼 여러 견해들은 權悳永, 1991 「新羅 官等 阿湌·奈麻에 對한 考察」 『國史館論叢』 21, 49쪽~53쪽에 자세히 언급되어 있다.

[79] 李基東, 1984 앞의 책, 135쪽. 한 걸음 더 나아가, 중위제의 존재가 신라 왕권의 전제화·중앙집권화가 완전한 발전을 이루지 못한 것을 의미하는 것으로 해석하기도 한다(三池賢一, 1972 「新羅官位制度(下)」 『駒澤史學』 18, 34쪽).

[80] 李基東, 1997 「新羅 興德王代의 정치와 사회」 『新羅社會史硏究』, 一潮閣, 142쪽(원재 1991 『國史館論叢』 21)

있지 못하였다. 6세기의 대등회의와는 달리 통일 이후에는 귀족 회의체의 주된 구성원이 주요 관부의 장관 또는 '재상'으로 불리는 부류였다고 해도,[81] 그들이 전적으로 국왕의 임명에 의해서만 해당 관직에 취임한 것으로 보기는 어렵다.[82] 일차적으로는 그들이 진골 신분이었다는 배경을 무시할 수 없는 것이다.

상황에 따라 권력을 행사하는 程度에는 차이가 있었지만, 신라의 왕권 역시 기본적으로 진골 내부에서 추출되는 것이었다. 그 원리는 무열왕계가 단절된 이후에도 말기까지 유지된 것으로 보이는데, 10세기 초에 '국인'의 추대로 박씨 왕이 재등장한 것은 그 방증일 것이다. 『삼국사기』의 신라 말기 기록에서 王母 또는 왕비가 박씨로 기록된 경우가 종종 발견되는 것을 감안하면, 통일기에도 박씨의 일부가 진골의 지위를 계속 유지하고 있었던 것은 분명하다.[83]

따라서 무열왕계가 왕위를 계승하고 있던 기간에도 나머지 진골귀족들이 왕이 될 자격을 완전히 상실한 것은 아니었다고 생각된다. 골품제에 의해 왕이 될 자격을 갖춘 귀족들이 다수 존재하는 가운데, 국왕과 귀족 사이에 근본적인 界線이 존재했다고 보기는 어렵기 때문이다. 국왕은 진골귀족 집단 내에서 결코 '초월적'인 존재가 될 수 없었던 것이다.[84]

---

81) 통일 이후, 특히 9세기 이후 귀족회의의 변천상을 생각하는 데는 '재상'의 실체와 성격이 관건이 된다. 여기에 대해서는 연구가 없지 않지만 아직 불분명한 점이 많아 별도의 고찰이 요구된다.

82) 신라 통일기의 정치제도가 율령관제임을 전제로 주요 관부 장관직이 국왕에 의한 임명이었음을 강조하기도 한다(李仁哲, 1993 앞의 책, 106쪽 참조).

83) 박씨가 진골이었음을 부정하는 견해도 있다(文暻鉉, 1990 「新羅 朴氏의 骨品에 대하여」『歷史敎育論集』13·14合)

84) 「'제3회 한국사의 쟁점' 세미나 속기록」『韓國史上의 政治形態』, 一潮閣, 333쪽 이기동의 토론 참조.

앞서 언급했듯이, 신라의 경우에는 관부나 관직이 분화·독립하기 이전에 이미 골품제가 정치체제의 운영원리로 자리잡고 있었다. 이후 발달한 관료제는 골품제를 부정한 것이 아니라 그를 바탕으로 운영되었다. 냉수비나 봉평비는 단순히 골품제가 관등제를 규제하는 차원이 아니라, 골품이 관등에 우선하는 기준으로 자리잡고 있었음을 보여주는 것이다. 따라서 신라의 관료제는 처음부터 기존의 신분제인 골품제의 기반 위에서 성립되어 이와 마찰하지 않는 제한된 범위 내에서 운영되었다[85]고 할 수 있다. 통일 이후에 보이는 정치제도상의 변화도 관료를 충원하고 재생산하는 원리라는 면에서는 근본적 변화를 수반하는 것은 아니었던 것으로 생각된다. 따라서 외형적인 많은 변화에도 불구하고 권력구조상으로 관료제를 기반으로 한 왕권의 전제화는 달성되기 어려웠을 것으로 판단된다.[86]

3. 몇 가지 문제점

신라 통일 이후 120여 년간 '전제정치'가 행해졌다는 것은 우리 학계에서 오랫동안 자리잡아온 통설이었다. 학계에서 이러한 이해가 자리잡게 된 것은, 1950년대 말부터 1970년대까지 이루어진 上大等·大等·執事部·6두품 등을 비롯한 신라 정치사에 관한 일련의 연구성과[87]에 의거한 바 크다. 여기에 따르면 신라 정치체제의 전개

---

85) 李基東, 1984 앞의 책, 136쪽
86) 신라사회에서 골품제가 발휘한 기능을 중시하는 입장에서는, 신라에서 골품제 국가로부터 관료제 국가로의 轉化가 실패하였고(李基東, 1984 앞의 책, 117쪽), 골품제를 초월하지 못한 신라 왕권은 율령체제 강화와 골품제 유지라는 딜레마를 극복하지 못한 것으로 규정하기도 한다(李基東, 1997 앞의 책 참조).
87) 李基白, 1974 앞의 책

과정은 크게 3시기로 구분되어 파악된다. 7세기 중반까지의 '귀족연합기', 통일 이후 120여 년간의 '中代 전제정치기', 8세기 말 이후의 '下代 귀족연립기'가 그것이다.

1970년대까지 개별 사실들을 판정하는 수준을 막 벗어나려고 하던 연구 상황에서는 이러한 구분 자체가 일정한 의의를 지녔다. 신라 정치사의 변화에 주목하여 역사적 의미를 부여하고, 그에 입각하여 신라사의 전반적인 추이를 계통적으로 이해하고자 노력한 산물이었기 때문이다. 그런 만큼 이러한 이해가 학계에 미친 영향은 매우 광범위하였다. 이후 대부분의 신라 정치사 연구가 여기서 크게 벗어나지 않는 범위에서 이루어졌고, 왕권이 강화되는 時點을 더욱 소급하여 생각해 보려는 시도도 적지 않게 나왔다. 국가 형성기부터 '전제왕권'이 확립되는 7세기 후반에 이르기까지 신라 정치사의 전개과정을 다룬 연구의 대부분이 왕권의 강화에 촛점을 맞추고 있는 것도[88] 그 영향의 간접적 표현이라 할 수 있을 것이다.

그러나 통일 이후의 신라 정치체제를 전제정치로 파악하는 것은, 7세기 이후에 보이는 현상적인 변화 그 자체에 큰 비중을 두고 신라사를 바라본 데서 나온 해석이었다. 시각을 달리해서 보자면 6세기 이후 신라 정치사의 변화상은 그 이전과 단절된 새로운 것이 아니며, 오히려 전통적 정치운영 방식의 상당 부분을 제도의 틀 속으로 수렴하는 과정이었다고 생각된다. 또한 통일 이후의 변화도 정치체제의 운영방식에서 핵심을 이루는 관료의 충원과 재생산방식이라는 면에서는 한계를 갖는 것이었다고 생각된다.

이제 오랫동안 교과서에 정착되어 교육되어온 종래의 이해방식은 좀 더 다양한 각도에서 재검토를 요구받고 있다. 그런데 새로운 역사

---

88) 이는 신라사 뿐아니라 고구려·백제의 정치사 연구에서도 나타나는 공통된 경향이다.

상을 모색하기 위해서는 종래의 신라 정치사 연구가 갖는 문제점을
되짚어 볼 필요가 있다고 생각된다.

　우선 지적할 수 있는 것은 '전제왕권' 또는 '전제정치'의 개념문제
이다. 사후적으로 여기에 대한 검토가 시도된 적이 있었지만[89] 아직
충분한 것은 아니다. 다만 그것을 역사적인 개념 이전에 일반적 용어
로서 사용한다고 해도, 과연 역사적 실제와 부합하는 것인지, 한국사
를 통사적으로 체계화하고자 할 때 불가결한 용어인지는 회의적이
다. 따라서 이 용어는 상대적·제한적으로 사용하지 않으면 오해를
불러일으킬 소지가 있을 것[90]으로 생각된다.

　지금까지 이루어진 많은 연구는 신라사의 전개과정을 왕권의 강화
과정을 중심으로 인식하고 설명하는 경향이 있었다. 모든 관료조직
이나 권력구조를 왕권 유지를 위한 수단으로 보려는 경향도 있다. 이
러한 시각에서는 역사상에 등장하는 다양한 제도나 사건들을 왕권을
설명하는 데 종속시킴으로써 그 고유한 역사적 기능을 간과함은 물
론, 사회를 구성하는 여러 가지 요소들 상호간의 유기적 관련성까지
놓쳐버릴 우려가 있다고 생각된다.

　국왕권의 강화나 국왕의 지위 변화에 주목하는 것 자체에 문제가
있는 것은 아니다. 그것은 정치사의 중요한 소재의 하나이기도 하고,
그 배경에는 사회적 또는 경제적 변화가 도사리고 있을 수도 있기
때문이다. 근본적인 문제는, 그것을 전부처럼 인식하는 데 있다고 생
각된다. 대부분의 정치사 연구가 국왕과 귀족의 갈등·대립에 초점
을 맞추어 진행되고 있었다고 해도 지나친 말이 아닐 것이다. 국왕은
역사과정에서 자기완결적인 합목적성을 갖고 무한히 권력의 절대화
를 추구해 나가야 할 운명에 놓여 있고, 그를 제약하는 귀족세력은

---

89) 李基白, 1993「新羅 專制政治의 成立」『韓國史 轉換期의 문제들』(한국사
　　연구회 엮음), 知識産業社
90) 李基東, 1997 앞의 책, 143쪽

마치 역사의 진보를 가로막는 장애물처럼 인식되고 있는 듯한 느낌을 받게 되는 경우도 없지 않다. 향후 연구에서는 권력을 둘러싼 대립·갈등을 사회경제적 배경을 비롯한 전체 사회의 다른 부문·요소들과 관련시켜 바라볼 필요가 있을 것이라 생각된다.

또 왕권을 중심으로 역사를 파악한 나머지 모든 인간을 친왕파와 반왕파로 분류·판단하려는 경향도 존재한다. 신라사에 등장하는 인물들의 성향에 대해, 지금까지 많은 연구가 '친왕파' 또는 '반왕파'의 분류를 해왔음에도 불구하고 여전히 일치된 이해에 도달하지 못하고 있는 상태는 그 경향이 낳은 폐단의 일단에 불과할 것이다.[91] 인간의 행동에 대하여 개인의 차원을 넘어선 해석을 내리거나, 고정된 제도를 넘어서 인간의 생생한 활동을 복원하려는 노력은 필요하다. 그러나 어떤 인물이 '전제정치의 지지자였는가 혹은 귀족정치의 지지자였는가'[92] 하는 판단을 통하여 그러한 목적이 달성되는 것으로 생각되지는 않는 것이다.

국가 권력은 국왕 권력과 동일시될 수 없는 것이다. 따라서 왕권이 강해야만 지배체제가 짜임새 있게 정비·운영되는 것은 아니라고 생각된다. 그리고 역사의 전개과정을 오로지 국왕과 귀족세력의 대항관계, 특히 왕권의 강화과정으로만 인식할 수는 없다. 왕권이라는 것이 지배체제 전체 속에서 직접 또는 궁극적으로 어떠한 위치에서 어떤 역할을 수행하는 것인지를 따져볼 필요가 있다. 국왕권이라고 하는 것이 해당 사회의 기본모순에서 초연한 실체가 아닐 것이기 때문이다.

국왕과 귀족, 또는 귀족 내부의 권력투쟁이 아무리 격렬한 것이라

---

91) 金思仁과 金良相을 비롯한 '하대'의 많은 인물들은 말할 것도 없고, 金后稷과 같은 중고기의 인물까지 '반왕파' 혹은 '친왕파'로 분류하는 견해가 다양하게 제출되어 있다.

92) 이기백, 1993 앞의 논문, 74쪽

해도, 사회 전체를 놓고 볼 때는 비적대적 모순·갈등의 범주를 넘어서지 못한다. 국왕과 귀족은 궁극적으로는 공동운명체에 속한 존재인 것이다. 정치사를 연구할 때도 그들간의 모순·갈등을 전부로 인식한다면 역사의 구조적 인식은 불가능해진다. 그렇기 때문에 향후의 신라 정치사 연구가 질적인 발전을 이루기 위해서는 왕권론을 넘어서서 정치체제, 더 나아가 토지와 인민을 포괄하는 지배체제를 염두에 둔 인식방법이 요구된다. 즉 '왕권론'에서 '지배체제론'으로 전환이 필요하다고 생각된다.

한편, 신라 통일기의 정치사 연구가 새로운 방향을 모색하기 위해서는 기본사료를 보는 시각에도 재검토가 이루어질 필요가 있다고 생각된다.

『삼국사기』초기 기사는 처음부터 삼국이 통일왕국을 이루고 있었던 것처럼 삼국을 중심으로 한 서술기조를 취하고 있다. 그러나 1990년대 이후에 들어와서는 이러한 서술기조가 나중에 삼국을 이룬 중심세력에 의해 정리된 자료에 입각한 결과임을 인정하고, 그 이면에 숨어 있는 소국 분립 상태를 복원하여 소국간 관계의 실질적인 내용과 함께 통일왕국 형성의 구체적 과정을 밝혀내려는 노력이 이루어지고 있는 것이다. 이는 과거에 비해 한 차원 높아진 연구경향이라고 생각된다.

그런데『삼국사기』의 통일 이후 100여 년간의 기사는 통일 이후에도 지속적인 왕권의 강화가 이루어지면서 왕경과 지방 모두에서 아주 잘 짜여진 체제가 운영되고 있는 듯한 서술기조를 취하고 있다. 통일 이후에 전제왕권이 성립했다고 보는 이해방식은 이러한 서술기조에 바탕을 두고 있는 것으로 생각된다. 그러나『삼국사기』의 서술기조 역시 또 다른 측면에서 매우 제한된 것일 수 있다. 즉 그것은 중앙 귀족, 특히 국왕을 중심으로 한 형식적인 안목일 뿐이며, 그 이면에 놓인 귀족의 존재양상, 지방사회의 실상 등은 그 서술기조와 내용을 달리하는 것일 수도 있다는 점을 고려할 필요가 있을 것이다.[93]

---

93) 이상은 한국역사연구회, 1994「토론 : 신라 통일기의 사회성격」『역사와 현실』14, 119쪽 하일식의 토론요지 참조.

[보론 2]

신라 '전제정치'의 개념에 관하여

1. 머리말

중등학교 교과서에서는 삼국통일 후에 신라 정치사에 나타난 중요한 변화로 '전제왕권'의 성립을 들고 있다. 무열왕의 직계 자손이 왕위를 계승하면서 유교 정치 이념이 도입되고 중앙 집권적 관료정치가 발달하였고, 왕실의 권위가 높아져서 왕권이 강화되었다는 것, 그리고 신문왕 때의 귀족세력 숙청이 중요한 계기가 되었다고 설명한다.

이런 설명이 교과서에 정착된 것은 아주 오래 전부터인데, 교과서가 여러 번 개정되는 과정을 거치면서도 큰 변화 없이 유지되는 설명이 이 부분이다. 교과서에 실린 이해방식은 학계에서 널리 동의를 얻어 통설로 받아들여지는 것이 대부분이다. 그러나 통일 후의 신라 정치체제에 대한 설명만은, 오랜 시간을 지나면서 학계의 일반적 이해가 바뀌었음에도 불구하고 지금까지 여전히 남아 있는 경우이다.

1980년대를 거치며 한국 고대사 학계는 많은 발전을 이루었다. 연구자의 수가 늘어나면서 연구 주제가 다양하게 넓어졌다. 부족한 사료나마 다각도의 분석이 시도되면서 기존의 통설적 이해가 수정을 요구받는 경우도 생겨났다. 또 새로운 금석문의 발견은 기존에 알려지지 않았던 정보를 제공해줌으로써 이러한 추세를 가속화하였다. 1990년대 초에 기존에 통설적 지위를 누리던 '전제왕권설'에 대해 이의가 제기되고 논쟁으로 발전했던 것은 학계 내부의 역량이 성숙해진 결과이기도 하다고 생각된다.

당시 논쟁은 신라 정치사를 '전제정치'의 확립과정으로 파악하는 입장 내부에서 그 성립 시기와 특징을 둘러싸고 시작되었다.[1] 그리고 통일 이후 신라의 정치형태를 종래의 통설처럼 '전제정치'라 규정할 수 있을 것인가 하는, 더 근본적인 문제로 확대되었다.[2] 그러나 진행된 논의의 대부분이 기본적으로는 왕권론의 범주를 크게 벗어나지 못했다. 어떤 官府나 官職의 성격은 물론, 한 개인의 정치적 성향을 국왕권을 기준으로 설명하려는 경향이 강하였다고 판단된다.[3]

2. 전제정치 논쟁과 문제점

1990년대 초에 이루어진 '전제왕권 논쟁'은, 오래 전에 국사 교과

---

1) 申瀅植, 1990 『統一新羅史硏究』, 三知院
   李基白, 1993(a) 「新羅 專制政治의 成立」 『韓國史 轉換期의 문제들』(한국사연구회 엮음), 지식산업사
2) 이 논쟁과 관련된 논고들은 다음과 같다(뒤에 단행본으로 묶은 경우에는 저서만 적음).
   李泳鎬, 1995 『新羅 中代의 정치와 권력구조』, 경북대 박사학위논문
   李仁哲, 1993 『新羅政治制度史硏究』, 一志社
   李仁哲, 2003 『신라 정치경제사 연구』, 일지사
   李基白, 1993(b) 「統一新羅의 專制政治」 『韓國史上의 政治形態』, 一潮閣
   李基白, 1995 「新羅 專制政治의 崩壞過程」 『學術院論文集(인문사회과학)』 24
3) 신라 통일기의 정치사 연구가 갖는 문제점에 대해서는 배종도, 1995 「전제왕권과 진골귀족」 『한국역사입문②』, 풀빛에서 간단히 언급된 바 있다.

서에 정착되어 지금까지도 '정설'로 교육되고 있는, 즉 신라 中代의 정치형태를 '전제정치'로 규정하는 데 대해 이의를 제기하고, 다시 그에 대한 재반박이 나오면서 이루어졌다. 교과서에까지 오랫동안 자리잡아왔던 설명 방식에 대해 이의가 제기되어 논쟁으로까지 발전한 것 자체가 신선한 충격을 준 측면도 있었다.

논쟁의 구체적인 소재는 주로 상대등과 화백회의, 집사부와 시중의 성격 등에 집중되었다. 그런데 이와 관련된 글들에서는 기존의 '전제왕권론'에 반대하는 쪽에서도 '전제왕권' 또는 '전제정치'라는 용어를 그대로 사용하는 경우가 종종 발견된다. 이는 그동안 이 용어가 거의 무의식적으로 얼마나 광범위하게 사용되어왔는지를 잘 알려준다. 또한 이는 정치체제를 보는 시야가 여전히 왕권론에서 벗어나지 못하고 있음을 반영하는 것이기도 할 것이다.

그런데 논쟁의 과정에서 '전제정치의 개념'에 대한 검토가 시도된 것도 주목할 만한 일이다. 그동안 명확한 정의 없이 사용해왔기 때문에, 뒤늦게나마 검토가 필요하다는 점은 인정된다. 그러나 일반적인 용어로 출발한 것을 개념화시키는 과정에서 빚어지는 우려할 만한 경향도 발견된다.

전제정치의 개념이 문제되면서, 그것이 몽테스키외를 비롯하여 헤겔, 심지어 칼 A. 비트포겔(1988년 사망)에 이르기까지 많은 사람들이 거론한 적이 있음이 지적되기도 하였다.4) 그러나 비판적 안목에서가 아니라 '전제정치'라는 용어를 사용하는 정당성을 事後的으로 뒷받침하기 위하여 이들 사상가들을 인용하는 데는 문제가 많다고 판단된다. 과거 서구의 많은 사상가들이 언급한 적이 있는 용어 또는 개념이라고 해서 오늘날의 우리가 자연스럽게 사용할 수 있을 만큼 가치를 지니는 것은 아니라고 생각하기 때문이다. 더구나 서구인들

---

4) 이기백, 1993(a) 앞의 책, 43쪽~44쪽

이 그러한 개념을 사용하게 된 역사적 배경에 대한 정확한 이해가 결여된 상태에서 그 개념의 참고 여부를 논의할 수는 없는 것이다.

먼저 근대 이후 서구인들이 사용한 '전제주의'(또는 '동양적 전제주의')라고 하는 개념과, 그것이 생성된 역사적 배경을 함께 검토할 필요가 있다.

3. 전제주의 개념의 서구적 기원

'동양적'이라는 수식어가 곧잘 붙는 데서도 알 수 있듯이, '전제주의'라는 개념은 근대 서구에서 생성된 것이었다. 그러나 그 개념은 나라마다 또는 사상가마다 다양한 편차를 지니고 사용되었다. '전제주의'라는 개념이 합법적 지배형태로서의 절대주의를 옹호하는 데 사용되기도 하였고, 입헌 군주제의 미덕을 강조하기 위한 반대 개념으로 쓰이기도 하였다는5) 사실은, 그 편의적이고 다양한 용례를 잘 말해준다.

마키아벨리는 서구 우월관에 기초하여 서구 국가와 오토만 국가를 구별하는 제도적 질서로 투르크 제국의 전제적 관료제를 지적하였다. 그리고 몽테스키외는 동양의 전제정치가 단지 비겁한 두려움에 의존하고 있을 뿐 아니라 모든 사람이 전제군주의 치명적인 변덕에 똑같이 종속되어 있다는 점에서 평등하다고 언급하기도 하였다.

이렇게 근대 서구인들이 동양사회를 거론한 것은, 동양사회 자체를 분석하거나 이해하기 위해서가 아니었다. 근대 서구인의 동양관은 그들 스스로의 정체성을 탐구하는 과정에서 얻어진 만큼, 비서구

---

5) Barry Hindeis & Paul Q. Hirst, "The 'asiatic' Mode of Production", *Pre-capitalist modes of production*, RKP, 1975 ; 신용하 엮음, 1986 『아시아적 생산양식론』, 까치, 247쪽

세계의 특정 지역(주로 투르크 제국)을 相對役으로 등장시켜 서구적 '합리성'과 '자유'의 對極으로 다루는 과정에서 얻어진 것이었다. 어쨌든 홉스·몽테스키외 이후 이러한 서구 중심주의적 사고와 동양에 대한 편견은 정치경제나 철학의 중심적 유산이 되었고, 식민지 개척과 침략을 위한 대항해를 거치며 서구인의 사고 속에 뿌리 깊게 자리잡았다.[6]

유럽인이 투르크와 접촉하면서 가졌던 지리적 인식은 18세기 이후 페르시아·인도·중국 등 비유럽 전역으로 확산 적용되었다. 그 공간적 확산과정은 유럽 국가들이 아시아·아프리카 지역을 침략해 나가는 과정과 궤를 같이 하는 것이었다. 그리하여 그들의 전통적 동양관은 이제 식민지 지배라는 구체적 임무를 수행해 나가기 위한 분석의 밑바탕에 자리잡게 되었다.

이 때 '야만적'이고 '停滯的'인 동양사회의 일반적 특징으로 거론된 요소가 국가적 토지소유, 법적 제약의 결여, 노예적 평등, 고립된 촌락공동체, 역사적 불변성(정체성) 등이었다. '동양적 전제주의'란 이러한 사회 경제적 특징들을 바탕으로 성립한 정치체제로 규정되었다. 그러나 이 모든 것들을 하나의 단일한 개념으로 결합시킨 사람은 없었다.[7] 그것은 '(동양적) 전제주의'라는 용어 자체가 동양사회를 분석하기 위한 목적에서 나온 것이 아니었던 만큼 당연한 결과일 것이다. 따라서 근대 서구인들이 '(동양적) 전제주의'를 거론한 내용에서 이데올로기성을 제쳐두고 개념적인 참고사항을 찾고자 하는 것 자체가 무리일지도 모른다.

---

6) P. Anderson, *Lineages of the Absolutist State*, 1974 ; 함택영 외 공역, 1994『절대주의 국가의 계보』, 서울프레스, 439~442쪽, 506~510쪽 참조. P. Anderson은 맑스 동양관의 지적 연원이라는 안목에서 유럽인의 비유럽 국가에 대한 인식을 비판적으로 짧게 잘 정리하고 있다.

7) P. Anderson, 위의 책, 516쪽

유럽인의 동양관에 매우 큰 영향을 미친 사람이 헤겔이었다. 그는
이전까지 단순히 유럽과 동양의 차이만을 지적하던 수준에서 벗어나
양자를 단계적으로 체계화하려 하였다. 그는 『역사철학강의』에서 자
유의 발전을 3단계로 나누어 설명하였는데 동양사회는 그 첫 단계였
다. 그에 따르면 동양에서는 19세기까지도 단 한 사람(군주)만이 자
유를 알고 있었을 뿐이며, 그 자유도 단지 자의성에 지나지 않는 것
이었다. 그리고 두 번째 단계인 그리스 · 로마 세계에서는 시민만의
자유가, 세 번째 단계인 게르만 세계에서는 자유가 평등하게 구현되
는 것으로 설정하였다. 그의 도식이 제시하고 있는 것은 전제정치가
동양세계의 물질적 · 지적 문화에 가장 적합하다고 하는 것[8]이었다.

이상과 같은 지적 전통 위에서 만들어진 동양관 속에서 진보의 모
델은 당연히 서구사회가 될 수밖에 없었다. 따라서 헤겔식 사고방식
은 제국주의의 식민지 침략을 세계사적으로 정당한 것으로, 세계정
신의 실현과정으로 합리화시킬[9] 가능성을 내포하고 있었다고 할 수
있다. 이렇게 근대 이후 서구에서 논의되어 온 '(동양적) 전제주의'는
서구 우월주의의 관점에 서서 동양사회를 '비합리적 세계' · '낙후된
사회'로 규정하는 데 기여한 용어였다. 그리고 제국주의의 식민지 침
략과 지배를 현실적으로 정당화하는 이데올로기의 역할을 한 것도
주지의 사실이다.[10]

한편 신라 '전제왕권'의 개념에 대한 기존의 논의에서 칼 A. 비트
포겔의 '동양적 전제주의론'이 언급되는 경우도 발견된다.[11] 그러나

---

8) 김종호 역, 1990 『역사철학강의』, 삼성출판사, 김종호의 「해제」 23쪽

9) 김세연, 1985 「칼 마르크스의 비서구사회관 연구」 『마르크스의 비서구사회
론』, 한울, 125쪽 참조.

10) 비판적 안목으로 서구적 동양관의 연원을 검토한 저작이 국내에서도 처음
소개된(Edward W. Said, Orientalism, 1978 ; 박홍규 역, 1993 『오리엔탈리
즘』, 교보문고) 이래 지금까지 오리엔탈리즘에 대한 다양한 연구들이 번역
출판되었고, 연구서들도 많이 간행되었다.

비트포겔의 동양사회론에 대한 비판적 안목이 결여된 채로 개념을 참고하기 위하여 전거로 인용하거나 활용하는 데에는 문제가 없지 않다고 생각된다. 비트포겔의 '동양적 전제주의'라는 용어는, 아시아 지역에서 永續해온 停滯된 사회의, 외부의 물리적 힘에 의해 몰락하지 않는 한 산업자본주의로 독자적인 발전을 이룩하는 것이 불가능한 정치·사회체제를 가리키기 때문이다.[12]

이러한 비트포겔의 이해방식이나 논리에 동의하는 학자는 거의 없다.[13] 그가 상정한 '水利社會'의 전체주의적 권력체계에 대한 개념화는 동양에 대한 서양의 편견의 延長이라고 할 수 있다. 그리고 서구 자유주의적 정치사상에 입각하여 시도된 전제주의 개념의 현대적 확대 해석 이상의 것이 아니다. 또한 그의 이론의 밑바탕에는 비서구 사회에 존재하는 사회주의 국가에 대한 극도의 혐오감이 반영되어 있다는 것 역시 공공연한 사실이다.

이상과 같은 이유에서 비트포겔의 이론은 역사와 현실에 부합되지 않는 이데올로기로[14] 비판받고 있다. 또한 인간사회와 역사의 전개 과정에서 자연적·지리적 요인을 숙명적·결정적인 것으로 간주한다는 점에서 그의 견해가 극히 부정적으로 평가받고 있음도 주지의 사실이다. 따라서 비트포겔의 '동양적 전제주의'는 선뜻 참고할 만한

---

11) 李晶淑, 1986 「新羅 眞平王代의 政治的 性格-所謂 專制王權의 成立과 關聯하여-」『韓國史硏究』52, 2쪽~3쪽 및 李基白, 1993(a) 앞의 논문, 43쪽

12) Karl Wittfogel, "The Theory of Oriental Society", M. Fried, ed., *Reading in Anthropology*(New York : Crowell, 1968) ; 신용하 엮음, 1986 앞의 책 수록. 그의 대표적 저작인 Oriental Despotism(1957)의 번역본도 나와 있다(구종서 역, 1991 『동양적 전제주의』, 법문사).

13) 비트포겔에 관한 논평은 *The Asiatic Mode of Production, Science and Politics*, Edited by Anne M. Bailey and Josep R. Llobera, RKP, 1981, 제3편에 실린 여러 글들이 참고된다.

14) 신용하 엮음, 1986 앞의 책, Barry Hindeis & Paul Q. Hirst의 글 참조.

학문적 가치를 가진 '개념'이 아니라고 할 수 있다.15)

4. 사회와 역사의 구조적 인식

신라 '전제왕권'의 개념을 둘러싼 한국 학계 일각의 논의는, 서구 사상가들이 '전제주의'라는 용어를 어떤 객관적이고 역사적인 실체를 개념화하기 위하여 사용한 듯이 오해하고 있는 듯한 인상을 준다. 또 그 용어의 서구적 기원에 대해 간과하고 있는 듯한 인상도 받게 된다. 그러나 앞서 보았듯이 그 용어의 생성 배경을 살펴보면 그다지 객관적이고 학문적인 근거를 갖는 것은 아님을 알 수 있는 것이다.

한편 '전제정치'란 용어에 대해, 일찍이 우리 근대 사상가 중에서도 정확한 이해를 갖고 있었던 경우가 있었고, 그것은 몽케스키외·헤겔·비트포겔 등 유럽의 대표적인 학자의 그것과 일치함을 지적하기도 한다. 즉 개화기의 유길준은 君主專制와 君主專治를 비롯한 여러 가지 정치체제에 대한 정확한 지식을 가지고 있었다고 한다. 그러나 이후 그러한 이해가 차츰 모호해져서 혼란이 나타난 이래 오늘에 이르고 있으므로 시정될 필요가 있다는 것이다.16)

그런데 여러 가지 정치체제에 대한 유길준의 지식은 근대 서구 사상을 접한 결과이다. 그리고 '군주전제'가 아프리카(유길준은 亞墨利加라고 하였으나 이기백이 亞弗利加로 교정한 것에 따름)와 아시아에 많다고 한 그의 언급은, 서구인의 동양에 대한 편견을 그대로 수

---

15) Barry Hindeis & Paul Q. Hirst는 비트포겔의 동양적 전제주의나 수리사회는 '개념'이 아니라 경험의 일반화 혹은 記述이며, 아시아 국가들의 현실에 부합되도록 가정된 것이라고 지적한다(신용하 엮음, 1986 앞의 책, 241쪽).

16) 이기백, 1993(b) 앞의 논문, 78쪽~81쪽 참조.

용한 결과에 지나지 않는다. 따라서 그의 지식이 몽테스키외나 헤겔 등과 일치하는 것은 너무나 당연한 일이다. 다만 앞서 언급했듯이, 몽테스키외나 헤겔 등의 언급과 일치한다고 해서 그 용어 사용의 타당성이 확보되는 것은 아니며, 오히려 그렇기 때문에 더욱 신중할 필요가 있다고 생각되는 것이다.

전제주의라는 개념이 이상과 같은 배경에서 생성되고 사용되었다는 이유를 들어, 지금의 우리가 사용해서는 안된다고 말할 수는 없다. 다만 선뜻 빌어다 사용할 수 없는 이데올로기적 연원을 갖는다는 사실은 분명히 인식해둘 필요가 있음을 강조해두고 싶다. 한국사에서 7세기 후반~8세기 후반까지를 '전제정치기'로 규정하기 위하여, 서구 근대 사상가들의 언급을 활용하는 데 따르는 부정적 측면을 염두에 둘 필요가 있는 것이다.

엄밀하게 말하면 전제주의나 전체주의는 단지 논쟁적인 추상화의 차원에서만 존재 가능하며, 개념으로서 실제 정치를 연구하는 데는 아무런 가치가 없다는 지적도[17] 있다. 그리고 앞서 살펴보았듯이 '(동양적) 전제주의'란 용어의 서구적 연원을 이해한다면, 한국 역사를 설명하는 데서 그 용어를 참고하기에도 주저되는 바가 많다. 다만, 그렇다고 해서 '전제'라는 표현이 역사상의 어떤 시기에 존재한 권력자 또는 권력구조가 갖는 특징을 설명하는 데 사용 불가능한 것은 아니라고 생각된다. Despotism이 '전제주의'로 번역되어 사용되기 이전에 이미 한자어로서 '專制'라는 용어가 존재했기 때문이다. 지금까지 이 용어를 사용해온 연구들의 대부분도, 이상에서 지적한 서구인들과 같은 의미에서가 아니라 이러한 漢字的 '用語'로서 사용해왔

---

17) Barry Hindeis & Paul Q. Hirst ; 신용하 엮음, 앞의 책, 247쪽 참조. 또 Otto Stammer, Karl Popper 등의 언급이 발췌된 적도(申瀅植, 1985 『新羅史』, 이화여자대학교 출판부, 112쪽) 있지만 이 역시 일반적 용어 이상으로 개념화된 내용을 담고 있지는 않다.

다고 생각된다.

물론 '전제정치'를 왕권 강화와 같은 상대적 의미에서가 아니라 절대적 개념으로 규정하려는 의견도 있다.[18] 이는 전제정치라는 용어를 신라 중대에만 한정하여 사용함으로써 해당 시기 정치체제의 특징을 부각시키려는 의도에서 나온 것으로 보인다. 그러나 왕권이나 정치체제만을 따로 떼어서 해당 시기의 역사적 특징을 규정하는 것은 문제가 있다고 생각된다. 왕권이나 정치체제는 그 자체 단독으로 성립하여 전개되는 것이 아니라, 궁극적으로는 사회경제적 토대에 조응하여 성립·전개되기 때문이다. 따라서 경제적 사회구성을 염두에 두지 않은 '전제정치론'에 입각하여 '개념'을 논의하는 데는 한계가 따를 수밖에 없다고 생각된다.

참고로 일본 맑스주의 역사학계의 일각에서 논의되는 '고대(혹은 아시아적) 전제국가'에 대해서 짧게 언급할 필요가 있을 것이다. 이 개념은 본래 맑스의 단편적인 언급에 기반을 둔 해석인 만큼, 논자에 따라 극히 다양한 편차가 있었다. 그럼에도 불구하고 '전제국가'란 대체로 사적 토지소유가 결여된 아시아적 공동체의 광범위한 존재, 그 공동체 성원의 인격적 노예상태, 그것을 총괄하는 유일한 인격체(전제군주)로 체현되는 '粗野한 국가형태'로 정리될 수 있다.

이렇게 사용되는 '전제국가'란 것은 경제적 토대와 상부구조의 특징을 전구조적으로 규정할 때 사용되는 것인 만큼 하나의 '개념'이라 할 수 있다. 그런데 정작 근대 이후 서구인들이 '전제주의'란 용어를 사용할 때도 왕권이나 정치형태만을 따로 떼어서 사용하는 경우는 드물었다. 사적 소유의 결여라든지, 인구의 과밀, 대규모 관개농경 등 사회 자체를 유지·재생산하는 메커니즘을 반드시 언급하는 것이 대부분이었다.

---

18) 이기백, 1993(b) 앞의 논문, 82쪽

 그러나 이렇게 생산양식까지를 고려하면서 사용되는 '고대 전제국가'라는 개념도 한국 역사를 설명할 때 선뜻 원용할 수 없기는 마찬가지라고 생각된다. 즉 맑스 역시 앞서 언급한 서구적 편향으로부터 완전히 자유롭지 못했다는 점, 그의 단편적 언급이 近東 고대사 자체가 아니라 자본주의 분석에 수반된 극도로 논리화된 내용이라는 점 등을 반드시 고려할 필요가 있는 것이다.

 맑스주의 역사가들이 사용하는 '고대 전제국가'라는 개념과, 우리 학계에서 그동안 사용해온 '전제정치'·'전제왕권'이라는 용어는 전혀 다른 것이다. 전자가 생산양식을 포함하여 사회를 전구조적으로 파악할 때 쓰이는 하나의 개념이라면, 후자는 한자적 '용어' 이상을 넘어서는 의미로 사용된 것이 아니었다. 따라서 새삼 개념화를 시도한다면 동어반복을 넘어서는 내용을 담기 어려울 것이다.

 그런데 일반적 용어의 차원에서나마 신라 중대의 정치체제를 '전제정치'라고 규정할 수 있기 위해서도 다음의 두 가지 조건이 모두 충족될 수 있어야 할 것으로 생각된다. 첫 번째로, 당시의 사회경제구조와 정치체제를 비롯한 객관적 조건들이 왕권의 '전제화'를 필연적으로 초래할 수밖에 없었다는 점이 함께 설명되어야 한다. 두 번째로, 한국사 전체를 놓고 보았을 때 이 시기의 국왕 권력이 고려나 조선의 어떤 국왕보다도 강력하게 행사되었다고 할 수 있어야 한다.

 지금까지의 신라 중대=전제왕권론은 그 왕권을 성립시킨 객관적 토대를 염두에 둔 전구조적 시각에서 진행된 것이 아니었다. 귀족과의 역학관계만을 분석한 결론이었다고 할 수 있다. 그러나 통일 후 진골귀족들이 전멸하거나 완전히 직업 관료로 편입된 것이 아니었다. 또 국왕이 관료 조직을 통하여 절대 권력을 행사할 수 있는 제도적 장치가 갖추어져 있지도 못하였다. 또한 한국사 전체를 놓고 볼 때에도 다른 시기와 비교되지 않을 만큼 이 시기에 유독 강력한 왕

권이 행사되었다고 보기도 어렵다. 따라서 지금까지 통용된 '전제왕
권론'은 사회와 역사에 대한 구조적 인식을 결한 상태에서 나온 하나
의 견해였다고 할 수 있는 것이다.

9장 말기의 당 관제 수용에 대한 시론

통일기의 나당 관계는 조공과 책봉이라는 상징적인 틀 속에서 밀접하게 유지되었다. 사신들이 빈번하게 오가면서 정치적 교섭이 이루어졌을 뿐 아니라 문화 교류 또한 활발하였다. 통일기의 신라 지식인들에게 당은 '세계'의 중심과 같았고, 선진 학문과 종교를 접할 기회를 제공하는 곳이었다. 이 방면 연구는 일찍부터 이루어져서 신라가 당에 파견한 사절단의 종류와 구성, 행로, 정치 · 경제 · 문화적 활동상에 이르기까지 관련된 사료를 망라하여 검토한 연구[1]가 나와 있기도 하다.

신라와 당처럼 장기간에 걸쳐 인문의 교류가 이어진 경우에는, 그러한 교류를 통하여 양국의 제도 · 문물이 서로에게 어떤 영향을 미쳤는가 하는 문제에 대해서도 관심을 기울일 필요가 있을 것이다. 이 장에서는 그 가운데서 당의 관제가 신라에 미친 영향을 살펴보고자 한다. 관제는 지배체제의 핵심을 이루는 부분으로서 해당 국가의 고유한 사회구조를 바탕으로 삼고 있고 있다. 따라서 비록 선진적인 것이라 할지라도 어느 한 쪽이 다른 한 쪽에 선뜻 영향을 주는 것이 쉽지 않다. 특히 짧은 기간에 그런 영향이 나타나기는 어렵다고 생각된다. 설사 명칭을 모방하여 사용하더라도 실제 기능이 다른 경우도 많

---

1) 대표적인 연구서로 權悳永, 1997 『古代韓中外交史研究』, 一潮閣을 들 수 있다.

은 것이다.

『삼국사기』 직관지에 반영된 내용은 9세기 전반까지를 하한으로 하는 것으로 알려져 있다.[2] 여기에는 당 관제의 영향을 그다지 찾아보기 어렵다. 그러나 9세기 이후의 금석문에서는 직관지에서 확인할 수 없는 새로운 관부와 관직명이 더러 발견된다. 이에 대해 일찍이 그 양상을 면밀히 추적하여 역사적 의미를 짚어본 연구가 이루어졌다.[3] 이런 기왕의 연구들을 바탕으로 하여, 이 장에서는 신라 말기의 관제에 보이는 당 관제의 영향을 살펴보고, 그것이 수용되는 조건과 계기를 신라 정치사회 내부의 변화라는 측면에서 試論的으로 검토해 보고자 한다.

1. 나당관계의 추이와 인문 교류

7세기에 들어와서 고구려와 백제의 협공에 직면한 신라는 隋・唐에 접근하였다. 隋는 고구려 침공에 실패한 여파에 내란이 일어나면서 곧 멸망하였다. 그러나 뒤이어 들어선 唐 왕조도 동방정책에서는 隋와 방향을 같이 하였고, 연이은 고구려 원정에서 큰 성과를 거두지 못하자 백제를 먼저 공격하는 쪽을 선택하였다. 이렇게 하여 신라와

---

2)『삼국사기』 직관지 兵制 관련 기사가 신문왕대에서 멀지 않은 시기까지를 반영한다는 점은 井上秀雄, 1974 『新羅史基礎研究』, 東出版, 137쪽(原載 1957, 1958 「新羅兵制考(上), (下)」『朝鮮學報』 11, 12) 참조.
　　또 병제를 제외한 직관지의 나머지 관제에 관한 기록이 진덕왕~흥덕왕까지의 약 2세기를 대상으로 하여 혜공왕대 자료가 주를 이루고, 그 이후 자료는 극히 제한적이라는 점은 三池賢一, 1971, 1972 「新羅內廷官制考(上), (下)」『朝鮮學報』 61, 62에서 지적된 바 있다.
3) 李基東, 1984 「羅末麗初 近侍機構와 文翰機構의 擴張-中世的 側近政治의 志向-」『新羅 骨品制社會와 花郎徒』, 一潮閣(원재 1978 『歷史學報』 77)

당 사이에 군사동맹이 성립하였고, 백제와 고구려가 차례로 멸망하여 신라는 한반도 내의 유일한 국가가 되었다.

여기에 이르는 과정에서 신라의 외교는 매우 활발하였고, 당의 제도·문물을 받아들이는 데도 적극적이었다. 신라는 649년(진덕왕 3)에 고유한 衣冠을 당의 것으로 바꾸는 한편, 650년(진덕왕 4)에는 1세기 넘게 써오던 고유한 연호도 포기하고 당의 연호를 채택하였다.

봄 정월에 中朝의 衣冠을 입기 시작하였다.[4] (『삼국사기』 권제5, 신라본기 제5 진덕왕 3년)
이 해에 중국의 永徽 연호를 처음 쓰기 시작하였다.[5] (동 진덕왕 4년)

衣冠 즉 公服을 바꾼다는 것, 더구나 다른 나라의 것을 받아온다는 것은 쉬운 일이 아니었다. 상징적인 차원에서나마 그 국가의 宗主權을 인정한다는 의미를 갖고 있었기 때문이다. 5세기 후반의 고구려가 신라 국왕과 그 신하들에게 의복을 내려준 것[6]도 고구려가 신라에게 종주국으로 행세하는 차원에서 이루어졌고, 대가야와 신라가 혼인관계를 맺었을 때 여종들의 복장을 둘러싼 갈등이 빚어진 것도[7] 복장이 갖는 상징적 중요성에서 비롯된 것으로 생각된다. 따라서 의관을 바꾸는 것은 큰 결단이었다. 이러한 결단을 내리게 된 배경에는 백제·고구려의 압박으로 인한 신라인의 위기의식이 있었다. 그리고

---

4) "春正月 始服中朝衣冠"
5) "是歲 始行中國永徽年號" 이는 2년 전에 당에 갔던 邯帙許가 당 태종으로부터 독자 연호를 사용하는 것을 지적받고 돌아온 뒤에 이루어진 조치였다.
6) 中原高句麗碑 앞면 제4행에는 "賜寐錦之衣服"이라는 구절이 나온다(韓國古代社會硏究所 編, 1992『譯註 韓國古代金石文Ⅰ』, 44쪽).
7) 『日本書紀』 권17, 繼体 23년 참조.

당과 연결함으로써 그 위기를 벗어나고자 하는 노력이 뒤따른 이면에는 당시 신라 정치사회 내부의 역학관계도 개재되어 있었다.

당과 외교 교섭을 추진하고 제도 개혁을 주도한 것은 김춘추를 중심으로 한 정치세력이었다. 이들의 주도 아래 眞骨 在位者에게 牙笏을 들게 한 조치8)와, 최초로 賀正儀禮를 거행하는 등9)의 조치가 이루어진 것으로 짐작된다. 이런 조치들은 당과 교섭하면서 접하게 된 의례와 형식을 신라에 적용한 것인데, 그 의도는 君臣 사이의 구분을 엄격히 하려는 데 있었다고 판단된다. 국왕 직속으로 기밀사무를 맡는 執事部가 독립되면서10) 6세기 이래 꾸준히 진행되어오던 신라 官府의 분화·정비가 중간 결산된 것도 이 무렵이었다.

이러한 일련의 움직임은 당으로부터 영향받은 측면이 있으면서 다른 한편으로는 김춘추·김유신 세력의 정치적 고려가 작용한 결과이기도 했다.11) 따라서 이러한 변화의 결과는 김춘추가 왕위에 오른 이후 왕계가 그 직계 자손으로 이어지면서 상대적으로 강화된 국왕권을 행사할 수 있는 먼 배경을 이루었다고 할 수 있다. 당을 오가면서 얻어진 당의 君臣儀禮 및 官制에 대한 견문과 신라사회의 내부 사정이 어떻게 결합될 수 있었던가를 시사받을 수 있는 사례라고 생각된다.

---

8) "夏四月 下敎 以眞骨在位者 執牙笏"(『삼국사기』 권제5, 신라본기 제5 진덕왕 4년). 이는 두 가지 측면에서 해석할 수 있을 것이다. 笏을 든다는 것은 국왕의 신하로서 그 명령을 받들 태세가 되어 있음을 뜻하는 것인 만큼, 진골 귀족들과 국왕 사이에 정치적으로 분명한 구분을 두려고 한 의도로 생각할 수 있다. 또 나머지 신분층과 진골 신분을 구분하는 의미로도 해석할 수 있을 것이다.

9) "春正月朔 王御朝元殿 受百官正賀 賀正之禮 始於此"(위의 책, 진덕왕 5년)

10) 『삼국사기』 권5, 신라본기 제5 진덕왕 5년 2월 및 동 권38, 職官 上 執事省

11) 이 점에 대해서는 李基白, 1974 「新羅 執事部의 成立」 『新羅政治社會史研究』, 一潮閣(原載 1964 『震檀學報』 25~27合) 참조.

그런데 나당관계의 전개과정에서는 짧은 무력 충돌기도 있었다. 양국간의 갈등은 660년 백제를 멸망시킨 직후부터 표출되기 시작하여 무력 충돌로까지 나아갔다. 신라는 자국의 존립을 위해 당에 접근하였지만, 당에 의해 스스로의 독립성이 오히려 위협받는 상황에서는 전쟁을 택할 수밖에 없었던 것이다. 신라인의 의지는 단호하였는데, 다음 기사는 그 의지를 엿볼 수 있는 단적인 사례이다.

　唐人들이 百濟를 멸한 뒤에 泗沘 언덕에 진을 치고 몰래 신라를 도모하려 하였다. 우리 왕이 이를 알고 群臣을 불러 대책을 물으니 多美公이 나서 말하였다. "우리 백성들로 하여금 거짓으로 백제인의 옷을 입혀 공격할 듯이 하면 唐人이 반드시 칠 것이니 그 때 맞싸우면 가히 뜻을 이룰 수 있을 것입니다." 유신은 "이 말이 취할 만하니 청컨대 따르십시오."라고 하였다. 왕이 "唐軍은 우리를 위해 적을 멸망시켰는데 오히려 그와 더불어 싸우면 하늘이 우리를 돕겠는가?" 하였다. 유신은 "개가 주인을 두려워하지만 주인이 다리를 밟으면 뭅니다. 어찌 어려움을 당하여 스스로를 구하지 않겠습니까? 청컨대 대왕께서는 허락하십시오." 하였다. …12) (『삼국사기』권제42, 열전 제2 김유신 중)

이렇게 하여 한반도 내에서 시작된 당과의 전쟁은 10여 년 이상을 계속되었다. 신라는 和戰 양면책을 적절히 구사하면서 백제 고지 점령을 마무리지었고, 675년의 買肖城 전투와 이듬해의 伎伐浦 전투를 끝으로 당군을 완전히 몰아낼 수 있었다. 그리하여 대동강 이남을 신

---

12) "唐人旣滅百濟 營於泗沘之丘 陰謀侵新羅 我王知之 召群臣問策 多美公進曰 令我民 詐爲百濟之人 服其服 若欲爲賊者 唐人必擊之 因與之戰 可以得志矣 庾信曰 斯言可取 請從之 王曰 唐軍爲我滅敵 而反與之戰 天其祐我耶 庾信曰 犬畏其主 而主踏其脚 則咬之 豈可遇難 而不自救乎 請大王許之"

라가 실질적으로 지배하게 된 뒤에 양국간 관계는 한동안 소원하였
다. 발해의 등장은 나당관계를 다시 긴밀하게 만드는 계기가 되었다.
특히 732년(성덕왕 32)에 발해가 당의 登州를 공격하자 당은 신라
의 출병을 요구하였고,13) 신라가 이에 응하면서 양국관계는 회복되
었다. 물론 당시 신라군은 적극적인 군사활동을 하지는 않았던 것으
로 보인다. 이후 735년(성덕왕 34)에 당은 신라가 실질적으로 영유하
고 있던 浿江 이남 지역을 외교적으로 인정하는 조치를 취하였다.14)
이렇게 양국간 외교관계가 정상화되는 과정에서 성덕왕대는 특히 활
발한 사신 교환이 이루어진 기간이었다. 성덕왕은 재위 36년간 무려
40여 차례의 사신을 당에 파견하였고, 당에서도 신라에 3차례 사신
을 보냈다. 성덕왕의 재위기간은 당 현종의 재위기간 전반기 20여 년
과 겹치는 만큼, 문물의 교류라는 측면에서는 주목할 만한 시기이다.
신라와 당 사이에 이루어진 人文의 교류, 특히 당의 제도 문물이
어떤 경로를 통해서 신라에 소개되거나 수용되는가 하는 문제를 생
각할 때 가장 중요한 요소가 이른바 宿衛學生이라고 생각된다.15) 최
초의 숙위학생은 640년(선덕왕 9)에 파견되었다.

봄 4월에 왕이 자제들을 당에 보내어 國學에 입학하기를 청하였
다. 이 무렵 태종은 천하의 名儒를 모아 學官으로 삼고 여러 차례
國子監에 행차하여 강론을 시켰다. 學生으로서 능히 大經 하나 이
상에 통달한 자에게 모두 관직을 주고, 學舍를 1,200間을 증축하고

---

13) "秋七月 唐玄宗以渤海靺鞨 越海入寇登州 遣太僕員外卿金思蘭歸國 仍
   加授王爲開府儀同三司寧海軍使 發兵擊靺鞨南鄙 會大雪丈餘 山路阻隘
   士卒死者過半 無功而還"(『삼국사기』권제8, 신라본기 제8 성덕왕 32년)
14) 위의 책, 신라본기 제8 성덕왕 34년
15) 宿衛學生에 대한 연구는 申瀅植, 1984「宿衛學生考」『韓國古代史의 新研
   究』, 一潮閣(원재 1969 『歷史敎育』11·12合)가 발표된 이후 제법 많은
   성과가 나와 있다.

학생을 늘여 3,260명이나 되었다. 이에 사방의 학자들이 구름처럼 京師에 모여들었다. 이 때 고구려·백제·高昌·吐蕃 역시 자제를 보내 입학시켰다.16) (『삼국사기』권제5, 신라본기 제5 선덕왕 9년)

처음 신라가 당의 국학에 귀족 자제를 보내 수학하게 한 것은 선진 문물을 수용하려는 의욕의 발로이기도 했었지만, 당과 동맹을 맺기 위한 외교적 접근의 일환이기도 했다. 어쨌든 이렇게 시작된 숙위 학생의 파견은 신라 통일기 내내 계속되어 9세기에 들어서 그 수가 최고조에 달하고 있었다. 이들은 주로 신라에서 파견하는 朝貢使를 수행하여 당으로 간 다음 국학에 입학할 것을 허락받고 머무는 경우가 대부분이었는데, 10년의 수학 기한을 넘긴 뒤에도 체류하는 경우가 많았던 것으로 추정된다. 그리하여 840년(문성왕 2)에는 당 文宗의 명령에 따라 105명의 학생들이 신라로 일괄하여 송환된 적도 있었다.17)

이렇게 많은 수의 학생들이 당에서 수학하게 된 이유의 하나로 신라사회의 폐쇄적인 신분제가 지적되기도 한다. 즉 골품으로 인하여 관직 진출에 제약을 느낀 두품 신분층이 그 제약을 벗어나는 방도의 하나로 당의 국학에서 수학한 경력을 쌓고자 했거나, 때로는 당에 남아서 관직생활을 하기를 원하는 경우가 많았으리라는 것이다. 실제로 당의 국학에서 학생이었던 경력이 신라로 돌아왔을 때 관식 진출에 도움이 되는 경우도 없지 않았다. 다음 경우가 그에 해당한다.

---

16) "夏五月 王遣子弟於唐 請入國學 是時 太宗大徵天下名儒爲學官 數幸國子監 使之講論 學生能明一大經已上 皆得補官 增築學舍千二百間 增學生滿三千二百六十員 於是 四方學者雲集京師 於是 高句麗·百濟·高昌·吐蕃 亦遣子弟入學"

17) "唐文宗勅鴻臚寺 放還質子及年滿合歸國學生 共一百五人"(『삼국사기』 권제11, 신라본기 제11 문성왕 2년)

9月에 子玉을 楊根縣 小守로 삼으니 執事史 毛肖가 반박하기를 "子玉은 文籍 출신이 아니므로 지방 관직을 맡길 수 없다."고 하였다. 侍中이 의논하기를 "비록 文籍 출신은 아니지만 일찍이 唐에 가서 學生이 되었으니 쓸 수 있지 않겠습니까." 하였다. 왕이 이를 따랐다.18) (『삼국사기』 권제10, 신라본기 제10 원성왕 5년)

이는 789년의 일로서, 이보다 한 해 앞서 신라에서는 讀書三品科가 시행되었다.19) 따라서 여기서 '문적 출신'이라고 한 것은 독서삼품과, 즉 신라의 국학에서 수학하여 일정한 평가를 거치는 것을 의미하리라고 생각된다. 자옥은 여기에 해당되지는 않았지만 당의 국학에서 수학한 경력을 인정받아 양근현 소수로 임명될 수 있었던 것이다.20) 숙위학생으로 갔다가 당에서 얻은 관직이 신라로 귀국한 뒤에 관직 진출에 도움이 된 경우는 이외에도 더 있었다.

8월에 당에서 숙위했던 學生 梁悅을 豆肹 小守로 삼았다. 이전에 德宗이 奉天으로 피난갔을 때 梁悅이 수행했던 공이 있어서 황제가 右贊善大夫를 주어 돌려보냈으므로 왕이 발탁한 것이다.21)

---

18) "九月 以子玉爲楊根縣小守 執事史毛肖駁言 子玉不以文籍出身 不可委分憂之職 侍中議云 雖不以文籍出身 曾入大唐爲學生 不亦可用耶 王從之"

19) 『삼국사기』 권제10, 신라본기 제10 원성왕 4년

20) 이 기사는 조금 더 면밀하게 검토할 필요도 있다. 여기 나오는 시중은 世强인데, 그는 원성왕이 즉위할 때 시중이 되었던 悌恭이 辭免한 뒤에 시중이 되었고, 원성왕 8년에는 상대등이 된 자였다. 悌恭은 7년 뒤에 叛하다가 伏誅되었다. 이렇게 보면 世强은 원성왕의 측근이었고, 子玉은 그와의 관계에 따라 小守로 임명될 수 있었다고 볼 여지도 있다. 그러나 毛肖의 반박으로 미루어보면, 독서삼품과를 시행한 이후에는 제도 시행의 취지를 지켜야 한다는 생각을 강하게 지닌 부류가 있었다는 것을 보여주는 사례이기도 하다.

21) "八月 授前入唐宿衛學生梁悅豆肹小守 初 德宗幸奉天 悅從難有功 帝授

(『삼국사기』 권제10, 신라본기 제10 애장왕 원년 8월)

이런 경우로 보아 9세기 초반 당에서 賓貢科가 시행되면서 신라인의 유학열은 더욱 고조되었던 것으로 생각된다. 비록 정식 과거에 합격한 것과는 차이가 있었지만, 빈공과에 급제하면 당의 관직을 얻는 것이 가능해질 뿐 아니라 본국으로 돌아와서도 관직 진출을 보장받을 가능성이 컸기 때문이다. 이렇게 당의 빈공과에 합격한 신라인의 수는 당이 멸망할 때까지 50여 명에 달하였다. 신라 말의 崔致遠, 崔彦撝, 崔承祐 등 잘 알려진 官人·儒者들이 모두 빈공과 출신이었다. 9세기 중반 이후 신라 관제에 나타나는 당 관제의 영향은 당의 국학 수학자, 빈공과 급제자로서 당에서 관직생활을 경험한 인물들과 관련하여 생각할 수밖에 없을 것이다.

그런데 그 전에 짚어보아야 할 문제는 통일기를 전후하여 신라가 당과 적극 교류하면서 여러 가지 영향을 받았지만, 실제 정치제도에서 그 영향이 분명히 확인되는 경우는 드물다는 점이다. 7세기 중반에 당을 본받아 하정의례를 거행함으로써 君臣의 구분을 강화하려 했다든가 하는 점을 제외하면, 통일 이후 안정기에 당의 영향 아래 신라의 정치기구에 새로운 요소가 도입된 경우를 찾기 어렵다. 집사부를 포함하여 7세기 후반에 설치된 여러 관부와 관직의 명칭에서 당 또는 그 이전 중국 관제의 영향을 찾을 수 있는 경우가 거의 없는 것이다.

통일 이후 한참의 시간이 지난 뒤에 경덕왕이 漢式으로 官名을 개정한 내용으로부터, 신라 집권층이 당의 관제에 대한 지식을 상당히 지니고 있었음을 엿볼 수 있다. 그럼에도 불구하고 그동안 당과 활발히 교류하면서 정치기구나 제도의 영향이 보이지 않는 것은, 실제 관

右贊善大夫還之 故王擢用之"

료제 운영방식에서 신라와 당 사이에 본질적인 차이가 있었기 때문이라 생각된다. 골품제에 입각하여 운영되는 관료제를 유지하는 이상 당 관제를 참작할 여지가 적었을 것이며, 또 그럴 수도 없었을 것이다. 경덕왕 때 이루어진 명칭 개정이 혜공왕 때 복고된 것은 신라 정치사회의 완고함을 보여주는 사례라고 생각된다.

신라에서 독서삼품과를 설치한 때가, 무열왕계가 끊어지고 진골귀족들 사이에서 격렬한 권력쟁탈전을 거친 뒤에, 다시 김주원을 누르고 왕위에 오른 원성왕 때였다는 것도 역설적이다. 관료 등용방식에 변화를 준 것이 독서삼품과라고는 하지만, 앞서 子玉의 경우에서 보듯이 그의 관직은 지방의 縣에 파견되는 少守라는 하급 관직이었다.[22] 당의 국학에서 수학하고, 형식적이기는 하지만 당 황제로부터 右贊善大夫(정5품상)를 받아 돌아온 梁悅 역시 지방 현의 少守에 임명되는 데 지나지 않았다.

독서삼품과의 설치와 운영이 신라 관료제 운영에서 중대한 변화를 가져왔다고 판단하기는 어렵다. 여전히 최상급 관직들은 고위 신분층에 의해 독점되고 있었기 때문이다. 즉 골품제에 입각한 신라의 관료제 운영방식이 당과 본질적으로 달랐기 때문에, 신라 집권층은 활발한 교류에도 불구하고 당의 관제를 쉽사리 받아들일 수 없었다고 생각된다. 적어도 9세기 전반까지 신라의 官府 편제는 6~7세기 이래의 기본 골격에서 크게 벗어나 있지 않았던 것이다.

그러나 신라 말기로 가면서 당에 가서 유학하고, 때로는 빈공과에 급제한 경험을 가진 자들의 수는 늘어나고 있었다. 최치원처럼 당에서 하급 관직생활을 경험하는 경우도 있었다. 이들의 경우, 귀국한 뒤에 부딪히게 되는 현실적인 갈등이 적지 않았을 것이라 생각된다.

---

22) 少守에 임명될 수 있는 관등 범위는 大奈麻(10) 이하였고, 대나마는 5두품이 오를 수 있는 최고 관등이었다.

다른 한편으로는, 적지 않은 수에 달하는 이런 인물들을 대하는 신라 집권층의 태도에도 일정한 변화가 요구되고 있었으리라 짐작된다.

적어도 관료조직의 운영방식이라는 차원에서는, 이질적인 정치문화를 직접 체험한 인간들에 의하여 신라사회가 안고 있는 문제점들이 자각되면서 어떤 변화가 뒤따를 수 있는 객관적 여지가 마련되고 있었다. 통일 이후 2세기 가까이 당 관제의 흔적을 찾기 어렵다가 9세기 중반 무렵에 들어서 얼마간의 영향이 나타나기 시작하는 것은 이런 맥락에서 이해된다. 그러나 당 관제의 영향이 어떤 방향에서 소화되었는가는 신라 정치사회 내부의 상황에 따라 결정되었을 것이다.

2. 말기 관제의 새로운 양상

1) 근시기구, 문한기구

신라 통일기의 후반에 이르면 당 관제의 영향을 받은 신라 관부·관직 명칭들이 더러 발견된다. 그 중에는 8세기 중반 경덕왕 때 漢式으로 명칭 개정을 시도했다가 곧 복고되었던 관부도 있지만, 대부분은 경우에는 9세기 중반 무렵의 금석문 자료에서 漢式 명칭으로 새로 발견되는 것들이다. 이들 관부의 대부분은 국왕의 近侍機構와 文翰機構라는 것이 특징이다.[23]

신라 말기에 재등장하는 漢式 관부명 중에서 문헌을 통해 확인되는 것으로 中事省이 있다. 『삼국사기』 직관지에는 그 원래 명칭, 명칭 변경과 복고, 관원 구성이 간단히 실려 있다.

---

23) 여기에 대해서는 李基東, 1984 앞의 책에 면밀하게 분석·정리되어 있으므로 이를 바탕으로 설명한다.

① 洗宅은 景德王이 中事省으로 고쳤다가 후에 復故되었다. 大舍가 8인이고 從舍知가 2인이다. (『삼국사기』 권제39, 志 제8 직관 중)

② 洗宅은 大舍가 4인, 從舍知가 2인이다. (위와 같음)

『삼국사기』 직관지의 편제 순서로 보면 ①은 국왕 직속의 御龍省 다음에 기술되어 있고, ②는 東宮官으로 열거되어 있다. 따라서 이는 중복 기록된 것이 아니라, 같은 명칭의 관부가 국왕 직속으로도 존재했고, 동궁관으로도 존재했음을 말한다.[24] 이 관부는 9세기 중 후반의 금석문에서 발견된다.

専知修造官 洗宅 大奈末 行西林郡太守 金梁博 (「昌林寺無垢淨光塔記」 : 문성왕 17년)
崇文臺郎 兼 春宮中事省 臣 姚克一 (「皇龍寺刹柱本記」 : 경문왕 12년)

위의 두 자료에 나타나는 바로는, 이 관부는 명칭이 복고된 이후 855년(문성왕 17)까지는 예전의 洗宅이라는 명칭으로 사용되다가 872년(경문왕 12)에는 다시 中事省으로 불리고 있음을 알 수 있다. 물론 春宮中事省이라고 명기된 점으로 보아 姚克一이 속한 관부는 국왕 직속의 中事省이 아니라 東宮官으로서의 中事省이다. 그렇다면 872년 무렵에는 국왕 직속의 그것도 당연히 中事省으로 불리고 있었으리라는 추정이 가능하다. 따라서 洗宅에서 中事省으로 명칭이 다시 고쳐진 것은 855년에서 872년 사이라고 생각된다.[25]

---

24) 같은 명칭으로 존재한 관부는 洗宅(中事省)말고도 御龍省이 있다. 이렇게 같은 명칭의 관부가 국왕 직속으로도, 東宮官으로도 동시에 존재하는 것이 무엇을 의미하는가 하는 문제에 대해서는 뒤에서 살펴볼 것이다.

25) 李基東, 1984 앞의 책, 235쪽

中事省이 구체적으로 어떤 임무를 수행하는 관부였는가에 대한 기록은 찾기 어렵다. 그런데 882년(헌강왕 8) 이후 멀지 않은 시점에 헌강왕이 글을 보내어 澄曉大師 折中을 대궐로 초청하고 興寧禪院을 中使省에 예속시켰다든가,[26] 918년(경명왕 2) 직전에 경명왕이 中事省 內養 金文式을 보내 眞鏡大師 審希를 초청했다는 기록[27]이 보인다. 따라서 명칭상으로 보더라도 禁中의 일을 처리하는 관부였음이 분명하므로 국왕이나 태자의 侍從은 물론 詔誥를 專掌하는 등 문한을 장악한 관부였으리라 추정할 수 있다.[28] 마찬가지로 『삼국사기』에서는 찾을 수 없지만, 말기의 금석문에서 발견되는 宣敎省도 비슷한 기능을 갖고 있었으리라 추정된다.[29]

한편, 신라 말기에 보이는 또 다른 문한기구로는 翰林臺, 崇文臺(崇文館), 瑞書院 등이 있다. 翰林臺와 崇文臺는 『삼국사기』 직관지에도 기록이 있다.

詳文師는 성덕왕 13년에 通文博士로 고쳤다가 경덕왕이 다시 翰林이라 하였다. 후에 學士를 두었다. (『삼국사기』 권제39, 志 제8 직관 중)

2월에 詳文司를 通文博士라고 고쳐 書表를 맡아보게 하였다. (『삼국사기』 권제8, 신라본기 제8 성덕왕 13년)

崇文臺는 郎이 2인, 史 4인, 從舍知 2이다. (『삼국사기』 권제39,

---

26) 한국역사연구회 편, 1996 「興寧寺澄曉大師寶印塔碑」『譯註 羅末麗初金石文(下)』, 혜안, 210쪽

27) 韓國古代社會研究所 編, 1992 「鳳林寺眞鏡大師塔碑」『譯註 韓國古代金石文Ⅲ』, 225쪽

28) 李基東, 1984 앞의 책, 237쪽, 240쪽 참조.

29) 宣敎省에 대한 기록은, 859년경에 憲安王이 望水・里南宅 등에 敎를 내려 金 160分, 租 2000斛을 내어 功德을 꾸미는 것을 돕게 하고, 寶林寺를 宣敎省에 속하게 하였다(「寶林寺 普照禪師塔碑」『譯註 韓國古代金石文Ⅲ』, 53쪽)는 것이 유일하다.

지 제8 직관 중)

『삼국사기』 직관 중의 기술 순서상 翰林과 崇文臺는 크게 보아 內省이 관할하는 작은 관부들 중의 하나였다.[30] 이들 관부에는 郎(學士)·待詔·書生 등이 소속되어 있었는데, 771년(혜공왕 7) 「聖德大王神鐘銘」에서 여기에 관련된 인물들이 보이는 이후 신라 말기의 금석문에서도 지속적으로 나타난다. 당의 한림직이 玄宗(712~756) 초에 翰林待詔를 설치하여 문서 작성과 조칙에 관한 직무를 맡기다가 738년(開元 26)에 별도로 學士院을 설치한 뒤로 황제의 측근에서 실권을 장악하는 관료집단으로 대두하였다는 점[31]을 참고한다면, 신라의 경우에도 유사한 경향성을 상정해 볼 수 있을 것이다.

「성덕대왕신종명」에 나타나는 양상만을 가지고 판단한다면, 開元 연간에 당에서 翰林學士院을 설치하여 운영되는 모습이 신라에 곧 알려지고 30년 정도를 넘기지 않은 상태에서 곧 이를 본받아서 翰林職을 정비한 셈이 된다. 국왕 근시·문한기구에 관해서만큼은 당 관제의 수용이 비교적 빠르게 이루어진 사례라고 할 수 있다. 이 翰林臺는 880년경에 瑞書院으로 개칭되면서도 신라 말기 문한기구의 중추 역할을 계속하였으리라 추정된다.[32]

이외에도 경덕왕대에 개정이 시도된 명칭이 신라 말기에 다시 나타나는 군소 관부로는 珍閣省(穢宮典), 司賓府(領客府), 肅正臺(司正府) 등이 있다.[33]

---

30) 『삼국사기』 직관 중의 內省 산하 관부를 기재순서와 기능을 고려하여 분류하고, 職官志에 반영된 사실의 시간적 하한선을 추정한 연구로는 三池賢一, 1971, 1972 앞의 논문이 참고된다.

31) 李基東, 1984 앞의 책, 248쪽 참조.

32) 李基東, 1984 앞의 책, 254쪽 참조.

33) 李基東, 1984 앞의 책, 236쪽. 여기서는 「寶林寺普照禪師塔碑」(884년 건립)의 書者 金彦卿이 지닌 殿中大監이란 관직에 주목하여 內省도 殿中省

이상에서 거론한 관부들의 대부분은 신라 말기에 와서 완전히 새롭게 생겨난 것들이 아니었고, 훨씬 이전부터 內省 산하의 작은 관부로 존재하던 것들이었다. 그러다가 8세기 중반 경덕왕 때 漢式으로 명칭이 개정되었으나 곧 복고되었고, 이후 1세기 정도가 지날 무렵에 다시 漢式 명칭으로 등장하면서 국왕 측근에서 문한 업무에 종사하는 자들의 소속 관부 역할을 하고 있는 것이다. 이 점이 갖는 정치·사회적 의미에 대해서는 뒤에서 다루기로 한다.

2) 문산계와 어대제

신라 말기 관제상에 나타난 당 관제의 영향을 생각할 때 빠트릴 수 없는 것이 文散階의 수용 여부일 것이다. 문헌을 비롯하여 금석문 자료에서 신라인으로 문산계를 지니고 있는 관인의 사례를 추려 보면 10여 건에 이른다. 이들 중 상당수가 신라 조정에서 운영하던 문산계였다는 적극적인 견해[34]도 제출되어 있지만, 아직 학계에서 넓은 공감을 얻고 있는 상황은 아니라고 생각된다.

이 문제를 생각할 때, 신라 국왕이 당으로부터 책봉받을 때 흔히 부여받는 '開府儀同三司'라고 하는 종1품의 문산계는 논외로 간주할 수 있다. 책봉은 극히 의례적이며, 책봉받은 官爵의 내용이 신라 국내에서 국왕이 관료들을 거느리고 실제 국내를 통치하는 데는 거의 영향을 주지 못하기 때문이다.

그러나 신라의 관인들이 당으로부터 수여받는 문산계는 이와 별도의 차원에서 고려할 필요가 있다. 신라 통일기에 많은 사람들이 당에

이란 명칭으로 다시 사용되었으리라 추정하였다. 여기서 金彦卿은 入朝使란 점을 내세우고 있으므로 이 관직이 唐에서 받은 것일 가능성도 완전히 배제하기 어렵겠지만 신라의 것으로 보는 것이 무리가 없을 듯하다.

34) 黃善榮, 2002『나말여초 정치제도사 연구』, 국학자료원

파견되어 官爵을 수여받은 경우가 많지만 문산계를 받은 기록은 많지 않은데, 비교적 이른 시기의 사례는 다음이 있다.

> 閏 2月에 級湌 朴裕를 唐에 보내 賀正하니 朝散大夫 員外奉御를 주어 돌려보냈다. (『삼국사기』권제8, 신라본기 제8 성덕왕 13년)

> (金陽의) 從父兄 昕은 字가 泰이고 아버지는 璋如인데 官이 侍中 波珍湌에 이르렀다. 昕은 어려서부터 총명하여 학문을 좋아하였다. 長慶 2년(822)에 헌덕왕이 당에 보낼 사람을 찾았으나 마땅한 인물이 없었다. 혹자가 昕을 太宗의 후손으로 정신이 맑고 도량이 깊어 마땅히 선발할 만하다고 하였다. 마침내 당에 입조하여 숙위케 하니 한 해 남짓하여 돌아가기를 청하자 황제가 金紫光祿大夫 試大常卿을 제수하였다. 돌아오자 국왕이 명령을 욕되게 하지 않았다고 하여 南原大守를 주었다. 여러 관직을 거쳐 康州大都督이 되었고, 이윽고 伊湌 겸 相國을 더하였다.…[35] (『삼국사기』권제44, 열전 제4 金陽 附 金昕)

714년(성덕왕 13)에 당에 賀正使로 파견되었던 級湌 朴裕가 받아 돌아온 朝散大夫는 종5품하의 문산계이다. 그리고 김흔이 당으로부터 정3품의 金紫光祿大夫를 받아 돌아온 것이 823년(헌덕왕 15)경이다. 이렇게 보면 신라인들이 당을 오가면서 문산계를 접하기 시작한 기간은 적어도 8세기 초반으로 비교적 일찍부터라고 할 수 있다. 다만 위의 두 사례만으로는 그것이 말기의 신라 관제와 어떤 연관이 있을지 더 이상의 의미를 찾아내기는 어렵다.

---

35) "從父兄昕 字泰 父璋如 仕至侍中波珍湌 昕幼而聰悟 好學問 長慶二年 憲德王將遣人入唐 難其人 或薦昕太宗之裔 精神朗秀 器宇深沈 可以當選 遂令入朝宿衛 歲餘請還 皇帝詔授金紫光祿大夫試太常卿 及歸 國王以不辱命 擢授南原大守 累遷至康州大都督 尋加伊湌兼相國"

신라 말기 문산계의 도입을 적극적으로 해석하는 입장에서는 다음 기사를 근거로 삼기도 한다.

　　6월에 朝散大夫・倉部侍郎 金岳을 後唐에 보내 朝貢하니 莊宗이 朝議大夫・試衛尉卿을 제수하였다. (『삼국사기』권제12, 신라본기 제12 경명왕 8년)

이 기사는 주목해 볼 만한 내용인데, 金岳이 後唐의 莊宗으로부터 정5품하의 朝議大夫・試衛尉卿을 제수받은 것은 924년(경명왕 8)이지만 그는 출발할 때 이미 종5품하의 朝散大夫라는 문산계를 띠고 있었다. 따라서 이 朝散大夫를 신라에서 받아 지니고 있던 문산계가 분명하다고 해석하기도 한다.[36] 그러나 『삼국사기』에는 바로 한 해 전인 923년에 倉部侍郎 金樂이 後唐에 조공사로 파견된 사실이 실려 있다.[37] 따라서 金岳과 金樂이 동일 인물일 가능성이 큰데,[38] 만약 그렇다고 해도 정확한 추정에는 여전히 어려움이 따른다. 기록의 착오가 아니라면 그는 2번 사행길에 오른 셈이 되고, 따라서 924년에 後唐으로 출발할 때 지녔던 朝散大夫는 한 해 전에 귀국할 때 후당으로부터 받은 것일 가능성도 완전히 배제하기 어려운 것이다.[39]

---

36) 黃善榮, 2002 앞의 책, 109~110쪽
37) "王遣倉部侍郎金樂・錄事衾軍金幼卿 朝後唐 貢方物 莊宗賜物有差"(『삼국사기』권제12, 신라본기 제12 경명왕 7년)
38) 李基東, 1984 앞의 책, 266쪽에서는 양자를 동일 인물로 보았다.
39) 금석문에서는 동일 인물을 다른 한자로 표현하는 경우가 곧잘 있다. 그러나 『삼국사기』에서 한 해 차이가 나는 기사에서 동일 인물을 다른 한자로 표기하였다고 보기에도 무리가 있다. 또 倉部侍郎은 2명이 임명되는 관직이었으므로 金岳과 金樂이 거의 동시에 창부시랑이었을 가능성도 여전히 남는 것이다. 단, 양자가 동일인이 아니라고 하더라도 924년의 金岳이 지닌 朝散大夫가 신라의 것이라고 확증하기는 어렵다. 이전에 入唐한 경력을 지닌 인물일 수 있기 때문이다.

신라에서 문산계를 채용하고 있었으리라 추정하는 견해에서는 또 하나의 근거를 최치원에게서 찾고 있다.[40] 최치원은 신라 말 여러 선종 승려들의 비문을 찬술하였고, 그 글머리에 자신이 당에서 받은 관직과 신라에서 받은 관직을 대부분 기록하고 있다. 그런데 그가 지닌 문산계가 시차를 두고 상승한 증거가 발견되는 것이다.

淮南新羅兼送國信等使 前都統巡官 承務郎 殿中侍御史 內供奉 賜緋魚袋 崔致遠 (「祭巉山神文」)[41]
　入朝賀正 兼 迎奉皇花等使 朝請大夫 前守兵部侍郎 充瑞書院學 士 賜紫金魚袋 臣 崔致遠 (「鳳巖寺智證大師塔碑」)[42]

최치원은 884년 말에 金仁圭와 함께 귀국길에 올랐으나 풍랑을 만나 지체하다가 885년(헌강왕 11) 3월에야 신라에 도착했다. 「제참산신문」은 그 무렵 신라를 향해 출발하기 전에 무사항해를 기원하며 지은 것이다.[43] 그리고 뒤의 「봉암사지증대사탑비」는 893년(진성왕 7) 무렵에 완성된 것으로 추정된다.[44] 이를 보면 최치원은 귀국하기 직전에 종8품하 承務郎의 문산계를 지니고 있었다. 어린 나이에 당나라에 갔다가 처음 귀국하는 길이었던 만큼, 이 때 지닌 문산계가 당으로부터 받은 것임은 의심의 여지가 없다. 그는 귀국한 뒤에도

40) 黃善榮, 2002 앞의 책, 109쪽
41) 成均館大學校 大東文化硏究院 刊, 1972 『崔文昌侯全集』, 402쪽
42) 韓國古代社會硏究所 編, 1992 「鳳巖寺智證大師塔碑」 앞의 책
43) 이 글에서 최치원이 '去歲初冬'에 배를 띄우려다 여의치 않았다는 표현을 쓰고 있는 것으로 보아, 이 글을 작성한 시점은 885년 초라고 생각된다.
44) 「봉암사지증대사탑비」가 건립된 것은 924년(경명왕 8년)이지만, 최치원이 비문을 완성한 것은 893년(진성왕 7) 무렵이었던 것으로 추정된다(韓國古代社會硏究所 編, 1992 앞의 책, 「봉암사지증대사비문」의 역주자는 南東信).

890년(眞聖王 4)에서 멀지 않은 때 「聖住寺朗慧和尙塔碑文」을 찬술할 때까지만 해도 여전히 承務郎에 머물고 있었다.[45]

그러나 그 직후인 893년(진성왕 7) 「봉암사지증대사탑비문」을 찬술할 때에는 종5품하 朝請大夫를 띠고 있는 것이다. 따라서 이것만으로 보면 신라 조정에서 그의 문산계를 올려준 것으로 이해할 여지도 있다. 금석문상에 나타나는 그의 관직으로 瑞書院 學士가 처음 표기된 것인 만큼, 신라에서 문산계를 운용하고 있었다면, 그를 서서원 학사로 삼으면서 문산계를 올려주었을 가능성이 있는 것이다.

그러나 「봉암사지증대사탑비문」에 기록된 그의 官銜 첫 머리에 '入朝賀正 兼 迎奉皇花等使'라는 직함이 붙어 있다. 『삼국사기』에서는 그가 893년에 富城郡 太守로 있다가 하정사가 되었으나 도적에게 길이 막혀 가지 못했고, 그 뒤에도 언젠가 사신으로 입당한 적이 있으나 연월을 알지 못한다고 하였다.[46] 따라서 「봉암사지증대사탑비문」에 기록된 최치원의 문산계 朝請大夫가 반드시 신라 조정에서 받은 것이라고만 판단하기에는 망설여진다.[47]

반대로 생각해 볼 근거가 될 수 있는 사례도 없지 않다.

> 朝請郎 守定邊府司馬 賜緋魚帶 臣 金穎 (「寶林寺普照禪師塔碑文」)

45) "唐昭宗景福二年 納旌節使兵部侍郎金處誨 沒於海 卽差櫂城郡太守金峻 爲告奏使 時致遠爲富城郡大守 祗王召爲賀正使 以比歲饑荒 因之 盜賊 交午 道梗不果行 其後致遠亦嘗奉使如唐 但不知其歲月耳"(『삼국사기』 권제46, 열전 제46 崔致遠傳)
46) 『삼국사기』 권제46, 열전 제6 崔致遠
47) 이 무렵의 신라 상황은 유동적이어서 분명한 판단을 내리기 어려운 경우가 많다. 예컨대 처음 그에게 朝請大夫의 문산계를 주어 당에 보내려 했으나 도적에게 길이 막혀 가지 못했다고 해도, 그는 이후에 이 문산계를 계속 칭할 수 있는 것이다.

朝請郎 守錦城郡太守 賜緋魚帶 臣 金穎 (「月光寺圓朗大師塔碑
文」)

884년(헌강왕 10)에 「보림사보조선사탑비」가 건립될 때 金穎은
朝請郎(정7품하) 守定邊府司馬였다. 그런데 그는 890년(진성왕 4)에
「월광사원랑선사탑비」를 건립할 때도 여전히 朝請郎이었다. 6년 남
짓한 시간이 지났지만 그가 지닌 문산계는 물론 魚袋도 변화가 없고,
관직만 守定邊府司馬에서 守錦城郡太守로 바뀐 것이다. 물론 개인
적인 차이일 수도 있지만, 이 사례는 신라에서 문산계가 채용되었다
고 선뜻 판단하기 어렵게 한다.

그러나 설사 당의 문산계가 신라에서 채용되지 않았다고 가정하더
라도, 신라 말기 금석문에 보이는 문산계가 갖는 의미까지 완전히 무
시해도 좋은 것은 아니라고 생각된다. 그 이유는 다음과 같다.

앞서 언급했듯이, 8세기 초에 신라 관인이 당으로부터 문산계를
받기 시작한 이래, 지금까지 알려진 신라 말기 자료에서 문산계를 지
닌 인물들은 비교적 많은 편이다. 이들은 대부분 입당한 경력을 가졌
고, 짧지 않은 기간 동안 당에서 생활한 경험을 지닌 사람들이었다.
비록 해당 관직에 임명될 수 있는 관등의 폭이 넓게 규정된 것이 신
라 관등제의 특징이라고는 하지만, 그것이 말기까지도 골품제의 제
약을 완전히 벗어나지 못한 것만은 분명하다. 그러나 당의 문산계는
혈연에 기반한 신분제의 운영원리에 입각하지 않고서 관인의 위계서
열을 표시하는 제도였다.

따라서 당에서 문산계를 수여받고 생활하다가 귀국하여 다시 신라
에서 관직생활을 하게 된 사람들의 수가 제법 되었을 때, 신라 조정
에서는 이들을 기존 신라 관등에 준하여 대우할 수 있는 어떤 기준
을 찾을 필요가 있었을 것이다. 그리고 그 기준은 골품에 따른 제한
을 엄격하게 적용하는 방향이 되기는 어려웠을 것이라고 생각된다.

또 당에서 받은 문산계를 지닌 관인의 수가 적지 않은 상태였다면, 골품이라는 기준을 떠나서 이들 상호간에 자체적으로 스스로를 서열지어 사고하는 경향이 생겨나고 있었으리라는 가정도 해볼 수 있다.

따라서 신라 말기에 당의 문산계를 제도로 채용했느냐 여부를 떠나서도, 많은 관인들이 문산계를 내세우고 있었다는 사실 자체가 일정한 의미를 갖는다고 생각된다. 즉 당과의 활발한 인문 교류를 통해 신라 관인사회에도 일정하게 새로운 경향이 나타나고 있었고, 비록 한정된 범주에서나마[48] 그들 사이에서 문산계를 기준으로 스스로의 지위를 내세운 흔적으로 파악하는 데는 큰 무리가 없을 것이라 생각된다.

문산계와 함께 신라 말기 관제상에 나타난 변화로서 주목되는 것이 魚袋이다. 이 방면 연구의 초창기에는 신라 말기 금석문에 나타나는 어대를 당에서 수여받은 것으로 이해하는 경향이 많았다. 그리하여 지금까지 신라 말기 정치사회의 변화상을 논의하면서도 어대제에 대해서는 크게 주의를 기울이지 못했던 것이 아닌가 한다. 그러나 신라가 말기에 당의 어대제를 수용하였음을 적극적으로 주장한 연구[49]가 오래 전에 나왔고, 신라 말기 어대제의 실상을 면밀하게 검토하고 구체적인 운영방식에까지 접근하려 시도한 연구[50]가 이미 제출되어 있다.

당의 경우, 7세기 초부터 시작된 魚袋佩用이 紫金魚袋·緋銀魚袋라는 용어로 정착되고 관직을 가진 자의 위계서열을 나타내는 상징

---

48) 진골귀족보다는 주로 두품 신분을 지닌 관인들 사이에서 그러했으리라 짐작된다.

49) 黃善榮, 2002 앞의 책(원재 1987 「고려초기 公服制의 成立」『釜山史學』 12 및 1991 「고려 始定田柴科의 분석」『考古歷史學誌』7)

50) 李賢淑, 1992 「新羅末 魚袋制의 成立과 運用」『史學研究』 43·44合. 필자의 검토 역시 주로 이 연구에 힘입은 것이다.

물이 된 것은 8세기에 들어서였다. 그리고 어대의 수여가 官職의 品을 기준으로 이루어지고 官階에 따라 표기 여부가 결정되는 관행이 정착된 것은 玄宗代(713~755) 이후였다고 추정된다. 어대제의 운영 관행이 이렇게 정착한 배경으로는, 황제가 맡긴 임시 직무를 담당하는 使職이 남용되면서 신흥 관료층이 대거 진출하고 있던 상황이 있었다. 즉 황제의 인사권이 이전보다 폭넓게 행사되면서, 넓은 의미에서 일종의 '行守制'와 비슷한 기능을 하는 제도로 자리잡은 것이 어대제였다.[51]

당 현종대에는 신진세력의 대거 등장에 따른 이들의 신분 상승 욕구와 군주권을 강화하려는 국왕의 입장이 일치점을 모색하고 있었다. 이에 따라 공복 규정의 하한선이 내려가고 종래에는 어대를 할 수 없던 신분들이 새롭게 어대를 패용하게 되었고, 이를 관직명 뒤에 병기하게 하였다.[52]

그런데 당에서 이렇게 운영되던 어대제의 흔적이 신라 말기의 관인사회에서도 발견된다는 점이 흥미로운 것이다. 신라 말기에 어대를 표시한 관인 역시 금석문과 문헌 자료를 합쳐서 10여 건에 달한다. 그 대부분은 문산계를 띤 인물과 중복되며, 해당 시기는 거의 9세기 후반기 이후에 집중되고 있다. 단, 이들 인물들이 띤 어대가 당으로부터 받은 것인지 신라 조정에서 받은 것인지 명확히 판정하기 어려운 경우가 대부분이다. 그 중 신라 말에 어대제가 채용된 비교적 확고한 근거로 거론되는 경우가 최치원이다. 앞과 중복되지만 관련 자료를 제시하면 다음과 같다.

淮南新羅兼送國信等使 前都統巡官 承務郎　殿中侍御史 內供奉

---

51) 이상 李賢淑, 1992, 위의 논문, 15~24쪽 참조.
52) 李賢淑, 1992 앞의 논문, 37쪽

賜緋魚袋 崔致遠 (「祭䰢山神文」)53)
  前都統巡官 承務郎 侍御史 內供奉 賜紫金魚袋 臣 崔致遠 (「桂
苑筆耕集 序」54)

 앞서 언급했듯이, 최치원이 「제참산신문」에서 承務郎이라는 문산
계와 함께 자신의 어대를 賜緋魚袋 즉 緋銀魚袋로 표기한 것은 의
심의 여지없이 당으로부터 받은 것이라 할 수 있다. 이후 신라에 도
착한 그는 『계원필경집』을 엮어 886년(정강왕 1) 정월에 왕에게 바
칠 때 지은 서문에서는 자신의 어대를 紫金魚袋라고 적었다. 9개월
가량의 기간에 변화가 있는 것이다. 따라서 이 紫金魚袋를 당으로부
터 받은 것이라고 볼 수는 없고, 당연히 신라 조정으로부터 받았다고
보는 것이 순리일 것이다. 이렇게 본다면, 늦어도 885년(정강왕 11)
무렵이면 신라에서 어대제가 수용되어 운용되고 있었다고 보는 것이
무리가 아니다.55)

 이렇게 비교적 명확한 근거가 있음에도 불구하고, 나머지 사례에
속하는 인물들이 띤 어대를 신라에서 받은 것이라고 확정할 수 있는
근거가 명확하지 않기 때문에 아직 학계의 넓은 동의를 얻지 못하고
있지 않은가 생각된다. 그러나 다음의 경우는 신라 말에 채용된 어대
제의 실상을 간접적이나마 유추하는 데 일정한 도움을 준다.

   西□大將軍 着紫金魚袋 蘇判 阿叱彌 (「鳳巖寺智證大師塔碑」)

 이는 「鳳巖寺智證大師塔碑」의 陰記이다.56) 음기가 작성된 924년

---

53) 『崔文昌侯全集』, 402쪽
54) 위의 책, 285쪽
55) 李賢淑, 1992 앞의 논문, 32쪽
56) 앞서 언급했듯이, 최치원이 비문을 찬술한 것은 893년 무렵이었다. 그리고

무렵이면 이미 후삼국이 분립하여 있던 시점이며, 각 지역의 호족들은 독자성을 유지하며 군사적 역학관계에 따라 향배를 비교적 자유롭게 결정하던 때였다. 이미 신라 정부의 권위는 무너진 지 오래되었고, 호족들은 城主·將軍을 자칭하고 있었다.

이런 때 문경 지역의 호족으로 추정되는 아질미가 장군을 칭하며 '着紫金魚袋'를 표기하고 있다는 것은 주목할 만한 일이라 생각된다. 비록 비문 찬술 시점과 시차를 두고 작성된 음기라 할지라도 芬皇寺의 釋慧江이 83세에 글씨를 쓰고 刻字까지 맡고 있는 것을 보면, 아질미가 쇠락한 신라에 적대적인 태도를 취하고 있던 인물은 아니었다고 추정된다. 그러나 그는 다른 관직을 붙이고 있지 않고, 漢式의 세련된 이름이 아니라 阿叱彌란 고유한 이름을 그대로 사용하고 있다. 골품을 가진 고위 귀족 출신으로 보기 어려운 행태를 드러내고 있는 것이다. 따라서 그는 현지에서 장군을 칭하며 독립하기 전에 신라 중앙정부에서 정식 관직생활을 잠시나마라도 경험했던 인물로 판단되지는 않는다.

그런 인물이 자신을 수식하기 위해 將軍의 칭호와 함께 着紫金魚袋를 표기한 배경은 무엇일까? 이미 오래 전부터 신라 정치사회에서 어대가 관인의 신분서열을 표시하는 기준으로 인식되어 왔기 때문에 가능했던 일이 아닌가 생각된다. 그가 내세운 紫金魚袋가 신라 정부에서 준 것이 아니라 자칭한 것이라고 해도 마찬가지일 것이다.[57]

실제로 비석이 세워진 것은 924년(경명왕 7)이었다. 따라서 비문이 찬술된 시점과 실제 비석이 건립된 시점은 약 30년 정도의 시차가 있다. 음기는 비석을 세울 때 새긴 것으로, 阿叱彌는 이때에 해당하는 이 지역의 호족이었다.

57) 阿叱彌가 내세운 蘇判이란 관등도 진골귀족들만이 지닐 수 있는 것이었고, 將軍이라는 군직 역시 진골 독점직이었다. 따라서 그가 내세운 官銜들은 자칭한 것이라 보는 것이 자연스러울 듯하다. 어대를 표시할 때도 '賜'가 아니라 '着'이라고 한 점은 그 때문이 아닐까 짐작된다.

어대제가 신라 말기에 널리 확산되어 있지 않았다면 자칭할 필요조
차 느끼지 못했을 것이기 때문이다.

　신라의 어대제는 당과 비슷한 상황, 즉 국왕이 직접 임명하여 부리
는 직책들이 늘어나는 상황을 배경으로 873년(경문왕 13) 이후 884
년(헌강왕 10) 이전의 어느 시기에 성립되었다고 추정된다.[58] 아마
골품제에서 보장된 특권으로부터 벗어나 있었던 부류들을 주된 대상
으로, 당의 관인사회의 위계를 본받아 신라 국왕 주도로 운영하기 시
작했던 것이 아닌가 한다. 다음 사료는 이 점을 생각할 때 시사성 있
는 요소를 제공한다.

　　咸通 6년에 천자께서 攝御史中丞 胡歸厚를 시켜 우리 鄕人으로
　　前進士인 裵匡의 허리에 魚袋를 두르고 머리에 豸冠을 쓰게 하여
　　副使로 삼아 王人 田獻銛과 함께 와서 칙명을 전하기를 …[59]

　「대숭복사비문」은 최치원이 886년(헌강왕 12)에 찬술을 명령받아
896년(진성왕 10)에 완성한 것이다. 함통 6년은 865년(경문왕 5)이다.
배광은 빈공과 출신자로 생각되는데, 당에서 光祿主簿兼監察御史로
있다가 호귀후가 신라 사행에 나설 때 부사로 함께 파견된 인물이었
다.[60] 위에서 인용한 최치원의 문장을 보면, 865년 당시 신라인들에
게 어대를 띤다는 것이 당의 관직을 가진 자들만 누리던 매우 영광
스런 일로 간주되던 듯한 인상을 받는다. 그러면 865년 무렵은 신라
에 어대가 소개되기 시작한 초창기라고 보아도 될까?

---

58) 李賢淑, 1992 앞의 논문, 37쪽
59) "遂於咸通六年 天子使攝御史中丞胡歸厚 以我鄕人前進士裵匡 腰魚頂豸
　　爲輔行 與王人田獻銛 錫命曰…"(「崇福寺碑」『譯註 韓國古代金石文Ⅲ』,
　　255쪽～256쪽)
60) 『삼국사기』 권제11, 신라본기 제11 경문왕 5년

반드시 그렇게만은 보기 어려울 것 같다. 최치원은 865년 당시에 신라에 있었지만 10살이 못된 나이였고, 이 구절은 890년대에 그가 옛 기록을 참고하여 서술한 문장이기 때문이다. 따라서 이 문장 속에서 언급된 내용은 글을 작성하던 시점에 최치원이 갖고 있던 어대에 대한 생각을 드러낸 것이라 생각되기 때문이다. 鄕人, 즉 신라인이 어대를 띤 것은 당 왕조의 권위를 통해 인정받는 지위를 상징하는 것으로, 최치원 역시 그를 자랑스럽게 내세우려는 경향을 보이고 있었다. 「대숭복사비문」의 문장은 이런 분위기를 드러내는 정도로 이해하는 것이 좋을 듯하다.

그러면 이런 분위기는 신라의 현실과는 무관하게, 당으로부터 받은 어대의 상징성으로만 한정되어 있었을까? 앞서 언급했듯이, 최치원이 『계원필경집』 서문(886)에서 내세운 紫金魚袋가 신라 국왕에게 받았던 것임을 상기한다면, 그렇게 한정시켜 볼 수는 없을 듯하다. 9세기 중반 무렵이면 많은 신라 지식인·관인들이 신라와 당을 오가면서 당의 관직과 어대를 띠고 돌아오기도 하였다. 그리고 이 무렵 신라 국왕 직속의 근시직과 문한직이 늘어나면서, 비록 중하급 관직이기는 하지만 국왕이 임의로 임명하는 직책들도 생겨나고 있었다.

당에서 받은 관직과 어대가 신라 관인사회에서도 일정한 신분적 상징성이 공유되면서 받아들여지고, 국왕 주도 하에 신라의 제도로 수용되었던 것으로 짐작된다. 골품제의 운영원리에 입각하여 고위 관직을 특정 신분층이 독점하는 시스템을 그대로 두고서도, 국왕 직속의 중하급 관직자들을 선임하고 그들간의 위계서열을 표시하는 방편으로 적합했기 때문일 것이다.

3. 당 관제 수용의 범위와 의의

신라 말기에 당 관제가 부분적으로 수용되었던 것은, 오랜 기간에 걸쳐 양국간의 평화적 관계가 지속되는 가운데 신라인들이 당 문화를 직접 경험하게 된 것이 기본적인 배경이었다. 신라의 많은 관인·지식인들이 정치사회의 풍토가 다른 당에 가서 수학하고 과거를 치렀고, 그들 중 일부는 비록 고관은 아니었지만 관직생활을 할 수 있었다. 그리고 그 뒤에 신라로 돌아왔다. 이런 경험은 쌓여갔지만, 그것이 신라사회에 영향을 미친 방향과 그 결과는 신라 정치사회의 내부 사정에 따라 달라질 수밖에 없었다.

신라는 골품제라는 폐쇄적 신분제를 기본으로 운영되던 사회였다. 6세기 이후 정비된 집권체제도 궁극적으로는 이 운영원리를 벗어나지 않는 것이었고, 7세기 중반 이후부터 확보된 강력한 국왕 권력도 체제 운영원리 자체를 바꾸어놓지는 못하였다. 이런 가운데 집권체제, 특히 관료제 운영방식에서는 모순이 쌓여가고 있었다. 그 모순은 중앙에서는 비진골과 진골 신분층 사이에서, 그리고 사회 전체로 보면 왕경인과 지방인 사이에서 발생하는 것이었다.

8세기 중반 경덕왕 때 관부 명칭과 군현 명칭을 漢式으로 바꾸고자 했던 시도가 궁극적으로 지향한 바는, 고유한 명칭으로 상징되는 전통적인 정치운영 방식의 변화에 있었다고 할 수 있다. 그러나 결과적으로 이는 실패로 끝났다. 곧이어 신라 정치사회는 극심한 왕위 쟁탈전을 겪어야 했고, 그 와중에 지방사회에 대한 통제력은 서서히 약화되어 갔다.

그러면서도 얼마간의 개선 노력이 뒤따르기도 했다. 원성왕이 왕위 쟁탈전에서 승리한 뒤 788년(원성왕 4)에 시행한 독서삼품과는 관료제 운영에 변화를 주려는 시도로 보인다. 그러나 이것이 관료를 충원하는 메커니즘에 본질적인 변화를 가져오지는 못했던 것으로 생각된다. 이 무렵의 상황을 보여주는 것이 다음 이야기이다.

　… 목수가 집을 지을 때, 큰 재목으로 들보와 기둥을 만들고 작은
것은 서까래와 부연을 만들어, 굽은 것과 바른 것을 각각 제자리에
놓은 후에야 큰 집이 이루어지는 것입니다.
　옛날 어진 재상이 政事를 처리하는 것이 어찌 이와 달랐겠습니
까? 재능이 큰 자를 高位에 앉히고 작은 자에게 가벼운 임무를 주
면, 안으로 六官·百執事와 밖으로 方伯·連率·郡守·縣令에 이
르기까지 조정에 빈 職位가 없고 職位마다 부적절한 경우가 없이
위아래가 정해졌고 賢者와 不肖子가 구분되었으며, 그런 뒤에 王
政이 이루어졌습니다.
　지금은 그렇지 못합니다. 私에 끌려서 公이 사라지고 사람을 위
해 官職을 택합니다. 좋아하면 재목이 아닌데도 높은 자리로 보내
려 하고, 싫어하면 능력이 있어도 도랑에 빠트리려 합니다. 取捨에
마음이 혼란스럽고 是非에 뜻이 어지러우니 國事가 혼탁해질 뿐아
니라 그 일을 처리하는 사람 또한 피로하여 병이 나는 것입니다.
…61) (『삼국사기』 권제45, 열전 제5 祿眞傳)

이는 822년(헌덕왕 14)에 忠恭 角干이 上大等이 되어 내외 관료들
의 인사를 銓衡하다가 병이 들자 녹진이 찾아가서 조언한 내용의 일
부이다. 여기서는 당시 관료 임용의 난맥상이 추상적인 표현을 통해
드러나고 있다. 이어진 기록에 따르면 충공은 이 말을 듣고 기뻐하며
왕에게 보고하였고, 후에 흥덕왕이 되는 태자(金秀宗)까지 '아름다운

---

61) "彼梓人之爲室也 材大者爲梁柱 小者爲椽榱 偃者植者各安所施 然後 大
廈成焉 古者 賢宰相之爲政也 又何異焉 才巨者置之高位 小者授之薄任
內則六官·百執事 外則方伯·連率·郡守·縣令 朝無闕位 位無非人 上
下定矣 賢不肖分矣 然後 王政成焉 今則不然 徇私而滅公 爲人而擇官 愛
之則雖不材 擬送於雲霄 憎之則雖有能 圖陷於溝壑 取捨混其心 是非亂
其志 則不獨國事涸濁 而爲之者 亦勞且病矣…"

일’이라 축하하였다고 한다. 그러나 관료 임용의 난맥상은 이후에도 개선된 것으로 판단되지는 않는다.

그런 가운데 왕위 쟁탈전으로 인한 갈등과 지방사회의 불만이 뒤섞여 표출된 것이 같은 해에 발생한 金憲昌의 반란이었다. 기왕의 반란은 왕경을 중심으로 한 권력 쟁탈전의 양상을 띠는 데 그쳤으나 김헌창의 반란은 신라라는 국호를 버리고 長安이라는 새 국호를 내세우는 한편, 慶雲이라는 독자 연호를 채택하는 새로운 양상이었다.[62] 그런데 더욱 주목되는 것은, 이 반란의 와중에서 표출된 지방사회의 움직임이라 할 수 있다. 즉 처음 김헌창이 반란을 일으키고 주변 군현을 포섭해 갈 때, 여기에 호응하는 지역이 매우 많았다는 것이다. 菁州都督 向榮은 몸을 빼어 推火郡으로 도망갔다고 한다. 다른 군현들처럼 ‘擧兵自守’할 여건도 되지 못했기 때문일 것인데, 지방사회의 분위기가 都督을 위협하면서 반란에 가담하는 쪽으로 흐르고 있었던 것으로 추정된다. 이는 당시의 신라 지방사회가 왕경인과의 차별 속에서 쌓아가던 불만을 표출한 데 지나지 않는 것이라 생각된다.

김헌창의 반란을 진압하는 데 출전하여 공을 세웠던 녹진은 왕이 大阿湌의 관등을 주었으나 받지 않았다고 한다.[63] 자신의 건의를 제대로 받아들여 실행하지 않는 데 대한 불만의 표현이었다고 추정된다. 녹진의 아버지는 일길찬을 지낸 것으로 보아 진골귀족 출신은 아니었다고 판단되는데, 진골만이 받을 수 있는 대아찬의 관등은 파격적인 것이었지만 녹진은 거절했던 것이다.

어쨌든 김헌창의 반란은 진압되었지만, 이를 계기로 신라 중앙정부의 지방사회에 대한 통제력은 현저히 약화되었다. 서남해안의 해

---

62) 『삼국사기』 권제10, 신라본기 제10 헌덕왕 14년

63) “後 熊川州都督憲昌反叛 王擧兵討之 祿眞從事有功 王授位大阿湌 辭不受”(『삼국사기』 권45, 열전 제5 祿眞傳)

적 행위를 방지하는 데도 장보고와 같은 지방 武將 세력에게 군사
징발권을 주어 鎭 설치를 위임할 수밖에 없었다.[64] 그리고 중앙정부
내에서 다시 권력 쟁탈전이 일어났을 때, 패배한 세력들이 장보고의
무력에 의존하여 재기를 도모하는 상황이었다. 이렇게 하여 왕위에
오른 신무왕은 기존의 전통에서 파격을 단행할 수밖에 없었다.

> 淸海鎭大使 弓福을 感義軍使로 삼고 食實封 2천호를 내렸다.
> (『삼국사기』 권제10, 신라본기 제10 신무왕 원년)
> 8월에 죄인을 크게 사면하였다. 教를 내리기를 "청해진대사 궁복
> 은 일찍이 군사로써 神考를 도와 先朝의 巨賊을 멸했으니 그 功烈
> 을 어찌 잊을 것인가?" 하고 鎭海將軍으로 삼고 아울러 章服을 내
> 려주었다.[65] (위의 책, 신라본기 제11 문성왕 원년)

즉 신무왕은 즉위 직후에 장보고를 감의군사로 삼고 식읍 2천호를
내려주었다.[66] 정식 職制가 아니라 '使'라는 임시직을 유지한 것은
장보고가 이미 갖고 있는 '大使'와 같지만, 식읍을 내려주는 것은 일
종의 책봉을 뜻하는 것으로 진골귀족 위주로 취해지던 조치였다.[67]
당시 장보고에게 開府의 권한까지 함께 주어졌는지는 확인할 수 없
지만, 일개 지방 출신의 武將에게 주어진 대우로는 파격적인 조치였
다.
또 뒤이어 문성왕의 즉위와 함께 장보고는 진해장군에 임명되었
고, 章服을 하사받았다. 이 역시 정식 직제에는 없는 것이었지만, 장

---

64) 『삼국사기』 권제10, 신라본기 제10 흥덕왕 3년
65) "八月 大赦 教曰 淸海鎭大使弓福 嘗以兵助神考 滅先朝之巨賊 其功烈可
　　忘耶 乃拜爲鎭海將軍 兼賜章服"
66) "封淸海鎭大使弓福爲感義軍使 食實封二千戶"
67) 신라 통일기 진골의 受封과 식읍에 관해서는 徐毅植, 1996「新羅統一期의
　　開府와 眞骨의 受封」『歷史敎育』 59 참조.

군이라는 군직 자체가 골품제 하의 신라에서는 진골 독점직이었음을 감안하면 파격적인 조치였음은 물론이다. 여기에 문성왕은 章服까지 하사하였다. 이 때 章服이란 진골 신분 장군이 착용하는 公服을 뜻하는 것으로 짐작된다. 장보고는 진골귀족에 비견되는 대우를 받았던 것이다.

納妃를 통해 중앙 정계로 진출하려 했던 장보고는 진골귀족들의 반발에 부딪혀 좌절을 겪어야 했고, 곧 암살되고 말았다. 그러나 이 무렵이면 신라사회가 오랜 권력 쟁탈전을 거치며 전통적인 골품제의 운영기준에까지 파격적인 예외를 둘 수 있을 정도로 바뀌고 있었던 흔적이라고 생각된다. 물론 이는 양면성을 지닌다. 장보고의 실패는, 여전히 진골귀족들이 기득권을 포기하지 않았고 골품에 따른 체제 운영원리도 개방될 정도는 아니었음을 보여주는 사례이기도 하기 때문이다.

경덕왕 때 잠시 개정되었다가 포기된 관부명들이 본격적으로 다시 발견되기 시작하는 것은 김헌창의 난과 장보고의 몰락을 거친 직후인 경문왕대부터이다. 앞서도 언급했듯이, 당 관제의 수용이 이루어지기까지는 단순히 唐 官制에 대한 지식이 전수된 것이 아니라, 그것을 직접 체험하고 돌아온 많은 인간들이 존재한 것이 가장 중요한 요인으로 작용하였을 것이다. 정기적 또는 부정기적으로 사신이 오가면서 상대방 사정을 傳言하는 정도라면, 양측의 사정이 상대 사회 내부에 미칠 영향도 매우 제한적일 수밖에 없다. 그러나 통일기의 나당관계는 그렇지 않았다. 고급 지식인들이 당에 파견되어 장기 체류하면서 당의 정치사회를 접하며 생활하다가 돌아와서 관인 생활을 계속하였던 것이다. 그들은 당에서 받은 문산계를 신라에서도 여전히 내세우며 사용하고 있었다.

이런 상황 속에서 국왕 근시기구와 문한기구의 비중이 두드러지게 나타나기 시작하였다. 이러한 현상이 갖는 의미에 대해서, 신라 통일기의 후반에 이르면 執事省이 국왕 직속의 행정기관적 성격으로부터 변질되어 새로운 관부가 필요했다고 이해하는 것이 일반적이다. 그 필요성은 왕권 회복기에 해당하는 9세기 중엽에 더하였을 것이며, 이에 따라 종래 국왕의 비서기관이던 洗宅을 다시 中事省으로 개명하면서 일종의 '內朝'를 형성하는 데 있어 중추적 역할을 담당하게 하였다는 것이다. 이 內朝의 領袖는 국왕 자신으로서, 국왕은 中事省을 통하여 측근의 관료집단을 형성하고, 이제는 外廷이 된 執事省의 실권을 점차 여기에 흡수해갔던 것이 아닌가 하는 해석[68]이다.

그런데 기존의 연구 자체에서도 지적되듯이, 中事省이나 宣敎省 등이 당의 三省制를 연상케 하는 측면이 있지만, 그 자체 小府에 불과했던 것으로 추측되는 것이 난점이다.[69] 따라서 조금 시각을 달리해서 바라볼 필요도 있을 것으로 생각된다.

9세기 중엽 이후에 국왕 근시기구와 문한기구의 활동이 더러 발견되는 것은 사실이다. 그러나 6~7세기 이래 정비된 신라의 전통적인 중앙관부들이 차지하고 있던 정치적 비중이 현저히 줄어들고 있다는 뚜렷한 증거를 찾기는 어렵다. 兵部나 執事省, 倉部도 여전히 그 기능을 수행하고 있었다고 생각되며, 상대등도 거의 빠짐없이 선임되고 있다. 따라서 국왕은 일종의 內朝에 의존하면서 명실상부한 '신라 국왕'으로서의 역할을 상대화시키는 과정에 있지는 않았는가 하는 측면도 생각해 볼 필요가 있을 것 같다. 신라 진골귀족들이 식읍을 받으면서 立府를 허용받고 있었다는 점은 이미 지적된 바이다.[70]

이런 관점에서 본다면, 洗宅 즉 中事省이 국왕 직속으로도 존재하고, 東宮官으로도 함께 존재한다는 것은, 東宮에 立府했다는 것을

---

68) 李基東, 1984 앞의 책, 242쪽 참조.
69) 李基東, 1984 앞의 책, 243쪽 참조.
70) 徐毅植, 1996 앞의 논문

의미하는 것으로 생각된다. 그리고 진골귀족들의 府가 公的인 차원에서 인정되었다면, 그 자체 국왕 직속의 관부를 상대화할 수 있는 소지를 내포하게 되는 것이 아닌가 한다. 즉 국가 기관과 국왕의 內朝 즉 일종의 '王府'가 분립을 강화하는 가운데, 王府를 중심으로 추진된 것이 당 관제의 수용이 아니었을까 하는 것이다. 따라서 신라 말기 당 관제의 수용이 갖는 의미는 그 범위를 한정하여 의미를 부여하는 것이 바르지 않나 판단된다.

물론 이렇게 생각하더라도 실제 왕조국가에서 '王府'와 국가 기관의 경계를 명확히 하기란 어려운 일이다. 그러한 상황을 보여주는 것이 다음 사례가 아닌가 한다. 앞서와 중복되지만 인용하면 다음과 같다.

　專知修造官 洗宅 大奈末 行西林郡太守 金梁博 (「昌林寺無垢淨光塔誌」)
　崇文臺郎 兼 春宮中事省 臣 姚克一 (「皇龍寺刹柱本記」)

즉 855년(문성왕 17)에 창림사 탑을 세울 때, 공사를 담당할 임시 관직은 行西林郡太守임과 동시에 洗宅 소속이기도 했던 金梁博이 맡았다. 그리고 872년(경문왕 12) 황룡사목탑을 대대적으로 보수하고 찰주본기를 작성할 때 글씨를 썼던 姚克一은 국왕에 직속한 崇文臺의 郎인 동시에 東宮(春宮) 中事省에도 소속되어 있었다. 요극일의 경우는 문한직에 종사하던 관인들이 국왕 직속의 관부와 동궁관을 겸하여 활동하고 있었던 사례라 할 수 있다. 이는 '王府'와 '太子府'라는 형태로 府의 형식상 別立을 전제하면서도 국왕 산하에 문한직 종사자들을 적극 배치하고 있었던 실정을 반영하는 것으로 생각된다.

또 하나 주목할 만한 것은, 「창림사무구정광탑지」에 보이는 金梁

博의 소속과 관직이다. '洗宅 大奈末 行西林郡太守'에서 洗宅을 제일 먼저 적은 것은, 그가 세택 소속임을 밝힌 부분으로 생각된다. 그런데 직관지에서는 洗宅에 소속된 관직으로 大舍 8인, 從舍知 2인을 적어두었다. 따라서 두 번째로 적은 대나마는 金梁博의 관등인 것이다. 다음 行西林郡太守는 그가 현재 맡고 있는 관직이다.[71] 이렇게 보면, 行西林郡太守라는 외관직을 띤 사람의 소속을 왜 굳이 洗宅이라고 첫머리에 밝혀두어야 했는지 의문이 생겨난다. 흔히 보이는 겸직이라고 생각하기에는 洗宅 내의 관직이 없고, 또 西林郡의 거리가 너무 멀기 때문에[72] 무리가 있다.

여기에 대해서는 여러 가지 가능성을 생각해 볼 수 있을 것이다. 그러나 복잡한 추정을 일단 제외하고서, 일종의 '王府' 소속의 관인들이 구분되고 있었던 흔적의 하나로 생각해도 큰 무리는 없지 않을까 한다. 따라서 신라 말기의 관제에서 보이는 당 관제의 영향, 특히 문한기구와 근시기구는 일종의 王府에 설치된 것이었다고 추정된다. 그리고 문산계와 어대제도 골품제의 원리와 별도의 범주로 설정된 王府 소속 관인들에게 적용되는 것이 아니었겠는가 하는 가정을 해 볼 수 있을 것이다.

신라 말에 도입된 당 관제는 지배체제 전반에 혁신을 가져 오지는 못한 것이 된다. 그러나 비록 한정된 범주에서 운영된 것일지라도 그 경험은 신라 말을 거쳐 후삼국으로, 다시 고려 통일 이후로 傳授되어 정착되어갔으리라 생각된다. 고려가 후삼국을 통일하고 체제를 정비하는 과정에서 이미 멸망한 당의 三省制를 모범으로 삼아 중앙 관제를 정비하고 관료의 위계서열에 표시하는 문산계와 어대제를 자연스럽게 시행할 수 있었던 것은 이러한 역사적 맥락에서 이해할 수

---

71) 신라 말기에 나타나는 行守職에 대해서도 별도의 고찰이 이루어져야 하지만 자료가 극히 한정되어 있어 여기서 다루지는 못했다.

72) 西林郡은 지금의 충남 서천 일대였다(『삼국사기』 권제36, 志 제5 지리3).

있으리라 생각된다.

　신라 말기에 보이는 관제상의 새로운 양상은 당 관제의 영향을 받으며 나타난 것이었다. 당의 문산계가 신라에 도입되었을 가능성이 크고, 어대제 역시 수용되고 있었다고 생각된다. 국왕 직속의 문한기구와 근시기구가 여럿 늘어나고 있었던 것도 마찬가지였다.

　종래 이에 대해서는 국왕의 권한을 강화하려 했다거나, 또는 중세적 측근정치를 지향한 움직임으로 해석해왔다. 그러나 당 관제가 수용되어 신라 정치사회에 새로운 양상이 나타날 무렵에는 귀족들의 立府와 受封도 함께 행해지고 있었다. 이러한 현상은 국왕이 직접 관장하는 王官·王府를 상대화하는 결과를 가져왔으리라고 생각된다.

　신라 국왕은 마치 天子와 같은 지위에서 진골귀족들을 책봉하고 있었지만, 실제로는 왕실 자체가 상대화되면서 축소되고 있었다는 역설이 존재하였던 것이다. 국왕이 자신이 속한 집단을 대표하면서 가신을 거느린 한편으로 다른 세력가들도 가신을 거느리고 있었던, 이사금 시기와 외형상으로 비슷한 상황이 다시 나타나고 있었던 것이 아닌가 한다. 그러나 이는 외형상의 유사성일 뿐이지 과거로의 회귀가 아니었다. 다만, 이런 외형상의 유사성이 나타날 수밖에 없는 배경으로, 집권체제 성립기에 배태한 지배구조와 신분제가 놓여 있었다는 점을 지적해 둘 필요는 있겠다.

　골품제와 별도의 기준이 적용되는 위계서열 표시가 국왕을 중심으로 한 관인조직에서 운영되었다는 것은, 비록 상대화되어 축소된 王府를 중심으로 한 것일지라도 중요한 의미를 갖는 것이었다고 생각된다. 이런 관인집단의 존재는 어항 속의 물고기처럼 일정한 범주로 한정되어 있었지만, 오랜 신라사회의 전통에 비추어 본다면 새로운 양상이었음은 분명하다. 그 역사적 기억들이 후삼국을 거쳐 고려로 이어졌기 때문에, 고려 왕조가 지배체제를 정비하면서 문산계와 어대제를 자연스럽게 받아들일 수 있었을 뿐 아니라 국왕을 황제라고 칭할 수 있었으리라 생각된다.

맺음말

한 왕조가 1천년에 가까운 시간을 지속하는 경우는 유례를 찾기 어려운 경우임이 분명하다. 신라가 바로 그 보기 드문 경우에 속한다. 물론 오랜 기간 동안 아무런 변화 없이 지속했던 것은 아니었고, 조그마한 정치체로부터 출발하여 영토를 넓혀가는 과정에서 주변 상황의 변화와 함께 스스로를 바꾸면서 발전해갔다.

지금까지 이루어진 많은 연구들은 신라 국가의 발전과정에 보이는 변화에 주목하여 역사적 의미를 부여하려고 했다고 생각된다. 그러나 바뀌는 것이 있는 한편으로 그렇지 않고 남아 있는, 오래 지속되는 요소들도 있기 마련일 것이다. 이 책에서는 신라 지배체제의 변천 과정을 주로 6세기를 전후한 시기에 초점을 맞추어 비교하면서 살피려 했는데, 변화가 더디고 강고하게 유지된 측면도 함께 염두에 두고자 하였다.

6세기 무렵을 신라가 중앙 집권적인 지배체제를 갖추어가기 시작한 때로 이해하는 것은, 학계 내부에서 오래 전부터 대략 동의를 얻고 있는 방향이라고 판단된다. 이 책의 연구 시각 또한 이 방향과 다르지 않다. 이를 바탕으로 하면서, 신라 국가가 집권체제를 정비해나가는 과정을 크게 두 가지 측면으로 나누어 살펴보고, 또 통일 이후의 지배체제가 갖는 특징에 대해서도 짚어보았다.

신라가 집권체제를 정비하는 과정은 두 가지 측면에서 진행되었다. 하나는 당초 사로국을 구성하고 있었던 독립적인 세력들을 신라 국왕을 정점으로 한 위계서열 체계 아래 편제하는 것이었다. 이 점을 경위의 기원과 제도화 과정을 통해 살펴보았다.

경위제의 기원을 알아보기 위해 먼저 관련 사료의 문제점과 함께 사료 가치를 따져보았다. 그 결과 과거 일본인 연구자들이 신라 경위제의 성립을 생각하는 기준으로 간주해왔던 『양서』 신라전의 경위 관련 내용은 정보의 부정확성뿐만 아니라 기록 자체의 누락과 誤記가 발견되는 등, 신라 경위의 성립 과정을 파악하는 데 적당한 사료가 아니라고 판단하였다. 『양서』 신라전에 실린 5개의 경위는 6세기 전반 법흥왕 때 실재하던 경위의 전부가 아니었다. 경위 하층부 곧 경위 非干群은 양 나라측이나 신라 使臣 모두에게 그다지 중요하지 않았기 때문에 실리지 않았다.

따라서 『양서』 신라전을 기준으로 신라 17등 경위가 단계적인 성립 과정을 밟았다거나, 干群 경위가 먼저 생겨난 뒤에 그 아래 경위가 만들어지는 하향적 성립 과정을 거쳤다는 가정은 설득력이 약하다고 생각된다. 그러면 나머지 사료로는 『삼국사기』가 남는다. 『삼국사기』 초기 기사들은 연도가 혼란스럽고 王位系譜도 많은 문제를 안고 있다. 유리이사금 9년에 17등 경위가 일괄 제정되었다는 기사도 그대로 받아들이기는 어렵다. 따라서 『삼국사기』 초기 기사에 나오는 경위 관련 부분을 검토해보았다.

그 결과, 『삼국사기』에 사용된 경위 명칭과 경위 소지자들의 활동은 『삼국사기』 편찬 당시에 일괄해서 손질되거나 의도적으로 표현이 바뀐 경우가 거의 없다고 생각되었다. 경위 명칭이 손질된 경우도 적고, 架空의 인물이 띤 직함을 후대의 경위 명칭에 덧쐰운 흔적도 찾기 어려웠다. 따라서 신라본기 초기 기록에 자주 나타나는 경위 명칭과 경위 소지자의 활동은 얼마간의 연도 혼란을 감안해도 대체적인 경향성이라는 안목에서는 사실을 일정하게 반영하는 것으로 볼 수 있었다. 이러한 판단을 바탕으로 경위의 기원을 사로국 내부에서 찾아보았다.

사로국은 독립성이 강한 여러 세력들이 연합한 형태로 출발하였다. 경위의 기원은 이런 세력들이 갖고 있던 고유한 位號에 있었다. 이들 가운데서 세력이 큰 존재는 자신이 속한 집단 안에서 '王' 또는 '國王'으로도 불릴 만큼 독립성이 강했는데, 伊湌은 이러한 대세력들의 고유한 위호였다. 이사금은 이들과 적절히 연합하거나, 혹은 그들 간의 갈등을 조정하면서 사로국 전체를 대표하였다. 그 과정에서 이사금과 협력관계를 바탕으로 새롭게 생겨난 위호가 伊伐湌이었다. 이벌찬·이찬의 위호를 지닌 대세력들은 중소 세력을 부속시키고 이들을 '諸侯'라고도 부르고 있었다.

이렇게 경위 간군 상층부는 사로국을 구성한 독립적인 대세력, 그리고 하층부는 대세력에 부속한 중소세력의 위호에 기원을 두고 있었다고 생각된다. 다만 迊湌만은 원신라계 세력이 지니고 있던 위호로 보기는 어렵다. 아마 일찍이 사로국에 복속한 歃良 지역의 대수장에게 부여되어 사용되다가, 경위제가 성립할 무렵에 17등 경위 중 제3등급으로 정착한 것으로 추정된다.

한편 경위 非干群은 대세력이 거느린 家臣의 명칭에 기원을 둔 것으로 추정된다. 가신은 하급 실무를 맡은 부류와, 주군의 호위를 비롯한 전투 업무에 주로 종사한 부류로 나누어볼 수가 있다. 奈麻·舍知 등은 전자에, 吉士 등은 후자에 비정할 수 있지 않을까 생각해보았다.

이렇게 보면 신라 경위가 단계적으로 성립했다거나, 상층부에서 하층부로 필요에 따라 하나씩 늘어나는 하향적인 성립 과정을 밟았다고 보기도 어려울 듯하다. 대세력의 위호 또는 가신의 명칭이었던 만큼, 집단 내부에서는 일정한 서열을 이미 갖고 있었다고 생각된다. 그리고 다원적인 상태에서 동시에 존재했을 것으로 추정된다. 다만 大奈麻처럼 '大'자가 붙은 관등들은 경위가 일원화되는 가운데 새로 생겨난 것으로 보는 것이 자연스러울 것이다.

다원적인 위호 서열은 마립간 시기를 거치며 일원화되었다. 이는 전반적인 지배체제의 정비와 짝하여 진행되었다. 특히 군사적인 면에서는 비교적 일찍부터 이사금을 중심으로 통수권의 일원화가 진행되고 있었다고 생각된다. 그리고 마립간 시기에 들면 여타 부문에서도 국가적 직무를 맡는 자에 대한 마립간의 임면권은 강화되고 있었다. 김씨 집단에서 마립간위를 독점하게 되면서 이런 경향은 더욱 강화되고, 다원적인 서열체계가 일원화되는 과정을 밟아갔을 것으로 생각된다.

경위제가 확고히 정착한 것은 6세기 전반에 들어서였다. 법흥왕 7년(520)의 율령 반포 때 경위제도 법제화되었으리라 생각된다. 냉수비(503)에 나오는 경위 소지자들을 분석해보면, 6세기 초까지만 해도 국정 운영에 참여하는 세력들의 개인적인 서열에 앞서 소속 部가 우선시되는 모습이 나타난다. 그러나 율령 반포 이후인 봉평비 단계가 되면 경위 자체가 개인의 서열을 나타내는 기준으로 완전히 정착했음을 알 수 있다.

다만 경위가 제도로 정착했다고 해서 기존의 여러 세력들이 국왕의 임면권에 좌우되는 관료로 편제된 것은 아니었다고 판단된다. 오랫동안 전통적인 자기 기반을 가지고 있던 세력들은 중앙 정부의 귀족으로 자리잡았고, 그 지위가 제도로 뒷받침되고 있었다. 이렇게 모습을 드러낸 존재들이 신라의 '大等'이었다. 이들은 경위를 얻고 승진하는 데도 특권을 갖고 있었고, 때로는 낮은 경위를 지니고서도 신분적인 특권에 따라 국정 운영의 핵심에 참여할 자격을 지녔다. 경위제는 신라 관료제를 운영하는 유일한 기준이 되지 못했던 것이다.

이렇게 기존의 특권 세력들이 관료로 전락하지 않고 스스로의 지위를 大等으로 제도화시켰다는 점에 신라의 집권적 지배체제가 갖는 특징이 있다고 생각된다. 신라 관료제에서 경위와 관직의 관계를 보면, 후대처럼 특정 관직이 일정한 관품과 대응하지 않고 특정 관직에 취임할 수 있는 자격이 여러 경위에 걸치도록 규정되고 있었다. 이는 낮은 관등 소지자가 개인적 능력을 바탕으로 중요한 직책을 수행할 수 있게끔 하기 위해서라기보다는, 고위 신분층이 정치적 경륜과 관계없이 높은 관직에 취임할 수 있도록 하기 위한 제도적 장치로 생각된다.

경위제의 이런 속성을 조금 더 알아보기 위하여 신라인 스스로가 경위를 爵이라고 표현한 배경을 짚어보았다. 중국의 제도에서 爵은 관직 또는 관품과 연관되기는 하지만 별개의 제도였다. 그런데도 신라인들이 관등을 爵이라고도 표현한 것은, 단순히 한자를 편의적으로 차용한 결과만은 아니었다고 생각된다.

다원적인 상태에서 독립적으로 존재하던 세력들을 일원적 서열체계로 묶은 것이 경위였고, 고위 경위 소지자들은 신분을 세습하고 있었다. 이런 존재들과 신라 국왕의 관계는, 얼핏 외형상 중국의 천자와 제후의 관계를 방불케 하는 측면이 있었다. 이런 배경 아래서 경위를 爵이라고 표현하는 것이 가능했다고 생각된다. 신라 관료제 운영에서 녹봉에만 의존하지 않고 수조권을 분급해주는 제도를 두었고, 이것이 귀족들의 경제기반에서 중요한 비중을 차지한 배경도 마찬가지로 생각해볼 여지가 있을 것이다.

한편 집권적 지배체제의 정비과정에서 살펴볼 또 다른 측면은 확대된 영역을 구획·편제하고 지방인을 포섭하는 것이었다. 이 책에서는 신라 지배층의 관념형태, 지방민을 바라보는 자세로부터 이 문제를 짚어보았다.

　냉수비와 봉평비에 따르면, 당시 왕경 지배층의 관념 속에서는 '신라'라는 것은 지금의 경주 일원만을 의미하였다. 영일이나 울진 지역의 주민을 자국민으로 간주하는 의식이 희박하였던 것이다. 이러한 배타적 지방민관은 사로국이 여러 소국들과 병존하던 상태에 연원을 두고 있었다.

　그러나 6세기 초가 되면 신라는 소국들과 병존하던 상태를 벗어난 지 오래였고, 영일이나 울진 지역을 영토로 구획하여 지방 지배 단위를 설정하고 지방관을 파견하기 시작한지도 짧지 않은 기간이 지난 시점이었다. 이렇게 현실이 예전과 달라져 있었음에도 불구하고 배타적 관념이 잔존할 수 있었던 데는 여러 가지 이유가 있으리라 생각된다. 신라는 주변 소국들을 복속시킨 뒤에도 오랜 기간 해당 지역에 지방관을 보내어 상주시키지 못하고 현지 수장의 자치를 보장하며 간접통치하였다. 이런 상태에서는 상호간 동질적인 인식을 갖기 어려웠을 것이다.

　또한 신라는 통합된 소국의 수장층 중 극히 일부만을 왕경으로 이주시켜 지배층에 편입시켰다. 그럼으로써 정복과 복속의 주체였던 원신라인의 정체성을 유지하며 권력을 배타적으로 독점했던 것이다. 따라서 왕경 지배층이 지방민에 대해 가지는 특권의식, 배타성이 상대적으로 강하였다고 생각된다.

　현실의 변화에 따라 이러한 의식도 조금씩 바뀌어나갈 수밖에 없었다. 고구려·백제와 대립이 격화되면서 전면적인 대응이 요구되었다. 5세기 후반부터 기존의 복속지에 지방관을 파견하기 시작했던 것으로 추정되고, 6세기에 들어 주군제를 시행하였다. 그리고 고구려·백제로부터 새로 편입한 영토와 주민이 늘어나고 있었다. 이즈음 왕경 지배층은 지방민을 자국민으로 간주하기 시작하였다. 진흥왕순수비 등에서 그 구체적인 흔적을 찾아볼 수 있었다. 새로 편입된 주민들을 신라의 백성으로 간주하면서 '賞爵'을 내릴 대상으로 여겼고, 지방민들 또한 신라를 자국으로 인식하고 있었음이 확인된다.

왕경 지배층은 지방의 유력자를 체제 내에 포섭하기 위하여 그들에게도 관등을 수여하기 시작하였다. 단 그것은 왕경인에게 적용되는 경위와 다른 별도의 외위제였다. 지방인을 자국민으로 대우하는 조치를 취하면서도 여전히 원신라인과 구별을 두었던 것이다. 이점이 신라 집권체제가 갖는 또 하나의 특징이었다.

외위에 대해서는 초기 연구에서 오해가 빚어지기도 했는데, 그것은 『삼국사기』 직관지 외위조가 갖는 문제점들 때문이었다. 이를 검토한 결과, 『삼국사기』 편찬자들은 外官과 外位를 혼동하고 있었던 결과였고, 문무왕 14년(674)에 진골 귀족들을 지방으로 분산시키면서 따로 官名을 칭하게 한 것이 외위라고 한 것도 착오라고 판단하였다. 따라서 외위를 분석하는 데는 금석문이 가장 중요한 비중을 차지하므로, 외위의 정비를 살펴볼 때는 주로 금석문을 추적하는 방식을 취하였다.

외위제는 경위가 일원화되어 제도로 성립하는 것과 거의 동시에 중앙 정부에서 일괄 제정한 것으로 생각된다. 이 또한 법흥왕의 율령 반포 때가 아닌가 한다. 그러나 처음 제정된 외위는 下干(支) 이하 阿尺까지 5등급으로 이루어진 것으로 추정된다. 그 최고 등급의 명칭이 하간(지)이었던 것은, 왕경의 일부 部의 대표자가 여전히 유지하던 전통적인 칭호인 干支와 격을 달리하기 위해서였다.

지방민에 대한 우대와 차별이라는 상충되는 속성을 동시에 갖고 있었던 만큼, 당초의 외위제는 시간이 흐름에 따라 변화를 겪을 수밖에 없었다. 일단 5등급으로 제정된 이후, 신라의 영토가 급속히 확대되면서 새로운 주민들이 대폭 늘어나자 외위는 필요에 따라 하나씩 증설되었다. 上干, 撰干, 貴干, 高干 등 한자식으로 붙여진 干群 외위들은 이렇게 상향적으로 증설된 것으로 생각된다. 외위 증설이 한계를 보이기 시작한 것은 高干부터였고, 이후 다시 고유어로 迸干이 생겨나고 최고를 뜻하는 嶽干까지 증설될 무렵이면 지방인에게도 경위가 주어지기 시작하였다.

신라의 지방민은 골품을 지니지 못하고 그에 준하는 대우를 받았다. 따라서 경위와 달리 외위의 수여 기준은 해당 지역의 정치적·전략적 중요도와 함께, 지방 유력자가 촌락사회 내에서 갖는 영향력에 있었다. 그 영향력은 일차적으로 그의 사회경제적 지위에 좌우되었을 것으로 생각된다. 그러나 일단 수여받은 외위는 지방사회 내에서 개인의 신분·지위를 나타내는 표지의 기능도 함께 발휘하였다.

신라는 국가에 대한 공헌도에 따라 외위를 새로 수여하거나 기존의 외위를 승급시켜주는 한편, 많은 곡물을 내려주기도 하였다. 이는 지방 유력자 상호간의 경쟁을 유발하였다. 또 외위제가 일단 정비된 이후, 지방 촌락사회에서 외위를 수여받는 자들의 수는 크게 증대하고 있었다. 이러한 배경 하에서 지방민의 신라 국가에 대한 귀속감, 즉 국가의식도 높아질 수 있었다. 신라 지배체제의 정비과정에서 외위제가 갖는 의의의 하나를 이러한 측면에서 찾을 수 있을 것으로 생각된다.

7세기에 들어서 지방민에게도 경위가 확대 수여되기 시작하면서 외위는 서서히 소멸되었다. 그러나 백제 멸망 이후 673년에 그 유민들을 포섭할 때 일부에게는 다시 외위를 주었는데, 7세기 후반까지도 이때까지도 외위는 제도로서 유지되고 있었던 흔적이라 생각된다. 이처럼 신라 왕경 지배층이 지배체제를 개방해가는 과정은 매우 더디고 점진적인 것이었다.

당초 외위를 따로 설정한 것 자체가 왕경 지배층의 폐쇄성에 기인한 것이었고, 외위의 증설과 소멸에 이르는 과정은 현실의 변화에 따른 것이었다. 그러나 지방인이 더러 경위를 지니게 되는 통일 이후에도 이들이 중앙 정부에 진출하여 관료 생활을 한 경우는 없었다. 신라의 집권체제는 지방인에 대한 왕경인의 우위, 다시 왕경인 내부에서도 진골 귀족의 권력 독점을 보장하는 방향에서 성립되어 그를 바탕으로 운영되었던 것이다. 성립기의 신라 집권체제가 갖는 성격은 이와 같았다.

그러면 통일 이후의 신라 지배체제, 좀 좁게 보면 정치체제는 6세기 무렵과 비교하여 구조적인 변화가 있었을까가 문제가 된다. 관료제 운영방식이란 측면에서 보면 기본 원리에 변화가 있었다고는 판단되지 않는다. 신라의 경우에는 6세기 말부터 중앙의 관부나 관직이 본격적으로 분화·독립하기 이전에 이미 골품제가 정치체제의 운영원리로 자리잡고 있었다. 이후 발달한 관료제는 골품제를 부정한 것이 아니라 그를 바탕으로 운영되었다.

따라서 통일 이후 문무왕·신문왕 때 강력한 국왕권이 행사된 것은 장기간의 총력전 상태 아래서 극도의 군사적 긴장이 유지되는 가운데 이루어진 일시적인 현상이라고 판단된다. 귀족들의 특권이 여전히 제도로 보장되고 있는 가운데, 관료제를 기반으로 한 '전제적'인 국왕권은 구조적으로 탄생할 수 없었던 것이다. 따라서 통일 이후의 신라 지배체제도, 몇 가지 현상적인 변화에도 불구하고 권력구조상 그 이전과 연속선상에서 파악하는 것이 타당할 것이다. 더구나 통일 이후 신라 국왕권력을 '전제왕권'이라 부르는 것은, 그 개념 자체도 문제가 있을 뿐 아니라 신라를 대상으로 적용하기 어려운 만큼 신중할 필요가 있다고 생각된다.

이 책에서는 신라 말기의 官制에 나타나는 새로운 양상에 대해서도 시론적인 검토를 해보았다. 이는 唐의 영향 아래 나타난 것인데,

당의 文散階가 도입되었을 가능성이 크고 魚袋制 역시 수용되고 있었던 것으로 생각된다. 국왕 직속의 文翰機構와 近侍職도 두드러지게 나타난다. 대략 9세기 중반 무렵부터 더러 발견되는 양상이다. 문제는 이러한 현상이 갖는 역사적 의의를 어떻게 부여할 것인가가 될 것이다.

종래는 국왕의 권한 강화라는 맥락에서 이해하거나, 또는 중세적 측근정치를 지향한 움직임으로 해석해왔다. 그러나 이 책에서는 시론적인 차원에서나마 다른 각도로 해석해보았다. 즉 9세기 중반 이후는 진골 귀족들의 立府와 受封도 함께 이루어지고 있었고, 신라 국왕의 실질적인 통치권이 보이지 않게 축소되면서 국왕권이 상대화되고 있었다는 안목에서 검토하였다. 그리하여 새로운 요소들은 상대화된 王府를 중심으로 하여, 골품제와는 다른 기준으로 그 예하의 실무 관료들에게 주로 적용된 것이 아니었을까 추정하였다.

실제로 왕실 자체가 축소되면서 상대화되고 있었지만, 신라 국왕은 진골 귀족들을 책봉하는 천자와 같은 지위에 있었다는 역설적인 현상을 이해하기 위한 하나의 가설인 셈이다. 그러나 신라 말기 당 관제의 수용이 비록 한정된 차원에서 이루어진 것이라 할 지라도 그 역사적 경험은 뒷 시기로 이어져서 영향을 주었다고 생각된다. 즉 고려 왕조가 들어섰을 때 문산계와 어대제를 채용하고, 황제국의 격에 맞는 관부 명칭을 자연스레 사용하게 된 배경의 하나가 여기에 있지 않을까 하는 것이다.

참고문헌

1. 사료

『三國史記』 　　　　　　　　　『三國遺事』
『後漢書』 　　　　　　　　　　『三國志』
『晉書』 　　　　　　　　　　　『梁書』
『南史』 　　　　　　　　　　　『隋書』
『舊唐書』 　　　　　　　　　　『新唐書』
『通典』 　　　　　　　　　　　『太平御覽』
『日本書紀』
『譯註 韓國古代金石文(Ⅰ~Ⅲ)』(1992, 韓國古代社會研究所 編)
『譯註 羅末麗初金石文』(上・下)(1996, 한국역사연구회 편), 혜안
『中國正史朝鮮傳 譯註(一~二)』(1987, 國史編纂委員會)
『二十二史箚記』(趙翼)
『崔文昌侯全集』(1972, 成均館大學校 大東文化研究院 刊)
『韓國의 古代木簡』(2004, 國立昌原文化財研究所)

2. 단행본

강종훈, 2000『신라상고사연구』, 서울대출판부
權悳永, 1997『古代韓中外交史研究』, 一潮閣
김기덕, 1999『高麗時代 封爵制 研究』, 청년사
金壽泰, 1996『新羅中代政治史研究』, 一潮閣
金龍星, 1998『新羅의 高塚과 地域集團』, 춘추각
金瑛河, 2002『韓國古代社會의 軍事와 政治』, 高麗大學校 民族文化研究院
金哲俊, 1975『韓國古代社會研究』, 知識産業社

金翰奎, 1997 『古代東亞細亞幕府體制研究』, 一潮閣

김기흥, 1991 『삼국 및 통일신라 세제의 연구』, 역사비평사

盧鏞弼, 1996 『新羅眞興王巡狩碑研究』, 一潮閣

盧重國, 1988 『百濟政治史研究』, 一潮閣

노태돈, 1999 『고구려사 연구』, 사계절

宣石悅, 2001 『新羅國家成立過程研究』, 혜안

辛鍾遠, 1992 『新羅初期佛敎史研究』, 民族社

申瀅植, 1984 『韓國古代史의 新研究』, 一潮閣

申瀅植, 1985 『新羅史』, 梨花女子大學校 出版部

申瀅植, 1990 『統一新羅史研究』, 三知院

李基東, 1984 『新羅骨品制社會와 花郎徒』, 一潮閣

李基東, 1997 『新羅社會史研究』, 一潮閣

李基白, 1974 『新羅政治社會史研究』, 一潮閣

李德星, 1949 『朝鮮古代社會研究』 正音社

李文基, 1997 『新羅兵制史研究』, 一潮閣

李丙燾, 1976 『韓國古代史研究』, 博英社

李盛周, 1998 『新羅·伽耶社會의 起源과 成長』, 學硏文化社

李仁哲, 1993 『新羅政治制度史研究』, 一志社

李仁哲, 2003 『신라 정치경제사 연구』, 일지사

李鍾旭, 1982 『新羅國家形成史研究』, 一潮閣

李賢惠, 1984 『三韓社會形成過程研究』, 一潮閣

李弘稙, 1971, 『韓國古代史의 研究』, 新丘文化社

임기환, 2004 『고구려 정치사 연구』, 한나래

全德在, 1996 『新羅六部體制研究』, 一潮閣

朱甫暾, 1998 『新羅 地方統治體制의 整備過程과 村落』, 신서원

朱甫暾, 2002 『금석문과 신라사』, 지식산업사

千寬宇, 1991 『加耶史研究』, 一潮閣

최광식, 1994 『고대 한국의 국가와 제사』, 한길사

崔秉鉉, 1992 『新羅古墳研究』, 一志社

黃善榮, 2002 『나말여초 정치제도사 연구』, 국학자료원

葛城末治, 1935 『朝鮮金石攷』

今西龍, 1933 『新羅史研究』, 近澤書店

藤田亮策, 1963『朝鮮學論考』

末松保和, 1954『新羅史の諸問題』, 東洋文庫

武田幸男, 1989『高句麗史と東アジア』, 岩波書店

村上四男, 1979『朝鮮古代史研究』, 開明書院

前間恭作, 1974『前間恭作著作集(下)』, 京都大 文學部

井上秀雄, 1974『新羅史基礎研究』, 東出版

增淵龍夫, 1960『中國古代の社會と國家』, 弘文堂

李成市, 1998『古代東アジアの民族と國家』, 岩波書店

王健群, 1984『好太王碑研究』(林東錫 譯, 1985『廣開土王碑研究』, 역민사)

3. 연구 논문

姜鳳龍, 1987「新羅 ‘中古’期 ‘州’制의 형성과 운영」『韓國史論』16, 서울대 국
　　　사학과

姜鳳龍, 1992「6~7世紀 新羅 政治體制의 再編過程과 그 限界」『新羅文化』
　　　9

姜鳳龍, 1994『新羅 地方統治體制 研究』, 서울대 박사학위논문

權悳永, 1985「新羅 外位制의 成立과 그 機能」『韓國史研究』50·51合

權悳永, 1986「7세기 중엽의 新羅 官等制의 變化-外位制의 소멸과 관련하여
　　　-」『韓國精神文化研究院 大學院論文集』1

權悳永, 1991「新羅 官等 阿湌·奈麻에 對한 考察」『國史館論叢』21

權五榮, 1992「고대 영남지방의 殉葬」『韓國古代史論叢』4

金光洙, 1983『高句麗 古代 集權國家의 成立에 관한 研究』, 연세대 박사학위
　　　논문

金光洙, 1996「新羅 官名 ‘大等’의 屬性과 그 史的 展開」『歷史教育』59

金光洙, 1983「高句麗 建國期의 姓氏賜與」『金哲埈博士華甲紀念史學論叢』,
　　　知識産業社

金龍善, 1979「朴堤上小考」『全海宗博士華甲紀念史學論叢』

金壽泰, 1988「新羅 聖德王·孝成王代 金順元의 政治的 活動」『東亞研究』
　　　3

金在弘, 2001「新羅 中古期 村制의 成立과 地方社會構造」, 서울대 박사학위
　　　논문

金鍾徹, 1984「古墳에 나타나는 三國時代 殉葬樣相-加耶·新羅지역을 중심

으로-」『尹武柄博士回甲紀念論叢』

金昌鎬, 1989 「丹陽 赤城碑의 재검토」『嶺南考古學』6

金昌鎬, 1990 「迎日冷水里新羅碑의 建立 年代」『韓國古代史研究』3

金哲埈, 1952 「新羅上代社會의 Dual Oganization(上)」『歷史學報』1

金翰奎, 1987 「古代 韓國 位制의 爵制的 性格에 대하여」『東亞史의 比較研究』, 一潮閣

金義滿, 1990 「迎日 冷水碑와 新羅의 官等制」『慶州史學』9, 경주사학회

김영심, 1998 「百濟 官等制의 成立과 運營」『國史館論叢』82

南在佑, 1992 「新羅 上古期의 ‘國人’層」『韓國上古史學報』10

盧泰敦, 1975 「三國時代의 部에 關한 研究」『韓國史論』2, 서울대 국사학과

盧泰敦, 1977 「三國의 成立과 發展」『한국사 2』, 국사편찬위원회

盧泰敦, 1989 「蔚珍鳳坪新羅碑와 新羅의 官等制」『韓國古代史研究』2

盧重國, 1990 「鷄林國考」『歷史教育論集』13·14合, 경북대 역사교육학과

朴方龍, 1988 「明活山城作城碑의 檢討」『美術資料』41

李丙燾, 1979 「中原高句麗碑에 대하여」『史學志』13, 단국대 사학과

林炳泰, 1967 「新羅小京考」『歷史學報』35·36合

文暻鉉, 1990 「迎日冷水里新羅碑에 보이는 部의 性格과 政治運營問題」『韓國古代史研究』3

文暻鉉, 1990 「新羅 朴氏의 骨品에 대하여」『歷史教育論集』13·14合, 경북대 역사교육학과

朴普鉉, 1995 『威勢品으로 본 古新羅社會의 構造』, 경북대 박사학위논문

朴香美, 1995 「迎日冷水里碑를 통해 본 5~6世紀 新羅의 財産相續」『慶北史學』17·18合

邊太燮, 1954 「新羅 官等의 性格」『歷史教育』1

徐毅植, 1994 『新羅 上代 ‘干’層의 形成·分化와 重位制』, 서울대 박사학위논문

徐毅植, 1996 「新羅統一期의 開府와 眞骨의 受封」『歷史教育』59

徐毅植, 1997 「新羅 中古期의 ‘節’·‘作’과 冷水里碑文의 吟味」『歷史教育』63

申東河, 1979 「新羅 骨品制의 形成過程」『韓國史論』5, 서울대 국사학과

申瀅錫, 1992 「5~6세기 新羅六部의 政治社會的 性格과 그 變化」『慶北史學』15

安秉佑, 1990 「迎日冷水里新羅碑와 5~6세기 新羅의 社會經濟相」『韓國古

代史硏究』3

余昊奎, 1997『1~4세기 고구려 政治體制 연구』, 서울대 박사학위논문

尹善泰, 1997「正倉院 所藏 '佐波理加盤附屬文書'의 新考察」『國史館論叢』 74

尹善泰, 1998「新羅의 役祿과 職田-祿邑硏究의 進展을 위한 提言-」『韓國古 代史硏究』13

李基白, 1979「中原高句麗碑의 몇 가지 問題」『史學志』13, 단국대 사학과

李基白, 1993「新羅 專制政治의 成立」『韓國史 轉換期의 문제들』, 지식산업 사

李基白, 1993「統一新羅時代의 專制政治」『韓國史上의 政治形態』, 一潮閣

李基白, 1995「新羅 專制政治의 崩壞過程」『學術院論文集(人文社會科學)』 24

李文基, 1982「新羅 眞興王代 臣僚組織에 대한 一考察」『大丘史學』20·21合

李文基, 1983「新羅 中古의 國王 近侍集團」『歷史敎育論集』5, 경북대 역사 교육학과

李文基, 1984「新羅時代의 兼職制」『大邱史學』26

李文基, 1989「蔚珍鳳坪新羅碑와 中古期의 六部問題」『韓國古代史硏究』2

李文基, 1990「新羅上古期의 統治組織과 國家形成 問題」『한국 고대국가의 형성』(한국고대사연구회), 民音社

李銖勳, 1995『新羅 中古期 村落支配 硏究』, 부산대 박사학위논문

李泳鎬, 1995『新羅 中代의 政治와 權力構造』, 경북대 박사학위논문

이 옥, 1981「高句麗의 征服과 爵位(試論)」『東方學志』27

李宇泰, 1981「新羅의 村과 村主」『韓國史論』7, 서울대 국사학과

李宇泰, 1991『新羅 中古期의 地方勢力硏究』, 서울대 박사학위논문

李宇泰, 1992「迎日冷水里碑의 再檢討-財의 性格을 中心으로-」『新羅文化』 9

李晶淑, 1986「新羅眞平王代의 政治的 性格-所謂 專制王權의 成立과 關聯 하여-」『韓國史硏究』52

李鍾旭, 1974「南山新城碑를 통하여 본 新羅의 地方統治體制」『歷史學報』 64

李鍾旭, 1980「新羅帳籍을 통하여 본 統一新羅의 村落支配體制」『歷史學報』 86

李鍾恒, 1974「新羅上古의 官位制의 性格에 대하여」『國民大論文集』7

李漢祥, 1995 「5~6世紀 新羅의 邊境支配方式-裝身具 分析을 중심으로-」 『韓國史論』 33, 서울대 국사학과

李賢淑, 1992 「新羅末 魚袋制의 成立과 運用」 『史學研究』 43·44合

李喜寬, 1990 「迎日冷水里碑에 보이는 至都盧葛文王에 대한 몇가지 問題」 『韓國學報』 60

李熙濬, 1998 『4~5세기 新羅의 考古學的 研究』, 서울대 박사학위논문

全德在, 1990 「新羅 州郡制의 成立背景研究」 『韓國史論』 22, 서울대 국사학과

田美姬, 1993 「新羅 眞平王代 家臣集團의 官僚化와 그 限界」 『國史館論叢』 48

鄭求福, 1978 「丹陽赤城碑의 內容에 대한 一考」 『史學志』 12, 단국대 사학과

鄭求福, 1990 「迎日冷水里新羅碑의 金石學的 考察」 『韓國古代史研究』 3

鄭雲龍, 1989 「5세기 高句麗勢力圈의 南限」 『史叢』 35, 고려대 사학과

鄭澄元, 1990 「梁山地方의 古墳文化」 『韓國文化研究』 3

朱甫暾, 1992 「三國時代의 貴族과 身分制」 『韓國社會發展史論』, 一潮閣

韓㳓劤, 1960 「古代國家 成立過程에서의 對服屬民施策(上)」 『歷史學報』 12

河炫綱, 1988 「高麗地方制度의 研究」 『韓國中世史研究』, 一潮閣

榎一雄, 1963 「梁職貢圖について」 『東方學』 26

宮崎市定, 1959 「三韓時代の位階制について」 『朝鮮學報』 14

藤田亮策, 1953 「新羅九州五京攷」 『朝鮮學報』 5

梅原末治, 1967 「晉率善濊佰長印」 『考古美術』 8-1·2

木村誠, 1971 「6世紀新羅における骨品制の成立」 『歷史學研究』 428

木村誠, 1976 「新羅郡縣制の確立過程と村主制」 『朝鮮史研究會論文集』 13

木村誠, 1977 「新羅の宰相制度」 『人文學報』 118

木村誠, 1978 「新羅上大等の成立過程」 『古代東アジア史論集(上)』

木村誠, 1982 「統一新羅の官僚制」 『日本古代史講座 6』, 學生社

木村誠, 1992 「新羅國家生成期の外交」 『アジアのなかの日本史Ⅱ』, 東京大出版會

武田幸男, 1965 「新羅の骨品體制社會」 『歷史學研究』 299

武田幸男, 1979 「新羅官位制の成立」 『朝鮮歷史論集(上)』, 龍溪書舍

武田幸男, 1990 「新羅六部와 그 展開」 『民族史의 展開와 그 文化(上)-碧史李佑成敎授定年紀念論叢』

浜田耕策, 1977「新羅の城・村設置と州郡制の施行」『朝鮮學報』84

浜田耕策, 1990「新羅'大王'号の成立とその特質」『年譜朝鮮學』1

三池賢一, 1970「'三國史記'職官志外位條の解釋-外位の復原-」『北海道駒澤
　　　大學研究紀要』5

三池賢一, 1970「新羅官位制度(上)」『法政史學』22

三池賢一, 1971「新羅官位制度(下)」『駒澤史學』18

三池賢一, 1971, 1972「新羅內廷官制考(上), (下)」『朝鮮學報』61, 62

三品彰英, 1963「骨品制社會」『古代史講座7』, 學生社

曾野壽彦, 1955「新羅の十七等の官位成立の年代についての考察」『古代研
　　　究』II(東京大 教養學部 人文科學紀要 第二)

찾아보기

저자_ 하일식(河日植)

연세대학교 사학과를 졸업하고 같은 대학교 대학원에서 석사 및 박사학위를 받았다.
현재 연세대학교 사학과 교수로 재직하고 있다.
주요 논문으로 「창녕 인양사비문의 연구」(1996), 「신라 통일기의 왕실직할지와
군현제」(1997), 「고려 초기 지방사회의 주관과 관반」(1999), 「신라 통일기의 귀족사령과
군현제」(2003) 등이 있다.

연세국학총서 63

신라 집권 관료제 연구

하 일 식

2006년 2월 11일 초판 1쇄 인쇄
2006년 2월 15일 초판 1쇄 발행

펴낸이 · 오일주
펴낸곳 · 도서출판 혜안
등록번호 · 제22-471호
등록일자 · 1993년 7월 30일

㉾ 121-836 서울시 마포구 서교동 326-26번지 102호
전화 · 3141-3711~2 / 팩시밀리 · 3141-3710

E-Mail hyeanpub@hanmail.net
ISBN 89 - 8494 - 265 - 0   93910
값 24,000원